Europäisches Strafrecht

Augsburger Studien zum internationalen Recht

Herausgegeben von

Volker Behr
ehem. Lehrstuhl für Bürgerliches Recht, Zivilprozessrecht, Ausländisches und Internationales Privatrecht

Henning Rosenau
Lehrstuhl für Deutsches, Europäisches und Internationales Straf- und Strafprozessrecht, Medizin- und Biorecht

Christoph Vedder
Lehrstuhl für Öffentliches Recht, Völkerrecht und Europarecht sowie Sportrecht, Jean Monnet-Lehrstuhl für Europäisches Recht

Juristische Fakultät der Universität Augsburg

Band 14

PL ACADEMIC RESEARCH

Szabolcs Petrus

Europäisches Strafrecht

Gegenwärtige Rechtslage und künftige Perspektiven

PL ACADEMIC RESEARCH

Bibliografische Information der Deutschen Nationalbibliothek
Die Deutsche Nationalbibliothek verzeichnet diese Publikation in der Deutschen Nationalbibliografie; detaillierte bibliografische Daten sind im Internet über http://dnb.d-nb.de abrufbar.

Zugl.: Augsburg, Univ., Diss., 2014

Gedruckt auf alterungsbeständigem, säurefreiem Papier.

D 384
ISSN 1861-664X
ISBN 978-3-631-65947-2 (Print)
E-ISBN 978-3-653-05367-8 (E-Book)
DOI 10.3726/978-3-653-05367-8

PL Academic Research ist ein Imprint der Peter Lang GmbH.

Peter Lang – Frankfurt am Main · Bern · Bruxelles · New York · Oxford · Warszawa · Wien

Die Qualität der in dieser Reihe erscheinenden Arbeiten wird vor der Publikation durch die Herausgeber der Reihe geprüft. Soweit es sich um Dissertationen handelt, sind diese überdies von den am Promotionsverfahren beteiligten Gutachtern geprüft worden.

www.peterlang.com

Vorwort

Die vorliegende Arbeit wurde im Sommersemester 2014 von der Juristischen Fakultät der Universität Augsburg als Dissertation angenommen. Literatur und Rechtsprechung konnten bis September 2014 berücksichtigt werden.

Mein herzlicher Dank gilt in erster Linie meinem Doktorvater, Herrn Prof. *Dr. Henning Rosenau*, der die Betreuung dieser Arbeit mit großem Interesse übernommen und mich in vielfältiger Weise unterstützt hat. Auf seiner Hilfe konnte ich mich nicht nur bei der Erstellung dieser Dissertation, sondern auch bei meiner Einbindung in das universitäre, wissenschaftliche Leben verlassen. Seine Vorstellungen über die verfassungsrechtlichen Grenzen des Strafrechts, über die Bedeutsamkeit der Grundrechte, und über die Hochachtung der Menschenwürde haben mich sowohl in fachlicher, als auch in menschlicher Weise geprägt.

Ich möchte mich auch bei Herrn Prof. *Dr. Michael Lindemann* für die zügige Erstellung des Zweitgutachtens bedanken.

Besonderer Dank gilt meinem Kollegen *Roland Aigner* und meinem Freund *Milán Tüskés*, die die mühsame Arbeit des Korrekturlesens auf sich genommen haben.

Liebevoller Dank gilt meinen Eltern und meinen Großeltern für die uneingeschränkte Unterstützung, die mein Studium sowohl in Ungarn, als auch in Deutschland ermöglicht hat. Anschließend möchte ich mich auch bei meiner Großtante bedanken, die mir bei der Aneignung der deutschen Sprache herzliche Hilfe geleistet hat.

München, im November 2014

Inhaltsverzeichnis

Literatur XIII

A. Einführung 1

I. Die Entstehung des Europäischen Strafrechts 1
1. Die ursprünglich fehlende strafrechtliche Kompetenz 2
2. Die Gründe der Entstehung des Europäischen Strafrechts 4
a) Schutz der europäischen Einrichtungen 4
b) Schutz der finanziellen Interessen 5
c) Grenzüberschreitende Kriminalität 6
d) Die Folge 8
II. Ziel der Arbeit 8
III. Was ist unter Europäischem Strafrecht zu verstehen? 9
1. Europäisches Strafrecht i.e.S. 10
2. Europäisches Strafrecht i.w.S. 11
3. Die Rolle der EMRK 13
4. Fazit 13
IV. Ziele des Europäischen Strafrechts 14

B. Der Reformvertrag von Lissabon 17

I. Über dem Vertrag von Lissabon in Allgemeinen 17
1. Das „Lissabon-Urteil" des BVerfG 20
a) Allgemeines 20
b) Die wichtigsten Aussagen des Urteils und deren Würdigung 22
aa) Die Europafreundlichkeit 22
bb) Das Wahlrecht 23
cc) Die Konsequenz des Urteils 24
dd) Das Echo des Urteils 24
ee) Kritik im Schrifttum 27
ff) Die Zuständigkeitsregelungen im Unionsrecht 31
gg) Die Integrationsverantwortung des BVerfG 32
hh) Kritik bzgl. der Integrationsverantwortung 35
ii) Die Grenze der Unionszuständigkeiten 38
jj) Die Subsumtion 41
(1) Die demokratische Legitimation 41
(2) Die verbleibende Staatlichkeit der Mitgliedsländer 43
kk) Besondere Rechtssetzungsverfahren im Unionsrecht 45

c) Das Strafrecht ... 47
d) Das Ausweitungsgesetz ... 51
e) Resümee ... 53
aa) Die Unterstützer ... 53
bb) Kritische Stellungnahme ... 55
2. Verfassungsgerichtsentscheidungen in anderen Mitgliedstaaten ... 58
a) Tschechische Republik ... 58
b) Österreich ... 59
c) Ungarn ... 60
II. Über den Raum der Freiheit, der Sicherheit und des Rechts ... 64
1. Geschichte ... 64
a) Der Griechische Mais ... 64
b) Strafrechtliche Regelungen im Primärrecht ... 67
2. Raum der Freiheit, der Sicherheit und des Rechts im AEUV ... 69
a) Gesetzgebungsverfahren ... 71
aa) Die Geschichte ... 71
bb) Die aktuelle Rechtslage ... 73
b) Abschaffung der Rahmenbeschlüsse ... 75
c) Rechtsschutz ... 80
aa) Die nationale Ebene ... 81
bb) Die EMRK ... 82
(1) Beitritt der Union zur EMRK ... 83
(2) Reichweite des Rechtsschutzes im Rahmen der EMRK ... 85
cc) Die Ebene des Unionsrechts ... 86
III. Die Möglichkeiten der Europäisierung der Strafrechtssystemen ... 90
1. Gleichstellungsklausel ... 91
2. Blankettstrafgesetze ... 92
3. Anwendungsvorrang des Unionsrechts ... 93
4. Unionsrechtskonforme Auslegung ... 93
IV. Kompetenzgrundlagen im Primärrecht ... 94
1. Kompetenzauslegung im Unionsrecht ... 94
a) Prinzip der begrenzten Einzelermächtigungen ... 95
b) Subsidiarität ... 98
c) Verhältnismäßigkeit ... 100
d) Besonderheiten des Strafrechts ... 101
2. Die einzelnen Kompetenzgrundlagen ... 108
a) Richtlinienkompetenz der Union ... 108
aa) Prinzip der gegenseitigen Anerkennung ... 109
(1) Die Entstehungsgeschichte ... 109
(2) Die strafrechtliche Anwendung ... 112

(3) Kritik zur strafrechtlichen Anwendung ... 114
(a) Kohärenz der nationalen Strafrechtssysteme ... 116
(b) Forum shopping ... 117
(c) Europäische Strafverfolgungskompetenzen ... 117
(d) Recht auf Verteidigung ... 118
(e) Gegenseitiges Vertrauen ... 120
(f) Fazit ... 122
(4) Lösungsvorschläge ... 124
(a) Gegenseitiges Vertrauen ... 124
(b) Die EMRK und die Charta der Grundrechte ... 125
(c) Harmonisierung der Rechtsschutzvorschriften ... 126
(d) Maßnahmen gegen forum shopping ... 127
(5) Fazit ... 133
bb) Maßnahmen auf der Basis der gegenseitigen Anerkennung ... 137
(1) Exkurs: Der Europäische Haftbefehl ... 140
cc) Harmonisierungskompetenz im Verfahrensrecht ... 144
dd) Harmonisierungskompetenz im materiellen Recht ... 151
(1) Relativer Unterschied zwischen RB und RL ... 151
(2) Voraussetzungen der Harmonisierung ... 156
(3) Der Katalog in Art. 83 Abs. 1 AEUV ... 160
(4) Der Katalog und die Voraussetzungen der Harmonisierung ... 162
(5) Ein Lösungsvorschlag ... 165
(6) Der Katalog als Kompetenz-Kompetenz? ... 166
(7) Erweiterung des Katalogs ... 166
(8) Harmonisierung durch Mindestvorschriften ... 168
(9) Harmonisierung im Allgemeinen Teil ... 169
(10) Handlungsform ... 170
(11) Die Notbremse ... 171
ee) Annexkompetenz ... 171
(1) Die Judikatur ... 172
(2) Die vertragliche Regelung ... 173
(3) Über die „Unerlässlichkeit“ ... 174
(4) Auslegung durch das BVerfG ... 176
(5) Festlegung der Rechtsfolgen ... 178
(6) Weitere Kritikpunkte ... 179
(7) Verhältnis zu anderen Kompetenzgrundlagen ... 180
(8) Fazit ... 181
b) Originäre Strafrechtsetzungskompetenz ... 182
(1) Die Bedeutung der originären Strafrechtsetzungskompetenz ... 182
(2) Rechtsgeschichte ... 182

aa) Rechtlicher Charakter der Sanktionen des Gemeinschaftsrechts 183
(1) Die Problemstellung 183
(2) Der historische Hintergrund 183
(3) Typisierung der Sanktionen des Gemeinschaftsrechts 184
(4) „Sanktion“ sowie „kriminalstrafrechtliche Sanktion“ 185
(5) Anwendbarkeit der Garantievorschriften 188
(6) Fazit 189
bb) Art. 280 EGV 189
(1) Die Entstehungsgeschichte 190
(2) Der Regelungsinhalt 191
(3) Die Auslegung von Art. 280 EGV – Die Mindermeinung 191
(4) Die Auslegung von Art. 280 EGV – Die herrschende Meinung 192
(5) Fazit 194
cc) Art. 325 AEUV 194
(1) Über die „finanziellen Interessen“ 195
(2) Über die „Betrügereien“ und „sonstige Handlungen“ 195
(3) Aufgabe der Mitgliedsstaaten 198
(4) Die Aufgabe der Union 199
(5) Die Anwendbare Rechtsakte 200
(6) Die Notbremse 201
(7) Harmonisierung im Allgemeinen Teil 202
(8) Verhältnis zu anderen Kompetenzgrundlagen 203
(9) Die Mindermeinung 204
(10) Die Institutionalisierung der Betrugsbekämpfung 207
(11) Rechtssetzung in der näheren Zukunft 208
dd) Die Europäische Staatsanwaltschaft 209
(1) Der mögliche Mehrwert der EStA 211
(2) Der mögliche Aufbau der EStA 214
(3) Kritik 216
(4) Der nicht ausreichende Rechtsschutz 219
(5) Lösungsvorschlag 220
(6) Verstärkte Zusammenarbeit 221
ee) Sonstige originäre Kompetenzgrundlagen 222
(1) Zusammenarbeit im Zollwesen 222
(2) Gemeinsame Einwanderungspolitik 223
3. Zusammenfassung 224

C. Die Zukunft des Europäischen Strafrechts 231

I. Die herrschende Lehre über das Europäische Strafrecht und deren Kritik 231

II. Strafrecht im Spannungsfeld der Freiheit und der Sicherheit 235
III. Die Zukunftsmodelle des Europäischen Strafrechts 238
IV. Die Rechtmäßigkeit des Europäischen Strafrechts 240
1. Das Europäische Parlament 243
a) Grundsätze der Wahlgleichheit 245
b) Die (fehlende) paneuropäische Öffentlichkeit 250
c) Die nationalen Parlamente und die Zivilgesellschaft 251
d) Die Herabwürdigung des EP 251
e) Nulla poena sine lege (parlamentaria) 253
2. Der Rat 255
3. Die Kommission 258
4. Die nationalen Parlamente 259
5. Stellungnahme 262
V. Notwendigkeit des echten Europäischen Strafrechts 265
1. Die Notwendigkeit eines echten Europäischen Strafverfahrensrechts 266
a) Vorteile eines echten Europäischen Strafverfahrensrechts 266
b) Die Grenzen des Europäischen Strafverfahrensrechts i.e.S. 271
2. Notwendigkeit des echten materiellen Europäischen Strafrechts 273
a) Strafrechtliche Mindestvorschriften 273
b) Materielles Strafrecht und die nationalen Traditionen 274
c) EuStGB als Garantie für mehr Rechtssicherheit 277
d) Reichweite eines künftigen EuStGB 277
3. Europäische Betrugsbekämpfung 279
VI. Entstehungsvoraussetzungen des echten Europäischen Strafrechts 280
1. Die hinreichende demokratische Legitimation 280
2. Die hinreichende Akzeptanz 282
3. Eindeutige Kompetenz des europäischen Gesetzgebers 285
4. Die Berücksichtigung der Prinzipien des Unionsrechts 285
5. Der hinreichende Rechtsschutz 286
VII. Abschließende Gedanken 286

Literatur

Albrecht, Peter-Alexis/Braum, Stefan: Defizite europäischer Strafrechtsentwicklung, KritV 1998, 460, 481

Albrecht, Peter-Alexis/Braum, Stefan/Frankenberg, Günther/Günther, Klaus/Spiros, Simitis: 11 Thesen zur Entwicklung rechtsstaatlicher Grundlagen europäischen Strafrechts, KritV 2001, 279, 289

Ambos, Kai/Rackow, Peter: Erste Überlegungen zu den Konsequenzen des Lissabon-Urteils des Bundesverfassungsgerichts für das Europäische Strafrecht, ZIS 2009, 397, 405

Ambos, Kai: Transnationale Beweiserlangung – 10 Thesen zum Grünbuch der Kommission „Erlangung verwertbarer Beweise in Strafsachen aus einem anderen Mitgliedstaat", ZIS 2010, 557, 566

Ambos, Kai (Hrsg.): Europäisches Strafrecht post-Lissabon Göttingen, 2011

Ambos, Kai: Internationales Strafrecht 3. Auflage München, 2011

Asztalos, Erika/Pető, Gábor: A Liszaboni-Szerződés útjai a Bel- és Igazságügy területén, Rendészeti Szemle 2009, 137, 142

Bacigalupo, Enrique: Bemerkungen zu strafrechtlichen Fragen des Verfassungsentwurfs, ZStW116 (2004), 326, 331

Beer, Nicola: Das Lissabon-Urteil und die Hausaufgabe für Berlin, EuZW 2009, 593

Békés, Ádám: Az európai büntetőjog Pázmány Péter Katolikus Egyetem Jog- és Államtudományi Karának Lapja, 2010, 1

Bender, Peter: Der Transitschmuggel im europäischen „ne bis in idem", Wistra 2009, 176, 180

Birkenstock, Laura: Die Umsetzung der Vorgaben des RB 2008/913/JI, ZIS 2010, 783, 788

Bock, Stefanie: Tagungsbericht: Europäisches Strafrecht post Lissabon – an der Universität Göttingen, ZIS 2011, 266

v. Bogdandy, Armin: Prinzipien der Rechtsfortbildung im europäischen Rechtsraum – Lissabon-Urteil, NJW 2010, 1, 5

Böse, Martin: Strafrechtlichen Sanktionen im Europäischen Gemeinschaftsrecht, Göttingen, 1996

Böse, Martin: Die Zuständigkeit der Europäischen Gemeinschaft für das Strafrecht – Zugleich Besprechung von EuGH, Urteil vom 13.9.2005, GA 2006, 211, 224

Böse, Martin: Die Entscheidung des BVerfG zum Vertrag von Lissabon und ihre Bedeutung für die Europäisierung des Strafrechts, ZIS 2010, 76, 91

Böse, Martin: Der Rechtsstaat am Abgrund? Zur Skandalisierung EU-Geldsanktionengesetz, ZIS 2010, 607, 613

Braum, Stefan: Das „Corpus Juris" – Legitimität, Erforderlichkeit und Machbarkeit, JZ 2000, 493, 500

Braum, Martin: Europäische Strafgesetzlichkeit, Frankfurt a.M., 2003

Braum, Stefan: Das Prinzip der gegenseitigen Anerkennung, GA 2005, 681, 699

Braum, Stefan: Europäisches Strafrecht im Fokus konfligierender Verfassungsmodelle, ZIS 2009, 418, 426

Brodowski, Dominik: Strafrechtsrelevante Entwicklungen in der EU, ZIS 2010, 749, 760

v. Bubnoff, Eckhart: Institutionelle Kriminalitätsbekämpfung in der EU, ZEuS 2002, 185, 236

v. Bubnoff, Eckhart: Die EU – Ein Raum der Freiheit, der Sicherheit und des Rechts? In: Pache (Hrsg.), Nomos Sonderdruck Baden-Baden, 2006

Burchard, Christoph: Art. 50 ChGR, StraFo 2010, 179, 186

Buruma, Ybo: Radikale Toleranz, ZStW 2004, 424

Busemann, Bernd: Strafprozess ohne Grenze? Freie Verkehrsfähigkeit von Beweisen, ZIS 2010, 552, 556

Calliess/Ruffert: EVV, Kommentar der Grundbestimmungen, 1. Auflage München, 2006

Calliess/Ruffert: EUV/AEUV Kommentar, 4. Auflage München, 2011

Chronowski, Nóra: Alapjogvédelmi dilemmák a nullum crimen elvének módosítása kapcsán, Acta Humana 2008, 37, 55

Classen, Claus-Dieter: Legitime Stärkung des Bundestages oder verfassungsrechtliches Prokrustesbett?, JZ 2009, 881, 889

Cremer, Wolfram: Lissabon-Vertrag und Grundgesetz, JURA 2010, 296, 307

Delmas-Marty, Mireille (Hrsg.): Corpus Juris 2000 der strafrechtlichen Regelungen zum Schutz der finanziellen Interessen der Europäischen Union In deutschen Übersetzung von Tonio Walter, 2003

Dannecker, Gerhard: Das materielle Strafrecht im Spannungsfeld des Rechts der EU Jura 2006, 95, 102 und 173, 178

Dannecker, Gerhard/Biermann, Jochen: Wettbewerbsrecht In: Immenga/Mestmäcker (Hrsg.), Wettbewerbsrecht München, 2007

Deutscher, Jörg: Die Kompetenzen der Europäischen Gemeinschaft zur originären Strafgesetzgebung, Frankfurt a.M., 2000

Diehm, Dirk: Europäische Union und deutsches Strafrecht Würzburg, 2004

Eisele, Jörg: Einführung in das Europäische Strafrecht, JA 2000, 896, 902

Eisele, Jörg: Einflussnahme auf nationales Strafrecht durch Richtliniengebung der Europäischen Gemeinschaft, JZ 2001, 1157, 1165

Esser/Lagodny (Hrsg.): Principles and Procedures for a Now Transnational Criminal Law, Freiburg i.B., 1992

Everling, Ulrich: Europas Zukunft unter der Kontrollen der nationalen Verfassungsgerichte, EuR 2010, 91, 107

Fazekas, Flóra: A német Szövetsgégi Alkotmánybíróság ítélete a Liszaboni Szerződés alkotmányosságáról, Európai Jog 2010, 13, 21

Fastenrath, Ulrich: Sicherheit im Schengen-Raum nach dem Wegfall der Grenzkontrollen - Mechanismen und rechtliche Probleme grenzüberschreitender polizeilicher und justizieller Zusammenarbeit, ZEuS 2009, 219, 261

Fischer, Klemens: Der Vertrag von Lissabon Wien, 2010

Folz, Peter: Karlsruhe, Lissabon und das Strafrecht - ein Blick über den Zaun, ZIS 2009, 427, 431

Frenz, Walter: Die Europäisierung des Strafrechts nach der Lissabon-Entscheidung Wistra 2009, 449, 452

Frenz, Walter: Nicht hinreichend demokratische EU?, EWS 2009, 441, 445

Frenz, Walter: Subsidiaritätsprinzip, Jura 2010, 641, 645

Frenz, Walter: Von Eurojust zur Europäischen Staatsanwaltschaft wistra 2010, 432, 43

Fromm, Ingo: Die Frage der Einführung einer partiellen strafrechtlichen Anweisungskompetenz des Rates der EG zum Schutz der Finanzinteressen der EG unter besonderer Berücksichtigung der Unberührtheitsklausel in Art. 280 Abs. 4 S. 2 EGV, ZIS 2007, 26, 37

Fromm, Ingo: Auf dem Weg zur strafrechtlichen Verantwortlichkeit von Unternehmen/Unternehmensvereinigungen in Europa?, ZIS 2007, 279, 291

Fromm, Ingo: EG Rechtssetzungskompetenz im Kriminalstrafrecht Baden-Baden, 2009

Fuchs, Helmut: Bemerkungen zur gegenseitigen Anerkennung justizieller Entscheidungen, ZStW 2004, 368

Giegerich, Thomas: Europäische Verfassung und deutsche Verfassung im transnationalen Konstitutionalisierungsprozess Berlin, 2003

Geiger/Khan/Kotzur: EUV/AEUV Kommentar 5. Auflage München, 2010

Geiger, Robert: Auswirkungen europäischer Strafrechtsharmonisierung auf nationaler Ebene Berlin, 2012

Gärditz/Hillgruber: Volkssouveränität und Demokratie ernst genommen – zum Lissabon-Urteil des BVerfG, JZ 2009, 872, 880

Gless, Sabine: Die „Verkehrsfähigkeit von Beweisen“ im Strafverfahren, ZStW 2003, 131

Gless, Sabine: Europa- Eine Herausforderung für die Strafverteidigung, StV 2010, 400, 406

Grünewald, Anette: Zur Frage eines europäischen Allgemeinen Teils des Strafrechts, JZ 2011, 972, 977

Hailbronner, Kay: Raum der Freiheit, der Sicherheit und des Rechts In: Hummer/Obwexer (Hrsg.), Der Vertrag von Lissabon Baden-Baden, 2009

Hassemer, Winfried: Corpus Juris, KritV 1999, 133, 140

Hatje, Armin: Der Vertrag von Lissabon, NJW 2008, 1763, 1768

Hauer, Judith: Zur Europäisierung der Strafverfolgung, ZIS 2007, 12, 24

Hauck, Pierre: Richterlicher Anpassungsbedarf durch den EU-Rahmenbeschluss zur Anerkennung strafgerichtlicher Entscheidungen in Abwesenheit des Angeklagten?, JR 2009, 141, 147

Hecker, Bernd: Europäisches Strafrecht als Antwort auf transnationale Kriminalität?, JA 2002, 723, 731

Hecker, Bernd: Europäisches Strafrecht 3. Auflage Berlin, 2010

Hefendehl, Roland: Europäisches Strafrecht: bis wohin und nicht weiter?, ZIS 2006, 229, 236

Heger, Martin: Europäische Beweissicherung – Perspektiven der strafrechtlichen Zusammenarbeit in Europa, ZIS 2007, 547, 556

Heger, Martin: Perspektiven des Europäischen Strafrechts nach dem Vertrag von Lissabon, ZIS 2009, 406, 417

Heger, Martin: Rechtsraum Europa – Zur Anpassung der Rechtssysteme im Strafrecht, RuP 2012, 88, 96

Heine, Henriette: Die Rechtsstellung der Beschuldigten im Rahmen der Europäisierung des Strafrechts, Frankfurt a.M., 2009

Hellmann, Vanessa: Der Vertrag von Lissabon Berlin, 2009

Herdegen, Matthias: Europarecht 12. Auflage München, 2010

Hobe, Stephan: Europarecht 5. Auflage Köln, 2010

Holé, Katalin: Europol és jogállam Budapest, 2008

Jung, Heike: Konturen und Perspektiven des europäischen Strafrechts, JuS 2000, 417, 424

Kádár, Andrea-Beatrix: A szabdság, a biztonság és a jog térségének jejődési irányai Európai Tükör 2009, 78, 87

Kadelbach, Stefan (Hrsg.): Europarecht Baden-Baden, 2010

Karitzky, Holger: Die EU-weite Vollstreckung von Geldstrafen und Geldbußen, NJW 2010, 3393, 3397

Kaufhold, Ann-Katrin: Gegenseitiges Vertrauen, EuR 2012, 408, 431

Kirsch, Andrea: Demokratie und Legitimation in der Europäischen Union Baden-Baden, 2008

Kondorosi/Ligeti (Hrsg.): Az európai büntetőjog kézikönyve Budapest, 2008

Kőhalmi, László: Európai biztonság avagy az egységes európai büntetőjog víziója Pécsi Tudományos Közlőny, 2004, 83, 95

Kress, Claus: Das Strafrecht auf der Schwelle zum Europäischen Verfassungsvertrag – Tagungsbericht, ZStW 116 (2004), 445

Kroker, Patrick: Die Überprüfbarkeit gemeinsamer Standpunkte im Rahmen der PJZS, EuR 2008, 378, 387

Kubiciel, Patrick: Strafrechtswissenschaft und europäische Kriminalpolitik, ZIS 2010, 742, 748

Kubiciel, Patrick: Das Lissabon-Urteil und seine Folge für das Europäische Strafrecht, GA 2010, 99, 115

Landau, Herbert: Strafrecht nach Lissabon, NStZ 2011, 537

Lenaerts, Koen: Die EU-Grundrechtecharta: Anwendbarkeit und Auslegung, EuR 2012, 3, 17

Lemke, Svenja-Kathrin: Die Wirkung von Richtlinien und Rahmenbeschlüssen im nationalen Recht der Mitgliedsstaaten Berlin, 2011

Leutheusser-Schnarrenberger, Sabine: Der Europäische Beschuldigte, StraFo 2007, 267, 277

Lenz, Carl-Otto: Ausbrechender Rechtsakt, FAZ 8.8.2009

Ligeti, Katalin: Büntetőjogi és bűnügyi együttműködés az Európai Unióban Budapest, 2004

Lippert, André: Die begrenzte Anerkennung - der EuGH sichert seine Kompetenz - Zugleich ein Beitrag zur Diskussion um gegenseitigen Anerkennung und Herkunftslandprinzip, EuR 2007, 631

Lorenzmeier, Stefan: Kartellrechtliche Geldbußen als strafrechtliche Anklage im Sinne der EMRK, ZIS 2008, 20

Madai, Sándor: Gondolatok az EK pénzügyi érdekeinek megsértéséről Rendészeti Szemle 2010, 87, 103

Makaruk, Guzik: „Ne bis in idem", Europäischer Haftbefehl und der Verfassungsentwurf für Europa aus polnischer Sicht, ZStW 2004, 372

Mansdörfer, Marco: Das europäische Strafrecht nach dem Vertrag von Lissabon HRRS 2010, 11, 23

Meyer, Frank: Das Prinzip ne bis in idem In: FS Esser Tübingen, 2005

Meyer, Frank: Die Lissabon-Entscheidung des BVerfG und das Strafrecht, NStZ 2009, 657, 663

Meyer, Frank: Demokratieprinzip und europäisches Strafrecht Baden-Baden, 2009

Meyer, Frank: Der Vertrag von Lissabon im Überblick, JuS 2010, 189, 195

Meyer, Frank: Das Strafrecht im Raum der Freiheit, der Sicherheit und des Rechts, EuR 2011, 169

Munoz, Pastor: Europäisierung des Strafrechts und die mitgliedsstaatliche nationale Besonderheiten in der EU, GA 2010, 84, 98

Murschetz, Verena: Auslieferung und Europäischer Haftbefehl Wien, 2007

Musil, Andreas: Umfang und Grenzen europäischer Rechtssetzungsbefugnisse im Bereich des Strafrechts nach dem Vertrag von Amsterdam, NStZ 2000, 68, 71

Mylonopoulos, Christos: Internationalisierung des Strafrechts, ZStW 121 (2009), 68, 93

Mylonopoulos, Christos: Strafrechtsdogmatik in Europa nach dem Vertrag von Lissabon, ZStW 123 (2011), 633, 650

Nelles/Tinkl/Lauchstädt: Analyse und Darstellung der Entwicklung des Europarechts auf das Strafrecht In: Schulz/Zuleeg/Kadelbach (Hrsg.), Europarecht Baden-Baden, 2010

Nestler, Cornelius: Europäisches Strafprozessrecht, ZStW 2004, 332

Nettesheim, Martin: Ein Individualrecht auf Staatlichkeit? – Die Lissabon-Entscheidung des BVerfG, NJW 2009, 2867, 2869

Nettesheim, Martin: Grundrechtskonzeption des EuGH im Raum der Freiheit, der Sicherheit und des Rechts, EuR 2009, 24, 43

Noltenius, Bettina: Strafverfahrensrecht als Seismograph der Europäischen Integration, ZStW 2010, 604, 626

Nowak, Carsten: Europarecht nach Lissabon Baden-Baden, 2011

Nürnberger, Silke: Die zukünftige Europäische Staatsanwaltschaft – Eine Einführung, ZIS 2009, 494, 505

Oppermann, Thomas: Europarecht 3. Auflage München, 2005

Oppermann, Thomas: Den Musterknaben im Bremserhäuschen – Lissabon-Urteil, EuZW 2009, 473

Oppermann/Classen/Nettesheim: Europarecht 4. Auflage München, 2009

Pache, Eckhard (Hrsg.): Die Europäische Union – Ein Raum der Freiheit, der Sicherheit und des Rechts? Baden-Baden, 2005

Pache, Eckhard: Das Ende der europäischen Integration? Lissabon-Urteil, EuGRZ 2009, 285, 298

Perron, Walter: Sind die nationalen Grenzen des Strafrechts überwindbar?, ZStW 1997, 281, 301

Petrus, Szabolcs: Ist die Pressefreiheit in Ungarn aufgehoben worden? – Über das ungarische Mediengesetz der Hausjurist 2011/1 (ISSN: 2190-1570), S. 27 ff

Petrus, Szabolcs: Transparenz und Bürgerbeteiligung im europäischen Rechtssetzungsverfahren der Hausjurist 2012/1 (ISSN: 2190-1570), S. 13 ff

Rackow, Peter: Verfasst der EuGH die Union?, ZIS 2008, 526, 537

Rácz, Rita: A Német Szövetségi Alkotmánybíróság határozata a Liszaboni Szerződés alaptörvénnyel való összeegyeztethetőségéről Európai Tükör 2009, 35, 51

Radke, Henning: Der Europäische Staatsanwalt, GA 2004, 1, 21

Ress, Georg: Der ausbrechende Rechtsakt – Betrachtung zu den völkerrechtlichen Grenzen des Handelns Internationaler Organisationen, ZÖR 2009, 387, 395

Rohlff, Daniel: Der Europäische Haftbefehl Frankfurt a.M., 2003

Rogalla, Dieter: EU-Freizügigkeit im Schongang, EuR 2007, 660, 670

Roger, Benjamin: Europäisierung des Strafverfahrens – oder nur der Strafverfolgung?, GA 2010, 27, 43

Rosenau, Henning: Zur Europäisierung im Strafrecht, ZIS 2008, 9, 19

Roxin, Claus: Strafrecht AT 4. Auflage München, 2006

Safferling, Christoph: Internationales Strafrecht 2. Auflage Heidelberg, 2011

Salmayr, Martin: Endstation Lissabon?, ZEuS 2009, 637, 679

Satzger, Helmut: Auf dem Weg zu einem Europäischen Strafrechts, ZRP 2001, 549, 554

Satzger, Helmut: Die Europäisierung des Strafrechts (zit.: Europäisierung) Köln, 2001

Satzger, Helmut: Akzeptanz des Europäischen Strafrechts In: Hohloch, Gerhard (Hrsg.), Wege zum Europäischen Recht Baden-Baden, 2002

Satzger, Helmut: Das Manifest zur Europäischen Kriminalpolitik, ZPR 2010, 137, 140

Satzger, Helmut: Internationales und europäisches Strafrecht 5. Auflage Baden-Baden, 2011

Scheuermann, Sandra: Das Prinzip der gegenseitigen Anerkennung im geltenden und künftigen Europäischen Strafrecht Hamburg, 2009

Schilling, Theodor: Der Beitritt der EU zur EMRK – Verhandlungen und Modalitäten Humboldt Forum Recht 2011, 83, 99

Schirholt, Christian: Stellungnahme zum Grünbuch der Europäischen Kommission zur Erlangung verwertbarer Beweise in Strafverfahren aus einem anderen Mitgliedstaat, ZIS 2010, 567, 568

Schork/Reichling: Neues Strafrecht aus Brüssel?, StraFo 2012, 125, 128

Schorkopf, Frank: Die EU im Lot, EuZW 2009, 718, 724

Schramm, Edward: Internationales Strafrecht 1. Auflage München, 2011

Schreiber, Jörg: Strafrechtsharmonisierung durch europäische Rahmenbeschlüsse Hamburg, 2008

Schroeder, Werner: Grundkurs Europarecht 2. Auflage München, 2011

Schröder, Christian: Europäische Richtlinie und deutsches Strafrecht Berlin, 2002

Schröder, Christina: Perspektiven der Europäisierung des Strafrechts nach Lissabon In: FS Achenbach Karlsruhe, 2011

Schübel-Pfister/Kaiser: Das Lissabon-Urteil des BVerfG vom 30.6.2009 – Ein Leitfaden für Ausbildung und Praxis, JuS 2009, 767, 771

Schünemann, Bernd: Alternativentwurf Europäische Strafverfolgung Köln, 2004

Schünemann, Bernd: Fortschritte und Fehltritte in der Strafrechtspflege der EU, GA 2004, 193

Schünemann, Bernd: Grundzüge eines Alternativ-Entwurf zur europäischen Strafverfolgung, ZStW 2004, 376

Schünemann, Bernd: Europäischer Sicherheitsstaat= europäischer Polizeistaat?, ZIS 2007, 528, 534

Schünemann, Bernd: Spät kommt ihr, doch ihr kommt: Glosse eines Strafrechtlers zur Lissabon-Entscheidung des BVerfG, ZIS 2009, 393, 396

Schünemann, Bernd: Stellungnahme zum Grünbuch der Kommission „Erlangung verwertbarer Beweise in Strafsachen aus einem anderen Mitgliedstaat", ZIS 2010, 92, 99

Schünemann, Bernd: Noch einmal: Kritik der rechtsstaatlichen Bresthaftigkeit des EU-Geldsanktionsgesetzes und seiner Apologie von Böse, ZIS 2010, 735, 741

Schünemann/Roger: Die Karawane zur Europäisierung des Strafrechts zieht weiter – EU-Geldsanktionsgesetz, ZIS 2010, 515, 523

Schwarze, Jürgen (Hrsg.): EU-Kommentar 2. Auflage Baden-Baden, 2012

Schwarze, Jürgen: Die verordnete Demokratie, EuR 2010, 108, 117

Schweizer/Hummer: Europarecht 10. Auflage Wien, 2007

Schierholt, Christian: Stellungnahme zum Grünbuch der Europäischen Kommission zur Erlangung verwertbarer Beweise in Strafverfahren aus einem anderen Mitgliedstaat, ZIS 2010, 567

Shirvani, Foroud: Die europäische Subsidiaritätsklage, JZ 2010, 753, 759

Sieber, Ulrich: Einheitliches europäisches StGB als Ziel des Strafrechtsvergleichung? In: Gedächtnisschrift für Schlüchter Köln, 2002

Sieber, Ulrich: Die Zukunft des Europäischen Strafrechts, ZStW 2009, 1, 67

Sieber/Brüner/Satzger/v. Heintschel-Heinegg (Hrsg.): Europäisches Strafrecht Baden-Baden, 2011

Stiebig, Volker: Strafrechtssetzungskompetenz der EG, EuR 2005, 466, 493

Spemann, Friedrich: Bundesverfassungsgericht zum Lissabon-Vertrag, StraFo 2009, 499, 505

Streinz/Ohler/Herrmann: Der Vertrag von Lissabon zur Reform der EU 3. Auflage München, 2010

Sturies, Jonas: Ermächtigt der Vertrag von Lissabon wirklich zum Erlassen supranationaler Wirtschaftsstrafrecht?, HRRS 2012, 273, 288

Suhr, Oliver: Die polizeiliche und justizielle Zusammenarbeit in Strafsachen In: Fastenrath/Nowak, Der Lissaboner Reformvertrag Berlin, 2009

Tiedemann, Klaus: Europäisches Gemeinschaftsrecht und Strafrecht, NJW 1993, 23, 31

Tiedemann, Klaus: Der Allgemeine Teil des Strafrechts im Licht der europäischen Rechtsvergleichung In: FS Lenckner München, 1998

Tiedemann, Klaus: Gegenwart und Zukunft des Europäischen Strafrechts, ZStW 2004, 945, 958

Tiedemann, Klaus: Wirtschaftsstrafrecht BT 2. Auflage Köln, 2008

Tinkl, Cristina: Urteil des EuGH i.V.m. dem Eu-Hb, ZIS 2007, 419, 421

Terhechte, Philipp: Souveränität, Dynamic und Integration – making up the rules as we go along?, EuZW 2009, 724, 731

Triffterer, Otto: Österreichisches Strafrecht AT 2. Auflage Wien, 1994

Unger, Sebastian: Das Verfassungsprinzip der Demokratie Tübingen, 2008

Vedder/v. Heinegg (Hrsg.): EVV Kommentar Auflage Baden-Baden, 2007

Vedder/v. Heinegg (Hrsg.): Europäisches Unionsrecht 2. Auflage Baden-Baden, 2011

Vincze, Attila: A jogvédelmi rendszer a Lisszaboni Szerződés után Európai jog 2009, 3, 11

Vincze, Attila: A cseh Alkotmánybíróság határozata a Lisszaboni Szerződésről Európai jog 2009, 3, 10

Vogel, Joachim: Europäische Kriminalpolitik – europäische Strafrechtsdogmatik, GA 2002, 517, 533

Vogel, Joachim: Licht und Schatten im Alternativ-Entwurf Europäische Strafverfolgung, ZStW 2004, 400

Walter, Tonio: Inwieweit erlaubt die Europäische Verfassung ein europäisches Strafrecht, ZStW 2005, 913, 933

Wasmaier, Martin: Stand und Perspektiven des EU-Strafrechts, ZStW 2004, 320

Weber, Sebastian: Justizielle Zusammenarbeit in Strafsachen und parlamentarische Demokratie, EuR 2008, 88, 103

Weidenfeld, Werner (Hrsg.): Lissabon in der Analyse Baden-Baden, 2008

Weigend, Thomas: Spricht Europa mit zwei Zungen?, StV 2001, 63

Weigend, Thomas: Zur Frage eines „internationalen" Allgemeinen Teiles In: Festschrift für Claus Roxin zum 70. Geburtstag am 15 Mai 2001, Schünemann/Achenbach/Bottke/Haffke/Rudolphi (Hrsg.), S. 1375, 1399 Berlin, 2001

Weigend, Thomas: Der Entwurf einer Europäischen Verfassung und das Strafrecht, ZStW 2004, 275, 303

Weigend, Thomas: Zu einem einheitlichen europäischen Strafrecht? In: Festschrift für Jaan Sootak zum 60. Geburtstag, Parmas (Hrsg.), S. 243, 265 Tallinn, 2008

Weißer, Bettina: Die Wirkung von EU-Rahmenbeschlüssen auf das mitgliedsstaatliche Recht, ZIS 2006, 562, 575

Wiederin, Ewald: Deutschland über alles: Das Lissabon-Urteil des BVerfG, ÖJZ 2010, 398, 405

Wessels/Beulke: Strafrecht AT 40. Auflage Karlsruhe, 2010

Zeder, Fritz: Europastrafrecht, Vertrag von Lissabon und Stockholmer Programm: Mehr Grundrechtsschutz?, EuR 2012, 34, 59

Zimmermann, Frank: Mehr Fragen als Antworten – Meeresverschmutzung RB, NStZ 2008, 662, 667

Zimmermann, Frank: Tendenzen der Strafrechtsangleichung in der EU, ZIS 2009, 1, 10

Zimmermann, Frank: Die Auslegung künftiger EU-Strafrechtskompetenzen nach dem Lissabon-Urteil, JURA 2009, 844, 851

Zieschang, Frank: Akzeptanz des Europäischen Strafrechts In: Hohloch, Gerhard (Hrsg.), Wege zum Europäischen Recht Baden-Baden, 2002

Zila, Josef: Akzeptanz des Europäischen Strafrechts in Schweden In: Hohloch, Gerhard (Hrsg.), Wege zum Europäischen Recht, S. 63, 72 Baden-Baden, 2002

Zöller, Mark: Europäische Strafgesetzgebung, ZIS 2009, 340, 349

Zuccala, Giuseppe: Einheitliches europäisches StGB als Ziel der Strafrechtsvergleichung? In: Gedächtnisschrift für Ellen Schlüchter, Duttge/Geilen/Meyer-Gossner/Warda (Hrsg.), S. 117, 131 Köln, 2002

Die in der Arbeit verwendeten Abkürzungen folgen das Abkürzungsverzeichnis der Rechtssprache von *Kirchner, Hildebert* (7. Auflage 2012, Berlin)

A. Einführung

I. Die Entstehung des Europäischen Strafrechts

Die Europäische Gemeinschaft (EG), als sie in der '50er Jahren gegründet wurde, war eindeutig eine rein wirtschaftliche Kooperation von souveränen Staaten. Die partizipierenden Staaten wollten mit dem Abbau der Zölle und der sonstigen Hindernisse des Außenhandels einen einheitlichen, europäischen Binnenmarkt ins Leben rufen, um zur wirtschaftlichen Entwicklung und zur Schaffung eines dauerhaften Friedens der europäischen Völker beizutragen. Unter anderem hat diese Zusammenarbeit zu einem beispiellosen Wirtschaftswachstum der Mitgliedstaaten und gleichzeitig zur heiß ersehnten Versöhnung und zum friedlichen Miteinanderleben der westeuropäischen Länder geführt. Kein Wunder, dass diese Integration für die noch außen gebliebenen europäischen Länder attraktiv geworden war. Fast alle westeuropäischen und – nach dem Fall des Eisernen Vorhangs – auch die mittel-ost-europäischen Länder wünschten sich, Teilnehmer der europäischen Integration zu sein und sind – nach kürzeren oder längeren Erweiterungsverfahren – der Gemeinschaft beigetreten.

Da die wirtschaftliche Zusammenarbeit so erfolgreich war, wurde die europäische Integration im Laufe der Jahre und Jahrzehnte kontinuierlich vertieft bzw. erweitert. Das heißt, sie wurde neben der Wirtschaft auch auf andere Politikfelder ausgedehnt. So sollte man nach Anfang der '90er, mit dem Inkrafttreten des Vertrags von Maastricht[1] nicht mehr über einen bloßen Gemeinsame Markt, bzw. über eine reine wirtschaftliche Gemeinschaft sprechen, es handelte sich vielmehr um eine politische Integration, um eine Europäische Union (Union).[2]

Die Vertiefung der Zusammenarbeit wurde im Laufe der '90er Jahren und am Anfang des neuen Jahrhunderts mit dem Vertrag von Amsterdam,[3] mit dem Vertrag von Nizza,[4] mit dem Inkrafttreten des Schengener-Regelungswerkes[5] und mit der Einführung des Euro fortgesetzt. Diese beispiellos schnelle Vertiefung

1 ABl. 1992 C 191/1.
2 Ähnlich *Dannecker*, Jura 2006, 95.
3 ABl. 1997 C 340/1.
4 ABl. 2001 C 80/1.
5 Sog. Schengen-acquis besteht aus dem Übereinkommen von Schengen, aus dem Übereinkommen zur Durchführung des Übereinkommens von Schengen, aus den Beitrittsprotokollen und aus den sonstigen Beschlüssen und Erklärungen (ABl. 2000 L 239/1).

der Integration wurde letztendlich – nach dem Scheitern des Verfassungsvertrags[6] – mit dem Vertrag von Lissabon[7] gekrönt.

Nunmehr verfügt die Union über eine eigene Rechtspersönlichkeit[8] sowie über weitgehende Zuständigkeiten in mehreren Politikbereichen, die weit über eine wirtschaftliche Zusammenarbeit hinaus reichen.

1. Die ursprünglich fehlende strafrechtliche Kompetenz

Es ist ganz eindeutig, dass die Gründerväter und -mütter der europäischen Integration nicht die Absicht hatten, das Strafrecht in die Gemeinschaftspolitik einzubeziehen[9]. Hierfür lassen sich eindeutige Belege finden.

In den Römischen Verträgen[10] wurde das Strafrecht oder irgendeine Form der strafrechtlichen Zusammenarbeit der Gründungsstaaten nicht einmal erwähnt.[11] Ein weiteres wichtiges – historisches – Argument dafür, dass die Gründer der Europäischen Gemeinschaft das Strafrecht in die Integration nicht einbeziehen wollten, ist die gescheiterte Idee einer Europäischen Verteidigungsgemeinschaft aus den frühen '50er Jahren. Im Rahmen der europäischen Verteidigungszusammenarbeit hätten die Teilnehmerstaaten unter andere die nationalen Militärstrafgesetzbücher vereinheitlicht und sie hätten gleichzeitig die nationale Strafgewalt in diesem Teilbereich des Strafrechts der Europäischen Verteidigungsgemeinschaft übertragen. Das Projekt ist letztendlich gescheitert. Zu einer so schweren Beeinträchtigung der nationalen Souveränität war es offensichtlich noch viel zu früh. Eines wird jedoch durch diese gescheiterte Initiative ganz klar: Den Gründungsvätern und -müttern der europäischen Integration war es durchaus bewusst, dass eine grenzüberschreitende Zusammenarbeit auch im Bereich des Strafrechts möglich ist, diesbezüglich

6 ABl. 2004 C 310/1.

7 ABl. 2007 C 306/1.

8 Vgl. Art. 47 EUV.

9 U.a. *Böse*, GA 2006, 211, 213; *Dannecker*, Jura 2006, 95, 96; *Dannecker*, Die Entwicklung des Strafrechts unter dem Einfluss des Gemeinschaftsrechts, S. 80; *Heger*, Recht und Politik 2012, 88; *Karsai*, in Kondorosi/Ligeti (Hrsg.), Az európai büntetőjog kézikönyve, Rn. 27-01; *Mylonopoulos*, ZStW 2011, 633; *Otto*, Jura 2000, 98; *Rosenau*, ZIS 2008, 9, 12; *Satzger*, § 8, Rn. 21; *Sieber*, ZStW 2009, 1; *Sieber/Brüner/Satzger/v. Heintschel-Heinegg* (Hrsg.), Europäisches Strafrecht, Einführung, Rn. 13.

10 Vertrag zur Gründung der Europäischen Wirtschaftsgemeinschaft, Vertrag zur Gründung der Europäischen Atomgemeinschaft und das Abkommen über gemeinsame Organe für die Europäische Gemeinschaft aus dem Jahr 1957.

11 *Dannecker*, Jura 2006, 95, 96; *Rosenau*, ZIS 2008, 9, 12.

können nationale Kompetenzen auf europäische Ebene übertragen werden. Wenn sie also eine solche Zusammenarbeit im Rahmen der Europäischen Gemeinschaft gewollt hätten, hätten sie es in den Römischen Verträgen ausdrücklich geregelt. Das Schweigen der Verträge lässt eindeutig auf eine ursprünglich fehlende strafrechtliche Kompetenz der EG schließen.[12]

Die herrschende Ansicht, dass das Strafrecht in die Integration generell nicht einzubeziehen ist, hat sich bis Ende der 1980er Jahre kaum verändert. Nichtsdestotrotz gab es drei entscheidende Umstände, die ab den 1960er Jahre schrittweise – zum Teil unabhängig voneinander – aufgetaucht sind und die die Erkenntnis mit sich gebracht haben, dass der europäische Gesetzgeber auch auf dem Gebiet des Strafrechts tätig sein sollte.[13] Diese Erkenntnis hat sich jedoch sehr langsam, erst am Ende der '80er herauskristallisiert. Der Grund für den langsamen Prozess sah man hauptsächlich daran, dass das Strafrecht traditionell als elementarer Bestandteil der nationalen Souveränität angesehen wird und daher lange Zeit als unantastbar galt (siehe S. 59 ff.).[14] Darüber hinaus hat das Niveau der demokratischen Legitimation der Union nach der h.M. lange Zeit nicht den Grad erreicht, der die Strafrechtssetzung des europäischen Gesetzgebers zugelassen hätte (siehe S. 282 ff.).

Die spezielle Stellung des Strafrechts hat vor allem mit der Entstehungsgeschichte der nationalen Strafrechtssysteme zu tun. Die Verabschiedung der ersten nationalen Strafgesetzbücher fällt in den meisten europäischen Ländern mit der Entstehung des Nationalstaates in der Mitte des 19. Jahrhunderts zusammen.[15] Wohl deswegen gilt das Strafrecht als ein wichtiger Ausdruck der nationalen Unabhängigkeit, der Kultur und der Traditionen eines Volkes. Darüber hinaus die Entscheidung über die Strafbarkeit von bestimmten Verhalten ist als elementare Beeinträchtigung der persönlichen Freiheit anzusehen; eine so grundlegende Entscheidung bleibt nach überwiegender Ansicht ausschließlich dem Staat reserviert (siehe S. 59 f. u. 281 ff.).

12 *Satzger*, Europäisierung, S. 136 f.; *Tiedemann*, Wirtschaftsstrafrecht BT, S. 216.

13 *Hecker*, in Ambos (Hrsg.), Europäisches Strafrecht post-Lissabon, S. 14.

14 U.a. *Albrecht/Braum*, KritV 1998, 460, 465 f.; *Satzger*, Europäisierung, S. 6.

15 *Sieber/Brüner/Satzger/v. Heintschel-Heinegg* (Hrsg.), Europäisches Strafrecht, Einführung, Rn. 29. Beispiele dafür: Das Deutsche Reich wurde im Jahre 1871 gegründet, das erste einheitliche StGB wurde schon im selben Jahr verabschiedet. Im ungarischen Königsreich trat das erste nationale StGB im Jahre 1876 – nach dem Österreichisch-Ungarischen Ausgleich im Jahre 1867 – in Kraft. Das Königreich Italien entstand im Jahre 1861, das einheitliche italienische StGB wurde im Jahre 1890 verabschiedet.

2. Die Gründe der Entstehung des Europäischen Strafrechts

Die drei entscheidenden Umstände, die die Absicht mit sich gebracht haben, dass die strafrechtliche Zusammenarbeit auf der Ebene der EG geregelt werden sollte, sind die Folgenden:

a) Schutz der europäischen Einrichtungen

Bereits bei der Gründung der Europäischen Gemeinschaft wurden europäische Institutionen ins Leben gerufen. Die Zahl der verschiedenen Einrichtungen und Stellen nahm parallel mit der Vertiefung der Integration zu. Handlungen, die zu Lasten dieser Institutionen unternommen wurden bzw. die Handlungen, mittels derer versucht wurde, die Entscheidungen der europäischen Einrichtungen widerrechtlich zu beeinflussen, konnten effektiv nur mit Hilfe des Strafrechts verfolgt und bekämpft werden. Die Notwendigkeit des Schutzes der europäischen Organe war somit die erste Ursache der Entstehung des Europäischen Strafrechts.

An dieser Stelle muss man vor allem die Satzung des Europäischen Gerichtshofes (EuGH) näher betrachten.[16] Durch Art. 30 der Satzung sind die Mitgliedstaaten verpflichtet, falsche eidliche Aussagen, die vor dem EuGH geleistet wurden, genauso zu verfolgen und zu bestrafen, wie ähnlichen Handlungen vor den nationalen Gerichten bestraft werden würden.

Diese Regelung gilt als die erste Erscheinungsform des Europäischen Strafrechts. Es handelt sich hier – anders als es früher von einigen Stimmen in der Literatur vertreten wurde[17] – „lediglich“ um ein Assimilierungsgebot des europäischen Gesetzgebers, dessen Adressat die Mitgliedstaaten sind. Sie sind verpflichtet die Aussagedelikte, die vor dem EuGH begangen wurden, nach den nationalen Strafvorschriften zu verfolgen. Die Regelung findet zwar unmittelbare Anwendung, ohne die entsprechende mitgliedsstaatliche Vorschrift (also den Tatbestand des Meineids) würde sie jedoch ins Leere laufen.[18] Art. 30 der Satzung des EuGH stellt also auf keinen Fall supranationales, europäisches Strafrecht dar.

---

16 ABl. 2001 C 80/53.

17 *Böse*, Strafen und Sanktionen im europäischen Gemeinschaftsrecht, 1996, S. 108.

18 U.a. *Eisele*, JA 2000, 896, 899 f.; *Nelles/Tinkl/Lauchstädt*, in Kadelbach (Hrsg.) Europarecht, § 42 Rn. 10; *Rosenau*, ZIS 2008, 9; *Rosenau/Petrus*, in Vedder/v. Heinegg (Hrsg.), EUV/AEUV Kommentar, Art. 83, Rn. 6; *Satzger*, § 7, Rn. 14 f.

b) Schutz der finanziellen Interessen

Es wurden im Gemeinschaftsrecht – im Laufe der '60er, '70er und '80er Jahre – immer mehr Sanktionen mit strafrechtlichem Charakter verankert, obwohl über Strafrecht oder über Europäisches Strafrecht in dieser Zeit immer noch keine Rede war.[19] Die Verbreitung dieser Sanktionen im Gemeinschaftsrecht gilt als zweite Ursache für die Entstehung des Europäischen Strafrechts.

Die Sanktionen mit teilweise strafrechtlichem Charakter waren in drei Bereichen unvermeidbar. Erstens waren in den verschiedenen Wirtschaftsbereichen einheitliche, europäische Regelungen notwendig, um einen funktionsfähigen Binnenmarkt zu gewährleisten. Die Vorschriften mussten teilweise auch mit Sanktionen versehen werden, denn wenn ein rechtswidriges Verhalten nicht sanktioniert wird, ist die Bereitschaft, sich rechtmäßig zu verhalten, ziemlich niedrig. So ist die menschliche Natur.

Zweitens wurde als Ziel der Gemeinschaft erklärt, die Ungleichheiten zwischen den europäischen Regionen zu verringern bzw. auszugleichen.[20] Um dieses Ziel zu erreichen, sind mehrere europäische Subventionsfonds eingerichtet worden. Da es hierbei um viel Geld ging, war der Anreiz für Missbrauch sehr hoch. Um die Zunahme der Missbrauchsfälle zu verhindern, mussten die betrügerischen Handlungen sanktioniert werden.

Zum Dritten wurden in zwei Wirtschaftsbereichen, nämlich in der Landwirtschaft und in der Fischerei die ökonomischen Regeln und die Prinzipien der Marktwirtschaft aufgehoben. Mit Subventionierung, mit Produktionsgrenzen etc. wurde ein planwirtschaftsähnliches System eingeführt (Ob das System sinnvoll ist, darüber lässt sich streiten, das Problem gehört jedoch nicht zum Gegenstand dieser Arbeit). Die diversen finanziellen Unterstützungen im Rahmen der Gemeinsamen Agrarpolitik (GAP) stellen von Anfang an mit Abstand den größten Teil der Ausgaben der EG dar, Missbrauchsfälle waren von Anfang an präsent, sie mussten sanktioniert werden.

Das Problem der betrügerischen Handlungen zu Lasten der Europäischen Gemeinschaft wird noch deutlicher, wenn man berücksichtigt, dass der Gesamthaushalt der Union mehr als 1% des Bruttoinlandsprodukts der Mitgliedstaaten beträgt.[21] Ungefähr 90% der Ausgaben fließt als Subvention oder als sonstige

---

19 *Kis*, in Kondorosi/ Ligeti (Hrsg.), Az európai büntetőjog kézikönyve, Rn. 23-14; *Satzger*, § 7, Rn. 5.

20 Vgl. Art. 3 Abs. 3 UA. 3 EUV.

21 Für das Jahr 2011 wurde eine Gesamtausgabe von 142,6 Mrd. Euro verabschiedet http://ec.europa.eu/budget/budget_detail/next_year_de.htm (13.07.2014).

finanzielle Unterstützung zu den europäischen Bürgern und Unternehmen zurück.[22] Die Verlockung, sich mit den europäischen Geldern rechtswidrig zu bereichern, ist also groß. Dementsprechend sind die Schäden auch hoch, sie liegen nach Schätzungen bei 10–20% des gesamten Etats.[23] Dies bedeutet jedes Jahr mehrere zehn Milliarden Euro.

Es lässt sich also ein Fazit ziehen: Die finanziellen Interessen der Gemeinschaft sollten in irgendeiner Form effektiv geschützt werden.[24] Und dies war schon in den '80er Jahren klar.

Am Ende der '80er stellten sich in der Literatur und in der Politik in Verbindung mit der rechtlichen Natur der Sanktionen des Gemeinschaftsrechts die ersten Fragen und sie wurden in der '90er von weiteren gefolgt: Haben die Sanktionen des Gemeinschaftsrechts einen strafrechtlichen Charakter? Sind die Sanktionen der EG strafrechtliche Sanktionen? Sind die Sanktionen mit strafrechtlichem Charakter auch kriminalstrafrechtliche Sanktionen? Sollten die Rechtsgüter der EG überhaupt mit strafrechtlichen/kriminalstrafrechtlichen Sanktionen geschützt werden? Ist die Gemeinschaft befugt, strafrechtliche Normen zu erlassen? Oder aber müssen die Mitgliedstaaten den strafrechtlichen Schutz der EG selber gewährleisten? Sind die Mitgliedstaaten dazu von der Kraft der Gründungsverträge auch verpflichtet? etc. Diese Frage versuche ich in meiner Arbeit zu beantworten.

c) Grenzüberschreitende Kriminalität

Im gleichen Zeitraum – also in den '80er und '90ern – tauchte in Europa ein weiteres strafrechtliches Problem auf. Es war nicht mehr zu übersehen, dass sich eine grenzüberschreitende Kriminalität im europäischen Wirtschaftsraum entwickelt hat. Das Phänomen der grenzüberschreitenden Kriminalität gilt als dritte Ursache für die Entstehung des Europäischen Strafrechts.

Insofern spielt das Schengener-Übereinkommen, das die Abschaffung der Grenzkontrollen an den Binnengrenzen ermöglicht hat, eine zentrale Rolle. Kraft des Übereinkommens entstand schrittweise ein grenzenloser europäischer Raum. Der Schengen-Raum zählt heutzutage bereits 26 Mitgliedsländer, mit ca. 400 Millionen Einwohnern.[25]

---

22 http://ec.europa.eu/budget/budget_detail/next_year_de.htm (13.07.2014).

23 *Fromm*, EG-Rechtssetzungsbefugnis im Kriminalstrafrecht, S. 10; *Satzger*, Europäisierung, S. 85.

24 Ähnlich *Fromm*, EG-Rechtssetzungsbefugnis im Kriminalstrafrecht, S. 10.

25 Die Schengen-Staaten sind Belgien, Dänemark, Deutschland, Estland, Finnland, Frankreich, Griechenland, Island, Italien, Lettland, Lichtenstein, Litauen, Luxemburg,

Eines ist jedoch an dieser Stelle klarzustellen: Die Abschaffung der Binnengrenzen hat – auch wenn viele Populisten europaweit etwas anders behaupten mögen – die grenzüberschreitende, organisierte, europäische Kriminalität nicht hervorgerufen. Denn sie gab es immer, auch in der '60er, als zum Beispiel an der italienischen-österreichischen Grenze noch zweimal kontrolliert wurde.[26] Unumstritten ist jedoch, dass mit dem Schengener-Übereinkommen die Tätigkeit der Kriminellen erleichtert worden ist.

Die Verwirklichung des binnengrenzenlosen Europa ist jedoch nur ein, nämlich der politische Grund für die Entstehung der grenzüberschreitenden Kriminalität auf dem Kontinent. Es gibt nebenbei auch andere, wirtschaftliche und technische Gründe, die die grenzüberschreitende Kriminalität verursacht bzw. erleichtert haben.[27]

Zu den technischen Ursachen zählen vor allen die computertechnischen Entwicklungen des späten 20. und des 21. Jahrhunderts. Denn das weltumfassende Datennetz hat notwendiger Weise neue Formen der Kriminalität mit sich gebracht, die im nationalstaatlichen Rahmen kaum zu bekämpfen sind. Um dies zu veranschaulichen reicht schon ein Hinweis auf das Internet und auf die Cyberkriminalität.

Bei den wirtschaftlichen Gründen der grenzüberschreitenden Kriminalität muss man vor allem die Globalisierung erwähnen. Da die wirtschaftlichen Kooperationen immer öfter einen internationalen Charakter haben, nimmt auch der Zahl der Straftaten mit ausländischem Element zu. Darüber hinaus ist der globale Weltmarkt auch für die organisierte Kriminalität ein gutes Pflaster, der illegale Handel mit Waffen, Drogen und Menschen ist auch global geworden.[28]

Auf diese neuen Phänomene in der Kriminalität war eine angemessene Antwort der europäischen Strafverfolgungsbehörden fällig. Die herkömmlichen Formen der internationalen strafrechtlichen Zusammenarbeit waren ungenügend, denn bei denen stand immer die Souveränität der einzelnen Staaten im Mittelpunkt, die Effektivität der Zusammenarbeit war stets zweitrangig.[29] Die Verfahren waren dementsprechend langsam, ineffektiv und die Entscheidungen willkürlich, da am Ende des Prozesses immer eine politische Entscheidung

---

Malta, Niederlande, Norwegen, Österreich, Polen, Portugal, Schweden, die Schweiz, die Slowakei, Slowenien, Spanien, Tschechien und Ungarn.

26 Ähnlich *Jung*, JuS 2000, 417, 418.

27 *Sieber*, ZStW 2009, 1, 3.

28 *Sieber*, ZStW 2009, 1, 3.

29 *Sieber*, ZStW 2009, 1, 33.

stand. Die Integration benötigte jedoch eine effektive europäische justizielle und polizeiliche Zusammenarbeit in Strafsachen.

Insofern tauchen wiederum Fragen auf: Sollte man diese strafrechtliche Zusammenarbeit in der europäischen Integration offiziell einbeziehen? Ist die Zusammenarbeit auf supranationaler oder auf intergouvernementaler Ebene zu führen? Inwieweit sind die europäischen strafrechtlichen Rechtsakte für die Mitgliedstaaten verbindlich bzw. wie groß muss der nationale Umsetzungsspielraum bleiben? Auch diese Frage versuche ich in meiner Arbeit zu beantworten.

d) *Die Folge*

Viele von diesen Fragen wurden während der letzten 20 Jahre durch die Änderung der Gründungsverträge in Maastricht, in Amsterdam und in Nizza, bzw. durch die Rechtsprechung des EuGH beantwortet. Es hat sich gleichzeitig – mit großer Geschwindigkeit – ein neues Rechtsgebiet, das Europäische Strafrecht entwickelt, obwohl dieses Rechtsgebiet noch vor 25 Jahren als Utopie (von einigen vielleicht als Albtraum) betrachtet wurde.

Die Tatsache, dass das Europarecht auf die nationalen Strafrechtsysteme einen starken Einfluss hat, kann heutzutage nicht mehr in Frage gestellt werden.[30] Es ist mittlerweile unumstritten. Die eigentliche Frage und Streitpunkt besteht darin, ob und inwieweit das nationale Strafrecht europäisiert werden *soll*, bzw. nach der jetzigen Rechtslage europäisiert werden *kann*.

II. Ziel der Arbeit

Das Phänomen „Europäisches Strafrecht“ und dessen Funktionen, Reichweite und Zukunft wurde in den letzten Jahren ausführlich diskutiert.[31] Mit dem Inkrafttreten des Vertrags von Lissabon hat sich jedoch die Rechtslage wesentlich verändert. Deshalb sollten die Fragen, die das Europäische Strafrecht betreffen, neu diskutiert und beantwortet werden.

---

30 Ähnlich *Albrecht/Braum*, KritV 1998, 460, 473.

31 Es gibt mittlerweile mehrere Habilitationsschriften (*Braum*, Europäisches Strafgesetzlichkeit, 2003; *Satzger*, Die Europäisierung des Strafrechts, 2001; *Schröder*, Europäische Richtlinie und deutsches Strafrecht, 2002), mindestens fünf Lehrbücher (*Ambos*, Internationales Strafrecht, 3. Auflage, 2011; *Esser*, Europäisches und Internationales Strafrecht, 1. Auflage, 2014; *Hecker*, Europäisches Strafrecht, 3. Auflage, 2010; *Safferling*, Internationales Strafrecht, 5. Auflage, 2011; *Satzger*, Internationales und europäisches Strafrecht, 5. Auflage, 2011), zahlreiche weitere Fachbücher und unzählige Aufsätzen zum Thema.

Die wichtigsten Probleme des Rechtsgebietes werden im Mittelpunkt meiner Arbeit stehen: also die Auslegung der vertraglichen Kompetenzgrundlagen und die Notwendigkeit sowie die optimale Reichweite des Europäischen Strafrechts.

Nach der Darstellung des aktuellen Regelungsstandes und der Auslegung der vertraglichen Vorschriften nach den verschiedenen Meinungen, die in der deutschen und in der fremdsprachigen europäischen Literatur vertreten werden, versuche ich auch die Weiterentwicklungsmöglichkeiten bzw. Zukunftsperspektiven des Europäischen Strafrechts zu analysieren.

III. Was ist unter Europäischem Strafrecht zu verstehen?

In einer Arbeit über das Europäische Strafrecht ist es sinnvoll, als Erstes zu thematisieren, was eigentlich unter Europäischem Strafrecht verstanden werden kann bzw. nach der herrschenden Lehre verstanden wird. Diese Fragestellung ist äußerst wichtig, denn die Bedeutung des Begriffes Europäisches Strafrecht ist auf keinen Fall eindeutig. Die Tatsache, dass sich bisher keine unumstrittene Definition herauskristallisiert hat, ist keine Überraschung, wenn man berücksichtigt, dass das Europäische Strafrecht eine sehr junge Materie ist, es ist ein Ergebnis der Entwicklung der europäischen Integration der letzten zwei Jahrzehnte.

Die europäischen Bürger, die über keine tiefgreifenden juristischen Kenntnisse verfügen, haben immerhin eine grobe Vorstellung davon, was der Begriff „Strafrecht" bedeutet und was in einem Strafgesetzbuch geregelt wird. Die gleichen Bürger können aber höchstwahrscheinlich mit dem Ausdruck „Europäisches Strafrecht" wenig, oder sogar überhaupt nichts anfangen.[32]

Die Situation ist in juristischen Kreisen auch nicht unbedingt besser. Diese Behauptung trifft auf Deutschland vielleicht weniger zu, wo dieses neue Phänomen in der juristischen Fachliteratur regelmäßig diskutiert wird. Die Behauptung ist jedoch im Zusammenhang mit anderen Mitgliedsstaaten, wie zum Beispiel Ungarn, auf jeden Fall zutreffend. Denn in Ungarn haben renommierten Juristen kaum eine Vorstellung darüber, wie und inwieweit die europäische Gesetzgebung das ungarische Strafrecht beeinflusst. Sie könnten höchstens den Europäischen Haftbefehl in Verbindung mit der europäischen Gesetzgebung im Bereich des Strafrechts erwähnen. Es ist leider zu befürchten, dass insofern die ungarischen Juristen keine Ausnahme darstellen und die Situation in anderen Mitgliedstaaten auch nicht wesentlich besser ist. Dieser Zustand ist äußerst bedauerlich, wenn man berücksichtigt, wie groß der Einfluss

---

32 Ähnlich *Heine*, Die Rechtsstellung der Beschuldigten im Rahmen der Europäisierung des Strafverfahrens, S. 30.

des Europäischen Strafrechts auf die nationalen Strafrechtssysteme ist. Dies gilt unabhängig davon, dass gegenwertig kein Europäisches Strafrecht i.e.S., also kein echtes Europäisches Strafrecht existiert.[33]

Um die grundlegende Frage entscheiden zu können, ob nämlich das Europäische Strafrecht überhaupt als ein eigenständiges Rechtsgebiet existiert und um den eigentlichen Inhalt des Europäischen Strafrechts thematisieren zu können, muss zuerst also der Begriff „Europäisches Strafrecht" definiert werden.

Es herrscht in der Literatur keine einheitliche Definition. Eine Legaldefinition existiert auch nicht, das heißt im Unionsrecht wird der Inhalt des Begriffes nicht festgelegt.[34] Man ist mit mehreren Begriffsbestimmungen konfrontiert, die nebeneinander existieren. Davon abhängig, welche Definition angewendet wird, kann entschieden werden, ob das Europäische Strafrecht als eigenständiges Rechtsgebiet überhaupt existiert.

1. Europäisches Strafrecht i.e.S.

Unter Europäischem Strafrecht kann man das gleiche verstehen wie unter nationalem, also deutschem, italienischem, finnischem etc. Strafrecht. Ein flächendeckendes nationales Strafrechtssystem mit einem StGB, mit einer StPO, mit Regelungen, die grundsätzlich im allen Strafverfahren Anwendung finden und mit einer Strafvollzugsordnung. Es wäre auch eine Definition vertretbar, die unter (Europäisches) Strafrecht nur das materielle Recht versteht. Das (Europäische) Strafrecht wäre aber auch in diesem Fall ein komplettes System, die Gesamtheit der strafbaren Handlungen und deren Rechtsfolgen, mit ius puniendi[35] des Gesetzgebers. Das Europäische Strafrecht wäre also im diesen Sinne ein echtes, supranationales Strafrecht auf Unionsebene.[36]

Im diesen Sinne haben wir eindeutig kein Europäisches Strafrecht.[37] Insofern ist die Rechtslage seit Maastricht, seit dem „offiziellen" Beginn der europäischen

---

33 Ähnlich *Heine*, Die Rechtsstellung der Beschuldigten im Rahmen der Europäisierung des Strafverfahrens, S. 30 f.

34 *Satzger*, Europäisierung, S. 58.

35 Es bedeutet das Recht des Staates auf Strafgewalt, d.h. für bestimmte Verhaltensweisen Strafen bzw. Maßregeln der Besserung und Sicherung festzusetzen und zu verhängen (*Triffterer*, Österreichisches Strafrecht, AT, § 1, Rn. 2).

36 *Ambos*, § 9, Rn. 4.

37 U.a. *Albrecht/Braum*, KritV 1998, 460, 465; *Ambos*, § 9, Rn. 13 f.; *Eisele*, JA 2000, 896, 897; *Mylonopulos*, ZStW 2011, 633, 334; *Rosenau*, ZIS 2008, 9; *Satzger*, Europäisierung, S. 58; *Sieber*, ZStW 2009, 1.

Einflussnahme auf das nationale Strafrecht unverändert und zwar unabhängig davon, dass die strafrechtlichen Kompetenzen des europäischen Gesetzgebers zwischenzeitlich erweitert wurden.

Mit einem Europäischen Strafrecht in diesem, echten Sinne ist kurz und mittelfristig nicht zu rechnen.[38] Dafür gibt es gleich mehrere Gründe: Die Union hat unumstritten keine Kompetenz ein komplettes europäisches Strafrechtssystem zu schaffen.[39] Es fehlt aber nicht nur die Kompetenz, es mangelt auch am politischen Willen und an der Unterstützung der europäischen Bevölkerung.

Darüber hinaus gibt es – nach der ganz herrschenden Meinung – auch keine Notwendigkeit für die umfassende Harmonisierung der nationalen Strafrechtssysteme. Unter Körperverletzung oder Sachbeschädigung müssen wir nach der h.M. nicht unbedingt sowohl in Palermo, also auch in Helsinki das gleiche verstehen. Obwohl über dies letzte Argument sich streiten lässt.

Das europäische Strafrecht im engeren Sinne (zusammen mit dem Familienrecht) steht am Ende der Integration.[40] Denn auf diesem Gebiet sind die nationalen Traditionen besonders wichtig, dieser Rechtsbereich ist am engsten mit der nationalen Souveränität und Traditionen verbunden.[41]

Die fehlende umfangreiche Strafrechtssetzungskompetenz der Union bedeutet für die Mitgliedstaaten, dass sie weiterhin aktiv sein müssen, um die kriminellen Eingriffe in die Interessen und Einrichtungen der Union effektiv zu bekämpfen, wie es in Sinne des Assimilierungsprinzips zu erwarten ist.[42]

2. Europäisches Strafrecht i.w.S.

Der Begriff „Europäisches Strafrecht" kann – sehr zutreffend – auch ein Regelungswerk sui generis darstellen, das alle strafrechtsrelevanten Rechtsnormen und Vorschriften des Europarechts, die völkerrechtlichen Verträge mit strafrechtlichem Inhalt, an denen die Mitgliedstaaten beteiligt sind, umfasst, sowie

---

38 Ähnlich *Albrecht/Braum*, KritV 1998, 460, 466; *Eisele*, JA 2000, 896, 897; *Fromm*, EG-Rechtssetzungsbefugnis im Kriminalstrafrecht, S. 62.

39 *Hecker*, in Ambos (Hrsg.), Europäisches Strafrecht post-Lissabon, S. 16; *Kis*, in Kondorosi/Ligeti (Hrsg.), Az európai büntetőjog kézikönyve, Rn. 23-07; *Rosenau*, ZIS 2008, 9, 11 ff.

40 *Jung*, JuS 2000, 417, 418; *Rosenau*, ZIS 2008, 9, 19.

41 *Albrecht/Braum*, KritV 1998, 460, 465 f.; *Geiger*, Auswirkungen europäischer Strafrechtsharmonisierung auf nationaler Ebene, S. 26; *Heine*, Die Rechtsstellung der Beschuldigten im Rahmen der Europäisierung des Strafverfahrens, S. 83.

42 *Hecker*, in Ambos (Hrsg.), Europäisches Strafrecht post-Lissabon, S. 16 f.

die nationalen strafrechtlichen Regelungen enthält, die durch die europäische Rechtssetzung beeinflusst werden.[43]

Die Aufgaben des Europäischen Strafrechts sind nach dieser Auffassung die Folgenden:

- die nationalen Strafrechtsordnungen begrenzt zu harmonisieren und zu assimilieren,
- auf nationale strafrechtliche Bestimmungen zu verweisen,
- partiell auch unmittelbar geltende strafrechtliche Regelungen zu erlassen,
- Verstöße gegen das Unionsrecht zu sanktionieren,
- das Prinzip der gegenseitigen Anerkennung von justiziellen Entscheidungen zur Geltung zu bringen,
- die grenzüberschreitende Tätigkeit der zuständigen nationalen Behörden zu ermöglichen und zu erleichtern.[44]

Das Europäische Strafrecht im weiteren Sinne stellt also ein fragmentarisches Regelungswerk dar, das das nationale Strafrecht nicht ersetzen kann und nicht ersetzen will.[45] Es geht vielmehr um die Ausübung eines europäischen Einflusses. Insofern ist der Ausdruck „Europäisches Strafrecht" unpräzise und kann zu Missverständnissen führen, da unter Strafrecht wird ein komplettes System und nicht etwa sektorial begrenzte kriminal- oder verwaltungsstrafrechtliche Regelungen verstanden (Über den Unterschied zwischen Kriminal- und Verwaltungsstrafrecht (siehe S. 221 ff.). Es wäre deshalb wesentlich zutreffender über die *Europäisierung* des nationalen Strafrechts zu sprechen.[46] Der Ausdruck „Europäisches Strafrecht" hat sich jedoch mittlerweile in wissenschaftlichen Kreisen etabliert, deswegen werde ich ihn auch in meiner Arbeit verwenden.[47]

Es gibt auch eine weitere Begriffsbestimmungsmöglichkeit, die jedoch mittlerweile als überholt gilt. Es gibt nämlich Stimmen in der Literatur, die das

---

43 *Ambos*, 2. Auflage, § 19, Rn. 14; *Hecker*, § 1, Rn. 5; *Heine*, Die Rechtsstellung der Beschuldigten im Rahmen der Europäisierung des Strafverfahrens, S. 66; *Ligeti*, in Kondorosi/Ligeti (Hrsg.), Az európai büntetőjog kézikönyve, Bevezetés, S. 21; *Sieber*, ZStW 2009, 1.

44 *Hecker*, § 1, Rn. 5, *Ligeti*, in Kondorosi/Ligeti (Hrsg.), Az európai büntetőjog kézikönyve, Bevezetés, S. 22; *Nilson*, in Esser/Lagodny (Hrsg.), Principles and Procedures for a Now Transnational Criminal Law, S. 457; *Sieber/Brüner/Satzger/v. Heintschel-Heinegg* (Hrsg.), Europäisches Strafrecht, Einführung, Rn. 3 ff.

45 Ferner *Zeder*, EuR 2012, 34, 40.

46 Als Alternative: europäisiertes Strafrecht bei Ambos, § 19, Rn. 4.

47 *Hecker*, § 1, Rn. 5.

Europäische Strafrecht nicht einmal als Rechtsbegriff wahrnehmen, sondern lediglich für einen „Arbeitstitel" halten, welcher die das nationale Strafrecht berührende, europäische Rechtsentwicklung zusammenfasst.[48] Mit dieser Begriffsbestimmung wäre das Europäische Strafrecht jedoch unterbewertet. Sie würde zu dem Umfang der Einflussnahme nicht gerecht, der mittlerweile vom Unionsrecht in die Richtung der nationalen Strafrechtssysteme ausgeht.

3. Die Rolle der EMRK

Bei der Thematisierung des Europäischen Strafrechts muss eine weitere Besonderheit berücksichtigt werden. Es hat mit der Beziehung des Europäischen Strafrechts zum Europarat zu tun. Die Union und der Europarat sind zwar völkerrechtlich komplett unabhängige Organisationen, und das Europäische Strafrecht stellt eigentlich ein Gebiet des Unionsrechts dar. Die verbindlichen Regelungen des Europarates bilden nichtsdestotrotz einen wichtigen Bestandteil des Europäischen Strafrechts. Insofern muss vor allem auf die EMRK und deren strafrechtsrelevanten Grundrechte hingewiesen werden.[49]

4. Fazit

Das Europäische Strafrecht stellt also ein ziemlich kompliziertes Mehrebenensystem dar, welches sich aus supranationalen sowie intergouvernalen unionsrechtlichen, aus nationalen und teilweise aus völkerrechtlichen Elementen zusammensetzt.[50] Es bedeutet, dass bei der Auslegung der Einzelnen Regelungen des Europäischen Strafrechts, die rechtlichen Eigenschaften der verschiedenen Ebenen immer berücksichtigt werden müssen; diese Besonderheit führt häufig zur Komplikationen und Uneindeutigkeiten bei der Normenauslegung.

Zusammenfassend lässt sich festlegen, dass das Europäische Strafrecht ein Regelungswerk sui generis mit speziellem, vielfältigem Regelungsinhalt ist. Es ist daher mit den nationalen Strafrechtssystemen nicht gleichzustellen und kaum zu vergleichen.

48 *Albrecht/Braum*, KritV 1998, 460, 465.

49 *Sieber/Brüner/Satzger/v. Heintschel-Heinegg* (Hrsg.), Europäisches Strafrecht, Einführung, Rn. 6.

50 *Sieber/Brüner/Satzger/v. Heintschel-Heinegg* (Hrsg.), Europäisches Strafrecht, Einführung, Rn. 8.

IV. Ziele des Europäischen Strafrechts

Am Anfang der Arbeit sollen neben der Begriffsbestimmung auch die Ziele des Europäischen Strafrechts untersucht werden. Diese Analyse ist wichtig, denn später, bei der Beantwortung der Frage, ob die Union über eine strafrechtliche Kompetenz verfügt bzw. wie die möglichen Kompetenzen auszulegen sind, spielt die Frage eine entscheidende Rolle, welche Ziele durch die Europäisierung des Strafrechts verfolgt werden.[51]

Das Erlassen von strafrechtsrelevanten Regelungen durch den europäischen Gesetzgeber – und damit verbunden die Harmonisierung der nationalen Strafrechtsvorschriften sowie die Vertiefung der grenzüberschreitenden strafrechtlichen Zusammenarbeit – darf kein politischer Selbstzweck sein.[52] Einer strafrechtlichen Kompetenzerweiterung der Union muss natürlich immer eine politische Entscheidung zugrunde liegen. Sie ist für die Akzeptanz in der Bevölkerung besonders wichtig, vor allem dann, wenn die strafrechtlichen Kompetenzen der Union wesentlich erweitert werden. Der entsprechende politische Wille darf aber das legitime Ziel der Europäisierung des Strafrechts auf keinen Fall ersetzen.

Die Europäisierung setzt ständig legitime Gründe voraus, die über den bloßen politischen Willen hinausgehen. Kriminalistische Probleme müssen also vorliegen, die sich auf europäischer Ebene, durch die europäischen Einrichtungen, oder in mitgliedsstaatlicher Zusammenarbeit einfacher und effektiver lösen lassen, als es auf nationaler Ebene der Fall wäre. Dieses Gebot ergibt sich aus dem Prinzip der Subsidiarität.[53]

Die Geburt des Europäischen Strafrechts wird dem Grundsatz der Subsidiarität gerecht, denn die kriminalpolitischen Probleme, die bei den Geburtsursachen des Europäischen Strafrechts aufgezählt wurden, waren effektiv nur in der grenzüberschreitenden Zusammenarbeit zu lösen.[54] Dies allein reicht jedoch nicht aus, die Legitimationsgründe müssen jeder Zeit, also sowohl gegenwärtig, als auch künftig nachgewiesen werden können.[55]

---

51 *Sieber/Brüner/Satzger/v. Heintschel-Heinegg* (Hrsg.), Europäisches Strafrecht, Einführung, Rn. 202.

52 *Ligeti*, in Kondorosi/Ligeti (Hrsg.), Az európai büntetőjog kézikönyve, Bevezetés, S. 23.

53 Vgl. Art. 5 Abs. 3 S. 1 EUV.

54 A.A. *Braum*. ZIS 2009, 418 ff.; *ders.* JZ 2000, 493 ff.

55 *Ligeti*, in Kondorosi/Ligeti (Hrsg.), Az európai büntetőjog kézikönyve, Bevezetés, S. 23 f.

Bei der Festlegung der Ziele des Europäischen Strafrechts müssen zwei weitere Aspekte berücksichtigt werden. Einerseits ist das Europäische Strafrecht – wie bereits sein Name verrät – *Strafrecht*. Es muss deswegen die klassischen Ziele des Strafrechts verfolgen. Anderseits darf man nicht vergessen, dass das Europäische Strafrecht nach nationalstaatlichen Maßstäben kein klassisches Strafrecht ist. Es ist ein Rechtsgebiet sui generis und als solches muss es auch spezielle, europaspezifische Ziele verfolgen.[56]

Das klassische Ziel des Strafrechts ist der Schutz der Sicherheit und der Freiheit.[57] Diese Grundaufgaben stehen auch im Mittelpunkt des Europäischen Strafrechts. Es wird besonders eindeutig, wenn man berücksichtigt, dass es eines der Hauptziele der Union ist, ihren Bürgern einen Raum der Freiheit, der Sicherheit und des Rechts zu gewährleisten.[58] Dieses Ziel ist – als vertraglicher Rahmen des Europäischen Strafrechts – seit Amsterdam im Primärrecht der Union verankert.[59]

Die europaspezifischen Ziele des Europäischen Strafrechts ergeben sich aus den Entstehungsgründen des Rechtsgebietes. Diese sind die Verhütung und Verfolgung der grenzüberschreitenden Kriminalität sowie der Schutz der speziellen europäischen Interessen, Rechtsgüter und Institutionen.[60]

Wie das Strafrecht generell, so muss auch das Europäische Strafrecht den Bürgern Sicherheit und Freiheit gewährleisten. Insofern ist jedoch ein grundlegendes Spannungsfeld zu erkennen, welches das Rechtsgebiet des Strafrechts generell und das des Europäischen Strafrechts im Besonderen prägt.[61] Das Strafrecht verfügt über eine generelle und eine spezielle freiheitseinschränkende Wirkung. Durch die strafrechtlichen Regelungen (sprich: Straftatbestände) werden bestimmte Verhaltensweisen als strafbar erklärt bzw. untersagt. Dadurch wird potentiell die Freiheit aller Bürger beeinträchtigt. Es lässt sich also über eine generelle freiheitseinschränkende Wirkung sprechen.

---

56 *Sieber*, ZStW 2009, 1, 2; *Sieber/Brüner/Satzger/v. Heintschel-Heinegg* (Hrsg.), Europäisches Strafrecht, Einführung Rn. 202.

57 *Sieber*, ZStW 2009, 1, 2; *Sieber/Brüner/Satzger/v. Heintschel-Heinegg* (Hrsg.), Europäisches Strafrecht, Einführung Rn. 202. Mit Verweis auf *Roxin*, Strafrecht AT, Band 1, § 2, 16 ff. (4. Auflage). Ähnlich *Wessels/Beulke*, Strafrecht AT, § 1, Rn. 6 (38. Auflage).

58 Vgl. Art. 3 Abs. 2 EUV i.V.m. Art. 67 Abs. 1 AEUV.

59 Vgl. Art. 2 i.V.m. Art. 29 EUV in der Fassung von Amsterdam.

60 *Sieber*, ZStW 2009, 1, 3; *Sieber/Brüner/Satzger/v. Heintschel-Heinegg* (Hrsg.), Europäisches Strafrecht, Einführung, Rn. 203.

61 Ähnlich *Rosenau/Petrus*, in Vedder/v. Heinegg (Hrsg.), EUV/AEUV Kommentar, Art. 67, Rn. 5.

Durch die Anwendung von strafrechtlichen Regelungen, also die Verhängung von strafrechtlichen Sanktionen, wird die Freiheit der betroffenen Angeschuldigten speziell beeinträchtigt. Das Strafrecht ist gerade das eingriffsintensivste Rechtsgebiet, denn es ist geeignet, die persönliche Freiheit wesentlich zu beeinträchtigen. Deswegen müssen die Bürger nicht nur *durch* das Strafrecht, sondern auch *vor* dem Strafrecht geschützt werden.[62] Die zwei Aspekte sind gleich wichtig, es darf weder der eine, noch der andere übergeordnet werden. Die Kollision der Freiheit und der Sicherheit lässt sich nicht vermeiden; der Strafgesetzgeber sollte vor dem Erlass strafrechtlicher Regelungen – vor allem mit Hilfe von kriminalpolitischen, sozilogischen Untersuchungen – immer Bemühungen unternehmen, um eine praktische Konkordanz herzustellen (siehe S. 281 ff.).

An diesem Punkt wird das Europäische Strafrecht von den deutschen Rechtswissenschaftlern am häufigsten attackiert. Sie vertreten nämlich mehrheitlich die Meinung, dass der Rechtsschutz *vor* dem Strafrecht – welcher in Deutschland stark ausgeprägt ist – durch die Europäisierung erheblich geschwächt werde. Für den europäischen Gesetzgeber sei der Schutz der Bürger und des Staates *durch* das Strafrecht wesentlich wichtiger als der Schutz *vor* dem Strafrecht, was das zerbrechliche Gleichgewicht zwischen Freiheit und Sicherheit negativ beeinträchtigt.

62 *Sieber*, ZStW 2009, 1, 8.

B. Der Reformvertrag von Lissabon

I. Über dem Vertrag von Lissabon in Allgemeinen

Der Vertrag von Lissabon[63] ist ein Meilenstein auf dem Weg der europäischen Integration. Der Vertrag hat den Aufbau, die Zuständigkeiten und den völkerrechtlichen Status der Union wesentlich verändert. Von der Bedeutung her kann der Vertrag nur mit dem von Maastricht verglichen werden.

Wenn man die Entstehung und wichtigste Neuerung des Vertrags darstellen möchte, so kann dies nicht ohne die Erwähnung des gescheiterten Verfassungsvertrags[64] geschehen.

Am Anfang des neuen Jahrhunderts ging die europäische Zusammenarbeit bereits weit über die wirtschafte Kooperation hinaus. Es stand außerdem die Erweiterung der Union mit einer Vielzahl von neuen Mitgliedstaaten bevor.[65] Gleichzeitig sind die Strukturen, die Entscheidungsverfahren und die demokratische Legitimation der Gemeinschaft mindestens ein Jahrzehnt lang unverändert geblieben. Sie wurden nach der Gründung der Union im Jahr 1992 in Wesentlichen kaum modifiziert. Um die Funktionsfähigkeit der Integration aufrechtzuerhalten, war eine tiefgreifende Reform der Gemeinschaft dringend notwendig.

Diese Probleme wurden auch von den europäischen Staats- und Regierungschefs erkannt. Sie beauftragten den sog. Verfassungskonvent, den Entwurf eines neuen Grundvertrages der Gemeinschaft herauszuarbeiten. Nach intensiver Arbeit, die mehrere Jahren in Anspruch nahm, entstand ein Verfassungsvertrag, in dem die europäische Integration grundlegend reformiert werden sollte.

Am 29. Oktober 2004 unterzeichneten die Staats- und Regierungschefs der Mitgliedstaaten in Rom den Verfassungsvertrag feierlich. Um in Kraft zu treten, hätte der Vertrag jedoch von den Parlamenten der Mitgliedsstaaten noch ratifiziert werden müssen.[66]

In der europäischen Verfassung waren neben den wichtigen inhaltlichen Neuerungen – die übrigens von Vertrag von Lissabon weitgehend übernommen

63 ABl. 2007 C 306/1.

64 Vertrag über eine Verfassung für Europa (ABl. 2004 C 310/1).

65 Zehn Länder aus Mittel-Ost-Europa, die am 1. Mai 2004 aufgenommen wurden (Estland, Lettland, Litauen, Malta, Polen, die Slowakei, Slowenien, Tschechien, Ungarn und Zypern) und die zwei Balkanstaaten, die am 1. Januar 2007 aufgenommen wurden (Bulgarien und Rumänien).

66 *Fischer*, Der Vertrag von Lissabon, 2010, S. 21 ff.

wurden – auch viele symbolische Regelungen enthalten: Die Vorschriften der Verfassung wurden von einer Präambel eingeleitet, die Union bekam darüber hinaus eine Flagge und eine Hymne. Es wurde außerdem die Möglichkeit zum Erlass von europäischen Gesetzen eingeräumt. Von der Symbolik her ist es nicht zu unterschätzen, dass das Regelungswerk – wie bereits gesagt – nicht mehr nur als Vertrag, sondern als Verfassung bezeichnet wurde. Diese eher symbolischen Neuerungen haben in der Bevölkerung der Mitgliedsstaaten – aber teilweise auch in der Wissenschaft – den Eindruck erweckt, dass die Union sich nicht mehr als Staatenverbund, sondern vielmehr als Bundesstaat etablieren will. Dieser Eindruck wurde dadurch weiter gestärkt, dass die europäische Zusammenarbeit in der Verfassung nicht nur auf symbolischer Ebene eine neue Dimension erreichte, sondern darüber hinaus auch die Zuständigkeiten des europäischen Gesetzgebers wesentlich erweitert wurden.

Die europäischen Bürger waren mit den zahlreichen Neuerungen, die die Vorstellung erweckt hatten, dass in Europa ein „Superstaat" entstand, offensichtlich überfordert. Diese Verunsicherung der Bürger spielte den Europaskeptikern in die Hände. So ist die Verfassung in zwei Mitgliedstaaten, in denen sie von Volksentscheidungen hätte bestätigen werden müssen, vom Volke abgelehnt worden.[67]

Die Umstände, die die Reform der Gründungsverträge unentbehrlich machten, bestanden jedoch weiterhin. Es begann also eine fieberhafte Suche nach der Möglichkeit, die gescheiterte Verfassung irgendwie zu retten. Als Ergebnis kam der Vertrag von Lissabon.

Der Vertrag von Lissabon wurde von den Staats- und Regierungschefs am 18./19. Oktober 2007 in Lissabon verabschiedet und trat – nach einem mühsamen aber letztendlich erfolgreichen Ratifizierungsprozess – am 1. Dezember 2009 im Kraft.

Der Vertrag veränderte grundlegend den Aufbau und die Struktur der Union. Insofern stimmt er mit der Verfassung weitgehend überein, was sowohl von den Unterstützern als auch von den Gegnern der Reform anerkannt wurde.[68] Der Unterschied zwischen den zwei Regelungswerken betrifft eher die symbolischen Aspekte.

Der wichtigste Unterschied besteht darin, dass der Vertrag von Lissabon – anders als es in der Verfassung vorgesehen war – die früheren Grundverträge

67 Zuerst am 29. Mai 2005 in Frankreich, dann am 1. Juni 2005 in den Niederlande. Die weiteren Volksentscheidungen wurden daraufhin abgesagt.

68 *Streinz/Ohler/Herrmann*, Der Vertrag von Lissabon zur Reform der EU, S. 17.

nicht ersetzte, sie wurden nur modifiziert; der Vertrag über die Europäische Union (EUV) behält auch seinen Namen; im Gegensatz dazu wird jedoch der EGV umbenannt, es wird nunmehr über den Vertrag über die Arbeitsweise der Europäischen Union (AEUV) gesprochen.

Die wichtigsten Nova der Verträge im Stichworten:

- Die Union bekommt eine eigene Rechtspersönlichkeit, so kann sie leichter auf der internationalen Bühne agieren.[69]
- Das seit Maastricht bestehende Säulensystem wird aufgehoben. Nunmehr gehört auch die polizeiliche und justizielle Zusammenarbeit zur supranationalen Ebene der Union.
- Das Abstimmungsverfahren im Rat ist reformiert, es soll schrittweise die sog. doppelte Mehrheitsentscheidung eingeführt werden.[70]
- Der Europäische Rat bekommt einen Präsidenten sowie die Union einen Hohen Vertreter für Außen- und Sicherheitspolitik.[71]
- Die Menschenrechte werden größeres Gewicht bekommen: Die Charta der Grundrechte ist nunmehr verbindlicher Teil des Unionsrechts, darüber hinaus wird der Beitritt zur EMRK vorgesehen.[72]
- Die Rolle des EP bei der Rechtssetzung wird gestärkt, das Mitentscheidungsverfahren gilt nunmehr in allen Politikbereichen als Normalfall.[73]
- Die Zuständigkeit des EuGH wird erweitert.[74]
- Die nationalen Parlamenten sind ins Gesetzgebungsverfahren der Union intensiver einbezogen.
- Die Union will bürgernaher sein, deswegen wird das Instrument der europäischen Bürgerinitiative eingeführt.[75]
- Die Kriterien des Beitritts werden verschärft, und es wird die Möglichkeit des Austritts aus der Union explizit geregelt.[76]

69 Vgl. Art. 47 EUV.

70 Vgl. Art. 16 EUV.

71 Vgl. Art. 15 EUV sowie Art. 18 EUV.

72 Vgl. Art. 6 Abs. 1 EUV sowie Art. 6 Abs. 2 EUV.

73 Vgl. Art. 294 AEUV.

74 Vgl. Art. 251 ff. AEUV.

75 Vgl. Art. 11 Abs. 4 EUV.

76 Vgl. Art. 49 EUV sowie Art. 50 EUV.

1. Das „Lissabon-Urteil" des BVerfG

a) *Allgemeines*

Erwartungsgemäß wurden gegen das deutsche Zustimmungsgesetz zum Vertrag von Lissabon beim BVerfG eine Verfassungsbeschwerde – und nebenbei auch ein Organstreitverfahren – anhängig gemacht. Das BVerfG hatte sich daher mit dem Vertrag und mit den damit verbundenen deutschen Gesetzen auseinanderzusetzen. Das Urteil des BVerfG[77] – welches am 30.6.2009 verkündet wurde – erklärte den Vertrag als mit dem GG vereinbar. Es wurde aber gleichzeitig in Verbindung mit dem Ausweitungsgesetz[78] ein Verstoß gegen Art. 38 Abs. 1 i.V.m. Art. 23 Abs. 1 GG festgestellt. Der Verfassungsverstoß wurde damit begründet, dass die Rechte des Bundestages und des Bundesrates auf Beteiligung in den europäischen Entscheidungsprozessen im Ausweitungsgesetz nur unzureichend gewährleistet wurden. Die Ratifikation des Vertrags wurde daher an den Erlass eines neuen, verfassungskonformen Ausweitungsgesetzes geknüpft.

Man kann in Verbindung mit der Lissabon-Entscheidung über ein Grundsatzurteil mit historischer Wirkung sprechen, denn das BVerfG hat sich in solchen grundlegenden Fragen geäußert, wie die Souveränitätsverteilung zwischen der Bundesrepublik und der Union, die Grenzen der Integration, die demokratische Legitimation und den völkerrechtlichen Charakter der Union.[79] Dementsprechend ist das Urteil sehr umfangreich, es erstreckt sich über 421 Randnummern bzw. 171 Seiten. Es ließ sich daher kaum vermeiden, dass die Entscheidung auf den ersten Blick ziemlich unübersichtlich erscheint; bereits der große Umfang der Entscheidung bot daher Anlass zur Kritik.[80]

Ein ähnlich grundlegendes Urteil zum Thema Europarecht wurde in Karlsruhe das letzte Mal am 12.10.1993 verkündet, als das BVerfG das Zustimmungsgesetz zum Vertrag von Maastricht als verfassungsmäßig erklärt hat.[81] Wie damals in Maastricht ist jetzt auch in Lissabon die europäische Integration grundlegend neu gestaltet und erweitert worden. Die Äußerung des höchsten deutschen Gerichtes über die bevorstehenden Veränderungen war deswegen sehr wünschenswert.

77 BVerfG, Urteil v. 30.6.2009 – 2 BvE 2/08. BVerfGE 123, 267 ff.

78 Gesetz über die Ausweitung und Stärkung der Rechte des Bundestages und des Bundesrates in Angelegenheiten der Europäischen Union. Bundesdrucksache 16/8489.

79 Ähnlich *Gärditz/Hillgruber*, JZ 2009, 872.

80 U.a. *Oppermann*, EuZW 2009, 473; *Schwarze*, EuR 2010, 108, 109.

81 BVerfG, Urt. v. 12. Oktober 1993 – 2 BvR 2134, 2159/92, BVerfGE 89, 155 ff.

In vielerlei Hinsichten hat das Gericht die Gedanken des Maastricht-Urteils in der Lissabon-Entscheidung weitergeführt, sie wurden präzisiert und aus ihnen wurden teilweise auch neue Schlussfolgerungen gezogen.[82]

Im Mittelpunkt des Urteils stehen die Stärkung der Demokratie sowie die bessere Wahrnehmung der Rechte der nationalen Parlamente in europäischen Angelegenheiten.[83] Wohl deshalb hat die Entscheidung in den ersten Nachrichten und Kommentaren einen eindeutigen Beifall bekommen.[84] Denn es ist klar, dass die Parlamente – als unmittelbar gewählte Gesetzgebungsorgane – in einem demokratischen Land eine außerordentlich wichtige Rolle spielen. Die parlamentarische Gesetzgebung darf deshalb keinen Schaden nehmen. Dies gilt auch in Verbindung mit der europäischen Integration. Wenn also nationale Gerichte die Rolle der Parlamente schützen, sogar stärken wollen, ist dies eindeutig zu unterstützen; der Absicht, die Demokratie im nationalen und im europäischen Rechtsraum zu stärken, ist äußerst begrüßenswert.[85] Man muss jedoch gleichzeitig darauf hinweisen, dass die Förderung der Demokratie nicht nur auf das Urteil des BVerfG zurückzuführen war, der Vertrag von Lissabon selbst hat die Rechte und Stellung der nationalen Parlamente in der europäischen Gesetzgebung gestärkt.[86]

Neben den Beifall kamen später jedoch auch kritische Meinungen;[87] im Mittelpunkt der Kritiken stand die abbremsende Wirkung des Urteils auf die Integration,[88] es war sogar von einer Rückkehr in das Zeitalter der Nationalstaaten die Rede.[89]

---

82 *Classen*, JZ 2009, 881.

83 *Classen*, JZ 2009, 881; *Gärditz/Hillgruber*, JZ 2009, 872.

84 Vgl. *Böse*, ZIS 2010, 76, 82 f.; *Cremer*, Jura 2010, 296; *Pache*, EuGRZ 2009, 285, 295. Die Erste Meinungen wurden in Tageszeitungen wie die Süddeutschen Zeitung (vom 1.7.2009, S. 4) oder die Frankfurter Allgemeinen Zeitung (vom 1.7.2009, S. 11) veröffentlicht.

85 Ähnlich *Bogdandy*, NJW 2010, 1.

86 Ähnlich *Böse*, ZIS 2010, 76, 82 f.; *Schwarze*, EuR 2010, 108, 109.

87 Nach einer Ansicht stellen die kritischen Reaktionen bereits die Mehrheit dar (*Cremer*, Jura 2010, 296).

88 U.a. *Classen*, JZ 2009, 881; *Oppermann*, EuZW 2009, 473; *Terhechte*, EuZW 2009, 724, 731.

89 *Everling*, EuR 2010, 91, 107; *Frenz*, EWS 2009, 441, 445; *Terhechte*, EuZW 2009, 724, 731.

b) Die wichtigsten Aussagen des Urteils und deren Würdigung

Die Normen des deutschen Grundgesetzes, die bei der Prüfung des Vertrages die zentrale Rolle gespielt haben, sind das Wahlrecht gem. Art. 23 Abs. 1 i.V.m. Art. 79 Abs. 3 GG[90] und die in Art. 23 Abs. 1 GG bzw. die in der Präambel des Grundgesetzes verankerte sog. Europafreundlichkeit.[91]

Die Europafreundlichkeit als Begriff ist besonders wichtig, denn sie stellt einen neuen Terminus technicus des Europarechts dar.[92]

aa) Die Europafreundlichkeit

Die Europafreundlichkeit ist im Sinne des Urteils ein Zentralbegriff des Europarechts geworden. Wenn man den Wortlaut der Verfassung berücksichtigt, ist die allgemeine Europafreundlichkeit des GG eine triviale Aussage, und zwar unabhängig davon, dass dieser Ausdruck bisher in der Rechtsprechung und in der Literatur kaum verwendet wurde.[93] Die konkrete Bedeutung des Begriffes wird jedoch im Urteil nicht näher erörtert, es werden stattdessen viel mehr die Grenzen der Europafreundlichkeit aufgezeigt.[94]

Wenn man den Wortlaut der deutschen Verfassung, vor allem den der Präambel berücksichtigt, soll Europafreundlichkeit nach meiner Einschätzung wohl bedeuten, dass die Bundesrepublik die Verwirklichung des Weltfriedens und die europäischen Integration anstrebt.[95] Dieses Bestreben wurde praktisch zum Staatsziel der Bundesrepublik erklärt. Es muss von allen staatlichen Organen und Gewaltträgern bei ihrer Tätigkeit beachtet werden. Es muss sich ferner auf die deutsche Gesetzgebung, auf die Regierungstätigkeit und auf die Rechtsprechung, also auch auf die Auslegung des Grundgesetzes durch das BVerfG auswirken.

Die Teilnahme an der europäischen Integration – wie es auch von dem BVerfG festgelegt wird – ist ein *Gebot* der Europafreundlichkeit und dadurch des Grundgesetzes.[96] Insofern geht das Gericht im Vergleich zum Maastricht-Urteil weiter, damals war die Teilnahme an der Integration noch lediglich erlaubt.[97] Das BVerfG betonte jedoch in der Lissabon-Entscheidung ausdrücklich, dass die Europafreundlichkeit nicht grenzenlos sei, sie dürfe die anderen

90 BVerfG, Urt. v. 30.6.2009 – 2 BvE 2/08, Rn. 208 = BVerfGE 123, 267, 340.

91 BVerfG, Urt. v. 30.6.2009 – 2 BvE 2/08, Rn. 219 = BVerfGE 123, 267, 344.

92 *Classen*, JZ 2009, 881, 882.

93 *Schwarze*, EuR 2010, 108, 110.

94 *Terhechte*, EuZW 2009, 724, 728.

95 Vgl. Präambel S. 1 GG.

96 BVerfG, Urt. v. 30.6.2009 – 2 BvE 2/08, Rn. 219 ff. = BVerfGE 123, 267, 344 ff.

97 *Bogdandy*, NJW 2010, 1, 2; *Spemann*, StraFo 2009, 499, 500.

verfassungsrechtlichen Grundsätze nicht überschreiben. Die Europafreundlichkeit – das heißt also, das Gebot der deutschen Beteiligung an der europäischen Integration – sei in der Sinne des Urteils auf der Basis des Grundgesetzes nur soweit anzustreben, wie die Kompetenzaufteilung zwischen der Bundesrepublik und der Union sowie Aufbau und Regelungswerk der Integration bestimmte rechtsstaatliche Voraussetzungen erfüllen.

Die Grenze der Europafreundlichkeit wird im Urteil ferner durch das Wahlrecht gem. Art. 23 Abs. 1 i.V.m. Art. 79 Abs. 3 GG gesetzt.[98] Diese – auf erstem Blick vielleicht merkwürdige – These, dass nämlich zwischen dem Wahlrecht und der europäischen Integration ein enger Zusammenhang besteht, ist nicht neu, darauf wurde bereits das Maastricht-Urteil aufgebaut.[99]

bb) Das Wahlrecht

Im Urteil wurde ausführlich erörtert, was der eigentliche Inhalt des Wahlrechts ist und warum ausgerechnet das Wahlrecht die Grenzen der Integrationsfreundlichkeit festlegen soll.[100]

Das Wahlrecht ist ein Grundrecht und zwar – nach der Auffassung des BVerfG – das wichtigste politische Grundrecht. Es enthält einen Anspruch der Bürger auf demokratische Selbstbestimmung. Die öffentliche Gewalt geht vom Volke aus, die mittelbar von Volksvertretern ausgeübt wird, die durch freie und gleiche Wahlen gewählten worden sind. Die Volksvertreter müssen die Möglichkeit haben, in allen Lebensbereichen die Rechte und Pflichte der Bürger sowie die Regelungen der gesellschaftlichen Zusammenleben festzulegen. Dieses Gebot gilt vor allem dann, wenn die Entscheidungen grundrechtsrelevant sind. Nur so kann gewährleisten werden, dass alle Entscheidungen auf den frei gebildeten Mehrheitswillen des Volkes zurückzuführen sind.

Das gerade dargestellte System der demokratischen Ausübung der Volksgewalt wird im Urteil als unantastbar erklärt, denn es ist im demokratischen Prinzip des Grundgesetzes verankert. Das Demokratieprinzip ergibt sich aus Art. 1 i.V.m. Art. 20 GG und ist als solches Teil der Ewigkeitsgarantie gem. Art. 79 Abs. 3 GG; es ist daher unantastbar.[101]

Wenn also der deutsche Gesetzgeber bestimmte grundlegende Kompetenzen zu Gunsten der europäischen Integration abgeben würde, wäre die Möglichkeit des deutschen Volkes, die grundlegenden Fragen von wichtigen Lebensbereichen

98 BVerfG, Urt. v. 30.6.2009 – 2 BvE 2/08, Rn. 219 = BVerfGE 123, 267, 344.
99 Ähnlich *Cremer*, Jura 2010, 296, 299; *Gärditz/Hillgruber*, JZ 2009, 872.
100 BVerfG, Urt. v. 30.6.2009 – 2 BvE 2/08, Rn. 208 ff. = BVerfGE 123, 267, 340 ff.
101 BVerfG, Urt. v. 30.6.2009 – 2 BvE 2/08, Rn. 208 ff. = BVerfGE 123, 267, 340 ff.

selber zu gestalten, beeinträchtigt; die vom deutschen Volke unmittelbar gewählten Abgeordneten wären nicht mehr in der Lage, die grundlegenden Regelungen des gesellschaftlichen Zusammenlebens festzulegen. Diese Beeinträchtigung der Lebensgestaltungsfreihet des deutschen Volkes würde eine Verletzung des Wahlrechts und dadurch die Verletzung des Demokratieprinzips bedeuten. Es würde letztendlich – nach den Ausführungen des BVerfG – eine Verletzung der Ewigkeitsgarantie darstellen.

cc) Die Konsequenz des Urteils

Das Ergebnis der Ableitung des BVerfG bedeutet nach meiner Meinung im Endeffekt, dass die Teilnahme an der europäischen Integration zwar ein verfassungsrechtliches Gebot ist, die Mitwirkung an einer solchen Integration, die sich Zuständigkeiten beansprucht, die grundlegenden Lebensverhältnisse weitgehend selber zu regeln, ist jedoch im Rahmen des gültigen Grundgesetzes verboten. Eine solche, bundesstaatsähnliche Union ist – nach der Auffassung des BVerfG – mit der Ewigkeitsgarantie und somit mit dem Grundgesetz nicht zu vereinbaren. Die deutsche Beteiligung an einem europäischen Bundesstaat sei daher in der Sinne des Urteils nur nach der freien Entscheidung des deutschen Volkes gem. Art. 146 GG, also nach einer Volksabstimmung über eine neue Verfassung möglich.[102]

Die Kernaussage des Urteils ist stark und sehr klar formuliert: Das Grundgesetz – in seinem heutigen Form – lässt keine Mitwirkung Deutschlands an einem europäischen Bundesstaat zu.[103] Diese Aussage ist geeignet, die Mitwirkung der Bundesrepublik an der Union und damit die ganze weitere Entwicklung der Integration nachhaltig zu beeinflussen, denn Deutschland ist der größte und wirtschaftlich stärkste Mitgliedstaat, daher galt die Bundesrepublik immer als Motor der Integration.

dd) Das Echo des Urteils

Angesichts der starken Aussage des BVerfG ist es kein Wunder, dass die Entscheidung im europäischen Ausland für ein starkes Echo sorgte und zwar nicht nur in den rechtswissenschaftlichen Kreisen. Man darf nicht vergessen, dass eine Grundsatzentscheidung des deutschen Verfassungsgerichts nicht nur in Deutschland, sondern in ganze Europa beachtet wird. Die deutsche

---

102 BVerfG, Urt. v. 30.6.2009 – 2 BvE 2/08, Rn. 228 = BVerfGE 123, 267, 347 f.

103 Diese Aussage wurde vom BVerfG Vizepräsident *Kirchhof* auch in einem Zeitungsinterview bestätigt. Er hat über den „klaren Endpunkt“ der Integration gesprochen (Der Spiegel, vom 6.7.2009, S. 30).

Gesetzgebung und Rechtsprechung wurde in den vergangenen Jahrzehnten weltweit beachtet, teilweise wurde ihr auch gefolgt; das BGB, das StGB und auch andere Gesetze dienten in vielen Ländern als Muster. Die grenzüberschreitende Bedeutung der deutschen Rechtsprechung gilt besonders auf dem Gebiet des Europarechts.[104]

Wenn man das Urteil gründlich analysiert, kann man darauf schließen, dass sich die Richter des BVerfG dieser Rolle durchaus bewusst waren. Inoffiziell eine zentrale Rolle in der Rechtsfortbildung für den ganzen europäischen Raum zu spielen, würde beim BVerfG nicht auf Ablehnung stoßen.[105]

Die Wellen waren aber nicht nur im Ausland, sondern auch hierzulande hoch. Vor allem die Juristen, die sich mit dem Europäischen Strafrecht beschäftigen und die überwiegend der sich immer mehr ausweitenden strafrechtlichen Zuständigkeit der Union skeptisch gegenüberstehen, haben das klare „Stopp-Schild" des BVerfG begrüßt,[106] sie fühlten sich durch das Urteil in ihrer Meinung vollständig bestätigt.[107]

Es gab selbstverständlich auch – nach meiner Ansicht überzeugende – kritische Stimmen. Hiernach war es überflüssig, in Verbindung mit dem Vertrag von Lissabon die Bundesstaatsproblematik überhaupt zu thematisieren und festzulegen, ob das GG theoretisch eine staatsähnliche Union zulassen würde. Denn das Gericht hat im Urteil selber klar festgelegt, dass mit dem Vertrag von Lissabon kein Bundesstaat geschaffen wird.[108] Die Ablehnung der europäischen Vereinigten Staaten ist also angesichts der rechtlichen und politischen Lage verfrüht, einen europäischen Bundesstaat kurz- oder auch mittelfristig zu visionieren

---

104 Über das Lissabon-Urteil wurde z.B. in Ungarn in der Tagespresse und in mehreren juristischen Fachzeitschriften ausführlich berichtet (u.a. *Asztalos/Pető*, Rendészeti Szemle 2009, 137, 142; *Fazekas*, Európai Jog 2010, 13, 21; *Rácz*, Európai Tükör 2009, 35, 51). Das ungarische Verfassungsgericht hat in seiner Lissabon-Entscheidung aus dem Urteil des BVerfG zitiert (143/2010 (VII. 14.) AB határozat, Magyar Közlöny, 2010. évi 119. szám).

105 *Bogdandy*, NJW 2010, 1.

106 U.a. *Ambos/Rackow*, ZIS 2009, 397 ff.; *Folz*, ZIS 2009, 427 ff.; *Garditz/Hillgruber*, JZ 2009, 872 ff.; *Kubiciel*, GA 2010, 99 ff.; *Meyer*, NStZ 2009, 657 ff.; Schorkopf, in Bock, Tagungsbericht, ZIS 2011, 266, 270; *Schünemann*, ZIS 2009, 393 ff.

107 *Schünemann* (ZIS 2009, 393 ff.) verweist auf seine eigenen Aufsätze aus den vorigen Jahren, in denen er eine ähnliche Meinung vertreten hat, wie das BVerfG in seinem Urteil (StV 2003, 531; StV 2005, 681; KritV 2008, 6).

108 *Böse*, ZIS 2010, 76, 80; *Classen*, JZ 2009, 881; *Pache*, EuGRZ 2009, 285, 289.

ist mit Sicherheit wirklichkeitsfremd, mit der Beteiligung von 27 Mitgliedstaaten sowieso.[109] Es vermittelt nur den ungünstigen Eindruck, dass Deutschland künftig die Integration eher bremsen als beschleunigen und stärken will.[110] Die Ablehnung der „Vereinigten Staaten von Europa"[111] zieht also weitgehende politische Folgen mit sich; eine ähnlich starke Aussage von deutschen Politikern des Mainstreams wäre unvorstellbar gewesen.[112]

Es scheint mir so, als ob das BVerfG mit der strikten und ausdrücklichen Ablehnung eines europäischen Bundesstaates, auf eine – sowohl im großen Teilen der Bevölkerung, als auch in der Literatur – existierende Befürchtung reagiert zu haben, nämlich dass aus Brüssel langsam und leise, mit kleinen aber kontinuierlichen Veränderungen letztendlich ein europäischer „Superstaat" etabliert werden könnte.[113] Ob diese Ängste rational sind, ist fraglich. Die Rechtsprechung des EuGH hat zumindest zu diesem Misstrauen beigetragen, als er bei der Auslegung des EUV a.F. und des EGV bis an die Grenze des Wortlauts und manchmal auch darüber hinausgegangen ist.[114]

Es wurde im Schrifttum richtiger Weise auch darauf hingewiesen, dass die Einstellung des Gerichts zu einem künftigen europäischen Bundesstaates ohne fallrelevanten Grund erörtert wurde. Es handele sich hierbei somit um ein obiter dictum, das heißt eine freiwillig geäußerte Rechtsansicht, die die gefällte Entscheidung nicht trägt, sondern nur geäußert wurde, weil sich die Gelegenheit dazu ergab. Diese Aussage binde also den Gesetzgeber de jure nicht.[115]

109 *Oppermann*, EuZW 2009, 473; *Schwarze*, EuR 2010, 108, 113.

110 *Classen*, JZ 2009, 881 889; *Lenz*, FAZ vom 8.8.2009, S. 7; EUZW 2009, 473; *Schwarze*, EuR 2010, 108, 114; *Wiederin*, ÖJZ 2010, 398, 405.

111 Der Ausdruck ist auch vom BVerfG Präsident *Kirchhof* in mehreren Interviews verwendet worden.

112 *Nettesheim*, NJW 2009, 2867, 2868.

113 Ähnlich *Heger*, ZIS 2009, 406, 417; *Oppermann*, EuZW 2009, 473.

114 Vor allem: EuGH Rs. C-105/03, Pupino, Slg. 2005, I-5285; EuGH Rs. 176/03, Umweltrahmenbeschluss, Slg. 2005, I-5285 (In Verbindung mit dem Urteil haben Altbundespräsident *Roman Herzog* und *Lüder Gerken* aufgerufen, den EuGH zu stoppen, *Herzog/Gerken*, FAZ 8.9.2008, S. 8); EuGH Rs. 440/05, Verschmutzung durch Schiffe, Slg. 2007, I-9097. *Heine* bezeichnet den EuGH als „treibender Kraft" der Integration (*Heine*, Die Rechtsstellung der Beschuldigten im Rahmen der Europäisierung des Strafverfahrens, S. 66).

115 *Pache*, EuGRZ 2009, 285, 298.

ee) Kritik im Schrifttum

Es wurde also heftig diskutiert, ob das BVerfG die Problematik eines europäischen Bundesstaates hätte überhaupt thematisieren müssen. „Wenn schon, denn schon", haben vermutlich viele in der Literatur gedacht und haben bzgl. der europäischen Bundesstaat-Problematik Stellung bezogen. Es ist nämlich auch nicht unumstritten, dass die Fortsetzung der Integration in Form eines europäischen Bundesstaates mit dem GG unvereinbar wäre, wie es vom BVerfG erklärt wurde.[116] Eine rechtliche Unmöglichkeit macht natürlich die politische Ablehnung wesentlich einfacher; die Verantwortung wurde vom BVerfG übernommen.[117]

Bei der Entscheidung der Frage, ob sich ein europäischer Bundesstaat mit dem Grundgesetz vereinbaren lässt, muss man – nach zutreffenden Meinungen – vor allem die Präambel des GG berücksichtigen. In der Präambel ist das Ziel, Deutschland als ein gleichberechtigtes Glied in einem vereinten Europa zu etablieren, ganz klar verankert worden. Die Präambel wurde vom BVerfG auch nicht außer Acht gelassen. Sie ist nach der Meinung des Gerichts die Kundgabe der Europafreundlichkeit, welche allerdings – aus den oben beleuchteten Gründen – nicht grenzenlos sei.[118]

Über ein gebotenes Ende der Integration ist jedoch nirgendwo im GG die Rede. Im Gegenteil, Art. 23 Abs. 1 GG sieht die Integration als einen kontinuierlichen Prozess. Wenn es einen Endpunkt gibt, kann dieser nach dem Wortlaut der Präambel nur das „vereinte Europa" sein.[119] Eine Grenze der Integration – laut überzeugende Meinungen im Schrifttum – lässt sich höchstens in Verbindung mit Art. 23 Abs. 1 S. 1 GG festlegen: Die Union soll demokratisch und föderativ sein und sie muss darüber hinaus auf der Grundlage der Subsidiarität funktionieren, das heißt ein europäischer Zentralstaat darf auf der Basis des Grundgesetztes die deutsche Staatlichkeit nicht ablösen.[120] Davon war jedoch noch nie die Rede.

Es wurde von niemand bestritten, dass ein europäischer Bundesstaat die hinreichende demokratische Legitimation der Union voraussetzen würde, und der gegenwärtige Stand der demokratischen Legitimation für eine bundesstaatsähnliche Union nicht ausreichend ist. Dies ist ein Problem, das sich

---

116 *Classen*, JZ 2009, 881, 889; *Cremer*, Jura 2010, 296, 300 f.; *Everling*, EuR 2010, 91, 94; *Lenz*, FAZ vom 8.8.2009, S. 7; *Oppermann*, EUZW 2009, 473; *Schwarze*, EuR 2010, S. 108 ff.; *Wiederin*, ÖJZ 2010, 398, 404.

117 Ähnlich *Schwarze*, EuR 2010, 108, 113.

118 BVerfG, Urt. v. 30.6.2009 – 2 BvE 2/08, Rn. 223 = BVerfGE 123, 267, 346.

119 Ähnlich *Frenz*, EWS 2009, 441, 443; *Selmayr*, ZeuS 2009, 637, 644.

120 *Selmayr*, ZEuS 2009, 637, 644.

daraus ergibt, dass die Union eine Organisation sui generis ist, die sich mit Staaten nur äußerst schwer vergleichen lässt und diese Besonderheit – nach zutreffenden Meinungen – bei der Beurteilung der demokratischen Legitimation berücksichtigt werden sollte.[121]

Ob eine de facto Ablehnung eines einheitlichen europäischen Staates – vor allem zu einem Zeitpunkt, in dem dies überhaupt nicht zur Debatte steht – sich mit der historischen Integrationsverantwortung Deutschlands vereinbaren lässt, ist fraglich. Es ist auch mir schwer vorstellbar, dass die Mütter und Väter des GG jemals eine Situation hätten schaffen wollen, in der die deutsche Verfassung ein Hindernis auf dem Wege zu einem vereinten Europa darstellt. Darauf lässt sich aus der Präambel eindeutig schließen. Darüber hinaus darf nicht übersehen werden, dass das Wort Souveränität im GG nicht einmal erwähnt wird. Dies ist wohl kein Versehen des Gesetzgebers, sondern es folgt aus der Entstehungsgeschichte der deutschen Verfassung.[122] Bei der Entstehung des GG standen eindeutig die Bemühungen im Mittelpunkt, für das Land einen Platz in einem neuen, friedlichen Europa zu sichern. Zum Schutz der Souveränität hätten die Mütter und Väter des GG die deutsche Mitwirkung an einer demokratischen Zusammenarbeit der europäischen Staaten niemals abgelehnt.[123]

Wenn jedoch das BVerfG der Souveränität eine so zentrale Bedeutung beimisst, wäre es – nach überzeugenden Meinungen in der Literatur – wünschenswert gewesen, sie genauer zu definieren. Dies ist im Urteil bedauerlicherweise nicht geschehen. Wenn man jedoch das Urteil global berücksichtigt, liegt die Annahme nicht fern, dass nach dem BVerfG die Souveränität von der Staatlichkeit untrennbar sei. Ausschließlich der Staat könne eine politische Primat besetzen, ein Staatenbund, eine internationale Organisation könne insofern nur eine untergeordnete Rolle spielen.[124] Demokratie und Souveränität sind nach Auffassung des BVerfG ohne Einzelstaaten schlicht unvorstellbar.[125] Diese Ansicht halte ich – im Einklang mit mehreren Stimmen im Schrifttum – mit einer

---

121 Ähnlich *Schwarze*, EuR 2010, 108, 109.

122 Ähnlich *Bogdandy*, NJW 2010, 1, 2; *Lenz*, FAZ vom 8.8.2009, S. 7; *Schwarze*, EuR 2010, 108, 110; *Terhechte*, EuZW 2009, 724, 728; *Weigend*, ÖJZ 2010, 398, 404. In Gegensatz dazu wird z.B. in der ungarischen Verfassung schon in § 2 verankert, dass das Land ein souveräner Staat ist. Der Grund dafür ist in der Geschichte zu suchen, denn zwischen 1526 und 1990 stand das Land mehr oder weniger stark, aber immer unter fremder Herrschaft.

123 *Oppermann*, EuZW 2009, 473; *Selmayr*, ZeuS 2009, 637, 642 f.

124 *Terhechte*, EuZW 2009, 724, 728.

125 *Terhechte*, EuZW 2009, 724, 731.

globalisierten Welt bzw. mit dem Fakt, dass die Union in einigen Bereichen schon wichtige Zuständigkeiten von den Mitgliedstaaten übernommen hat, schwer zu vereinbaren.[126] Dennoch fand diese Argumentation Unterstützung auch in der Literatur.[127]

Es wurde in der Literatur außerdem richtiger Weise auf Folgendes hingewiesen: Wenn jemand in die Ewigkeitsgarantie das Verbot der Beteiligung Deutschlands an einem europäischen Bundesstaat hinein interpretiert, verkennt er die Entstehungsgeschichte sowie Sinn und Zweck der Vorschrift. Denn die Ewigkeitsgarantie wurde im GG verankert, um Deutschland von einem neuen totalitären Regime zu verschonen. Die Regelung hat also eindeutig mit der nationalsozialistischen Vergangenheit des Landes zu tun. Eine solche Vorschrift mit der europäischen Integration in die Verbindung zu bringen und als deren Hindernis zu interpretieren, ist schwer nachvollziehbar.[128]

Es wurde darüber hinaus teilweise mit Unverständnis aufgenommen, warum die Übertragung von einigen Hoheitsrechten die Entwertung des Wahlrechts zum deutschen Bundestag bedeuten sollte. Denn das deutsche Volk verliert damit letztendlich nicht die Möglichkeit, die grundlegenden Fragen von wichtigen Lebensbereichen selber zu gestalten. Die Übergabe von Hoheitsrechten ist nicht endgültig, die Kompetenzübertragung kann jederzeit rückgängig gemacht werden, es ist sogar ein Austritt aus der Union möglich.[129] An dieser Stelle sollte man jedoch anmerken, dass in der politischen Realität die Wahrscheinlichkeit einer Kompetenzrückname oder gar eines Austritts gegen Null tendiert. Es ist außerdem durchaus fraglich, ob ein Austritt aus einer demokratisch gefassten Union mit dem deutschen Recht vereinbar wäre. Denn in der Präambel des GG sowie in Art. 23 Abs. 1 GG wurde praktisch ein Teilnahmegebot verankert.

Eine andere – nach meiner Ansicht zutreffende – Meinung weist darauf hin, dass die Aussage des BVerfG eine noch schwerwiegendere Folge haben würde, als es zuerst angenommen wurde. Die „Vereinigten Staaten von Europa“ blieben nämlich auch mit einer Volksabstimmung über eine neue Verfassung gem. Art. 146 GG unerreichbar. Denn Sinn und Zweck der Ewigkeitsgarantie ist es, dass bestimmte Vorschriften bzw. Grundwerte des Grundgesetzes bis in alle „Ewigkeit“ gelten. Deswegen bindet Art. 79 Abs. 3 GG auch Art. 146 GG. Was

---

126 *Everling*, EuR 2010, 91, 96; *Terhechte*, EuZW 2009, 724, 728.

127 *Noltenius*, ZStW 2010, 604, 622.

128 *Böse*, ZIS 2010, 76, 80; *Bogdandy*, NJW 2010, 1, 2; *Halberstam/Möllers*, German Law Journal 2010, 1241, 1254; *Pache*, EuGRZ 2009, 285, 296.

129 *Cremer*, Jura 2010, 296, 299; *Schwarze*, EuR 2010, 108, 114.

durch Verfassungsänderung untersagt ist, kann auch durch die Ablösung der Verfassung auch nicht erlaubt sein. Es sei denn, eine neue verfassungsgebende Gewalt würde etabliert (sprich eine Revolution habe staatgefunden).[130] Ansonsten würde man die Bedeutung der Ewigkeitsgarantie relativieren. Die historische Auslegung spricht auch für eine so weite Interpretation von Art. 79 Abs. 3 GG. Denn die Weimarer Verfassung wurde im Jahre 1933 verfassungsgemäß, mit einer Zweidrittelmehrheit außer Kraft gesetzt. Die Ewigkeitsgarantie ist wohl dazu bestimmt, ein solches Geschehen zu verhindern.

Die Heranziehung der Ewigkeitsgarantie würde nach einigen überzeugenden Ansichten vom Sinn und Zweck der Vorschrift hier aber nicht getragen. Denn die Vorschrift sei prinzipiell dazu bestimmt, eine neue Diktatur bzw. eine neue Schreckensherrschaft auf deutschem Boden zu verhindern. Davon kann in Verbindung mit der Union natürlich nicht die Rede sein.

Andere Kritiker machen darauf aufmerksam, dass man auch nicht vergessen darf, welche weiteren Folgen die Entscheidung des BVerfG nach sich zieht. Wenn eine Beteiligung Deutschlands an einem europäischen Bundesstaat gegen die Ewigkeitsgarantie verstößt, dann ist es mit anderen Worten schlicht verfassungsrechtlich verboten. Deswegen soll es von der Regierung nicht nur nicht angestrebt, sondern sogar verhindert werden. Wenn ein europäischer Bundesstaat von einer deutschen Partei dennoch angestrebt wird, verstößt diese Partei gegen das GG und es sollte eigentlich deren Verbot in Betracht kommen. So die surreale Folge des Urteils in der Interpretation einiger Kritiker.[131]

Die Aussage des BVerfG bedeutet praktisch, dass das deutsche Volk darüber, ob das Land einem europäischen Bundesstaat beitritt, eine unmittelbare Entscheidung treffen muss, es soll also ein Volksentscheid stattfinden. Ob dies dem Willen der Mütter und Väter des Grundgesetzes entspricht, halte ich – im Einklang mit mehreren Stimmen in der Literatur – für fraglich, denn das Grundgesetz steht dieser Erscheinungsform der direkten Demokratie skeptisch gegenüber. Dies zeigt sich vor allem daran, dass ein bundesweites Referendum – ausgenommen für den Fall des Art. 146 GG – generell nicht möglich ist; insofern weicht Deutschland von der Praxis der meisten europäischen Länder ab.[132] Eine

---

130 *Gärditz/Hillgruber*, JZ 2009, 872, 875 f.

131 *Böse*, ZIS 2010, 76, 80. Insofern wird an mehreren Stellen darauf hingewiesen, dass im Parteiprogramm der CDU ein europäischer Bundesstaat als Endziel der Integration Jahrzehnte lang angestrebt wurde (U.a. *Bogdandy*, NJW 2010, 1, 2; *Böse*, ZIS 2010, 76, 80. Ferner *Oppermann*, EuZW 2009, 473.).

132 *Lenz*, FAZ vom 8.8.2009, S. 7.

Volksabstimmung als Voraussetzung einer politischen Entscheidung zu verlangen, gilt auch in der Judikatur des BVerfG als Novum.[133]

Auch wenn die Notwendigkeit einer Volksabstimmung, sich mit der grundlegenden Bedeutung der Entscheidung begründen ließe, bleibt fraglich, warum die Zustimmung zu einem europäischen Bundesstaat gleichzeitig die Ablehnung des GG bedeuten sollte.[134]

Dass die Ewigkeitsgarantie auch bzgl. der europäischen Verträge Anwendung finden muss, ist richtig, denn dadurch werden die wichtigsten Vorschriften der deutschen Verfassung geschützt.[135] Umstritten ist allerdings, ob das Wahlrecht im Urteil nicht etwas überbewertet wurde. Denn das BVerfG klammert das Wahlrecht mit der Menschenwürde zusammen, was aus zwei Aspekten heraus als problematisch erscheint.

Erstens, die Menschenwürde ist ein Jedermanngrundrecht, sie muss also vom Deutschen Staat nicht nur für die deutschen Staatsbürger, sondern jedermann gewährleistet werden. Deren Verknüpfung mit dem Wahlrecht würde wohl bedeuten, dass es auch für jedermann garantiert werden soll, was natürlich Unsinn ist, denn das Wahlrecht basiert auf der engen Verbindung zwischen dem Staat und dessen Volk. Zweitens, die Verknüpfung zwischen Wahlrecht und Menschenwürde würde eine Relativierung des Unterschiedes zwischen subjektiven und objektiven Rechten bedeuten.[136]

ff) Die Zuständigkeitsregelungen im Unionsrecht

Ausgangspunkt des BVerfG ist also, dass die Mitwirkung in der europäischen Integration nur soweit möglich ist, als die Union keinen staatsähnlichen Charakter hat. Es muss daher geklärt werden, bis wohin die Union nicht als Staat wahrzunehmen ist. Entscheidend sind dabei – nach Meinung der Richter – die Zuständigkeitsregelungen der Union.

Es soll bei der Zuständigkeitsausübung das Prinzip der begrenzten Einzelermächtigungen herrschen und die sog. Kompetenz-Kompetenzen (das heißt eine Unionskompetenz weitere Kompetenzen zu begründen) müssen strikt untersagt bleiben. Es bedeutet letztendlich, dass die Mitgliedstaaten weiterhin die Herren der Verträge bleiben müssen.[137]

133 *Selmayr*, ZEuS 2009, 637, 646.

134 *Böse*, ZIS 2010, 76, 80; *Schwarze*, EuR 2010, 108, 114.

135 Ähnlich *Weigend*, ÖJZ 2010, 398, 403.

136 *Pache*, EuGRZ 2009, S. 285, 288; *Wiederin*, ÖJZ 2010, 398, 402.

137 BVerfG, Urt. v. 30.6.2009 – 2 BvE 2/08, Rn. 233 ff. = BVerfGE 123, 267, 349 ff.

gg) Die Integrationsverantwortung des BVerfG

Das BVerfG will aber nicht nur abstrakte Anforderungen an die Integration stellen, das Gericht sieht sich verpflichtet, die Erfüllung der Voraussetzungen jederzeit zu überprüfen; insofern hat das Urteil einen neuen Begriff, die Integrationsverantwortung eingeführt. Die Integrationsverantwortung verfügt über drei Elemente. Das BVerfG will das Unionsrecht bzw. die Tätigkeit der Gemeinschaftsorgane hinsichtlich dreier Aspekte überwachen:

- Es muss gewährleistet sein, dass die Union ihre Kompetenzen nicht überschreitet. Insofern wird über eine ultra-vires Kontrolle gesprochen. Sie wurde bereits im Maastricht-Urteil etabliert. Bei der ultra-vires Kontrolle steht die Wahrung des Subsidiaritätsprinzips im Mittelpunkt.
- Das BVerfG kontrolliert außerdem, ob durch das primäre oder durch das sekundäre Unionsrecht die Grundrechte aus der deutschen Verfassung nicht verletzt wurden, denn der Vorrang des Unionsrechts bedeutet nicht, dass die im Grundgesetz verankerten Grundrechte eingeschränkt werden könnten. Insofern wird über eine Grundrechtskontrolle gesprochen. Sie wurde mit der „Solange-I" Entscheidung eingeführt, später aber durch die „Solange-II" Entscheidung relativiert.
- Darüber hinaus überwacht das BVerfG, ob die Ewigkeitsgarantie gem. Art. 79 Abs. 3 GG und dadurch der Kern der Verfassung durch Handlungen des europäischen Gesetzgebers nicht angetastet wird. Insofern wird über Identitätskontrolle gesprochen.[138] Die ist ein Novum in der Rechtsprechung des BVerfG.

Das BVerfG hat also sein Maastricht-Urteil weiterentwickelt, und das Gericht hat für sich das Monopol des Demokratie- und Verfassungsidentitätsschutzes in europäischen Angelegenheiten beansprucht;[139] man kann über eine Wächterfunktion sprechen. Diese neue Rolle ist in der Wissenschaft mehrheitlich begrüßt worden.[140] Viele sahen darin eine Chance; die Entscheidungen des BVerfG lasse sich künftig durch die Rechtsprechung von Luxemburg und durch die Gesetzgebung von Brüssel und Berlin hoffentlich nicht mehr, oder zumindest nicht mehr so leicht relativieren.[141] Es wurde als sachgerecht empfunden, dass die Grenzen der Zuständigkeitsausübung letztendlich von denjenigen kontrolliert

---

138 BVerfG, Urt. v. 30.6.2009 – 2 BvE 2/08, Rn. 236 ff. = BVerfGE 123, 267, 351 ff.

139 *Gärditz/Hillgruber*, JZ 2009, 872, 873; *Spemann*, StraFo 2009, 499, 503.

140 U.a. *Schünemann*, ZIS 2009, 393, 395.

141 *Ambos/Rackow*, ZIS 2009, 397, 400; *Schünemann*, ZIS 2009, 393, 395.

werden (in diesem Fall von den Verfassungsgerichten der Mitgliedstaaten), die auf ihre Kompetenzen *teilweise* verzichtet haben.[142]

Es erstaunt jedoch, dass das offensichtliche Misstrauen des BVerfG nicht nur gegenüber der Kommission und gegenüber dem EuGH besteht. Dies könnte vielleicht noch hinsichtlich der Rechtsauslegungspraxis dieser Organe nachvollziehbar sein. Es betrifft aber wohl in gleichem Maß auch den deutschen Gesetzgeber.[143] Sonst lässt sich nicht erklären, weshalb der Entscheidungsspielraum des Bundestages in europäischen Fragen vom BVerfG erheblich eingeschränkt wurde. Das Urteil spricht zwar – in vollem Einklang mit dem Vertrag von Lissabon – über die Stärkung der Rechte der nationalen Parlamente, in Wirklichkeit wurde aber die Möglichkeit des deutschen Gesetzgebers, die europäische Integration frei zu gestalten, vom BVerfG erheblich eingeschränkt.

Die Wächterfunktion stellt wieder das oft diskutierte Problem in den Mittelpunkt, ob das BVerfG oder der EuGH das letzte Wort bezüglich der Grundrechtskonformität der europäischen Rechtsakten hat. Das Problem wird seit Jahrzehnten diskutiert. Im sog. „Solange-I" Beschluss (1974) hat das BVerfG seine diesbezügliche Meinung das erste Mal zum Ausdruck gebracht.[144] Das Gericht hat bemängelnd festgestellt, dass das Niveau des Rechtsschutzes auf europäischer Ebene nicht ausreichend sei, daher hat sich das Gericht die letzte Kontrolle bezüglich der Grundrechtskonformität der europäischen Rechtsakte vorbehalten, und zwar *solange*, bis das Europarecht einen Grundrechtskatalog erhalte, welcher mit dem Grundrechtskatalog des deutschen Grundgesetztes adäquat sei.

Ungefähr zehn Jahren später hat das Gericht in der sog. „Solange-II" Entscheidung (1986) seine Einschätzung über das Grundrechtsniveau des Europarechts wesentlich verändert.[145] Das BVerfG hat festgestellt, dass der Grundrechtsstandard auf europäischer Ebene sich wesentlich verbessert habe. Infolge dessen nehme das Gericht die Aufgabe der Überprüfung der Grundrechtskonformität der europäischen Rechtsakten nicht mehr wahr, diese sei künftig vom EuGH zu erledigen.

In der Maastricht-Entscheidung (1993) hat dann das BVerfG seine Zurückhaltung revidiert. Das Gericht hat das Demokratieprinzip gem. Art. 20 Abs. 1 und Abs. 2 i.V.m. Art. 79 Abs. 3 GG auch hinsichtlich des Europarechts als

142 *Ambos/Rackow*, ZIS 2009, 397, 400 f.

143 *Böse*, ZIS 2010, 76, 79 f. Nach der Meinung von *Böse* sind die ersten Zeichen dieses Mistrauen gegenüber Berlin bereits im Europäischen-Haftbefehl-Urteil zu finden.

144 Urteil des BVerfG vom 29.5.1974 – 2 BvL 52/71. = BVerfGE 37, 271 ff.

145 Urteil des BVerfG vom 22.10.1986, – 2 BvR 197/83 = BVerfGE 73, 339 ff.

unantastbar erklärt und hat dessen Prüfung für sich verlangt.[146] Die Wächterfunktion des BVerfG im Lissabon-Urteil ist als die Weiterführung des Gedankens der Maastricht-Entscheidung wahrzunehmen.

Angesichts der ChGR lässt sich zwischen der „Solange-I" und der „Lissabon" Rechtsprechung des BVerfG ein gewisser Widerspruch entdecken. Im Jahr 1974 sprach das BVerfG – überzeugend – noch darüber, dass die ultimative Kontrolle des BVerfG nur solange erforderlich ist, bis auf europäischer Ebene kein – mit dem Grundgesetzt vergleichbarer – Grundrechtskatalog existiert. Nunmehr – mit dem Inkrafttreten der ChGR – ist der Fall eingetreten; die Charta findet bei der Tätigkeit aller Organen und Institutionen der Union und darüber hinaus auch bei der Tätigkeit der mitgliedsstaatlichen Behörden Anwendung, sofern sie das Europarecht anwenden bzw. umsetzen. Wenn das BVerfG die „Solange-I-Entscheidung" konsequent gefolgt wäre, wäre seine Wächterfunktion nunmehr entbehrlich. Man darf aber nicht übersehen, dass es im Jahr 1993 mit dem Maastricht-Urteil eine Kehrtwende stattgefunden hat. Seitdem steht nicht allgemein das akzeptable Niveau der Menschenrechte, sondern das spezielle Demokratieprinzip der deutschen Verfassung im Mittelpunkt. Diese soll für immer ein Maßstab des Europarechts bleiben. Damit ist der ultimative Kontrollanspruch des BVerfG auch in europäischen Angelegenheiten einbetoniert. Es lässt darauf schließen, dass in Karlsruhe eine gewisse Skepsis dem Europarecht und den europäischen Institutionen gegenüber herrscht. Es ist kein Wunder, wenn man berücksichtigt, dass die Vorbehalte in der Wissenschaft auch weit verbreitet sind.

In diesem Zusammenhang soll allgemein auf die fragwürdige Judikatur des BVerfG hingewiesen werden. Das Gericht erhöht ständig die Hürde, die von der Union zu erfüllen ist.[147] Es ist selbstverständlich, dass ein höherer Grad der Integration eine bessere demokratische Legitimation verlangt. Die Probleme beginnen dann, wenn das erwünschte Niveau der Legitimation, welches bei einem bestimmten späteren Stand der Integration erreicht werden muss, in dem Zeitpunkt, in dem dieser Stand erreicht wird, plötzlich nicht mehr gilt und wesentlich erhöht wird. Das beste Beispiel dafür ist die „Solange" Rechtsprechung des BVerfG.

---

146 Urteil des BVerfG vom 12.10.1993 – 2 BvR 2134/92 = BVerfGE 89, 155 ff.

147 *Selmayr*, ZEuS 2009, 637, 651.

hh) Kritik bzgl. der Integrationsverantwortung

Die Wächterfunktion des BVerfG wurde in der Literatur sowohl aus politischer als auch aus rechtlicher Hinsicht mit Recht kritisiert.[148] Es ist zwar grundsätzlich richtig, dass es kontrolliert wird, dass die Union ihre Kompetenzen zum Lasten der Mitgliedstaaten nicht überschreitet. Es wurde auch nicht bestritten, dass diese Aufgabe theoretisch durchaus vom BVerfG wahrgenommen werden könnte. Es ist jedoch äußerst problematisch, wenn die dazu notwendige Zuständigkeit und das Verfahren vom Gericht selber etabliert werden.[149]

Das BVerfG ist quasi eine Superrevisionsinstanz in allen europäischen Angelegenheiten geworden, was nach meiner Ansicht weder von den europäischen Verträgen, noch vom GG vorgesehen ist.[150] Die Wächterrolle des BVerfG ist auch im Vergleich zum Maastricht-Urteil neu.[151] Es war damals in Verbindung mit dem EuGH noch von einem Kooperationsprinzip die Rede. Das Kooperationsprinzip tauchte in der Lissabon-Entscheidung dagegen nicht mehr auf.[152]

Die Notwendigkeit der neuen Wächterfunktion des BVerfG wurde an einigen Stellen grundsätzlich in Frage gestellt und als überflüssig beurteilt. Denn es wecke den ungünstigen und falschen Eindruck, dass die größte Gefahr für die deutsche Demokratie und Rechtsstaatlichkeit von der europäischen Integration ausgehen würde.[153]

Es wurde in der Literatur außerdem mit Recht darauf aufmerksam gemacht, dass die Kontrolle des BVerfG nur dann effektiv sein kann, wenn gewährleistet ist, dass die Vertragsänderungen und die Rechtsakte des Unionsrechts zur Überprüfung vor dem BVerfG landen. Die Tore der Verfassungsbeschwerden müssten dazu breit geöffnet werden. Als das Gericht das Wahlrecht (also ein Grundrecht) zum Prüfungsmaßstab erklärt hat, wurde ausgerechnet dies getan. Nach dem Urteil sind künftig alle Bürger befugt, jeglichen völkerrechtlichen Vertrag mit Hilfe einer Verfassungsbeschwerde vor dem BVerfG zu rügen.[154] Es

---

148 *Nettesheim*, NJW 2009, 2867, 2869; *Pache*, EuGRZ 2009, 285, 296; *Terhechte*, EuZW 2009, 724, 725; *Weigend*, ÖJZ 2010, 398, 404.

149 *Nettesheim*, NJW 2009, 2867, 2869; *Terhechte*, EuZW 2009, 724, 725; *Weigend*, ÖJZ 2010, 398, 404.

150 *Everling*, EuR 2010, 91, 103.

151 *Spemann*, StraFo 2009, 499, 503.

152 *Böse*, ZIS 2010, 76, 90; *Bogdandy*, NJW 2010, 1, 4; *Pache*, EuGRZ 2009, 285, 297.

153 *Pache*, EuGRZ 2009, 285, 296.

154 *Spemann*, StraFo 2009, 499, 503. Kritisch: *Everling*, EuR 2010, 91, 102; *Pache*, EuGRZ 2009, 285, 296; *Terhechte*, EuZW 2009, 724, 726.

ist daher künftig mit einer erheblichen Zunahme von europarechtsrelevanten Verfahren vor dem BVerfG zu rechnen.[155]

Nach einigen Stimmen in der Literatur wurde sogar in europäischen Angelegenheiten eine „Popularklage" etabliert. Denn künftig wird eine Klage in europäischen Angelegenheiten bereits dann zulässig sein, wenn der Beschwerdeführer irgend eine Zusammenhang mit dem Wahlrecht gem. Art. 38 Abs. 1 S. 2 GG nachweisen kann. Dies sei vor allem deswegen bedenklich, weil nach dem deutschen Bundesrecht bei der Verletzung objektiver Rechte sowie Verfassungsgrundsätze keine Verfassungsbeschwerde vorgesehen ist.[156]

Die Wächterrolle des BVerfG bedeutet – überzeugenden Meinungen – zwangsläufig, dass für die Bundesrepublik eine Sonderrolle beansprucht wurde. Diese Sonderstellung lässt sich mit der Gleichstellung der Mitgliedstaaten gem. Art. 4 Abs. 2 EUV kaum vereinbaren.[157] Denn die weitgehende Überprüfung von Sekundärrechtsakten wird mit Sicherheit dazu führen, dass sie ab und zu in Deutschland als nicht anwendbar erklärt werden. Wenn mehrere oder sogar alle nationalen Verfassungsgerichte für sich eine solche Befugnis beanspruchen würden, würde das die Union mit Sicherheit lahm legen.[158] Außerdem ist eine offene Auseinandersetzung des BVerfG mit dem EuGH vorprogrammiert. Nach dem Unionsrecht bzw. nach der Auffassung des EuGH sind ausschließlich die Richter von Luxemburg befugt, die Rechtsakte des Unionsrechts auszulegen sowie deren Vereinbarkeit mit den Gründungsverträgen und mit den europäischen Grundrechten zu prüfen.[159]

Die Ausübung der Wächterfunktion wird jedoch mit Sicherheit dazu führen, dass in Entscheidungen des deutschen BVerfG europäische Rechtsvorschriften ausgelegt werden. Bereits im Lissabon-Urteil ist dies zu beobachten. Vor allem die strafrechtlichen Vorschriften des AEUV wurden vom BVerfG ausführlich interpretiert. Die Einheit des europäischen Rechtsraums wird aber dadurch mit Sicherheit nicht gefördert, dass über die Auslegung der Verträge und über die eventuelle Grundrechtskollision der europäischen Rechtsakten künftig nationale

---

155 *Pache*, EuGRZ 2009, 285, 296; *Selmayr*, ZeuS 2009, 637, 668 ff.

156 Bsp.: *Selmayr*, ZeuS 2009, 637, 668. Popularklage (actio popularis) bedeutet, dass eine Klage vor dem Verfassungsgericht von jedermann erhoben werden darf, unabhängig davon, ob der Klageführer unmittelbar betroffen ist. Als Gegenbeispiel wird die bayerische Verfassung gebracht, die gem. Art. 98 S. 4 die Popularklage vorsieht.

157 *Bogdandy*, NJW 2010, 1, 4; *Everling*, EuR 2010, 91, 103.

158 *Everling*, EuR 2010, 91, 103; *Terhechte*, EuZW 2009, 724, 729.

159 *Everling*, EuR 2010, 91, 100; *Oppermann*, EuZW 2009, 473; *Pache*, EuGRZ 2009, 285, 296; *Terhechte*, EuZW 2009, 724, 729.

Gerichte urteilen.[160] Das BVerfG nimmt aber anscheinend lieber die Möglichkeit der offenen Auseinandersetzung mit dem EuGH und die Möglichkeit der Verletzung der europäischen Verträge im Kauf, als die Kontrolle über die deutsche Verfassung aufzugeben.[161]

Es war zwar von Anfang an klar, dass es zwischen Luxemburg und den Gerichten der Mitgliedsstaaten zu Meinungsstreitigkeiten kommen wird, was den unbedingten Vorrang des Unionsrechts vor den mitgliedsstaatlichen Verfassungen betrifft. Die mitgliedsstaatlichen Verfassungsgerichte behalten sich konsequent die Befugnis vor, die Anwendung europäischer Rechtsakte ausnahmsweise zu untersagen. Diese Auffassung der mitgliedsstaatlichen Gerichte ist nachvollziehbar, soweit es um ganz konkrete Grundrechte geht. Das nationale Verbot der Anwendung eines Rechtsakts des Unionsrechts wäre also angebracht, wenn sie zum Beispiel einen offensichtlichen Verstoß gegenüber der Menschenwürde darstellen würde. Es wird jedoch äußerst problematisch, wenn ein vom nationalen Verfassungsgericht, von der nationalen Verfassung selbst abgeleiteter, kaum definierter Grundsatz, wie die Wahrung der Verfassungsidentität zum Maßstab erhoben wird.

Die Reichweite und die verfahrenstechnische Ausgestaltung der Kontrollen lässt das Urteil offen.[162] Deswegen bliebe sie auch dann rechtlich bedenklich, wenn man sie politisch begrüßen würde.[163] Da die Einzelheiten der konkreten Wahrnehmung der Wächterfunktion im Urteil nicht erörtert wurden, bleibt es auch offen, wie konsequent und ernst das BVerfG diese neue Rolle wahrnehmen will.[164] Für Klarheit könnte der Gesetzgeber mit der Etablierung einer neuen Verfahrensart sorgen.[165]

Die Reichweite der ultra-vires-Kontrolle wurde bereits vom BVerfG im sog. Mangold-Beschluss (2010) konkretisiert.[166] Das Gericht hat sich als zurückhaltend gezeigt: Eine Verfassungswidrigkeit liege erst dann vor, wenn das kompetenzwidrige Handeln der Union offensichtlich sei und die Kompetenzverschiebung als strukturell bedeutsam zu charakterisieren sei.

---

160 *Selmayr*, ZeuS 2009, 637, 676.

161 *Gärditz/Hillgruber*, JZ 2009, 872, 877.

162 *Everling*, EuR 2010, 91, 100; *Gärditz/Hillgruber*, JZ 2009, 872, 874.

163 *Gärditz/Hillgruber*, JZ 2009, 872, 873.

164 *Böse*, ZIS 2010, 76, 90; *Nettesheim*, NJW 2009, 2867, 2869.

165 *Gärditz/Hillgruber*, JZ 2009, 872, 874.

166 Urteil des BVerfG vom 6.7.2010 – 2 BvR 2661/06, BVerfGE 126, 286.

ii) Die Grenze der Unionszuständigkeiten

Als Zwischenfazit lässt sich festhalten, dass die Integration den vom BVerfG aufgestellten Maßstäben nur gerecht wird, wenn die Union einerseits hinreichend demokratisch legitimiert ist und anderseits den Mitgliedstaaten ausreichender Raum bleibt, die grundlegenden Fragen der wirtschaftlichen, kulturellen und sozialen Lebensverhältnisse selber zu gestalten.[167] Was zu den sensiblen Bereichen gehört, die weiterhin weitgehend auf nationaler Ebene geregelt werden müssen, lässt das Urteil nicht offen. Fünf Politikfelder sind im Urteil aufgezählt, in denen die Mitgliedstaaten weiterhin das Sagen haben müssen: die Strafrechtspflege; das polizeiliche und militärische Gewaltmonopol; die fiskalischen Grundentscheidungen; die sozialstaatliche Gestaltung der Lebensverhältnissen; das Familienrecht, das Schul- und Bildungssystem sowie das Verhältnis zwischen Staat und Religionsgemeinschaften.[168]

Dass ein Mindestmaß an Staatlichkeit bei den Mitgliedsländern bleiben soll, den Charakter der Union als Staatsbund - im Gegensatz zum Bundesstaat - zu erhalten, ist durchaus nachvollziehbar. Dieser Gedanke ist auch nicht neu. Es wurde bereits im Maastricht-Urteil erörtert. Neu ist jedoch, dass die unter Schutz stehenden Lebensbereiche im Lissabon-Urteil eindeutig festgelegt wurden. Dies hat in der Literatur teilweise für Erregung gesorgt. Es wurde - mit Recht - als problematisch betrachtet, dass der Umfang der aufgezählten Politikfelder dazu führen könnte, dass kaum noch Spielräume für die Unionstätigkeit bleiben würde. Die deutsche Mitwirkung an der europäischen Integration wäre damit praktisch lahmgelegt. Ein solcher Zustand würde jedoch offensichtlich der - auch vom BVerfG erkannten - Europafreundlichkeit des GG widersprechen.[169]

Dadurch dass die besonders sensiblen Lebensbereichen vom BVerfG selbst aufgezählt wurden, wurde dem deutschen Gesetzgeber die Möglichkeit entzogen, über die Politikbereiche selber zu entscheiden, in denen er die Zuständigkeiten im Rahmen der europäischen Integration, gemeinsam mit den anderen Mitgliedstaaten ausüben will. Es wurde damit bei der Entscheidung des BVerfG außer Acht gelassen, dass dieses Ermessen einen mindestens so starken politischen wie rechtlichen Charakter hat. Insofern wurde schon darüber gesprochen, dass das BVerfG seine Kompetenz - zumindest in politischer

167 BVerfG, Urt. v. 30.6.2009 - 2 BvE 2/08, Rn. 244 sowie Rn. 249 = BVerfGE 123, 267, 356 sowie 357 f.

168 BVerfG, Urt. v. 30.6.2009 - 2 BvE 2/08, Rn. 252 = BVerfGE 123, 267, 359.

169 *Classen*, JZ 2009, 881, 887 f.; *Everling*, EuR 2010, 91, 100; *Selmayr*, ZeuS 2009, 637, 642 f.

Hinsicht – überschritten hat.[170] Denn als das BVerfG die Ewigkeitsgarantie mit der europäischen Integration verbunden hat, hat das Gericht nicht nur das Verbot einer deutschen Beteiligung an einem europäischen Bundesstaat ausgesprochen, es wurde gleichzeitig der Entscheidungsspielraum des deutschen Gesetzgebers hinsichtlich der Kompetenzausstattung der gegenwärtigen Union eingeschränkt.[171]

Über die Tiefe der Integration zu bestimmen, ist – nach überzeugenden Stimmen in der Literatur[172] – eine politische Entscheidung, daher solle sie dem Gesetzgeber überlassen sein. Diese Ansicht bedeutet natürlich nicht, dass die Integration ein grundrechtsfreier Raum wäre. Die Grenzen des politischen Spielraums sollten die Grundrechte bilden, nicht aber der Schutz der nirgends definierten deutschen Souveränität; deren Reichweite sollte eine politische Entscheidung sein.

An dieser Stelle lohnt es sich, auf das Urteil des tschechischen Verfassungsgerichts zu verweisen.[173] Die Richter aus Brno haben auch die Auffassung vertreten, dass ein Kern der Souveränität unantastbar bleiben soll. Die Frage, was zu dem geschützten Kern nationaler Staatlichkeit gehört und damit für die Integration unantastbar ist, wurde jedoch nicht beantwortet. Die tschechischen Verfassungsrichter haben nämlich den überzeugenderen Standpunkt bezogen, dass den Kern der Souveränität festzulegen, grundsätzlich eine politische Entscheidung ist. Dessen Beurteilung ist daher vor allem die Aufgabe des Gesetzgebers. Das Verfassungsgericht darf insofern nur eine ultima ratio Funktion haben. Die Richter sollten nur dann Einschreiten, wenn der Gesetzgeber mit der Kompetenzübertragung offensichtlich zu weit gegangen wäre.[174]

Die Aufzählung der geschützten Lebensbereiche im deutschen Urteil wird teilweise nicht nur als zu weit gefasst, sondern mit Recht auch als willkürlich angesehen. Es wurde im Urteil nicht mit Argumenten untermauert, warum

---

170 *Böse*, ZIS 2010, 76, 80; *Nettesheim*, NJW 2009, 2867, 2868; *Schwarze*, EuR 2010, 108, 112.

171 *Böse*, ZIS 2010, 76, 80.

172 Bsp.: *Selmayr*, ZeuS 2009, 637, 657.

173 2008/11/26 – PL. ÚS 19/08. Das Urteil auf Englisch: http://www.usoud.cz/view/pl-19-08 (13.07.2014).

174 Ähnlich haben in Deutschland Kritiker des Urteils des BVerfG argumentiert: *Bogdandy*, NJW 2010, 1, 4; *Böse*, ZIS 2010, 76, 79 f.; *Nettesheim*, NJW 2009, 2867, 2868 f.

ausgerechnet diese aufgezählten Politikbereiche als besonders sensibel gelten.[175] Es wäre natürlich äußerst schwer, aus dem GG konkrete Argumente zu nehmen, denn die Verfassung enthält solche Vorschriften definitiv nicht. Eine Begründung seitens des Gerichtes wäre umso wichtiger gewesen.[176] Die Situation wird dadurch noch problematischer, dass der Katalog der geschützten Lebensbereiche offensichtlich nicht abgeschlossen ist. Das BVerfG hat sich also das Recht auf Erweiterung vorbehalten.[177]

Wenn man die beschützten Lebensbereiche anschaut, wird die Willkürlichkeit der Auswahl eindeutig. Es ist klar, dass die Verteidigung eng mit der nationalen Souveränität verbunden ist, obwohl die europäische und nord-atlantische militärische Zusammenarbeit bereits mehr als 50 Jahre existiert. Darüber hinaus wurde in den '50er Jahren eine Europäische Verteidigungsgemeinschaft geplant, deren rechtliche Grundlage damals vom BVerfG geprüft und als grundgesetzkonform erklärt wurde. Warum aber – neben einem durchgängigen Arbeitsmarkt – die Bildungspolitik unantastbar bleiben sollte, ist schwer nachvollziehbar. In diesem Zusammenhang könnte nach meiner Spekulation die Unzufriedenheit mit dem sog. „Bologna-Prozess" eine Rolle spielen. Die europäische Hochschulreform kann natürlich kritisiert werden, sachpolitische Unzufriedenheit reicht aber mit Sicherheit nicht aus, verfassungsrechtliche Gerichtsurteile zu begründen.[178] Es gibt gleichzeitig Politikbereiche, die mit der nationalen Identität wesentlich enger verbunden sind und trotzdem längst vergemeinschaftlicht wurden, wie zum Beispiel die Währungspolitik.[179] Es ist schwer zu glauben, dass das BVerfG die bereits erreichte Entwicklung der Integration zurückdrehen will.[180]

Im Zusammenhang mit dem Strafrecht war mit Recht auch über die Inkonsequenz des Urteils die Rede. Denn der Kern der nationalen Identität ist mit dem Vertrag von Lissabon im Bereich des Strafrechts eindeutig angetastet. Deswegen hätte das BVerfG nach einigen Meinungen den Vertrag konsequenterweise als verfassungswidrig erklären müssen.[181]

---

175 Ähnlich *Böse*, ZIS 2010, 76, 80 f.; *Bogdandy*, NJW 2010, 1, 3; *Classen*, JZ 2009, 881, 887 f.

176 *Bogdandy*, NJW 2010, 1, 3.

177 *Selmayr*, ZeuS 2009, 637, 658.

178 Ähnlich *Selmayr*, ZeuS 2009, 637, 660.

179 Ähnlich *Böse*, ZIS 2010, 76, 81; *Classen*, JZ 2009, 881, 887 f.

180 Ähnlich *Everling*, EuR 2010, 91, 100; *Wiederin*, ÖJZ 2010, 398, 400.

181 Im diesen Sinne *Meyer*, NStZ 2009, 657, 660 f.

jj) Die Subsumtion

Nachdem die Voraussetzungen der Integration vom BVerfG festgelegt wurden (also die hinreichende demokratische Legitimation der Union und die Tatsache, dass für die Mitgliedsstaaten ausreichender Raum bleibt, ihre grundlegenden wirtschaftlichen, sozialen und kulturellen Lebensverhältnisse selber zu gestalten), musste geprüft werden, ob die Union nach ihrer Reform durch den Vertrag von Lissabon den Maßstäben des Gerichtes noch gerecht wird; es folgte also die Subsumtion.[182] Es wurden dabei sowohl die europäische, als auch die nationale Ebene berücksichtigt.[183]

(1) Die demokratische Legitimation

Auf der Seite der Union steht also die demokratische Legitimation in Mittelpunkt. Die (nicht hinreichende) demokratische Legitimation der Union ist ein ständiges Thema seit der Gründung der Europäischen Gemeinschaft.[184] Wenn der Maßstab bei der Prüfung der demokratischen Legitimation ein demokratischer Staat sein sollte, dann erfüllt die Union die Voraussetzungen der demokratischen Legitimation eindeutig nicht.[185] Insofern ist die herrschende Meinung sehr deutlich, sie wurde auch im Urteil des BVerfG bestätigt. Nach einigen Auffassungen stellt dieser Aussage sogar den wichtigsten Teil des Urteils dar.[186]

Die weitere Aussage des BVerfG, nämlich dass die demokratische Legitimation der Union parallel zur Vertiefung der Zusammenarbeit verstärkt werden muss, gilt auch als unumstritten. Wenn mit der Zuständigkeitserweiterung nicht auch das Niveau der demokratischen Legitimation weiter gestärkt wird, droht der Verlust der Verfassungsmäßigkeit der Integration.[187]

Dass das Legitimationsniveau der Union nicht dem Legitimationsniveau eines demokratischen Staat entspricht, bleibt im Sinne des Urteils zur Zeit unproblematisch, denn die Union ist nach ihrer Ausstattung und Zuständigkeiten kein Staat, sondern sie stellt einen Staatsbund sui generis dar. Daher sollte die Hürde der demokratischen Legitimation nicht so hoch gestellt werden, wie es im Falle eines Staates bzw. eines Bundesstaates notwendig wäre. Die Maßstäbe

---

182 BVerfG, Urt. v. 30.6.2009 – 2 BvE 2/08, Rn. 273 ff. = BVerfGE 123, 267, 369 ff.

183 BVerfG, Urt. v. 30.6.2009 – 2 BvE 2/08, Rn. 276 ff. = BVerfGE 123, 267, 370 ff. bzw. BVerfG, Urt. v. 30.6.2009 – 2 BvE 2/08, Rn. 298 ff. = BVerfGE 123, 267, 381 ff.

184 *Ambos/Rackow*, ZIS 2009, 397, 398.

185 BVerfG, Urt. v. 30.6.2009 – 2 BvE 2/08, Rn. 276 = BVerfGE 123, 267, 370.

186 Ferner *Ambos/Rackow*, ZIS 2009, 397.

187 BVerfG, Urt. v. 30.6.2009 – 2 BvE 2/08, Rn. 262 = BVerfGE 123, 267, 364. *Ambos/Rackow*, ZIS 2009, 397, 400.

der demokratischen Legitimation sollten modifiziert, die Hürde niedriger angebracht werden. Die so zu fordernden Voraussetzungen sind – vor allem nach den Reformen des Vertrags von Lissabon – *noch* erfüllt. So lautet die Aussage des BVerfG und es überzeugt.[188]

In Verbindung mit der demokratischen Legitimation hat das BVerfG wieder eine klare Grenze der künftigen Entwicklung der Integration gesetzt. Es wurde eine sog. Solange-Formel etabliert: *So lang* die Union ein Staatsverbund bleibt, die im Rahmen der begrenzten Einzelermächtigungen agiert und die Mitgliedstaaten gleichzeitig ein Mindestmaß an politischen Gestaltungsspielraum behalten, reicht das Legitimationsniveau von Lissabon aus.[189]

Die Solange-Formel ist in der Rechtsprechung des BVerfG nicht ganz neu. Es wurde bereits in der Maastricht-Entscheidung eine ähnliche Auffassung vertreten.[190]

Es ist begrüßenswert, dass sich das Gericht mit der Problematik der demokratischen Legitimation tiefgreifend auseinandergesetzt hat. Ebenso dass dabei die Besonderheiten der Union nicht außer Acht gelassen wurden. Die Erörterung, warum die Union nach staatlichen Maßstäben keine Demokratie darstellt, wurde aber in der Literatur teilweise – nach meiner Ansicht zutreffend – als überflüssig erachtet. Denn es ist auch nach der Auffassung des BVerfG eindeutig, dass die Union kein Staat ist.[191]

Eine eindeutig positive Seite der Solange-Formel ist, dass das Urteil damit einen dynamischen Charakter bekommen hat. Es kann später, bei allen Zuständigkeitserweiterungen zur Hilfe herangezogen werden.[192]

Das Urteil wurde an einigen Stellen mit Recht auch wegen seines „staatszentrierten" Demokratieverständnisses gerügt.[193] Nach der Auffassung des BVerfG setze die Demokratie zwingend ein Staatsvolk voraus. Deswegen könne – auf Basis des GG – nur ein Staat hinreichend demokratisch sein. Diese Theorie wird jedoch nicht nur vom BVerfG vertreten, sie hat auch eine breite Zustimmung im Schrifttum.[194] Aus dem „staatszentrierten" Demokratieverständnis folgt, dass es ohne souveränes Deutschland auch keine Demokratie auf deutschem Boden gebe. Die Bemühungen der Union, sich immer demokratischer

188 BVerfG, Urt. v. 30.6.2009 – 2 BvE 2/08, Rn. 276 ff. = BVerfGE 123, 267, 370 ff.

189 U.a. *Everling*, EuR 2010, 91, 97; *Pache*, EuGRZ 2009, 285, 291.

190 *Spemann*, StraFo 2009, 499 f.

191 *Classen*, JZ 2009, 881, 882.

192 *Ambos/Rackow*, ZIS 2009, 397, 400.

193 *Bogdandy*, NJW 2010, 1, 2; *Böse*, ZIS 2010, 76, 79.

194 *Böse*, ZIS 2010, 76, 79.

zu gestalten, seien schön und begrüßenswert, letztendlich aber umsonst. Nach den Maßstäben des GG werde es sowieso nicht hinreichend sein. So lautet die etwas sarkastische Interpretation des Urteils.[195] Dieses Demokratieverständnis des BVerfG ist nicht neu, bereits in der Maastricht-Entscheidung wurde ähnlich argumentiert;[196] es bleibt dennoch umstritten.[197]

Statt eines „staatszentrierten" Demokratieverständnisses wäre auch ein „individualistisches" Demokratieverständnis möglich,[198] bei dem die einzelnen Bürger im Mittelpunkt stehen, die durch gleiche und freie Wahlen die öffentliche Gewalt personell und sachlich bestimmen. Ob sie ein Staatsvolk bilden, ist zweitrangig. Mit dieser Auffassung wäre eine hinreichende demokratische Legitimation auch auf europäischer Ebene realisierbar.[199]

(2) Die verbleibende Staatlichkeit der Mitgliedsländer

Bei der Subsumtion des Urteils, auf der nationalen Seite ist die entscheidende Frage, ob die Mitgliedstaaten weiterhin die Herren der Verträge bleiben.[200] Das BVerfG bejaht diese Frage eindeutig.[201] Insofern ist das Urteil eindeutig zuzustimmen. Diesbezüglich wurden im Urteil unter anderen die folgenden Argumente gebracht:

- Bei der Kompetenzausübung der Union herrscht das Prinzip der begrenzten Einzelermächtigungen, das heißt, die Union verfügt nur über solche Zuständigkeiten, die ihr in den Verträgen ausdrücklich übertragen wurden.[202] Darüber hinaus wurde die Anwendung des Prinzips mit Kontrollmechanismen versehen (z.B: sog. Notbremsen gem. Art. 82 Abs. 3 und Art. 83 Abs. 3 AEUV).[203]
  Man darf jedoch nicht vergessen, dass die Funktionsfähigkeit der Union in die Gefahr gerät, wenn dieses Prinzip zu eng ausgelegt wird. So mahnen zumindest die Kritiker.[204]

---

195 *Bogdandy*, NJW 2010, 1, 2 f.; *Böse*, ZIS 2010, 76, 79.
196 *Spemann*, StraFo 2009, 499.
197 *Gärditz/Hillgruber*, JZ 2009, 872, 875.
198 *Bogdandy*, NJW 2010, 1, 2. Über den Inhalt des individualistischen Demokratieverständnisses in *Unger*, Das Verfassungsprinzip der Demokratie, 2008, S. 75 ff.
199 *Bogdandy*, NJW 2010, 1, 2.
200 BVerfG, Urt. v. 30.6.2009 – 2 BvE 2/08, Rn. 298 ff. = BVerfGE 123, 267, 381 ff.
201 BVerfG, Urt. v. 30.6.2009 – 2 BvE 2/08, Rn. 273 = BVerfGE 123, 267, 369.
202 Vgl. Art. 5 Abs. 2 EUV.
203 BVerfG, Urt. v. 30.6.2009 – 2 BvE 2/08, Rn. 300 = BVerfGE 123, 267, 381.
204 *Everling*, EuR 2010, 91, 99.

- Es gilt im Unionsrecht der Grundsatz der Subsidiarität und in die Überprüfung dessen Einhaltung wurden die nationalen Parlamente miteinbezogen;[205] der AEUV enthält insofern detaillierte Verfahrensregelungen.[206]
- Das Recht auf Austritt aus der Union wurde im EUV mit detaillierten Verfahrensregelungen ausdrücklich verankert.[207] Als ultima ratio steht bei einer Verletzung der Ewigkeitsgarantie der deutschen Verfassung dieser Weg offen.[208]

  Diese Möglichkeit ist jedoch in der Praxis kaum realisierbar, die Regelung spielt vielmehr eine symbolische Rolle.[209]
- Die Bundesrepublik gibt mit dem Vertrag ihr Staatsgebiet nicht auf. Die Union ist zwar berechtigt, Hoheitsrechte auf deutschem Boden auszuüben, dies geschieht allerdings nur mit einer Zuständigkeitsübertragung durch den deutschen Gesetzgebers, also nicht ohne Erlaubnis. Darüber hinaus ist die Zustimmung des deutschen Gesetzgebers jederzeit – Notfalls durch Austritt aus der Union – widerrufbar.[210]
- Die Bundesrepublik verfügt weiterhin über ein Staatsvolk, die deutsche Staatsbürgerschaft wird durch die Unionsbürgerschaft nicht ersetzt. Die Unionsbürgerschaft hat lediglich eine Zusatzfunktion, und sie gilt nur in Verbindung mit einer mitgliedsstaatlichen Staatsbürgerschaft. Die Unionsbürgerschaft ist also auf keinen Fall als die Staatsangehörigkeit eines Bundesstaates zu betrachten.[211]
- Das Unionsrecht – also die Verträge, die Rechtsakte des Sekundärrechts sowie deren Auslegung durch den EuGH – verfügt über einen Vorrang vor dem nationalen Recht.[212] Der Anwendungsvorrang des Unionsrechts beschränkt trotzdem den Geltungsbereich der Grundrechte der deutschen Verfassung nicht. Der Grund hierfür ist, dass das Unionsrecht seine Wirkung in Deutschland nur durch das deutsche Zustimmungsgesetz erhalten hat. Die Hoheitsgewalt der Union, die sie Kraft des Zustimmungsgesetzes bekommen hat, gilt nur soweit, bis die Grundrechte und vor allem die Ewigkeitsklausel

205 Vgl. Art. 5 Abs. 3 AEUV und Art. 5 Abs. 3 S. 2 EUV.

206 Protokoll Nr. 2 zum EUV und AEUV. BVerfG, Urt. v. 30.6.2009 – 2 BvE 2/08, Rn. 305 = BVerfGE 123, 267, 383.

207 Vgl. Art. 50 EUV.

208 BVerfG, Urt. v. 30.6.2009 – 2 BvE 2/08, Rn. 299 = BVerfGE 123, 267, 381.

209 *Terhechte*, EuZW 2009, 724, 730.

210 BVerfG, Urt. v. 30.6.2009 – 2 BvE 2/08, Rn. 344 = BVerfGE 123, 267, 402 f.

211 BVerfG, Urt. v. 30.6.2009 – 2 BvE 2/08, Rn. 346 ff. = BVerfGE 123, 267, 404 ff.

212 Vgl. Protokoll Nr. 17 zum EUV und zum AEUV.

nicht verletzt werden.[213] Wenn dies nicht der Fall wäre, hätte der deutsche Gesetzgeber dem Ratifizierungsgesetz gar nicht zustimmen dürfen.

kk) Besondere Rechtssetzungsverfahren im Unionsrecht

Im Urteil wurde auch nicht übersehen, dass der Vertrag von Lissabon im Unionsrecht solche Verfahren und Zuständigkeitsvorschriften verankert, die geeignet sind, die sonst strikten Kompetenzregelungen aufzulockern. Das BVerfG hat sich mit diesen Vorschriften ausdrücklich beschäftigt. Das Gericht hat Einschränkungen bei der Anwendung dieser Regelungen festgelegt:

- Im Sinne des Brückenverfahrens (auch Passerelle-Regelung genannt) kann der Rat beschließen, Entscheidungen künftig in bestimmten Bereichen statt Einstimmigkeit mit qualifizierter Mehrheit zu treffen.[214] Es ist auch möglich, dass nach einem entsprechenden Beschluss des Rates, bestimmte Rechtsakte künftig statt im besonderen lediglich im ordentlichen Gesetzgebungsverfahren erlassen werden.[215] Dem nationalen Gesetzgeber kommt jedoch bei der Entscheidung über die Anwendung des Brückenverfahrens ein Vetorecht zu.[216] Diese Garantieregelungen genügten aber dem BVerfG nicht, es wurde im Urteil erklärt, dass die Anwendung der Brückenklausel eine Vertragsänderung gem. Art. 23 Abs. 1 S. 2 GG und als solche ratifizierungsbedürftig sei.[217] Ihr muss also vom deutschen Bundestag und vom deutschen Bundesrat zugestimmt werden.
- Die sog. Vertragsabrundungskompetenz gem. Art. 308 EGV wurde in Art. 352 f. AEUV überführt, und zwar mit erheblicher Erweiterung des Anwendungsbereiches.
  Die Vertragsabrundungskompetenz ermöglicht die Behebung von Unzulänglichkeiten des Unionsrechts durch dessen Fortentwicklung unterhalb der expliziten Vertragsänderung.[218] Diese Kompetenz ist nunmehr in allen Politikbereichen der Union anwendbar.[219]

---

213 BVerfG, Urt. v. 30.6.2009 – 2 BvE 2/08, Rn. 341 ff. = BVerfGE 123, 267, 401 ff.

214 Vgl. Art. 48 Abs. 7 EUV.

215 Vgl. Art. 48 Abs. 7 UA. 2 EUV.

216 Vgl. Art. 48 Abs. 7 UA. 3 EUV.

217 BVerfG, Urt. v. 30.6.2009 – 2 BvE 2/08, Rn. 319 = BVerfGE 123, 267, 390 f.

218 *Giegerich*, Europäische Verfassung und deutsche Verfassung im transnationalen Konstitutionalisierungsprozess, S. 456; *Oppermann*, Europarecht, § 6, Rn. 68, 3. Auflage.

219 Vgl. Art. 352 AEUV. Die Anwendung in der Gemeinsamen Außen- und Sicherheitspolitik ist untersagt.

Die Anwendung der Vertragsabrundungskompetenz bedarf der Zustimmung des EP und den einstimmigen Beschluss des Rates.[220]
Nach der Meinung des BVerfG ist die Vorschrift quasi eine Blankettermächtigung, die mit dem Prinzip der begrenzten Einzelermächtigungen nicht vereinbar sei, deswegen gelte die Anwendung von Art. 352 f. AEUV in Sinn von Art. 23 Abs. 1 S. 2 GG als Vertragsänderung und bedürfe daher – ähnlich wie das Brückenverfahren – der Zustimmung des deutschen Bundestages und Bundesrates.[221]
Als Kritik ist einzuwenden, dass diese Kompetenz im Europarecht seit längerer Zeit ohne Probleme angewendet wird und der Union in Krisensituationen das zügige Handeln ermöglicht.[222]

- Die Anwendungsbereiche der strafrechtlichen Richtlinienkompetenzen[223] gem. Art. 82 Abs. 2 lit. d und Art. 83 Abs. 1 UA. 3 AEUV sind mit einstimmigem Ratsbeschluss und nach der Zustimmung des EP erweiterbar. Insofern wird über eine Kompetenz-Kompetenz gesprochen. Da es sich hier eindeutig um eine Kompetenzerweiterung handele, unterliege sie dem Gesetzesvorbehalt von Art. 23 Abs. 1 S. 2 GG und sie bedürfe – ähnlich wie das Brückenverfahren und die Vertragsabrundung – der Zustimmung des Bundestages und des Bundesrates.[224]

Es ist natürlich begrüßenswert, dass mit den Einschränkungsregelungen des BVerfG die Rechte des Bundestages und des Bundesrates eindeutig gestärkt wurden und dadurch zur demokratischen Legitimation der Union beigetragen wurde. Problematisch ist jedoch, dass das Gericht mit den Zusatzvoraussetzungen praktisch eine Sonderstellung von Deutschland erzwungen hat. Wenn alle nationalen Verfassungsgerichte die Anwendung dieses Verfahrens an ähnliche Bedingungen geknüpft hätten wie das BVerfG es getan hat, hätten die Vorschriften

220 Vgl. Art. 352 Abs. 1 AEUV.

221 BVerfG, Urt. v. 30.6.2009 – 2 BvE 2/08, Rn. 327 f. = BVerfGE 123, 267, 394 f.

222 *Selmayr*, ZeuS 2009, 637, 666 f. Als Beispiel wird die Finanzkriese aus den Jahren 2008/09 gebracht. Ohne die Anwendung der Vertragsabrundungskompetenz wäre die Union wohl nicht in der Lage gewesen Ungarn und den baltischen Ländern schnelle Finanzhilfe zu gewähren und damit die drohende Staatspleite zu verhindern. Die späteren Ereignisse der Schuldenkriese zeigen jedoch, dass auch der Bundestag in der Lage ist, schnell zu handeln, wenn es notwendig ist.

223 Art. 82 Abs. 2 AEUV (Angleichungskompetenz im Verfahrensrecht) und Art. 83 Abs. 1 (Angleichungskompetenz im materiellen Recht).

224 BVerfG, Urt. v. 30.6.2009 – 2 BvE 2/08, Rn. 363 = BVerfGE 123, 267, 412 f.

ihren Sinn und Zweck verloren, nämlich ein schnelleres, effektiveres Verfahren zu ermöglichen.

Anderseits muss man festhalten, dass die Effektivität immer eine Grenze haben soll. Diese Grenze liegt dort, wo die Effektivität mit Grundrechten bzw. grundlegenden Verfassungsmaximen kollidiert. Dies war hier nach der Meinung des BVerfG wohl der Fall.

Mit den Einschränkungen des BVerfG wurde auch der politische Spielraum der Bundesregierung erheblich eingeschränkt, was das Gewicht der deutschen Vertreter in Brüssel negativ beeinflussen könnte. So zumindest lauten einige Befürchtungen in der Literatur.[225] Ob es in der Praxis der Fall sein wird, kann nur die Zukunft zeigen.

Die Parlamentarier haben die Erweiterung ihrer Rechte in europäischen Angelegenheiten begrüßt, und zwar parteiübergreifend. Es ist jedoch äußerst fraglich, ob sie die erweiterten Rechte, was gleichzeitig Verantwortungs- und Aufgabezuwachs bedeutet, in der Praxis wahrnehmen wollen bzw. können. Denn Mitwirkungsmöglichkeiten waren auch in der Vergangenheit gewährleistet, von ihnen wurde jedoch kaum Gebrauch gemacht; die meisten Abgeordneten waren nach vielen Beobachter zeitlich und fachlich mit dem Europarecht schlicht überfordert, und wenn es um Einzelheiten ging, mangelte es vermutlich auch am Interesse. An diesem Zustand können auch die neuen Befugnisse nichts ändern.[226]

c) Das Strafrecht

Im Urteil wurden zunächst einzelne Politikbereiche unter die Lupe genommen, um die Frage zu klären, ob mit dem Vertrag der notwendige nationale Gestaltungsspielraum der Mitgliedstaaten nicht beeinträchtigt wurde.[227] Es wurden die Vorschriften im Bereich des Strafrechts, des Zivilrechts, des Handelsrechts, der Verteidigung und der Sozialpolitik analysiert.[228] Da der Gegenstand dieser Arbeit das Europäische Strafrecht ist, werden im Folgenden nur die strafrechtsrelevanten Aussagen des BVerfG analysiert.

Das Gericht hat zuerst den Standpunkt bezogen, dass die Zuständigkeiten der Union im Bereich des Strafrechts wesentlich erweitert wurden.[229] Diese Aussage

---

225 *Böse*, ZIS 2010, 76, 83; *Wiederin*, ÖJZ 2010, 398, 405.

226 *Everling*, EuR 2010, 91, 105 f.

227 BVerfG, Urt. v. 30.6.2009 – 2 BvE 2/08, Rn. 251 ff. = BVerfGE 123, 267, 359 ff.

228 BVerfG, Urt. v. 30.6.2009 – 2 BvE 2/08, Rn. 352 ff., Rn. 367 ff., Rn. 370 ff., Rn. 381 ff. sowie Rn. 392 ff. = BVerfGE 123, 267, 406 ff., 414 ff., 416 ff., 422 ff. Sowie 426 ff.

229 BVerfG, Urt. v. 30.6.2009 – 2 BvE 2/08, Rn. 352 = BVerfGE 123, 267, 406 ff.

entspricht zwar der Meinung der herrschenden Lehre, trotzdem ist ihr nicht unbedingt zuzustimmen. Wenn man die einzelnen Kompetenzgrundlagen im AEUV näher betrachtet, sind die Änderungen als gar nicht so tiefgreifend zu beurteilen (siehe S. 270 ff.).[230]

Als Dreh- und Angelpunkt des Urteils im Bereich des Strafrechts hat das Gericht festgelegt, dass das Strafrecht ein elementarer Bestandteil der nationalen Staatlichkeit darstellt, es ist mit der nationalen Geschichte und mit den kulturellen Traditionen eines Landes eng verbunden.[231] Diese Auffassung, die die Sonderrolle des Strafrechts behauptet, wird nicht nur vom BVerfG vertreten, sie ist auch im Schrifttum weit verbreitet.

Das Strafrecht soll aus zwei Aspekten eine zentrale Rolle in jeder nationalen Rechtsordnungen spielen: Erstens hilft es besonders effektiv, die elementaren Werte des Gemeinschaftslebens zu schützen, insofern ist das Strafrecht in jedem *Staat* ein unverzichtbarer Teil der Rechtsordnung. Zweitens ist die Entscheidung über die Strafbarkeit bzw. über den Inhalt eines strafrechtlichen Tatbestandes immer eine sozialethische Unwertentscheidung mit gravierenden Folgen, daher bringt die Entscheidungsmacht ein hohes Maß an Autorität zum Ausdruck, über eine entsprechend hohe Autorität verfügt nur ein Staat.[232]

Ob ein Verhalten als strafbar erklärt wird bzw. mit welchen Strafen es bedroht wird, ist immer die Entscheidung des Gesetzgebers. Die Entscheidung ist grundlegend, denn bei der Verletzung der Strafrechtsnorm werden Grundrechtseinschränkungen in Aussicht gestellt. Daher soll die Entscheidung demokratisch legitimiert, das heißt auf das Volk zurückführbar sein.[233]

An dieser Stelle enthält das Urteil auf dem ersten Blick einen Wertungswiderspruch.[234] Von der kritischen Einstellung des Urteils gegenüber dem Europäischen Strafrecht, müsste man darauf schließen, dass das Gericht die liberale Meinung teilt, die die Europäisierung des Strafrechts grundsätzlich kritisch betrachtet, weil diese über einen eindeutig punitiven Charakter verfüge und es bisher ausschließlich Pönalisierungen mit sich gebracht habe. Von einer liberalen Ansicht kann jedoch kaum die Rede sein, wenn das Gericht erklärt, dass die Entscheidung des Gesetzebers über die Pönalisierung von Verhalten zum Wohle des

230 Ähnlich *Böse*, ZIS 2010, 76, 82. Sogar ein Kritiker des Vertrags hat darauf hingewiesen, dass im Bereich des Strafrechts an einigen Stellen die Rechtsprechung des EuGH zurückgedrängt wurde (*Meyer*, NStZ 2009, 657, 661).

231 BVerfG, Urt. v. 30.6.2009 – 2 BvE 2/08, Rn. 355 = BVerfGE 123, 267, 408.

232 BVerfG, Urt. v. 30.6.2009 – 2 BvE 2/08, Rn. 355 = BVerfGE 123, 267, 408.

233 BVerfG, Urt. v. 30.6.2009 – 2 BvE 2/08, Rn. 356 = BVerfGE 123, 267, 409f.

234 *Böse*, ZIS 2010, 76, 82.

Rechtgutschutzes „grundsätzlich frei" sein,[235] vorausgesetzt die Entscheidung demokratisch legitimiert sei.[236] Im Umkehrschluss würde dies wohl bedeuten, dass etwa soziologische und kriminalpolitische Aspekte keine Rolle spielen sollten. Diese Folgerung muss aber wohl relativiert werden, da das Gericht selber darauf hinweist, dass die verfassungsrechtliche Bindung die Grenze der freien Entscheidung sei. Voran diese Bindung besteht wird im Urteil nicht näher erklärt, aus anderen Entscheidungen des BVerfG lässt sich aber darauf schließen, dass damit vor allem die Verhältnismäßigkeit gemeint ist.[237]

Das BVerfG hat also festgelegt, dass die Entscheidung über die Strafbarkeit beim demokratisch legitimierten Gesetzgeber liegen muss. Diese Kernaussage lässt sich allerdings in einer – auch juristisch gesehen – globalisierten Welt nur mit Einschränkungen halten. Die notwendigen Einschränkungen werden auch vom Gericht thematisiert. Alle nationalen Gesetzgeber sind nämlich kraft Völkerrechts verpflichtet, bestimmten Verhalten unter Strafe zu stellen. Bei den Mitgliedstaaten der Union kommen darüber hinaus noch anderweitige strafrechtsrelevante Verpflichtungen hinzu. Als auf europäischer Ebene die Einrichtung eines Raums der Freiheit, der Sicherheit und des Rechts zum Ziel der Integration erklärt wurde, haben sich die Mitgliedstaaten verpflichtet, die nationalen Straf- und Strafverfahrensnormen zu harmonisieren, um die grenzüberschreitende Kriminalität besser verhüten und bekämpfen zu können.[238] Diese Einschränkungen bestehen unabhängig davon, dass die völkerrechtlichen Verträge vom nationalen Gesetzgeber stets ratifiziert werden müssen. Die Ratifizierungsbedürftigkeit mag formell eine Hürde sein, nach meiner Ansicht könnte jedoch ein Staat sich politisch nicht leisten, ein Verhalten, die nach der Meinung der Völkergemeinschaft strafbar sein sollte, nicht unter Strafe zu stellen.

Es gilt jedoch bei allen strafrechtlichen Regelungen, dass sie nicht gegen das Schuldprinzip des Grundgesetzes verstoßen dürfen.[239]

Diese Anforderung beruht darauf, dass nach der deutschen Auffassung des Strafrechts, die Strafbarkeit einer Handlung immer die Willensfreiheit bzw. die

---

235 BVerfG, Urt. v. 30.6.2009 – 2 BvE 2/08, Rn. 356 = BVerfGE 123, 267, 409 f.

236 *Böse*, ZIS 2010, 76, 82. Verweis auf BVerfG, Urt. v. 30.6.2009 – 2 BvE 2/08, Rn. 356, BVerfGE 123, 267, 409 f.

237 Bsp.: BVerfGE 27, 18, 30; BVerfGE 80, 244, 255; BVerfGE 90, 145, 173; BVerfGE 96, 10, 25f. Im Gegensatz dazu lässt sich im Inzest-Urteil auf dem ersten Blick die gleiche Widersprüchlichkeit entdecken: Vgl. Rn. 35 ff. (BVerfG, v. 26.2.2008, – 2 BvR 392/07 = BVerfGE 120, 224).

238 BVerfG, Urt. v. 30.6.2009 – 2 BvE 2/08, Rn. 357 = BVerfGE 123, 267, 409 f.

239 BVerfG, Urt. v. 30.6.2009 – 2 BvE 2/08, Rn. 364 = BVerfGE 123, 267, 413.

eigenverantwortliche Entscheidung eines Menschen voraussetzt. Die Freiheit, eine eigenverantwortliche Entscheidung treffen zu können, wurzelt in der Menschenwürde, somit ist das Schuldprinzip mit der Menschenwürde gem. Art. 1 Abs. 1 GG eng verbunden und es wird durch der Ewigkeitsgarantie gem. Art. 79 Abs. 3 GG geschützt.[240]

Wegen den Besonderheiten des Strafrechts hat das BVerfG generell eine restriktive Auslegung der strafrechtlichen Kompetenzgrundlagen des Unionsrechts angeordnet. Dabei verweist das Urteil auf den Wortlaut des AEUV, welcher beim Strafrecht selber eng gefasst ist.[241] Stellt sich jedoch die Frage, ob insofern eine Differenzierung zwischen den einzelnen Zuständigkeitsvorschriften nicht wünschenswert gewesen wäre, wie es im Schrifttum teilweise gefordert wird.[242] Bei der Frage, wie restriktiv einzelne Kompetenzen ausgelegt werden müssen, solle die Funktion der einzelnen Zuständigkeitsregelungen berücksichtigt werden. Wenn es nunmehr auch primärrechtlich anerkannt ist, dass die gegenseitige Anerkennung Vorrang gegenüber der Harmonisierung habe, wäre bei der Unionszuständigkeit zur Harmonisierung eine restriktivere Auslegung angebracht als bei der Anwendung des Prinzips der gegenseitigen Anerkennung. Es sollte zum Beispiel immer der Mehrwert der Harmonisierung nachgewiesen

240 BVerfG, Urt. v. 30.6.2009 – 2 BvE 2/08, Rn. 364 = BVerfGE 123, 267, 413. Ein interessanter Aspekt des unantastbaren Schuldprinzips des deutschen Strafrechts ist die strafrechtliche Verantwortung von Unternehmern (*Böse*, ZIS 2010, 76, 80). Es ist bekannt, dass die Union die Einführung der Strafbarkeit von juristischen Personen anstrebt. Dies hat jedoch in den kontinental-europäischen Ländern in Gegensatz zu den anglo-amerikanischen Ländern keine Tradition. Trotzdem sind mittlerweile die meisten Mitgliedstaaten der Forderung der Union nachgekommen (So zum Beispiel auch Ungarn, trotz Widerstand der Wissenschaft.). Deutschland weigert sich allerdings konsequent und verweist dabei auf die traditionell abweichende Rechtsauffassung der deutschen Strafrechtswissenschaft. Wenn man jetzt dem Urteil des BVerfG folgt, wäre die Einführung der Strafbarkeit von juristischen Personen dem deutschen Gesetzgeber strikt verboten. Denn es würde gegen das Schuldprinzip verstoßen, welches mit der Menschenwürde in enger Verbindung steht und als solche durch die Ewigkeitsgarantie geschützt wird.
Es mag sein, dass die Strafbarkeit von juristischen Personen mit der deutschen Rechtsauffassung schwer zu vereinbaren ist. Wenn sich jedoch jemand auf die Ewigkeitsgarantie beruft, um es zu verhindern, verkennt er den Sinn und Zweck von Art. 79 Abs. 3 GG. Denn die Vorschrift ist geschaffen worden, um eine totalitäre Diktatur auf deutschem Boden zu verhindern. Die strafrechtliche Verantwortung von Unternehmern ist jedoch mit solchen Gefahren nicht zu vergleichen.

241 BVerfG, Urt. v. 30.6.2009 – 2 BvE 2/08, Rn. 362 = BVerfGE 123, 267, 411 f.

242 *Böse*, ZIS 2010, 76, 86.

werden. Insofern sollte die Annexzuständigkeit nur als ultima ratio in Betracht kommen.[243]

Nach den allgemeinen Aussagen des Urteils in Verbindung mit dem Strafrecht wurden die einzelnen Voraussetzungen und die Reichweite der Ausübung der Kompetenzgrundlagen thematisiert, das BVerfG hat konkret Forderungen festgelegt. Diese Forderungen werden jedoch in der Literatur teilweise als nicht hinreichend kritisiert.[244] Die Einzelheiten thematisiere ich später, bei den Kompetenzgrundlagen.

d) Das Ausweitungsgesetz

Das BVerfG hat also den Vertrag von Lissabon insgesamt als mit dem GG vereinbar erklärt. Die Ratifikation wurde jedoch an eine Bedingung geknüpft, es musste das Ausweitungsgesetz[245] an bestimmten Punkten verändert werden, denn das Gesetz hat nach der Auffassung des BVerfG in seiner ursprünglichen Form gegen Art. 38 Abs. 1 i.V.m. Art. 23 Abs. 1 GG verstoßen.[246]

Das grundsätzliche Problem bestand darin, dass das BVerfG die Beteiligungsrechte des Bundestages und des Bundesrates in europäischen Angelegenheiten als nicht hinreichend eingestuft hat. Dieser Mangel tauchte in Zusammenhang mit bestimmten Verfahren des Vertrags von Lissabon auf. Diese sind das Brückenverfahren, das Vertragsabrundungsverfahren sowie die Kompetenzerweiterung bei der strafrechtlichen Harmonisierungskompetenz.[247] Diese Verfahren ermöglichen Kompetenzerweiterungen bzw. Rechtsakterlasse in einem, von den normalen wesentlich abweichenden, vereinfachten Verfahren, in dem die Kontrollmöglichkeiten des nationalen Gesetzgebers erheblich eingeschränkt sind (siehe S. 56 ff.).

Wie schon beleuchtet, gelten sie nach der Auffassung des BVerfG gem. Art. 23 Abs. 1 S. 2 GG als Vertragsänderung und müssen damit vom deutschen Gesetzgeber ratifiziert werden. Das BVerfG hat nun auch gefordert, dass die Ratifizierungsbedürftigkeit im Ausweitungsgesetz ausdrücklich verankert

---

243 *Böse*, ZIS 2010, 76, 86.

244 U.a. *Meyer*, NStZ 2009, 657, 660.

245 Gesetz über die Ausweitung und Stärkung der Rechte des Bundestages und des Bundesrates in Angelegenheiten der Europäischen Union. Bundesdrucksache 16/8489.

246 BVerfG, Urt. v. 30.6.2009 – 2 BvE 2/08, Rn. 406 ff. = BVerfGE 123, 267, 432 ff.

247 Vgl. Art. 48 Abs. 7 EUV, Art. 352 AEUV, Art. 82 Abs. 2 AEUV (Angleichungskompetenz im Verfahrensrecht) und Art. 83 Abs. 1 (Angleichungskompetenz im materiellen Recht).

wird.[248] Ohne die Ratifizierung können nämlich Bundestag und Bundesrat ihrer Integrationsverantwortung nicht gerecht werden.[249] Ähnliches gilt bei den Notbremsen. Sie dürfen nur nach der Zustimmung des deutschen Parlaments angewendet werden.[250]

Die Entscheidung des BVerfG ist durchaus konsequent. Denn das Gericht hat im Urteil an mehreren Stellen erörtert, dass die Organ der Union allein nicht in der Lage seien, ein hinreichendes Maß an demokratischer Legitimation zu vermitteln, daher müssten die nationale Parlamente bei der Legitimation der Union mitwirken. Wenn die Rechte der nationalen Volksvertreter gestärkt werden, ist dies auf jeden Fall als folgerichtig zu beurteilen.[251]

Die Gewährleistung und Erweiterung der Rechte des Volksvertretungsorgans fördert eindeutig die demokratische Legitimation der europäischen Gesetzgebung, sie sind somit unumstritten begrüßenswert. Die Entscheidung des BVerfG wurde teilweise trotzdem kritisiert. Es wurde in der Literatur darauf hingewiesen, dass ein viel zu breites Beteiligungsrecht des Bundestages und des Bundesrates an den tagtäglichen europapolitischen Geschäften der Bundesregierung die deutsche Handlungsfähigkeit auf europäischer Ebene wesentlich beeinträchtigen könnte.[252] Denn bis eine parlamentarische Entscheidung getroffen wird, kann es Wochen oder gar Monate dauern.

Man darf auch nicht vergessen, dass die erweiterte Beteiligungsmöglichkeit des Bundestages und des Bundesrates in der Europapolitik für die deutschen Parlamentarier nicht nur Rechte, sondern gleichzeitig auch neue Pflichten begründet. Wenn sie ihre Aufgaben in der Praxis nicht wahrnehmen können oder wollen, wird die gute Absicht des BVerfG ohne praktische Folge bleiben. Diese Befürchtung ist nicht ohne Grund, denn der Bundestag und der Bundesrat haben von ihren bisherigen Einflussmöglichkeiten in der Praxis kaum Gebrauch gemacht.[253]

Um die deutsche Ratifizierung des Vertrags von Lissabon zu ermöglichen, hat die Bundesregierung ein Integrationsverantwortungsgesetz ausgearbeitet.[254] Im Gesetz wurden die Aussagen des BVerfG berücksichtigt und die Rechte des

---

248 BVerfG, Urt. v. 30.6.2009 – 2 BvE 2/08, Rn. 412 = BVerfGE 123, 267, 434.

249 BVerfG, Urt. v. 30.6.2009 – 2 BvE 2/08, Rn. 409 = BVerfGE 123, 267, 433.

250 BVerfG, Urt. v. 30.6.2009 – 2 BvE 2/08, Rn. 418, BVerfGE 123, 267, 436.

251 Ähnlich *Selmayr*, ZeuS 2009, 637, 663.

252 *Pache*, EuGRZ 2009, 285, 295.

253 *Pache*, EuGRZ 2009, 285, 296.

254 Gesetz über die Wahrnehmung der Integrationsverantwortung des Bundestages und des Bundesrates in Angelegenheiten des Europäischen Union (IntVG) vom 22. September 2009 (BGBl. I S. 3022).

Bundestages und des Bundesrates im europäischen Rechtsetzungsverfahren urteilsgemäß erweitert (Einzelheiten siehe S. 175 ff., 200 f.). Das Gesetz wurde vom Bundestag und vom Bundesrat im Eiltempo verabschiedet. So konnte der Vertrag von Lissabon auch in Deutschland ratifiziert werden.

e) Resümee

aa) Die Unterstützer

In der Wissenschaft erhielt das Urteil mehrheitlich eine klare Zustimmung, viele Juristen haben sich durch das Urteil in ihrer Meinung bestätigt gefühlt.[255] Nach einer Meinung sollte das Urteil sogar „in Stein gemeißelt und in Bronzelettern gegossen" werden.[256] Ein großer Teil der Wissenschaft hat also gejubelt: es war doch nicht umsonst, jahrelang in Büchern, in Aufsätzen und auf Tagungen[257] über die gravierenden Probleme und Schwachstellen der Union und vor allem des Europäischen Strafrechts zu schreiben bzw. zu sprechen.

Das BVerfG hat die Befürchtungen der herrschenden Lehre weitgehend geteilt. Das Gericht hat in vielen Fragen ähnliche Meinungen vertreten wie die kritischen Stimmen in der Literatur. Es ist so zusammenzufassen, dass die Integration grundsätzlich möglich sei, aber nur mit rechtsstaatlichen Vorbehalten und nur bis zu einem bestimmten Grad und nicht darüber hinaus.

Es wurde ausdrücklich begrüßt, dass das BVerfG – mit seiner neuen Wächterfunktion – zumindest versucht hat, den EuGH und dessen teilweise extrem expansive Vertragsauslegung aufzuhalten.[258] Denn die Rechtsprechung des EuGH (vor allem was das Strafrecht betrifft) wurde in den letzten Jahren insofern sehr stark kritisiert.

Es ist in der Literatur nicht ohne Replik geblieben, dass die Unterstützer des Urteils bzw. das Urteil selbst teilweise als europaskeptisch, sogar als europafeindlich aufgenommen wurde.[259] Das BVerfG wolle freilich mit dem Urteil nicht

255 U.a. *Ambos/Rackow*, ZIS 2009, 397, 404 f.; *Schünemann*, ZIS 2009, 393 ff.; *Spemann*, StraFo 2009, 499, 504 f. Als objektive Feststellung in *Böse*, ZIS 2010, 76.

256 *Spemann*, StraFo 2009, 499, 504.

257 *Schünemann* (ZIS 2009, 393, 394) verweist ausdrücklich auf die Forderungen der Strafrechtslehrertagung von Bayreuth aus dem Jahr 2003. An der Tagung wurde eine Resolution von 123 deutschen Strafrechtlern verabschiedet, in der auf demokratisch-rechtsstaatlichen Mängeln der Europäisierung des Strafrechts aufmerksam gemacht wurde.

258 *Ambos/Rackow*, ZIS 2009, 397, 401; *Schünemann*, ZIS 2009, 393.

259 U.a. *Classen*, JZ 2009, 881; *Everling*, EuR 2010, 91; *Oppermann*, EuZW 2009, 473; *Terhechte*, EuZW 2009, 724.

mehr, als dem Prinzip der begrenzten Einzelermächtigungen Geltung zu verschaffen, das heißt zu gewährleisten, dass die Union nur solche Zuständigkeiten ausübe, die ihr ausdrücklich zustehen. Diese Forderung könne nicht als europaskeptisch bezeichnet werden, denn die Grundverträge haben die begrenzten Einzelermächtigungen selber zum Strukturprinzip erklärt. Die Richter in Karlsruhe wollten also nicht mehr, als dass die Vorschriften des Vertrags tatsächlich Anwendung finden. Die Tatsache, dass dazu klare Worte nötig seien, daran seien vor allem die Kommission und der EuGH Schuld. Denn sie waren diejenigen, die die vertraglichen Kompetenzgrundlagen konsequent extrem expansiv ausgelegt haben, unbeeindruckt davon, dass dadurch – vor allem im Bereich des Strafrechts – Grundrechte der europäischen Bürger unverhältnismäßig beeinträchtigt wurden. So lautet der Applaus der Unterstützer des Urteils.[260]

Es wurde außerdem mehrheitlich begrüßt, dass es endlich höchstrichterlich anerkannt wurde, dass das Strafrecht aus demokratisch-rechtsstaatlicher Sicht ein besonders empfindlicher Bereich sei;[261] die strafrechtlichen Kompetenzgrundlagen der Union besonders strikt auszulegen seien, weil sonst eine Uferlosigkeit drohe;[262] das Strafrecht kein rechtstechnisches Instrument sei, dessen Anwendung setze besondere Rechtsfertigung voraus;[263] die Ausübung der Annexzuständigkeit – wenn überhaupt – nur in äußersten Ausnahmefällen möglich sei;[264] das Schuldprinzip des deutschen Rechts Teil der Ewigkeitsgarantie gem. Art. 79 Abs. 3 GG[265] sei und als solches auch für den europäischen Gesetzgeber unantastbar bleiben müsse.[266]

Das Gericht hat praktisch in seinem Urteil den Schonungsgrundsatz verankert, welcher Jahre zuvor von der Wissenschaft entwickelt wurde.[267] Insofern haben die Unterstützer des Urteils wiederum betont, dass von Europafeindlichkeit nicht die Rede sein könne, denn der AEUV gehe mit den strafrechtlichen Kompetenzen selber restriktiv um.[268] Das Gericht wollte nicht mehr, als dass diese

260 *Ambos/Rackow*, ZIS 2009, 397, 404 f.

261 Vgl. BVerfG, Urt. v. 30.6.2009 – 2 BvE 2/08, Rn. 358 = BVerfGE 123, 267, 410.

262 Vgl. BVerfG, Urt. v. 30.6.2009 – 2 BvE 2/08, Rn. 361 = BVerfGE 123, 267, 411.

263 Vgl. BVerfG, Urt. v. 30.6.2009 – 2 BvE 2/08, Rn. 358 = BVerfGE 123, 267, 410.

264 Vgl. BVerfG, Urt. v. 30.6.2009 – 2 BvE 2/08, Rn. 361 = BVerfGE 123, 267, 411.

265 Vgl. BVerfG, Urt. v. 30.6.2009 – 2 BvE 2/08, Rn. 364 = BVerfGE 123, 267, 414 f.

266 *Ambos/Rackow*, ZIS 2009, 397, 401 ff.; *Schünemann*, ZIS 2009, 393, 395.

267 Ähnlich *Böse*, ZIS 2010, 76, 85. Verweis auf die Etablierung des Grundsatzes in *Satzger*, Europäisierung, S. 166 ff.

268 Dafür sprechen die Notbremsenregelungen (Art. 82 Abs. 3 und Art. 83 Abs. 3), ausdrückliche Schonung der mitgliedsstaatlichen Souveränität (wie Art. 69, Art. 72,

Absicht der Mütter und Väter des Vertrags von Lissabon in der Praxis unberührt bleibt.[269]

Es wurde jedoch befürchtet, dass das Urteil und damit die klare Worten zu spät gekommen sind. Es wäre wünschenswert gewesen, bereits bei der Maastricht-, oder spätestens bei der Europäischen-Haftbefehl-Entscheidung so klar zu formulieren. So hätte man eine Chance gehabt den neuen Vertrag inhaltlich beeinflussen zu können.[270]

Viele Zustimmung hat das Urteil in Verbindung mit dem Europäischen Strafrecht bekommen. Vor allem diejenigen waren glücklich, die das Strafrecht weiterhin in der Zuständigkeit der Nationalstaaten wünschen.[271] Es klingt jedoch allmählich anachronistisch, sich in der globalisierten Welt des 21. Jahrhunderts an der Verteidigung der Nationalstaaten und an der Bewahrung der nationalstaatlichen Zuständigkeiten zu erfreuen.[272]

bb) Kritische Stellungnahme

Zusammenfassend lässt sich feststellen, dass das BVerfG den Inhalt des Vertrags von Lissabon als *noch* verfassungsmäßig gefunden hat.[273] Es wurden keine unüberwindbaren Hindernisse für die deutsche Beteiligung an der gegenwärtigen europäischen Integration geschaffen. Insofern wird das Urteil seiner selbst erklärten Europafreundlichkeit gerecht.[274] Das Wort „noch“ hat dabei jedoch eine wichtige Bedeutung, denn das Gericht kam nur dadurch zu einer positiven Entscheidung, dass die Regelungen teilweise – vor allem im Strafrecht – sehr restriktiv ausgelegt und die deutsche Anwendung zur Erfüllung an extra Voraussetzungen geknüpft wurde. Dabei hat das Urteil die Grenze der europäischen Integration klar gezogen und hat auch solche engeren Formen der demokratischen Zusammenarbeit der europäischen Staaten abgelehnt, die gar nicht auf der Tagesordnung standen.

Art. 79 Abs. 5, Art. 84, Art. 88 Abs. 3 sowie Art. 89) und andere Ausnahmetatbestände (wie Art. 76 lit. b, Art. 81 Abs. 3, Art. 86 Abs. 1 sowie Art. 87 Abs. 3) in Art. 67 ff. AEUV.

269 *Ambos/Rackow*, ZIS 2009, 397, 404.

270 *Schünemann*, ZIS 2009, 393, 395.

271 *Spemann*, StraFo 2009, 499, 503.

272 Ferner auch *Selmayr*, ZeuS 2009, 637, 657 ff.

273 Ähnlich Böse, ZIS 2010, 76, 85. Nach der Meinung von *Meyer* (NStZ 2009, 657, 662) wäre die konsequente Folge der Ausführungen des BVerfG gewesen, den Vertrag als verfassungswidrig zu erklären. Er plädiert dafür.

274 *Pache*, EuGRZ 2009, 285, 295.

Die Auslegungen der verfassungsrechtlichen Regelungen, welche die die Zukunft der Integration erheblich beeinträchtigenden Aussagen des BVerfG untermauern sollten, sind mit Recht umstritten.[275] Die Art und Weise der Wahrnehmung der neu etablierten Wächterfunktion des BVerfG ist verfahrensrechtliche unklar.[276]

Die europäische Integration kann in ihrer heutigen Form mit dem Urteil weiterfunktionieren.[277] Mit der strikten Auslegung der Grenzen der Zusammenarbeit scheint jedoch die Vertiefung der Kooperation über Lissabon hinaus – zumindest im Rahmen des Grundgesetzes – als schwer vorstellbar, praktisch unmöglich. Es könnte theoretisch in ferner Zukunft die prekäre Situation entstehen, dass Deutschland die Union verlassen muss, weil sie sich zum Bundesstaat entwickelt hat. Diese Situation ist natürlich derzeit irreal, trotzdem steht im Urteil für diesen Fall eine Aufforderung zum Austritt.[278] Obwohl im GG ganz klar ein europäische Mitwirkungsgebot für die Bundesrepublik verankert wurde. Der Widerspruch ist klar und deutlich.[279]

Darüber hinaus muss als Problempunkt betrachtet werden, dass das BVerfG sich Kontrollzuständigkeiten eingeräumt hat, die gesetzlich gar nicht vorgesehen sind, die eine Kollision mit dem EuGH ist vorprogrammieren.

Es gibt jedoch gleichzeitig Punkte, bei denen das BVerfG praktisch dem EuGH nachgegeben hat. So ist die strafrechtliche Annexkompetenz letztendlich auch vom BVerfG gebilligt worden.[280]

Auch wenn man manche Aussagen des Urteils nicht teilt, mit ihnen konnte man wohl rechnen. Die Meinung des höchsten deutschen Gerichts, „Europa grundsätzlich ja, aber nur mit Vorbehalten" ist nicht neu. Die Grundzüge dieser Rechtsprechung wurden schon mit der Maastricht-Entscheidung festgelegt. Neu ist allerdings, dass die Vorbehalte so klar und streng wie noch nie formuliert wurden.[281] Damit wurde die europaskeptische Haltung, die in der

---

275 *Pache*, EuGRZ 2009, 285 f.

276 *Pache*, EuGRZ 2009, 285. Darauf haben auch solche Verfasser hingewiesen, die sonst mit der Wächterfunktion des BVerfG einverstanden sind (*Gärditz/Hillgruber*, JZ 2009, 872, 873 f.).

277 Ähnlich *Frenz*, EWS 2009, 441; *Oppermann*, EuZW 2009, 437.

278 BVerfG, Urt. v. 30.6.2009 – 2 BvE 2/08, Rn. 264 = BVerfGE 123, 267, 364 f.

279 *Bogdandy*, NJW, 1, 3.

280 *Böse*, ZIS 2010, 76, 85.

281 Ähnlich *Oppermann*, EuZW 2009, 437.

Bevölkerung präsent ist und gegenwärtig eher wächst als schrumpft, teilweise höchstrichterlich bestätigt.[282]

Mögen diese Vorbehalte des Gerichts gut und notwendig sein, um die verfassungsmäßige Ordnung der Bundesrepublik zu schützen und die begrenzte demokratische Legitimation der Union auszubalancieren, so werden sie jedoch nach meiner Einschätzung der – auch in der Präambel des Grundgesetzes verankerten – Integrationsverantwortung Deutschlands nicht gerecht. Sie können mittel und langfristig die Bundesrepublik hindern, ihre wichtige Aufgabe wahrzunehmen und der Motor der friedlichen und demokratischen Einheit der europäischen Völker zu sein.

Bei den Wissenschaftlern, von den das Urteil und überhaupt die Haltung der Richter aus Karlsruhe kritisch aufgenommen wurde, gibt es gewiss Behauptungen, die als übertrieben erscheinen. So zum Beispiel als das Urteil und dessen Verfassungsauslegung mit einer Ghetto-Mauer verglichen wurde, oder als der endgültige Stillstand des Einigungsprozesses prognostiziert wurde.[283] Die Gegenseite geht jedoch auch zu weit, wenn sie praktisch behauptet, dass nur diejenigen dem Urteil kritisch gegenüberstehen, die die modifizierten europäischen Verträge viel zu expansiv, über den Wortlaut hinaus auslegen wollten, wie es bisher von der Kommission und von dem EuGH ständig getan wurde.[284]

Viele Kritiker betonen mit Recht, dass die Grundentscheidungen über die politische Gestaltung von Europa von Karlsruhe nicht übernommen werden können und dürfen.[285] Das BVerfG hat dennoch mit der expansiven und nicht gerade unumstrittenen Auslegung der Ewigkeitsgarantie gem. Art. 79 Abs. 3 GG dem Gesetzgeber und der Politik die Möglichkeit praktisch weggenommen, über die Zukunft Europa ergebnisoffen zu diskutieren.[286] Das Gleichgewicht zwischen Gesetzgebung und Verfassungsgericht wurde damit beeinträchtigt. Die Bestrebungen des Gerichts, die Zukunft der Integration mitzubestimmen und die immer stärkere Betonung der Souveränität in der Entscheidung wecken bei mir immer mehr den Eindruck, dass die europäische Integration vom BVerfG eher als Bedrohung und nicht als Zukunftschance wahrgenommen wird. Eine solche

---

282 Ähnlich *Pache*, EuGRZ 2009, 285, 295; *Oppermann*, EuZW 2009, 437.

283 *Oppermann*, EuZW 2009, 437. Insofern sprachen die Vertreter der Gegenmeinung über eine „erstaunlich wüste Polemik" (*Ambos/Rackow*, ZIS 2009, 397, 405).

284 In diesem Sinne *Ambos/Rackow*, ZIS 2009, 397, 404 f.

285 *Bogdandy*, NJW 2010, 1, 4. Es wurde neulich in der Rettungsschirm-Entscheidung auch vom BVerfG anerkannt.

286 *Böse*, ZIS 2010, 76, 79 f.; *Nettesheim*, NJW 2009, 2867, 2868 f.

Auffassung entspricht offensichtlich nicht der Meinung der Mütter und Väter des GG und dem Geist der deutschen Verfassung.[287]

Wenn man das Urteil, oder noch besser dessen Würdigung und Kritik in der Literatur betrachtet, so sind Anzeichen eines „Glaubenskrieges" bezüglich der Fragen zu entdecken, wie viel Europa wir generell sowie im Strafrecht speziell brauchen. In diesem „Krieg" sind die Fronten verhärtet, der Ton ist unfreundlich.[288]

2. Verfassungsgerichtsentscheidungen in anderen Mitgliedstaaten

Nicht nur in Deutschland sondern auch in zahlreichen anderen Mitgliedstaaten wurde die Verfassungsmäßigkeit des Vertrags von Lissabon in Frage gestellt. Die Beschwerdeführer sahen regelmäßig die Souveränität des eigenen Landes in Gefahr. So große, europaweite Aufmerksamkeit haben andere nationale Urteile jedoch nicht bekommen, wie es bei der deutschen Entscheidung der Fall war. Es lohnt sich trotzdem, oder vielleicht gerade deswegen, einige der Entscheidungen der mitgliedsstaatlichen Verfassungsgerichte näher zu betrachten.

a) Tschechische Republik

In der Tschechischen Republik, wo der Vertrag – vor allem wegen der ablehnenden Haltung des Staatspräsidenten – nur mühsam ratifiziert wurde, hat das Verfassungsgericht in seinem Urteil den Vertrag – mit überzeugender Argumentation – als verfassungsgemäß erklärt.[289]

Im Mittelpunkt des Urteils stand die nationale Souveränität. Es wurde geprüft, wie weit die erweiterten Zuständigkeiten der Union die tschechische Souveränität beeinträchtigen. Die Richter haben festgestellt, dass nicht alle nationale Zuständigkeiten übergeben wurden und die Kompetenzen, die die Union bekommen hat, nicht zum essentiellen Kern der Souveränität gehören. Das heißt im Umkehrschuss, wenn durch die Kompetenzübergabe der essentielle Kern der Souveränität beeinträchtigt wäre, würde der Vertrag als verfassungswidrig gelten. Die Frage, was zu dem geschützten Kern der Souveränität gehört und damit für die Integration unantastbar ist, wurde im Urteil nicht beantwortet. Insofern

---

287 *Bogdandy*, NJW 2010, 1, 4.

288 Bsp.: *Ambos/Rackow*, ZIS 2009, 397, 405; *Lenz*, FAZ vom 8.8.2009, S. 7; *Meyer*, NStZ 2009, 657, 661; *Oppermann*, EuZW 2009, 473; *Schünemann*, StV 2003, 116, 118; *Schünemann*, GA 2004, 193, 206; *Spemann*, StraFo 2009, 499, 505.

289 2008/11/26 – PL. ÚS 19/08. Das Urteil auf Englisch: http://www.usoud.cz/view/pl-19-08 (13.07.2014).

vertritt das tschechische Gericht eine prinzipiell andere, aber überzeugendere Meinung als das deutsche. Die Richter aus Brno haben nämlich den Standpunkt bezogen, dass es grundsätzlich eine politische Entscheidung ist, den Kern der Souveränität festzulegen. Die Beurteilung des Umfangs des Kernbereiches der nationalen Souveränität ist vor allem die Aufgabe des Gesetzgebers, das Verfassungsgericht solle insofern nur eine ultima ratio Funktion haben.[290] Das Gericht muss nur dann tätig werden, wenn der Kernbereich der Souveränität ganz offensichtlich angetastet wurde.

Die für das Strafrecht wichtige - in Art. 83 Abs. 1 UA. 3 AEUV verankerte - Kompetenz-Kompetenz, die vom deutschen BVerfG thematisiert wurde, ist auch von den tschechischen Richtern unter den Lupe genommen worden. Sie haben die Gefahr, dass nämlich hier eine uferlose Kompetenzerweiterung drohen könnte, auch erkannt. Gleichzeitig haben sie aber die Notbremsenregelung in Art. 83 Abs. 3 AEUV mit Recht als hinreichende Garantie betrachtet und - anders als in Deutschland - von weiteren Einschränkungen bei der Anwendung von Art. 83 Abs. 1 UA. 3 AEUV abgesehen.

b) Österreich

In Österreich hat sich der Verfassungsgerichtshof mit dem Vertrag beschäftigt.[291] In der Alpenrepublik wurde der Inhalt des Vertrags gar nicht geprüft, da der Antrag als unzulässig zurückgewiesen wurde. Das Problem bestand darin, dass in Österreich nicht jedermann befugt ist, ein Gesetz vor dem Verfassungsgericht zu rügen. Dazu sind u.a. ein Drittel der Mitglieder des Nationalrates sowie Personen berechtigt, wenn sie durch die Verfassungswidrigkeit eines Gesetzes in ihren Rechten verletzt sind.

In Fall des Vertrags von Lissabon haben 37 Nationalratsmitglieder die Beschwerde eingereicht. Diese Zahl ist jedoch niedriger als ein Drittel der Gesamtmitgliedszahl. Dies war selbstverständlich auch den antragstellenden Politikern klar, sie haben allerdings damit argumentiert, dass sie als Nationalratsmitglieder in ihren Rechten verletzt wurden, denn sie hätten ein Recht darauf, beim Erlass von jeglichen Rechtsnormen mitzuwirken, die in Österreich gelten. Bei

290 Ähnlich haben in Deutschland Kritiker des Urteils des BVerfG argumentiert: *Bogdandy*, NJW 2010, 1, 4; *Böse*, ZIS 2010, 76, 79 f.; *Nettesheim*, NJW 2009, 2867, 2868 f.

291 SV 1/10 vom 12.6.2010. http://www.vfgh.gv.at/cms/vfghsite/attachments/9/0/3/CH0006/CMS1278577592654/vertrag_von_lissabon_sv1-10.pdf (31.03.2014).

dem Vertrag von Lissabon und allgemein bei den Rechtsakten der Union haben sie dieses Recht als verletzt gesehen, denn sie könnten an den europäischen Verhandlungen nicht teilnehmen. Über unmittelbare Einflussmöglichkeiten verfügten sie also nicht. Der Verfassungsgerichtshof hat die Argumentation der Antragsteller abgelehnt und die Klage als unzulässig zurückgewiesen.

c) Ungarn

In Ungarn haben die Kläger den Vertrag von Lissabon – besser gesagt das ungarische Gesetz, in dem der Vertrag offiziell verkündet wurde – gerügt.[292] In der Klage hat der Beschwerdeführer damit argumentiert, dass im Vertrag die Souveränität von Ungarn in einem so hohen Maß eingeschränkt wird, dass das Land nun nicht mehr als unabhängiger Rechtsstaat betrachtet werden kann. Damit verletze der Vertrag § 2 Abs. 1 der ungarischen Verfassung.[293] Diese Meinung war damit begründet, dass die Union nunmehr eine eigene Rechtspersönlichkeit habe, die Möglichkeit des Austritts aus der Union nicht hinreichend bestimmt sei sowie die Kompetenzregelungen der Grundverträge dem Bestimmtheitsgebot nicht entsprechen und somit eine uferlose Erweiterung der Unionskompetenzen drohe.

Im Urteil hat das Gericht die Meinung des Klägers mit Recht als unbegründet gefunden.[294] Die Souveränität des Landes ist mit dem Vertrag tatsächlich beeinträchtigt worden, es begründe jedoch die Verfassungswidrigkeit des Vertrags nicht, denn die Souveränität ist seit langem als nicht unbegrenzt zu betrachten. Die Parlamentsmehrheit ist befugt und oft durch völkerrechtliche Vorgaben sogar verpflichtet, sie einzuschränken. Dementsprechend ermächtigt die Verfassung selbst den Gesetzgeber, internationale Verträge abzuschließen, die naturgemäß eine souveränitätsbeeinträchtigende Wirkung haben. In Verbindung mit der Union geht die Verfassung sogar weiter und es wird zum Staatsziel erklärt, an der Verwirklichung der europäischen Einheit mitzuwirken.[295] Insofern spricht das Verfassungsgericht – ähnlich wie die Kollegen aus

292 2007. évi CLXVIII. törvény az Európai Unióról szóló szerződés és az Európai Közösséget létrehozó szerződés módosításáról szóló lisszaboni szerződés kihirdetéséről.

293 1949. évi XX. törvény az Alkotmányról (Ab 1.1.2012 gilt in Ungarn eine neue Verfassung, im Zeitpunkt der Urteilverkündung war jedoch noch die alte in Kraft.). § 2 Abs. 1: Die Republik Ungarn ist ein unabhängiger, demokratischer Rechtsstaat.

294 143/2010 (VII. 14.) AB határozat, Magyar Közlöny, 2010. évi 119. szám.

295 § 6 Abs. 4 Verfassung der Republik Ungarn: Die Republik Ungarn wirkt bei der Verwirklichung der europäischen Einheit mit, um die Entfaltung der Freiheit, des Wohlstands und der Sicherheit der europäischen Völker zu unterstützen.

Deutschland – über die Europafreundlichkeit der Verfassung. Darüber hinaus berechtigt die Verfassung ausdrücklich den ungarischen Gesetzgeber, im Rahmen der Gründungsverträge der Union, Kompetenzen gemeinsam mit den anderen Mitgliedstaaten auszuüben bzw. den Organen der Union zu übergeben.[296]

Die Kompetenzübergabe bedarf allerdings der Zustimmung des ungarischen Parlamentes. Die Zustimmungsbedürftigkeit besteht auch dann, wenn es sich um die europäische Ausübung von Kompetenz-Kompetenzen handelt. Diese sind nämlich von der Wirkung her mit Vertragsänderungen gleichzustellen. Insofern ist das ungarische Urteil inhaltlich mit dem aus Deutschland weitgehend übereinstimmend.

Die weiteren Argumente des Klägers haben das Gericht mit Recht auch nicht überzeugen können, denn die Möglichkeit des Austrittes ist im Vertrag von Lissabon – im Gegensatz zu den früheren Verträgen – ausdrücklich geregelt. Es wurde nicht nur die Möglichkeit eingeräumt, sondern sie wurde auch mit ausführlichen Verfahrensregelungen versehen.[297] Dadurch sei der Fortbestand der nationalen Souveränität gerade bestätigt. Die Argumentation stimmt an dieser Stelle wieder mit der des deutschen Gerichts überein.

Was die eigene Rechtspersönlichkeit der Union betrifft, so erleichtert sie es der Union erheblich, auf der internationalen Bühne zu agieren. Dadurch allein wird die Union jedoch – nach überzeugender Argumentation des Gerichts – kein „Superstaat“, dazu sollten zusätzliche, weitreichendere Voraussetzungen erfüllt werden. Dies ist im Vertrag von Lissabon eindeutig nicht der Fall. Somit hat die Rechtspersönlichkeit der Union keine negative Auswirkung auf die Souveränität von Ungarn, denn das Land behält seine Rechtspersönlichkeit – unabhängig von der der Union – weiterhin.

Das Argument, dass die Zuständigkeitsregelungen nicht hinreichend bestimmt seien, wurde im Urteil nicht näher betrachtet, weil einerseits in der Klage keine konkreten Regelungen benannt wurden und anderseits, weil die Auslegung der einzelnen Regelungen des Vertrages die Aufgabe des EuGH ist.

---

296 § 2/A Abs. 1 Verfassung der Republik Ungarn: Die Republik Ungarn als Mitgliedstaat der Union übergibt in internationalen Verträgen ihre verfassungsrechtlichen Zuständigkeiten, soweit es notwendig ist, um die Rechte auszuüben und die Pflichte zu erfüllen, die aus den Gründungsverträgen der Union folgen. Die übergebenen Zuständigkeiten könne gemeinsam mit den anderen Mitgliedstaaten oder durch die Organe der Union ausgeübt werden. Die Ratifizierung der internationalen Verträge bedarf die Zustimmung von zwei Dritteln der Abgeordneten der ungarischen Volksversammlung (Parlament).

297 Vgl. Art. 50 EUV.

Die vertraglichen Vorschriften können zwar vom ungarischen Verfassungsgericht im Allgemeinen thematisiert werden, die Auslegung der einzelnen Voraussetzungen der Anwendung von bestimmten Regelungen fällt jedoch nicht in die nationale Zuständigkeit. Insofern hat das ungarische Gericht eine andere, überzeugendere Meinung vertreten als das deutsche BVerfG. Die fehlende nationale Zuständigkeit für die Auslegung der Grundverträge bedeutet aber nicht, dass Implementierungsgesetze von Sekundärrechtsakten der Union (sprich Richtlinien und Rahmenbeschlüsse) vom ungarischen Verfassungsgericht nicht an Maßstäben der ungarischen Verfassung überprüft werden könnten. Denn es handelt sich in diesen Fällen – unabhängig von der Unionsherkunft – um nationale Gesetze und diese müssen selbstverständlich den Maßstäben der ungarischen Verfassung entsprechen.

In Allgemeinen wurde vom Gericht zutreffend erörtert, dass der neue Vertrag u.a. durch die verbindliche Grundrechtscharta, durch die Notbremsenregelungen und durch die verstärkte Rolle der nationalen Parlamente gerade dazu beiträgt, die Kompetenzausübung der Union besser zu überwachen und dabei die Rechte der Unionsbürger besser zu schützen.

In einem Sondervotum des Urteils wurde ein interessanter Aspekt beleuchtet. Um diese abweichende Meinung zu verstehen, muss man wissen, dass das Urteil am 12.06.2010 – also nach dem Inkrafttreten des Vertrags – verkündet wurde. Nach der Begründung des Sondervotums sei die Prüfung der Änderung eines Gründungsvertrags nach dem Inkrafttreten des Änderungsvertrags nicht mehr möglich.[298] Der Vertrag von Lissabon sei seit dem 1. Dezember 2009 Teil des Unionsrechts. Dies hätte eine gravierende Folge: Das ungarische Ratifizierungsgesetz würde praktisch leer laufen. Die Rechte und Pflichten kämen nunmehr unmittelbar aus den Unionsverträgen und nicht aus dem ungarischen Ratifizierungsgesetz. Der Richter weist darauf hin, dass der Vertrag von Lissabon mittlerweile auch gegenstandslos sei, denn sein Inhalt sei Teil des EUV und AEUV geworden. Eine eventuelle Nichtigerklärung des ungarischen Ratifizierungsgesetzes würde daran nichts ändern, dass die veränderten Gründungsverträge das Land und die Staatsbürger, als Mitglieder der Union gem. § 2/A Abs. 1 der ungarischen Verfassung[299] binden würden. Denn mit der eventuellen Nichtigkeit des

298 143/2010 (VII. 14.) AB határozat, Sondervotum von Richter Bragyova, Richter Lévay und von Richter Paczolay.

299 § 2/A Abs. 1 Verfassung der Republik Ungarn: Die Republik Ungarn als Mitgliedstaat der Union übergibt in internationalen Verträgen ihre verfassungsrechtlichen Zuständigkeiten, soweit es notwendig ist um die Rechte auszuüben und die Pflichte zu erfüllen, die aus den Gründungsverträgen der Union folgen. Die übergebenen

leeren ungarischen Ratifizierungsgesetzes blieben der EUV und der AEUV mit den neuen Regelungen unberührt in Kraft. Es könnte eventuell ein Verbot der ungarischen Anwendung der Verträge in Betracht kommen, dies sei aber unmöglich, denn die Verträge haben – nach der ungarischen Rechtsordnung gem. § 2/A Abs. 1 der ungarischen Verfassung – Verfassungsrang und Verfassungsregelungen können in Ungarn nicht verfassungswidrig sein.

Um den Vertrag inhaltlich überprüfen zu können, hätte der Staatspräsident oder die Regierung eine sog. präventive Normenkontrolle beantragen müssen. Die präventive Normenkontrolle hat die Folge, dass ein Gesetz bis zur Entscheidung des Verfassungsgerichts nicht in Kraft treten darf.[300] Oder aber der Kläger hätte seine Verfassungsbeschwerde rechtzeitig einreichen sollen, so dass das Gericht darüber noch vor dem Inkrafttreten hätte entscheiden können. Diese Aussage in dem Sondervotum ist verblüffend, vor allem, wenn man weiß, dass die Verfassungsbeschwerde „rechtzeitig" im Sommer 2009, unmittelbar nach der Ratifizierung eingereicht wurde. An dieser Stelle stellt sich die Frage, ob es eine rechtsstaatliche Lösung wäre, die Überprüfung einer Norm nur deswegen zu untersagen, weil die rechtzeitig eingereichte Beschwerde verspätet bearbeitet wurde.

Die Frage ist rhetorisch und wurde im Urteil selbstverständlich nicht beantwortet. Es wurde allerdings in Verbindung mit dem Sondervotum von anderen Richtern erklärt, dass das ungarische Ratifikationsgesetz gar nicht „leer" sei, denn der EUV und der AEUV in ihrer konsolidierten Fassung wären eine Beilage des ungarischen Gesetzes. Die Verträge gelten deswegen durch das Ratifizierungsgesetz.

So oder so stellt sich natürlich die Frage, wie es in der Praxis möglich gewesen wäre, den Vertrag bzw. das Ratifikationsgesetz nach seinem Inkrafttreten als verfassungswidrig zu erklären, wenn er bereits sieben Monaten in Kraft ist und von 27 Staaten und von den Organen der Union Tag täglich angewendet wird. Das Urteil war auf jeden Fall verspätet.

Zuständigkeiten könne gemeinsam mit den anderen Mitgliedstaaten oder durch die Organe der Union ausgeübt werden. Die Ratifizierung der internationalen Verträge bedarf die Zustimmung zweidrittel der Abgeordneten der ungarischen Volksversammlung (Parlament).

300 § 21 Abs. 1 Gesetz über das Verfassungsgericht (1989. évi XXXII. törvény az Alkotmánybíróságról). In dem Sinne des neulich veränderten Gesetzes darf präventive Normenkontrolle nur vom Staatspräsident oder von der Regierung beantragt werden.

II. Über den Raum der Freiheit, der Sicherheit und des Rechts

1. Geschichte

a) Der Griechische Mais

Das Strafrecht wurde das erste Mal mit dem Vertrag von Maastricht im Gemeinschaftsrecht etabliert. Das bedeutet aber nicht, dass die Gemeinschaft früher mit dem Strafrecht nichts zu tun gehabt hätte.[301] Im Laufe der '80er Jahren hat sich langsam die Erkenntnis festgesetzt, dass es wünschenswert wäre, eine europäische Zusammenarbeit auch auf dem Gebiet des Strafrechts zu erreichen. Drei – bereits thematisierte – Gründe sind für dieses Erkenntnis verantwortlich: Die Institutionen und sonstige Einrichtungen der Gemeinschaft mussten effektiv geschützt werden; betrügerische Handlungen in Verbindung mit europäischen Subventionen mussten abschreckend sanktioniert werden; die grenzüberschreitende, organisierte Kriminalität musste mittels europaweiter Zusammenarbeit der Strafverfolgungs- und Justizbehörden verhütet und bekämpft werden.

Die Mitgliedstaaten haben sich an Anfang heftig gewehrt, die Gemeinschaft mit strafrechtlichen Kompetenzen auszustatten, um einen effektiven Schutz der europäischen Institutionen und Interessen, vor allen den Schutz der Finanzinteressen zu gewährleisten. Dies ist angesichts der erheblichen souveränitätsbeeinträchtigenden Wirkung des Strafrechts auch kein Wunder. Als Notlösung hat der EuGH die Mitgliedstaaten verpflichtet, zumindest das nationale Strafrecht zu nutzen, um die Gemeinschaft vor kriminellen Kräften zu schützen. Der EuGH hat die Mitgliedstaaten verpflichtet, die nationalen und die gemeinschaftsrechtliche Rechtsgüter aus strafrechtlicher Sicht gleichzustellen. Insofern spricht man von der sog. Assimilierung.

An dieser Stelle ist es unentbehrlich, das griechische Mais-Urteil des EuGH zu thematisieren. Denn die Verkündung der Entscheidung gilt aus historischer Sicht wohl als Geburtsstunde des Europäischen Strafrechts:[302] Es wurde im Urteil die Pflicht zur Assimilierung (die als Vorstufe der Harmonisierung gilt) begründet.[303]

301 Ähnlich *Bauer*, in Weidenfeld (Hrsg.), Lissabon in der Analyse, S. 99 f.; *Hobe*, Europarecht, § 24, Rn. 1; *Satzger*, § 7, Rn. 5.

302 EuGH Rs. 68/88, Slg. 1990, I-2965.

303 *Heine*, Die Rechtsstellung der Beschuldigten im Rahmen der Europäisierung des Strafverfahrens, S. 59.

Der Sachverhalt ist ziemlich einfach: Es wurde Mais mit griechischer Herkunftsangabe zuerst nach Belgien, später in weitere Mitgliedstaaten der Gemeinschaft eingeführt. Da es sich anscheinend um ein Gemeinschaftsprodukt handelte, wurden keine Agrarabschöpfungen erhoben. Später stellt sich jedoch heraus, dass die Urkunden über die Herkunft des Produkts gefälscht waren und der Mais eigentlich aus Jugoslawien – also aus einem Drittstaat – eingeführt wurde. Die griechischen Behörden haben die strafrechtliche Verfolgung des Täters wegen Betrug zu Lasten der Gemeinschaft trotz ausdrücklichem Wusch der Kommission verweigert. Daraufhin hat die Kommission vor dem EuGH ein Vertragsverletzungsverfahren eingeleitet.[304]

Der EuGH hat in seinem Urteil erklärt, dass aus der Loyalitätspflicht der Mitgliedstaaten, die in Art. 10 EGV[305] verankert war, ein eindeutiges Gebot folgt: Die Mitgliedstaaten sind verpflichtet die geeigneten Maßnahmen zu treffen, um die Geltung und die Wirksamkeit des Gemeinschaftsrechts zu gewährleisten.[306] Dementsprechend müssen Verstöße gegen das Gemeinschaftsrecht in den Mitgliedsstaaten gleichermaßen effektiv – nach ähnlichen materiell- und verfahrensrechtlichen Regelungen – bekämpft werden, wie Verstöße gegen das nationale Recht.[307] Es liegt eine sog. Assimilierungspflicht der Mitgliedstaaten vor. Es kann insofern auch über ein Gleichbehandlungsgebot gesprochen werden.[308] Die Wahl der Sanktion bleibt jedoch den Mitgliedstaaten überlassen. Der EuGH verlangt also keine Abweichung vom mitgliedsstaatlichen Strafrechtssystem.[309] Das nationale Strafrecht und dadurch die Souveränität der Mitgliedsstaaten wurden damit im Urteil weitgehend geschont.[310] In diesem Zusammenhang wurde in der Literatur der sog. strafrechtsspezifische Schonungsgrundsatz des Gemeinschaftsrechts etabliert, das heißt, das nationale Strafrecht muss – aufgrund seiner engen Verbindung mit der Souveränität, mit der Geschichte und mit der kulturellen Traditionen der Mitgliedsstaaten – von unverhältnismäßigen Eingriffen des europäischen Gesetzgebers verschont bleiben, um die gesellschaftliche Akzeptanz der strafrechtlichen Regelungen nicht zu gefährden.[311]

---

304 Vgl. Art. 226 EGV.

305 Damals noch Art. 5 EWG-Vertrag.

306 EuGH Rs. 68/88, Slg. 1990, I-2965, Rn. 23.

307 EuGH Rs. 68/88, Slg. 1990, I-2965, Rn. 24.

308 *Satzger*, § 9, Rn. 27.

309 *Satzger*, § 9, Rn. 27.

310 *Satzger*, § 9, Rn. 9.

311 *Eisele*, JZ 2001, 1157, 1163; *Hecker*, § 8, Rn. 55; *Satzger*, Europäisierung des Strafrechts, S. 31; *Satzger*, § 9, Rn. 9.

Die Wahl der Sanktion bleibt also stets den Mitgliedsstaaten überlassen. Das Gericht hat jedoch in seinem Urteil festgelegt, dass die Bekämpfung der betrügerischen Handlungen mit wirksamen, verhältnismäßigen und abschreckenden Maßnahmen durchgeführt werden muss.[312] Insofern wird über eine Mindesttrias gesprochen. Ob wirksame, verhältnismäßige und abschreckende Maßnahmen ggf. nur strafrechtliche Maßnahmen sein können, war lange Zeit heftig umstritten.[313]

Nach der Meinung des EuGH hat Griechenland seine Verpflichtungen aus Art. 10 EGV nicht erfüllt, weil das Land die mitwirkenden Beamten der zuständigen nationalen Behörden strafrechtlich bzw. disziplinarrechtlich nicht verfolgt hat.[314] Damit hat Griechenland eine Vertragsverletzung begangen.[315]

Die Assimilierungspflicht der Mitgliedstaaten bzgl. der Betrugsbekämpfung wurde mit dem Vertrag von Amsterdam in Art. 280 EGV im primären Gemeinschaftsrecht verankert. Die Auslegung der Vorschrift hat in der Literatur für ständige Diskussionen gesorgt.

An dieser Stelle ist es wichtig zu betonen, dass die Assimilierung mit der Harmonisierung nicht gleichzustellen ist. Der wichtigste Unterschied besteht darin, dass bei der Assimilierung nur das bestehende nationale Recht zur Anwendung kommt, es werden keine einheitlichen europäischen Vorgaben gemacht.[316] Insofern ist die Assimilierung als die erste, die Harmonisierung[317] als die zweite Stufe der Europäisierung zu betrachten.[318]

Infolge der Harmonisierung entstehen nach europäischen Vorgaben vergleichbare nationale Reglungen.[319] Als dritte und gleichzeitig letzte Stufe ist die Vereinheitlichung zu betrachten, die zu einem einheitlichen Strafrecht im europäischen Rechtsrauf führt.

---

312 EuGH Rs. 68/88, Slg. 1990, I-2965, Rn. 24.

313 Näher *Hecker*, § 7, Rn. 27 ff., 2. Auflage; *Satzger*, § 8, Rn. 25 ff., 2. Auflage; *Tiedemann*, NJW 1993, 23.

314 EuGH Rs. 68/88, Slg. 1990, I-2965, Rn. 26.

315 EuGH Rs. 68/88, Slg. 1990, I-2965, Rn. 28.

316 *Heine*, Die Rechtsstellung der Beschuldigten im Rahmen der Europäisierung des Strafverfahrens, S. 59.

317 Interessanter Weise sprechen die europäischen Verträge nie über die Harmonisierung, stattdessen werden solche Ausdrücke wie „Angleichung", „Annährung" oder „Mindestvorschriften" verwendet.

318 *Heine*, Die Rechtsstellung der Beschuldigten im Rahmen der Europäisierung des Strafverfahrens, S. 59.

319 *Heine*, Die Rechtsstellung der Beschuldigten im Rahmen der Europäisierung des Strafverfahrens, S. 59.

Es ist wichtig zu betonen, dass die Harmonisierung an sich kein Europäisches Strafrecht i.e.S. etablieren kann, denn sie setzt immer einen nationalen Umsetzungsspielraum voraus. Demzufolge entstehen notwendigerweise Unterschiede zwischen den nationalen Regelungen.

b) *Strafrechtliche Regelungen im Primärrecht*

Die strafrechtliche Zusammenarbeit der Mitgliedstaaten hat unabhängig von der Gemeinschaft bzw. vom Gemeinschaftsrecht, auf völkerrechtlicher Ebene, durch bi- und multilateraler Verträge begonnen.[320] Das wohl bekannteste Beispiel dafür sind die Übereinkommen von Schengen, die wesentlich später, mit dem Vertrag von Amsterdam ins Unionsrecht einbezogen wurden.[321]

Der erste primärrechtliche Meilenstein in der Geschichte des europäischen Strafrechts ist der Maastrichter Vertrag aus dem Jahr 1992. Dieser Vertrag hat die Union und deren Säulensystem ins Leben gerufen. Die dritte Säule war für die Zusammenarbeit im Bereich Justiz und Inneres, also unter anderem für das Strafrecht reserviert. Mit der strikten Trennung der einzelnen Politikbereiche der Union bzw. der Gemeinschaft kam zum Ausdruck, dass es sich beim Strafrecht um eine bloße intergouvernementale Zusammenarbeit auf völkerrechtlicher Basis handelt und es mit dem supranationalen Gemeinschaftsrecht der ersten Säule nicht zu tun hat.

Die unmittelbare Strafrechtssetzungskompetenz der Union im Bereich der dritten Säle war also von vorne herein klar ausgeschlossen, die Souveränität der Mitgliedstaaten wurde insofern weitgehend berücksichtigt.[322]

Dänemark, Irland und das Vereinigte Königreich haben dennoch bereits zu diesem Zeitpunkt ihre Sonderstellung in der strafrechtlichen Zusammenarbeit

---

320 Die wichtigste Verkörperungen der Zusammenarbeit: die TREVI-Kooperation (frz.: Terrorisme, Radicalisme, Extremisme et Violence Internationale, informelle Treffen von europäischen Innenministers. Es fand ab 1976 statt.), CELAD (frz.: Comite Europeen de la Lutte Antidrogue, europäische Drogenbekämpfungsausschuss in den 80er Jahren), GAM (frz.: Groupe d'Assistance Mutuelle, europäische Kooperation für Amtshilfe in der Zollverwaltung).

321 Übereinkommen vom 14. Juni 1985 zwischen den Regierungen der Staaten der Benelux-Wirtschaftsunion, der Bundesrepublik Deutschland und der Französische Republik betreffend den schrittweise Abbau der Kontrollen an den Gemeinsamen Grenzen (auch als Schengen I genannt). ABl. 1987 L 169/1.
Übereinkommen vom 19. Juni 1990 zur Durchführung des Übereinkommens von Schengen vom 14. Juni 1985 (auch als SDÜ oder Schengen II genannt).

322 U.a. *Satzger*, § 7, Rn. 8.

eingeräumt, die sie bis heute weitgehend beibehalten haben. Insofern wird über einen sog. „opt-out“ Klausel gesprochen.[323]

Mit der Zunahme der organisierten Kriminalität und der illegalen Migration in Europa hat sich das Strafrecht und die Notwendigkeit der unionsweiten Kooperation immer mehr in den Vordergrund gerückt.[324] Deswegen wurde der nächste Reformvertrag, der Vertrag von Amsterdam weitgehend dem Strafrecht gewidmet. Die Schaffung eines Raums der Freiheit, der Sicherheit und des Rechts wurde als neues Ziel der Union festgelegt.[325] Das Ziel hat sich im Laufe der Jahre so sehr im Unionsrecht etabliert, dass es im Vertrag von Lissabon als Dreh- und Angelpunkt des Europäischen Strafrechts verankert wurde.

Die Bereiche der dritten Säule wurden in Amsterdam getrennt: Die justizielle Zusammenarbeit in Zivilsachen, die Asyl-, die Außengrenzen- und die Einwanderungspolitik wurden vergemeinschaftlicht, also in die erste Säule überführt.[326] Es blieb „nur“ die Polizeiliche und Justizielle Zusammenarbeit in Strafsachen (PJZS) in der dritte Säule.

Es gab in Amsterdam außerdem zwei schwerwiegende Neuerungen: Das Schengener Regelungswerk ist Teil des Unionsrechts geworden[327] und die Bekämpfung der betrügerischen Handlungen zu Lasten der Union wurde in Art. 280 EGV ausdrücklich geregelt. Die Vorschrift ist also Teil der ersten Säule, Teil des supranationalen Gemeinschaftsrechts geworden. Die Regelung und deren Auslegung hat in der Wissenschaft Jahre lang für heftige Diskussionen gesorgt.

Im Vertrag von Amsterdam ist ein neuer, spezieller Rechtsakt für die PJZS geschaffen worden. Es war der Rahmenbeschluss. So wollten die Mitgliedstaaten die Arbeit im Bereich der dritten Säule effizienter machen. Bis zu diesem Zeitpunkt wurden in diesem Bereich ausschließlich Übereinkommen erlassen. Die Übereinkommen waren internationale Verträge auf Basis des Völkerrechts, sie

---

323 Dass die opt-out Regelung keine bloße Formalie ist, zeigt, dass das Vereinte Königreich überlegt, die ihm eingeräumten Möglichkeiten wahrzunehmen und den Bereich der justiziellen und polizeilichen Zusammenarbeit zu verlassen (nach Brodowski, ZIS 2012, 558, 559 f.).

324 *Bauer*, in Weidenfeld (Hrsg.), Lissabon in der Analyse, S. 100.

325 *Hecker*, in Ambos (Hrsg.), Europäisches Strafrecht post-Lissabon, S. 15.

326 *Albrecht/Braum*, KritV 1998, 460, 467; *Rackow*, ZIS 2008, 526, 527. Vgl. Art. 61 ff. EGV.

327 Sog. Schengen-acquis besteht aus dem Übereinkommen von Schengen, aus dem Übereinkommen zur Durchführung des Übereinkommens von Schengen, aus den Beitrittsprotokollen und aus den sonstigen Beschlüssen und Erklärungen (ABl. 2000 L 239/1).

waren also ratifizierungsbedürftig. In der Praxis kam die Ratifizierung der europäischen Übereinkommen nur sehr mühsam oder gar nicht voran.[328] Mit der Etablierung der Rahmenbeschlüsse wollten die Mitgliedstaaten das ineffektive und langsame Ratifizierungsverfahren ersetzen. Der Rahmenbeschluss ähnelte der Richtlinie, er war für die Mitgliedsstaaten bzgl. seines Ziels verbindlich und musste vom mitgliedsstaatlichen Gesetzgeber in das nationale Recht implementiert werden. Der Hauptunterschied bestand darin, dass die unmittelbare Wirkung in Art. 34 Abs. 2 lit. b S. 2 EUV a.F. ausdrücklich ausgeschlossen wurde. Der Unterschied zwischen Richtlinien und Rahmenbeschlüsse wurde jedoch in der Rechtsprechung des EuGH konsequent relativiert (siehe S 181 ff. u. S. 184 ff.).

Die Rechtslage hat sich jedoch nach dem Inkrafttreten des Vertrags von Amsterdam aus zwei Gründen als nicht optimal erwiesen. Erstens, die Beteiligungsmöglichkeit des EP im Bereich der dritten Säule war äußerst beschränkt, der Rat war weitgehend Herr des Verfahrens. Dieser Zustand hat erhebliche Bedenken bezüglich der demokratischen Legitimation der erlassenen Rechtsakte hervorgerufen.[329] Zweitens, die Regelungen waren teilweise sehr fragmentarisch, was die Rechtssicherheit negativ beeinträchtigt hat.[330] Es gab also einen Neuregelungsbedarf. Die Terroranschläge in den USA und in Europa haben letztendlich einen weiteren Schub dem Reformverfahren gegeben.[331]

Die Mitgliedstaaten haben sich für die komplette Neuregelung des primären Unionsrechts ausgesprochen, es wurde eine Verfassung für Europa ausgehandelt und verabschiedet. In dem Verfassungsvertrag wurde das europäische Strafrecht komplett neu geregelt und umstrukturiert. Der Verfassungsvertrag trat - wie bekannt - nicht in Kraft, dessen Inhalt bzgl. des Strafrechts wurde jedoch im Vertrag von Lissabon weitgehend übernommen.

2. Raum der Freiheit, der Sicherheit und des Rechts im AEUV

Die wichtigste Veränderung im Europäischen Strafrecht, die im Vertrag von Lissabon beschlossen wurde, ist die Auflösung des bisherigen Säulensystems der Union. Die Rede ist nun nicht mehr von Gemeinschaftsrecht, intergouvernementaler Zusammenarbeit und von Säulen der Union, es existiert nun ein einheitliches Unionsrecht. Damit wurde die bisherige intergouvernementale

328 *Braum*, JZ 2000, 493, 495; *Dannecker*, Jura 2006, 95, 99.

329 *Bauer*, in Weidenfeld (Hrsg.), Lissabon in der Analyse, S. 101 f.

330 *Bauer*, in Weidenfeld (Hrsg.), Lissabon in der Analyse, S. 102.

331 *Bauer*, in Weidenfeld (Hrsg.), Lissabon in der Analyse, S. 102; *Rohlff*, Der Europäische Haftbefehl S. 17.

Zusammenarbeit – also auch das Europäische Strafrecht – vergemeinschaftlicht.

Das – seit Amsterdam verankerte – Ziel der Union, einen Raum der Freiheit, der Sicherheit und des Rechts zu bilden, soll in der Zukunft eine noch größere Rolle spielen; dafür spricht eindeutig, dass diese Zielsetzung in den umgebauten europäischen Grundverträgen bereits an der Spitze, bei den Zielen der Union an der zweiten Stelle erklärt wird.[332]

Zur Analyse des europäischen Strafrechts muss vor allem der Titel V des dritten Teiles des AEUV über den Raum der Freiheit, der Sicherheit und des Rechts gründlich studiert werden. Man darf jedoch nicht übersehen, dass zwei wichtige, strafrechtsrelevante Vorschriften – aus gut nachvollziehbaren systematischen Gründen – an anderen Stellen des Vertrags geregelt sind: Art. 33 AEUV im Titel II des dritten Teiles über den freien Warenverkehr und Art. 325 AEUV im Titel II des sechsten Teiles über die Finanzen.

Im Raum der Freiheit, der Sicherheit und des Rechts wurde wieder zusammengeführt, was vor Amsterdam einmal zusammengehört hatte; die polizeiliche und justizielle Zusammenarbeit in Strafsachen wird wieder gemeinsam mit der Grenzschutz-, Asyl- und Einwanderungspolitik sowie mit der justiziellen Zusammenarbeit in Zivilsachen geregelt.

Die neue Struktur im AEUV, also die Auflösung des Säulensystems bedeutet vor allem für die strafrechtliche Zusammenarbeit wichtige Veränderungen. Denn die anderen Bereiche (also die Grenzschutz-, Asyl- und die Einwanderungspolitik sowie die justizielle Zusammenarbeit in Zivilsachen) sind schon mit dem Vertrag von Amsterdam vergemeinschaftlicht worden.

Die wichtigsten Neuerungen des Vertrags von Lissabon bzgl. des Raums der Freiheit, der Sicherheit und des Rechts lassen sich wie folgt zusammenzufassen:

- Die Achtung des Subsidiaritätsprinzips hat eine zentrale Stelle bekommen, die nationalen Parlamente wurden ins Rechtsetzungsverfahren sowie in die Prüfung der Einhaltung des Subsidiaritätsprinzips intensiv einbezogen.[333]
- Im Bereich Grenzschutz-, Asyl- und Einwanderungspolitik hat die Union Kompetenz bekommen, eine gemeinsame Politik zu entwickeln. Bisher durfte der europäische Gesetzgeber in diesem Bereich nur bloße Maßnahmen erlassen.

---

332 Vgl. Art. 23 Abs. 2 EUV. Ähnlich *Hecker*, in Ambos (Hrsg.), Europäisches Strafrecht post-Lissabon, S. 15.

333 Vgl. Art. 5 Abs. 3 S. 2 EUV i.V.m. Art. 69 AEUV. Dazu Protokoll 2 zum EUV und AEUV.

- Im Passwesen wurde eine neue Kompetenzgrundlage geschaffen.[334]
- Das Prinzip der gegenseitigen Anerkennung wurde im Primärrecht ausdrücklich verankert und gleichzeitig zum Leitsatz der justiziellen Zusammenarbeit erklärt.[335]
- Die strafrechtliche Annexkompetenz der Union – die bisher nur von der Rechtsprechung anerkannt wurde – ist im Primärrecht etabliert worden.[336]
- Es wurde die Möglichkeit eingeräumt, eine Europäische Staatsanwaltschaft einzurichten.[337]
- Es finden grundsätzlich im ganzen Bereich die Vorschriften des ordentlichen Gesetzgebungsverfahrens Anwendung, gleichzeitig sind die speziellen Rechtsakte der ehemaligen dritten Säule (vor allem der Rahmenbeschluss) abgeschafft worden.

Wir haben es also mit einer Vielzahl von Neuerungen zu tun. Die grundlegenden Strukturen und Kooperationsmodelle des Europäischen Strafrechts bleiben jedoch weitgehend unberührt.[338] Die Union hat vor allem *keine* allgemeine strafrechtliche Zuständigkeit bekommen und sie verfügt über *keine* strafrechtliche Gerichtsbarkeit.[339] Diese zwei Umstände sprechen dafür, dass die strafrechtlichen Kompetenzen des europäischen Gesetzgebers nicht *erheblich* erweitert wurden (siehe S. 270 ff).

Im Folgenden werden die allgemeine Regelungen des fünften Titels und die speziellen Vorschriften der justiziellen Zusammenarbeit in Strafsachen erörtert, aber nicht die Grenzschutz-, Asyl-, und Einwanderungspolitik bzw. die zivilrechtliche Zusammenarbeit, denn sie gehören nicht unmittelbar zum Strafrecht und damit zum eigentlichen Inhalt dieser Arbeit.

a) Gesetzgebungsverfahren

aa) Die Geschichte

In Verbindung mit dem Rechtsetzungsverfahren hat der Vertrag von Lissabon wichtige Änderungen mit sich gebracht. Auf der Basis der alten Rechtslage war der Herr der dritten Säule eindeutig der Rat, genauer gesagt der Rat für Justiz und

---

334 Vgl. Art. 77 Abs. 3 AEUV.

335 Vgl. Art. 67 Abs. 3 i.V.m. Art. 82 AEUV.

336 Vgl. Art. 83 Abs. 2 AEUV.

337 Vgl. Art. 86 AEUV.

338 *Hecker*, in Ambos (Hrsg.), Europäisches Strafrecht post-Lissabon, S. 15.

339 *Heine*, Die Rechtsstellung der Beschuldigten im Rahmen der Europäisierung des Strafverfahrens, S. 89.

Inneres.[340] Diese Einrichtung ist eine Zusammensetzung der für Justiz und Inneres zuständigen Minister der Mitgliedstaaten. Die Entscheidungen im Rat mussten stets mit Einstimmigkeit getroffen werden. Diese hohe Hürde war durchaus nachvollziehbar, wenn man berücksichtigt, dass die Kooperation auf völkerrechtlicher Basis stattfand, die Souveränität der Mitgliedsstaaten musste also weitgehend geschont werden. Die strikt verlangte Einstimmigkeit bei den Entscheidungen führte jedoch im Ergebnis dazu, dass die Rechtsetzung nur sehr mühsam vorankam bzw. die fertigen Rechtsakte das Ergebnis von zahlreichen Kompromissen waren. Darunter haben oft die Qualität, die Übersichtlichkeit und die Anwendbarkeit der Rechtsakte gelitten. Gute Beispiele dafür findet man reichlich im Rahmenbeschluss über dem Europäischen Haftbefehl: Die Kommission wollte zum Beispiel den Grundsatz der Spezialität[341] vollständig aufheben. Für die Vertreter einiger Mitgliedstaaten im Rat war dies allerdings zu viel. Daher wollten sie dem Vorschlag nicht zustimmen und so entstand ein Kompromiss:[342] Die Spezialität ist im Rahmenbeschluss enthalten, es wird allerdings eine Ausnahme zugelassen. Diese Ausnahme ist wiederum mit weiteren Ausnahmen versehen; es handelt sich also um die Ausnahme der Ausnahmen.[343] Die Regelungen sind daher in der Praxis kaum überschaubar, die Anwendung bringt große Schwierigkeiten für die zuständigen nationalen Behörden mit sich.[344]

---

340 Vgl. Art. 34 EUV a.F. Als JI-Rat oder als JHA (Justice and Home Affairs Council) abgekürzt.

341 Der Spezialitätsgrundsatz bedeutet im Allgemeinen, dass die betroffene Person im ersuchenden Staat nur wegen der Tat verfolgt werden darf, derentwegen die Auslieferung bewilligt worden ist. Dieses Prinzip enthält drei Verpflichtungen des ersuchenden Staates: (1) Der Ausgelieferte darf nicht wegen einer vor der Übergabe begangenen Tat verfolgt, bzw. bestraft werden, auf die sich die Auslieferungsbewilligung nicht bezieht. Es sei denn eine nachträgliche Zustimmung des ersuchten Staates liegt vor; (2) Der Ausgelieferte darf nicht wegen einer vor der Übergabe begangenen Tat an einen Drittstaat weiter geliefert werden. Es sei denn eine nachträgliche Zustimmung des ersuchten Staates liegt vor; (3) Nach dem endgültigen Abschluss des Verfahrens darf der Ausgelieferte nicht daran gehindert werden, den ersuchenden Staat zu verlassen. Vgl. *Murschetz*, Europäische Haftbefehl S. 147 ff.

342 Vgl. Art. 27 RB 2002/584/JI.

343 Jeder Mitgliedstaat kann gem. Art. 27 Abs. 1 RB 2002/584/JI dem Generalsekretariat des Rates mitteilen, dass der Spezialitätsgrundsatz keine Anwendung findet. Die Mitgliedstaaten können gem. Art. 27 Abs. 1 RB 2002/584/JI die Anwendung ihrer Erklärung in Einzelfällen aussetzen und die Anwendung der Spezialität doch verlangen.

344 Die Einzelheiten: *Rohlff*, Der Europäische Haftbefehl, S. 97 ff.

Im Zentrum der Rechtssetzung im Bereich des Europäischen Strafrechts stand also der Rat. Die anderen Organe der Union haben bei der strafrechtlichen Zusammenarbeit nur eine untergeordnete Rolle gespielt. Die Kommission besaß zwar ein Initiativrecht, es war aber – anders als im Gemeinschaftsrecht – auf keinen Fall ihr ausschließliches Recht, die Mitgliedstaaten und der Rat waren auch befugt, Rechtsakte vorzuschlagen.[345] Diese Umstände haben zu einem Machtkampf zwischen dem Rat und der Kommission geführt. Die Kommission war daran interessiert, dass möglichst viele strafrechtliche Fragen im Bereich der ersten Säule, durch Richtlinien geregelt werden, falls dies von der Zuständigkeit her möglich war. Dieses Bestreben der Kommission ist nachvollziehbar, denn im Rechtsetzungsverfahren des Gemeinschaftsrechts (also im Bereich der ersten Säule) hat sie eine zentrale Rolle gespielt. Im Gegensatz dazu wollte der Rat erreichen, dass die strafrechtlichen Fragen im Bereich der dritten Säule durch Rahmenbeschlüsse geregelt werden, um seiner politischen Gestaltungsmöglichkeit weitgehend Geltung zu verschaffen. Bei einzelnen Rechtsakten hat dieser Streit sogar zur Klage vor dem EuGH geführt, mit weitreichenden Folgen für das Europarecht (näher S. 181 ff.).[346]

Das EP besaß im Rechtsetzungsverfahren der dritten Säule lediglich ein Anhörungsrecht. Das Parlament musste außerdem regelmäßig von dem Stand der Zusammenarbeit unterrichtet werden.[347] Mitentscheidungsrecht hatte jedoch das EP im Bereich der dritten Säule keines und diesbezüglich gab es auch keine Ausnahmen.

bb) Die aktuelle Rechtslage

Mit dem Inkrafttreten des Vertrags von Lissabon ist nunmehr auch im Bereich des Strafrechts das ordentliche Rechtsetzungsverfahren anwendbar. Nachdem man die speziellen Rechtsetzungsregelungen auf der Basis der alten Rechtslage kennengelernt hat, wird es sofort klar, warum die Einführung der ordentlichen Gesetzgebung[348] eine enorme Veränderung für das Europäische Strafrecht bedeutet: Im ordentlichen Gesetzgebungsverfahren hat die Kommission nahezu ein Monopolrecht auf die Initiative sowie das EP besetzt ein Mitentscheidungsrecht.[349]

---

345 Vgl. Art. 34 Abs. 2 EUV a.F.

346 Vgl. EuGH Urteil Rs. 176/03, Umweltrahmenbeschluss, Slg. 2005, I-5285; Rs. 440/05, Verschmutzung durch Schiffe, Slg. 2007, I-9097.

347 Vgl. Art. 39 Abs. 1 EUV a.F. und Art. 39 Abs. 2 EUV a.F.

348 Vgl. Art. 294 AEUV.

349 Vgl. Art. 294 Abs. 4 AEUV. Das Monopol ist insofern nicht absolut, als der Rat und das EP die Kommission auffordern kann, bestimmte Rechtsakte vorzuschlagen (vgl. Art. 241 und Art. 225 AEUV).

Nach den Vorschriften des ordentlichen Rechtsetzungsverfahrens berät über den Vorschlag der Kommission zuerst das EP. Das Parlament kann den Vorschlag der Kommission nicht nur entweder zustimmen oder ablehnen, der Vorschlag kann auch mit Änderungen versehen werden.[350] Erst nach der Entscheidung des EP kommt der Rat ins Spiel. Die zuständigen Minister beraten über die Initiative der Kommission bzw. über die möglichen Änderungen des Parlaments. Wenn der Rat den Vorschlag, in der vom EP gebilligten Fassung mit qualifizierter Mehrheit bestätigt, ist der Rechtsakt bereits in der ersten Lesung verabschiedet.[351] Wenn der Rat den Entwurf nicht, oder nur mit Änderungen billigt, muss eine zweite Lesung vor dem EP durchgeführt werden.[352]

Ohne die weitere Einzelheiten des Verfahrens näher darzustellen, kann man eines mit Sicherheit feststellen: Es wird keine Norm erlassen, der von den europäischen Volksvertretern nicht zugestimmt wurde bzw. in der ihre Änderungen nicht berücksichtigt wurden.[353] Das EP und der Rat sind daher im ordentlichen Gesetzgebungsverfahren gleichberechtigte Partner. Wir haben also ein wesentlich demokratischeres und übersichtlicheres Verfahren als in den Zeiten des Säulensystems.

Die gerade dargestellten Vorschriften des ordentlichen Gesetzgebungsverfahrens sind im Bereich des Strafrechts mit speziellen Regelungen versehen, daher ist die Situation ein wenig komplizierter. Im Vertrag von Lissabon musste nämlich berücksichtigt werden, dass es sich beim Raum der Freiheit, der Sicherheit und des Rechts nicht etwa um die Fischerei oder um den Verbraucherschutz, sondern um das erheblich eingriffsintensivere Strafrecht handelt, in dem die Freiheit der Bürger unmittelbar betroffen ist. Deswegen wollten die Mitgliedstaaten im diesen Bereich die letzte Kontrolle sich selbst bzw. ihren nationalen Parlamenten behalten. Denn das Strafrecht gilt als letzte Bastion der nationalen Souveränität.[354] Diesem Umstand tragen die Vorschriften Rechnung, die bei der Rechtsetzung zahlreiche Abweichungen von den ordentlichen Gesetzgebungsverfahren zulassen:

---

350 Vgl. Art. 294 Abs. 3 AEUV.

351 Vgl. Art. 294 Abs. 4 AEUV.

352 Vgl. Art. 294 Abs. 5 AEUV.

353 Weitere Einzelheiten in Art. 294 Abs. 6 ff. AEUV.

354 U.a. *Albrecht/Braum*, KritV 1998, 460, 465 f.; *Satzger*, Europäisierung, S. 6.

- Neben der Kommission hat auch ein sog. Quorum, also ein Viertel der Mitgliedstaaten ein Initiativrecht.[355]
- Bei der Kompetenz-Kompetenz von Art. 82 Abs. 2 lit. d und von Art. 83 Abs. 1 UA. 3 S. 1 AEUV verlangt die Kompetenzerweiterung neben der Zustimmung des EP auch die einstimmige Billigung des Rates.
- Es wurden bei den Harmonisierungskompetenzen von Art. 82 Abs. 2 und Art. 83 AEUV sog. Notbremsen-Regelungen eingebaut,[356] die findet aber auf interessante Weise bei Art. 325 keine Anwendung (Näher S. 238 ff.).
- Bei der Ausübung der Annexkompetenz von Art. 83 Abs. 2 AEUV, wenn im bereits harmonisierte Politikbereich die Vorschriften eines besonderen Gesetzgebungsverfahrens angewendet wurden, müssen beim Erlassen von strafrechtlichen Mindestvorschriften die Regelungen des gleichen Verfahrens angewendet werden.[357]
- Die Europäische Staatsanwaltschaft kann nur mit Zustimmung des EP und mit einstimmiger Ratsentscheidung eingerichtet werden.[358]
- Die Erweiterung der Kompetenzen der Europäischen Staatsanwaltschaft muss eine ähnlich hohe Hürde nehmen, wie die Einrichtung des Organs, die Zustimmung des EP und eine einstimmige Ratsentscheidung sind also notwendig.[359]
- Dänemark, Irland und das Vereinte Königreich nehmen an der strafrechtlichen Zusammenarbeit nur beschränkt teil, es gilt eine sog. opt-out Regelung.[360]

b) Abschaffung der Rahmenbeschlüsse

Der Vertrag von Amsterdam hat für die intergouvernementale Zusammenarbeit spezielle Rechtsakte etabliert, wie die Gemeinsamen Standpunkte oder

355 Vgl. Art. 76 AEUV. *Hobe*, Europarecht, § 24, Rn. 21; *Kotzur*, in Geiger/Khan/Kotzur, EUV/AEUV Kommentar, Art. 76 Rn. 2; *Rosenau/Petrus*, in Vedder/v. Heinegg (Hrsg.), EUV/AEUV Kommentar, Art. 76, Rn. 3.

356 Vgl. Art. 82 Abs. 3 und Art. 83 Abs. 3 AEUV.

357 Vgl. Art. 83 Abs. 2 S. 2 AEUV.

358 Vgl. Art. 86 Abs. 1 S. 2 AEUV.

359 Vgl. Art. 86 Abs. 4 S. 2 AEUV.

360 Einzelheiten: Protokoll Nr. 20 und Nr. 21 zum EUV und AEUV. Dass die opt-out Regelung keine bloße Formalie ist, zeigt, dass das Vereinte Königreich überlegt, die ihm eingeräumte Möglichkeit wahrzunehmen und den Bereich der justiziellen und polizeilichen Zusammenarbeit zu verlassen (nach Brodowski, ZIS 2012, 558, 559 f.).

die Rahmenbeschlüsse. Ziel war es, die Rechtsetzung des europäischen Gesetzgebers zu beschleunigen. Die Beschleunigung war dringend notwendig, denn vorher wurden im Bereich des Strafrechts ratifizierungsbedürftige Übereinkommen erlassen. Die Ratifizierung ging sehr mühsam voran: Es dauerte oft Jahre, bis ein Übereinkommen von allen Mitgliedsstaaten ratifiziert wurde; nicht selten gelang die Ratifizierung in einigen Mitgliedsstaaten überhaupt nicht.[361] Die Etablierung der nicht ratifizierungsbedürftigen Rahmenbeschlüsse bedeutet also einen richtigen Durchbruch. Dieser Rechtsnormentyp wurde jedoch nur für die dritte Säule der Union erfunden. Das Säulensystem wurde aber mit dem Vertrag von Lissabon aufgehoben, es gibt daher keine dritte Säule mit intergouvernementaler Zusammenarbeit mehr. Deswegen dürfen künftig auch keine speziellen Rechtsakte für das Strafrecht erlassen werden, die Rahmenbeschlüsse wurden also abgeschafft. Im Bereich des Strafrechts sind nunmehr die üblichen Rechtsakte, also die Richtlinie und die Verordnungen anwendbar.

Die Rahmenbeschlüsse stellten aber keine idealen Rechtsnormentypen dar. Sie waren zwar im klassischen Sinnen nicht ratifizierungsbedürftig, sie mussten jedoch ins nationale Recht umgesetzt werden. Diese Umsetzung ging meist nicht erheblich schneller voran als die Ratifizierung.[362] Darüber hinaus konnte die Union letztendlich – anders als bei den Richtlinien – die Umsetzung juristisch nicht erzwingen. Bei der Nichtumsetzung konnte vor dem EuGH kein Vertragsverletzungsverfahren eingeleitet werden.

Die wichtigste rechtsstaatliche Schwachstelle der Rahmenbeschlüssen bestand darin, dass sie Instrumente der gouvernativen Rechtssetzung waren (Dies gilt übrigens nach der herrschenden Meinung immer noch für die Richtlinien).[363] Denn sie waren vom Rat verabschiedet, welches Organ die Versammlung der nationalen Fachminister ist. Eine solche Rechtssetzung kollidiert mit dem Prinzip „nulla

361 Ähnlich *Zeder*, EuR 2012, 34, 41.

362 Ähnlich *Zeder*, EuR 2012, 34, 41.

363 *Albrecht*, ZRP 2004, 193, 200 ff.; *Heine*, Die Rechtsstellung der Beschuldigten im Rahmen der Europäisierung des Strafverfahrens, S. 62; *Kress*, JA 2005, 220, 221; *Lüderssen*, GA 2003, 71 ff.; *Schünemann*, GA 2004, 193, 200 ff.; *Vogel*, GA 2003, 314, 332.

poena sine lege (parlamentaria)".[364] Die Abschaffung der Rahmenbeschlüsse hat für mehr Demokratie im Europäischen Strafrecht gesorgt, denn bei den Richtlinien ist im Gegensatz zum Rahmenbeschluss das Mitentscheidungsrecht des EP eingeräumt.[365] Darüber hinaus müssen sie von den nationalen Parlamenten umgesetzt werden. Da die Reichweite des Umsetzungsspielraums strittig ist, wird häufig dem europäischen Gesetzgeber vorgeworfen, dass die Richtlinien nur formell, aber nicht inhaltlich legitimiert seien.[366]

Die Abschaffung bedeutet jedoch nicht, dass die Rahmenbeschlüsse, die in der Vergangenheit erlassen wurden, ihre Wirkung automatisch verlieren würden. Sie bleiben bis Ende 2014 in Kraft. Eine Modifizierung der bestehenden Rahmenbeschlüsse ist allerdings nicht mehr möglich, in solchen Fällen müssen sie von Richtlinien ersetzt werden.[367]

Die zahlreichen Rahmenbeschlüsse, die in Verbindung mit dem Europäischen Strafrecht erlassen wurden, bleiben also noch Jahre lang in Kraft. Deswegen ist es wünschenswert, an dieser Stelle die rechtliche Natur der Rahmenbeschlüsse näher zu thematisieren.

Der Rahmenbeschluss war die zentrale Handlungsform der dritten Säule der Union. Der Rahmenbeschluss ist im Vertrag von Amsterdam parallel zur Richtlinie des EG-Vertrags konstruiert worden.[368] Deswegen waren die rechtlichen Eigenschaften der Richtlinien für die Rahmenbeschlüsse maßgebend. Sie sind also nur hinsichtlich des zu erreichenden Ziels verbindlich, die Wahl der Form und des Mittels steht den Mitgliedstaaten frei.[369] Das Grundkonzept ist also das gleiche, es existieren aber zwischen Richtlinien und Rahmenbeschlüssen zahlreiche, folgenschwere Unterschiede. Diese Unterschiede sind in der folgenden Tabelle veranschaulicht:

---

364 *Heine*, Die Rechtsstellung der Beschuldigten im Rahmen der Europäisierung des Strafverfahrens, S. 62 f.

365 *Heine*, Die Rechtsstellung der Beschuldigten im Rahmen der Europäisierung des Strafverfahrens, S. 57.

366 *Heine*, Die Rechtsstellung der Beschuldigten im Rahmen der Europäisierung des Strafverfahrens, S. 63.

367 Vgl. Art. 9 und Art. 10 Protokoll Nr. 36 über die Übergangsbestimmungen zum EUV und AEUV.

368 *Satzger*, § 7, Rn. 6.

369 Vgl. Art. 34 Abs. 2 lit. b EUV a.F.

	Richtlinie	Rahmenbeschluss
Wirkung	Die Richtlinie ist grundsätzlich nicht unmittelbar wirksam. Ausnahmen sind jedoch möglich.[370]	Die unmittelbare Wirksamkeit des Rahmenbeschlusses war im EUV a.F. ausdrücklich ausgeschlossen.[371]
Zustimmungs-Bedürftigkeit	Die Richtlinien werden im ordentlichen Rechtsetzungsverfahren verabschiedet. Die Verabschiedung einer Richtlinie bedarf einer einfachen Mehrheit im EP und einer qualifizierten Mehrheit im Rat.[372]	Im Bereich der dritten Säule wurden die Rechtsakte mit der einstimmigen Entscheidung des Rates verabschiedet.[373]
Bindungswirkung	Die Richtlinien stellen eine Rechtsquelle des Gemeinschaftsrechts dar. Deswegen kann die |Kommission – ähnlich, wie auf der Basis der alten Rechtslage – bei der Nicht-Umsetzung oder bei der Regelungsverletzung ein Vertragsverletzungsverfahren vor dem EuGH einleiten. Letztlich können die Mitgliedstaaten rechtlich gezwungen werden, die Richtlinien umzusetzen. Notfalls können Bußgelder verhängt werden.[374]	Der Rahmenbeschluss war eine Rechtsquelle des Unionsrechts. Es war also letztendlich ein völkerrechtlicher Vertrag.[375] Deswegen konnte die Mitgliedstaaten nicht rechtlich gezwungen werden, die Rahmenbeschlüsse umzusetzen.[376]

370 Eine Richtlinie kann unmittelbare Wirksamkeit erlangen, wenn sie nicht fristgemäß oder inhaltlich mangelhaft umgesetzt wurde. In solchen Fällen können Einzelne ihre Rechte unmittelbar aus der Richtlinie geltend machen bzw. von dem betroffenen Mitgliedstaat aufgrund der Richtlinie Schadensersatz verlangen. Eine Richtlinie kann unmittelbar für Einzelne unter keinen Umständen Pflichten begründen (Vgl. Urteil des EuGH, Rs. C-6/90 und C-9/90 „Francovich", Slg. 1991 I-5357; Rs. C-387/02 „Berlusconi", Slg. 2005, I-3565).

371 Art. 34 Abs. 2 lit. b S. 2 EUV a.F.

372 Vgl. Art. 249 ff. EGV bzw. Art. 288 ff. AEUV.

373 Vgl. Art. 34 Abs. 2 lit. b EUV a.F.

374 Art. 226 ff. EGV bzw. Art. 258 ff. AEUV.

375 *Schreiber*, Strafrechtsharmonisierung durch europäische Rahmenbeschlüsse, S. 17 ff.

376 *Heintschel-Heinegg/Rohlff*, GA 2003, 44 f.; *Schreiber*, Strafrechtsharmonisierung durch europäische Rahmenbeschlüsse, S. 32.

	Richtlinie	Rahmenbeschluss
Auslegung des nationalen Rechts	Das nationale Recht muss richtlinienkonform ausgelegt werden und zwar unabhängig davon ob die Richtlinie ins nationale Recht eingeführt wurde.[377]	Nach der Umsetzung eines Rahmenbeschlusses war die rahmenbeschlusskonforme Auslegung des nationalen Rechts erforderlich. Es war jedoch fraglich, ob die rahmenbeschlusskonforme Auslegung vor der Umsetzung Pflicht war.[378]
Zuständigkeit des EuGH bei der Auslegung	Für die Auslegung der Richtlinien ist – wie zuvor – der EuGH zuständig.[379]	Voraussetzung der Zuständigkeit war eine Unterwerfungserklärung.[380]
Initiativrecht und Änderungsmöglichkeit	Die Kommission hat – wie zuvor – Initiativmonopol. Die Vertreter der Mitgliedstaaten können dem Vorschlag entweder zustimmen oder ihn ablehnen.[381]	Ein Initiativrecht besaßen die nationalen Vertreter im Rat. Die Mitgliedstaaten und der Rat hatten damit weitgehende politische Gestaltungsmöglichkeiten.[382]

377 Grundlage des Gebotes der richtlinienkonformen Auslegung ist die Gemeinschaftstreue gem. Art. 10 EGV. Vgl. Urteil des EuGH, Rs. 14/83 „v. Colson und Kamann", Slg. 1984, I-1891.
Die richtlinienkonforme Auslegung ist problematisch, da eine Richtlinie grundsätzlich keine unmittelbare Wirkung hat, sie muss vom nationalen Gesetzgeber ins nationalen Recht eingeführt werden. Wenn man jedoch die richtlinienkonforme Auslegung bejaht, führt dies praktisch zu einer unmittelbaren Wirkung der Richtlinien. Insofern wäre die Implementierung nur Formsache, ohne praktische Bedeutung.

378 Urteil des EuGH Rs. C-105/03, Pupino, Slg. 2005, I-5285. *Schreiber*, Strafrechtsharmonisierung durch europäische Rahmenbeschlüsse, S. 47 ff. Es war bis zur Verkündung des Urteils unklar, ob das nationale Recht nach Ablauf der Umsetzungsfrist auch dann rahmenbeschlusskonform ausgelegt werden muss, wenn der Rahmenbeschluss – europarechtswidrig – nicht ins nationale Recht umgesetzt wurde. Die h.M. hat diese Pflicht mit dem Verweis auf der Völkerrechtsfreundlichkeit in Art. 23 Abs. 1 S. 1 GG bejaht (*Schreiber*, Strafrechtsharmonisierung durch europäische Rahmenbeschlüsse, S. 65 ff).

379 *Oppermann/Classen/Nettesheim*, Europarecht, § 5, Rn. 150 f.

380 Vgl. Art. 35 EUV a.F.

381 Vgl. Art. 294 Abs. 2 AEUV. *Oppermann/Classen/Nettesheim*, Europarecht, § 11, Rn. 52.

382 Vgl. Art. 34 Abs. 2 lit. b EUV a.F. Ähnlich *Schreiber*, Strafrechtsharmonisierung durch europäische Rahmenbeschlüsse, S. 9 f.

c) *Rechtsschutz*

Es ist allgemein bekannt, dass die deutsche Rechtswissenschaft die Entwicklung der europäischen Gesetzgebung auf dem Gebiet des Strafrechts mit großem Misstrauen beobachtet. Im Mittelpunkt der Kritiken steht der – nach herrschender Meinung – nicht hinreichende Rechtsschutz.[383]

Das Strafrecht ist eine gefährliche Materie, es ist sogar das gefährlichste Mittel in der Hand der Gesetzgeber, denn die Anwendung von strafrechtlichen Regelungen bzw. die strafrechtliche Rechtsfolgen führen typischerweise zur erheblichen Grundrechtseinschränkungen. In strafrechtlichen Gerichtsurteilen und in anderweitigen Entscheidungen der Strafverfolgungsbehörden wird häufig die persönliche Freiheit der Bürger eingeschränkt. Da die Grundfreiheiten in einem Rechtsstaat nicht unbegrenzt eingeschränkt werden dürfen, muss die Strafrechtsgewalt des Staates beschränkt sein, sie muss mit der Berücksichtigung der Grundrechte, möglichst grundrechtsschonend ausgeübt werden.

Die Schranke der Strafrechtsgewalt bilden die verfassungsrechtlichen Garantieregelungen wie das Gesetzlichkeitsprinzip, das Analogieverbot, das Rückwirkungsverbot, die Unschuldsvermutung, die richterliche Unabhängigkeit, das Recht auf Verteidigung, das nemo tenetur Prinzip, das Gebot eines transparenten Ermittlungsverfahrens, das Gebot eines öffentlichen und mündlichen Verfahrens vor dem zuständigen Gericht usw.[384]

Wenn also ein Staat strafrechtliche Regelungen erlässt, muss er parallel hinreichenden Rechtsschutz gewährleisten bzw. die strafrechtsrelevanten Grundrechte müssen in der nationalen Verfassung verankert sein. Ähnlich sollte der europäischen Gesetzgeber handeln, wenn europäische Rechtsakte mit strafrechtlichem Inhalt verabschiedet werden. Es muss stets berücksichtigt werden, dass die Bürger bzw. die Angeschuldigten nicht bloße Objekte des Strafverfahrens sind, ihnen stehen subjektive, einklagbare Rechte zu. Im diesen Zusammenhang ist das Niveau des Rechtsschutzes im Strafverfahren ein Indikator der Rechtsstaatlichkeit.[385]

Beim Rechtsschutz steckt die wohl größte Schwachstelle des Europäischen Strafrechts. Der Rechtsschutz auf europäischer Ebene konnte mit der rasanten Entwicklung des europäischen Strafrechts nicht Schritt halten, ist auf der Strecke

383 Ähnlich *Nelles/Tinkl/Lauchstädt*, in Kadelbach (Hrsg.) Europarecht, § 42 Rn. 76.

384 *Albrecht/Braum*, KritV 1998, 460, 461.

385 *Heine*, Die Rechtsstellung der Beschuldigten im Rahmen der Europäisierung des Strafverfahrens, S. 47.

geblieben.[386] Durch diese ungleiche Entwicklung wird die Freiheit der Unionsbürger gefährdet. Dieses Problem muss diskutiert und gelöst werden, denn es ist historisch durchaus belegt, wie gefährlich es sein kann, wenn die Staatsmacht bzw. die staatliche Strafgewalt ohne rechtsstaatliche Garantieregelungen ausgeübt wird.[387] Die größten Sorgen tauchen in Verbindung mit der Anwendung des Prinzips der gegenseitigen Anerkennung auf; in der Praxis wird wohl die bevorstehende Verkehrsfähigkeit der Beweise[388] das größte Problem verursachen (siehe S. 138 ff.).

Die Garantieregelungen fehlen jedoch im Unionsrecht – vor allem nach dem Inkrafttreten des Vertrags von Lissabon – nicht vollständig, das Problem besteht vielmehr darin, dass die entsprechenden Vorschriften keinen lückenlosen Rechtsschutz gewährleisten sowie dass sie aus unterschiedlichen Rechtsquellen stammen und deswegen sehr unübersichtlich sind. Der Rechtsschutz in Verbindung mit der Tätigkeit der Union kommt grundsätzlich aus drei Rechtsquellen: aus dem nationalen Recht, aus der EMRK und unmittelbar aus dem Unionsrecht.

aa) Die nationale Ebene

Am Anfang der Entwicklung des Europäischen Strafrechts wurde der Rechtsschutz fast ausschließlich auf nationaler Ebene gewährleistet.[389] Dass der europäische Gesetzgeber auf das mitgliedsstaatliche Recht zurückgegriffen hat und dass das nationale Recht bis heute eine wichtige Säule des Rechtsschutzes auch auf europäischer Ebene ist, gilt als weitgehend unproblematisch, sogar als selbstverständlich, denn die Mitgliedstaaten verfügen – als Ergebnis einer Rechtsfortentwicklung von vielen Jahrzehnten – über einen umfassenden Grundrechtschutz, welcher überwiegend in den nationalen Verfassungen verankert ist.

Die Tatsache, dass die Union den Rechtschutz *fast vollständig* den Mitgliedsstaaten überlassen hat, wurde von Rechtswissenschaftlern – mit Recht – gerügt. Es wurden strafrechtsspezifische europäische Rechtsschutzvorschriften verlangt. Das Problem brachte im sog. „Solange-I" Beschluss auch das BVerfG zum Ausdruck.[390] Das Gericht hat bemängelnd festgestellt, dass das Niveau des

---

386 *Braum*, JZ 2000, 493, 498; *Heine*, Die Rechtsstellung der Beschuldigten im Rahmen der Europäisierung des Strafverfahrens, S. 85; *Zeder*, EuR 2012, 34, 38.

387 Ähnlich *Braum*, JZ 2000, 493, 498.

388 Entsprechende Regelungen im VO-Vorschlag über die Europäische Staatsanwaltschaft (Ratsdok. 9834/1/14) sowie in der noch nicht implementierten RL 2014/41 über die Europäische Ermittlungsanordnung.

389 *Zeder*, EuR 2012, 34, 40.

390 Urteil des BVerfG vom 29.5.1974 – 2 BvL 52/71 = BVerfGE 37, 271 ff.

Rechtsschutzes auf europäischer Ebene nicht ausreichend sei, daher hat sich das Gericht die letzte Kontrolle bezüglich der Grundrechtskonformität der europäischen Rechtsakte vorbehalten, und zwar *solange* bis das Europarecht einen Grundrechtskatalog erhält, welcher mit dem Grundrechtskatalog des deutschen Grundgesetztes adäquat sei.

Auch nach dem Inkrafttreten des Vertrags von Lissabon hat sich die Lage nicht grundlegend verändert, die nationalen Rechtschutzvorschriften sollen weiterhin eine entscheidende Rolle spielen. Es wird in der Literatur der Union häufig vorgeworfen, dass auch im strafrechtrelevanten Teil des AEUV keine konkreten Rechtsschutzmaßnahmen verankert wurden.[391]

Der Grundrechtsschutz hat im V. Titel des AEUV tatsächlich nicht den optimalen Umfang erreicht. Zwei Tatsachen darf man aber nicht übersehen: Es wird bereits im ersten Satz des strafrechtlichen Kapitel des AEUV erklärt (Art. 67 Abs. 1 S. 1 AEUV), dass die Union die Grundrechte achtet; in Art. 82 Abs. 2 lit. b wird die Kompetenz eingeräumt, die Rechte der Einzelnen im Strafverfahren zu harmonisieren.

bb) Die EMRK

Die zweite Säule des europäischen Rechtsschutzes stellt die EMRK dar. Die Konvention und die Urteile des Europäischen Gerichtshofs für Menschenrechte stellen einen europaweit geltenden, umfassenden Rechtschutzstandard dar und zwar inklusive grundlegender Garantievorschriften bzgl. des Strafverfahrens.[392] Die EMRK und der EGMR spielen beim Menschenrechtsschutz eine wichtige Rolle, sie geben wichtige Impulse für die nationale Rechtsfortbildung.[393]

Die EMRK war dennoch nicht in der Lage, den Mangel an Rechtschutz in Verbindung mit dem Europäischen Strafrecht auszugleichen. Dies ist auf zwei Gründe zurückzuführen: Die Union war selber kein Vertragsstaat der EMRK; die EMRK gewährleistet keinen lückenlosen Grundrechtsschutz im Strafverfahren.

---

391 *Heine*, Die Rechtsstellung der Beschuldigten im Rahmen der Europäisierung des Strafverfahrens, S. 88.

392 Vgl. Art. 6 und Art. 7 EMRK (Europäische Menschenrechtskonvention von 4. Nov. 1950; Ratifikation der Bundesrepublik von 5. Dez. 1952; BGBL 1952 II, 685). Der Europäische Gerichtshof für Menschenrechte (EGMR) wurde in Art. 19 EMRK eingerichtet.

393 *Heine*, Die Rechtsstellung der Beschuldigten im Rahmen der Europäisierung des Strafverfahrens, S. 48.

(1) Beitritt der Union zur EMRK

Die EMRK war nur für die Mitgliedstaaten aber nicht für die Union verbindlich.[394] Ein Beitritt der Union zu der Konvention war rechtlich -nach der einhelligen Meinung der Wissenschaft – nicht möglich, da die Union keine eigene Rechtspersönlichkeit besaß.[395] So konnte nur von einer begrenzten Auswirkung der EMRK auf das Unionsrecht die Rede sein, und zwar durch die Mitgliedsstaaten. Sie konnten für Konventionsverletzungen verantwortlich gemacht werden, insofern waren die Handlungen der Organe der Union den Mitgliedsstaaten zurechenbar.[396] Wenn die mutmaßliche Verletzung der Konvention als Folge der Implementierung sowie Ausführung einer Richtlinie entstanden ist, haben sich die Mitgliedsstaaten regelmäßig damit verteidigt, dass es sich bei der Ausführung einer Richtlinie um eine völkerrechtliche Verpflichtung handele und solche Verpflichtungen zu erfüllen seien. Diese Argumentation wird vom EGMR nur akzeptiert, soweit keine grobe Verletzung der Konvention vorlag.[397]

Nunmehr sieht der EUV den Beitritt der Union zur EMRK ausdrücklich vor. Die bisherigen Hindernisse wurden dadurch beseitigt, dass die Union im Vertrag von Lissabon eine eigene Rechtspersönlichkeit erhalten hat.[398]

Durch den Beitritt der Union zur EMRK werden hauptsächlich zwei Ziele verfolgt. Erstens soll die Gewährleistung der allgemein anerkannten Menschenrechte auch auf europäischer Ebene sichergestellt werden, und dadurch soll die Glaubwürdigkeit der Union gestärkt werden.[399] Denn es wird der Union häufig vorgeworfen, dass die Gewährleistung der Grundrechte in Präambeln von europäischen Rechtsakten ständig beschworen wird, es stehen aber praktisch keine europäische Verfahren zur Verfügung, wenn es um die tatsächliche Durchsetzung der Menschenrechte geht. Zweitens soll die Einheit der Menschenrechte im europäischen Rechtsraum gestärkt werden.[400] Denn zurzeit beschäftigt sich sowohl der EuGH als auch der EGMR mit Menschenrechtsfragen. Sie legen teilweise die gleichen oder vergleichbaren Grundrechte abweichend aus.

---

394 *Albrecht/Braum*, KritV 1998, 460, 462.

395 Gutachten des EuGH, 2/94, „EMRK“, Slg. 1996, I1763. Die Einzelheiten: *Vedder*, EuR 1996, 309.

396 Urteil des EuGH, „Matthews“ = NJW 1999, 3107. Vgl. *Folz*, in Vedder/v. Heinegg (Hrsg.), EUV/AEUV Kommentar, Art. 6 EUV, Rn. 5.

397 *Schilling*, HFR 2011, 83, 88. Vgl. EGMR Bosphorus, 45036/98, 30.6.2005 (GK), Rep. 2005-VI (= NJW 2006, 197).

398 Vgl. Art. 6 Abs. 2 EUV.

399 Ähnlich *Schilling*, HFR 2011, 83, 86.

400 Ähnlich *Schilling*, HFR 2011, 83, 86 f.

Obwohl bereits ein Beitrittsabkommen-Vorschlag[401] vorliegt, ist die Erweiterung die EMRK mit der Union dennoch nicht abgeschlossen. Der Prozess ist wesentlich komplizierter, als man vielleicht denken würde. Dies zeigt sich bereits dadurch, dass es in drei Jahren nicht vollbracht werden konnte. Die Schwierigkeiten ergeben sich dadurch, dass die EMRK für die Teilnahme von Staaten konzipiert ist, daher wirft der Beitritt eines Staatenbundes Anwendungsschwierigkeiten auf.

Das Hauptproblem besteht darin, ob die Union bei der Anwendung der EMRK mit den Vertragsstaaten gleich behandelt werden sollte.[402] Wenn man das Problem thematisiert, sollte man sich vor Augen führen, dass es sich aus dem Grundsatz der Gleichbehandlung zwei Konsequenzen ergeben: Erstens muss Gleiches gleich behandelt sein; Zweites – und es ist vielleicht weniger trivial, aber außerordentlich wichtig –, muss Ungleiches nach seiner Eigenart ungleich behandelt sein.[403] Aus dieser Erwägung sprechen mehrere Tatsachen eindeutig für die spezielle Behandlung der Union: Die Union wird kein Mitglied des Europarates sein, denn sie verfügt nicht über eine allgemeine Zuständigkeit im Bereich der Menschenrechten; die Mitgliedsstaaten der Union sind selbst Vertragsstaaten der EMRK. Daher der vollberechtigte Status der Union würde bedeuten, dass ihre Mitgliedstaaten eine doppelte Einwirkung auf die Entscheidungen hätten; voraussichtlich wird die Union vor dem EGMR in den meisten Fällen nicht allein, sondern zusammen mit einem oder mehreren Mitgliedsstaaten verklagt, denn die Unionsrechtsakten werden typischerweise von den Mitgliedsstaaten durchgeführt.[404]

Es sind neben der prinzipiellen Frage der Gleichbehandlung auch spezielle Probleme zu lösen. Einige von diesen sind bereits gelöst: Die EMRK betrifft die Union nur soweit, als es sich um die Tätigkeit ihrer Organen und Institutionen handelt; eine Staatsbeschwerde zwischen der Union und ihren Mitgliedsstaaten ist ausgeschlossen; wenn eine Unionsbürger der Beschwerdeführer ist, darf sich die Union gem. Art. 36 Abs. 1 EMRK nicht am Rechtsstreit beteiligen; um die Zuständigkeiten des EuGH zu wahren, kann der nationale Rechtsweg in Verbindung mit der Union erst dann als erschöpft angesehen werden, wenn vor dem EuGH die entsprechende Klage gescheitert ist.[405] Es gibt jedoch andere schwerwiegende Probleme, deren Lösung noch bevorsteht: wie kann die

401 Steering Committee for the human rights, CDDH (2011) 009.
402 Ähnlich *Schilling*, HFR 2011, 83, 86 ff.
403 *Schilling*, HFR 2011, 83, 87.
404 *Schilling*, HFR 2011, 83, 86 ff.
405 Näher: *Brodowski*, ZIS 2010, 749 ff.; *ders.* ZIS 2011, 940 f.; *ders.* ZIS 2012, 558 f.

Union ihr Stimmrecht im Ministerkomitee ausüben; wie kann gewährleistet werden, dass durch den Beitritt und durch die späteren Urteile des EGMR die Zuständigkeiten der Union bzw. der Mitgliedsstaaten unberührt bleiben; wie soll die sog. Streitgenossenschaft der Union und ihrer Mitgliedsstaaten aussehen[406]; wie kann der Wunsch der Kommission berücksichtigt werden, dass eine EMRK-Verletzung durch die Anwendung des Unionsrechts ausschließlich dem betroffenen Mitgliedstaat zugeschrieben werden soll; auf welche Art soll die qualifizierte Abstimmung im Ministerkomitee[407] eingeführt werden.[408]

Darüber hinaus wird der Beitritt dadurch auch nicht gerade erleichtert, dass er sowohl von allen Mitgliedstaaten der Union als auch von allen Vertragsstaaten der EMRK ratifiziert werden muss. Es solcher Prozess ist auch dann mühsam und zeitintensiv, wenn die Probleme sonst gelöst sind. Der Beitritt wird allerdings kommen. Damit wäre der Rechtsschutz auf europäischer Ebene erheblich verbessert.

(2) Reichweite des Rechtsschutzes im Rahmen der EMRK

Ein weiteres Problem ergibt sich dadurch, dass die EMRK nur elementare Schutzvorschriften, aber keine detaillierten Regelungen enthält, die Konvention kann also keinen flächendeckenden Rechtsschutz im Strafverfahren garantieren.[409] Darüber hinaus sind die Verfahren vor dem EGMR kompliziert und äußerst langsam, sie nehmen üblicherweise mehreren Jahre in Anspruch, deswegen sind Rechtsschutzvorschriften des europäischen Gesetzgebers – nach wie vor – unentbehrlich.

---

406 Bei der Streitgenossenschaft geht es darum, dass bei einem Rechtsstreit sowohl die Union, als auch ihre Mitgliedstaaten unmittelbar betroffen sind. Insofern sind zwei Optionen vorstellbar: (1) Ein Mitgliedstaat wurde zu einem konventionswidrigen Verhalten durch das Sekundärrecht der Union gezwungen; (2) Die Union wurde zu einem konventionswidrigen Verhalten durch das Primärrecht der Union gezwungen.

407 Es geht an dieser Stelle darum, dass es verhindert werden soll, dass die Mitgliedstaaten im Ministerkomitee die Überwachung der Union wegen Konventionsverletzungen verhindern. Nach der Vorstellung der Nicht-EU-Konventionsstaaten dürften bei solchen Entscheidungen die Unionsstaaten nicht abstimmen. Die Union hält ein „gentlemen's agreement“ für eine ausreichende Garantie.

408 Näher: *Brodowski*, ZIS 2010, 749 ff.; *ders.* ZIS 2011, 940 f.; *ders.* ZIS 2012, 558 f.

409 Ähnlich *Gless*, StV 2010, 400, 406. Mit Verweis auf die nicht hinreichend gewährleisteten Rechte der Strafverteidiger. *Heine*, Die Rechtsstellung der Beschuldigten im Rahmen der Europäisierung des Strafverfahrens, S. 80; *Schünemann*, ZIS 2010, 735, 738.

Man darf aber auch nicht vergessen, dass die EMRK auch mit ihren nicht besonders ausführlichen strafverfahrensrechtlichen Regelungen in der Lage war, die nationalen Strafrechtssysteme und den nationalen Rechtsschutzstandard nachhaltig zu beeinflussen. Das gilt auch für das deutsche Strafrecht.[410]

cc) Die Ebene des Unionsrechts

Die dritte Säule des Rechtsschutzes auf europäische Ebene ist das Unionsrecht selbst. Die entsprechenden Regelungen des Unionsrechts sind notwendig, sie können von dem nationalen Recht bzw. von der EMRK nicht ersetzt werden. Vor allem dann sind die europäischen Garantievorschriften unerlässlich, wenn europäische Einrichtungen (wie Europol oder Eurojust) in Bereich des Strafrechts agieren, da die Handlungen von Unionsbehörden sich von den Mitgliedstaaten weder de jure, noch de facto kontrollieren lassen.

Darüber hinaus verlangt das Zunehmen der Strafverfahren mit ausländischen Elementen auch europäische Garantievorschriften, es gilt besonders wenn die Prozesse teilweise in einem anderen Mitgliedstaat geführt werden. In solchen Fällen sind die nationalen Rechtsschutzvorschriften nicht mehr in der Lage, einen effektiven Schutz zu gewährleisten, da als die nationalen Garantieregelungen erlassen wurden, ging noch die nationale Souveränität über alles, Strafverfahren mit regelmäßiger Beteiligung von ausländischen Behörden waren noch unvorstellbar.

Diese Missstände wurden auch vom europäischen Gesetzgeber erkannt. Es wurde zur Kenntnis genommen, dass der nationale Rechtsschutz allein auf europäischer Ebene nicht hinreichend ist, deswegen wurde das Unionsrecht um strafrechtliche Garantieregelungen erweitert.

Auch wenn die strafrechtsspezifischen Grundrechte lange Zeit kein Bestandteil des Unionsrechts waren, stehen die Grundrechte in Allgemeinen bei der Tätigkeit der Union im Vordergrund. Die Union definiert sich traditionell als Grundrechtgemeinschaft.[411] Dies kommt bereits bei der Zielsetzung der Union

---

410 *Heger*, Recht und Politik 2012, 88, 91. Beispiele hierfür: Entkriminalisierung der Homosexualität gem. § 175 StGB a.F., Entkriminalisierung der andauernden Obdachlosigkeit gem. § 361 Nr. 8 StGB a.F., Grundsätze der Strafzumessung gem. § 46 StGB, Widerruf der Bewährung gem. § 56 f StGB a.F., nachträgliche Sicherungsverwahrung gem. § 66 b StGB, Auslegung des Geldwäschetatbestandes gem. § 261 StGB, Auslegung der Notwehr gem. § 32 StGB, überlange Verfahrensdauer, nachträgliche Sicherungsverwahrung, Abschaffung der Todesstrafe (Einzelheiten: *Diehem, Dirk*, Die EMRK und das deutsche Strafgesetzbuch).

411 Ähnlich *Bogdandy*, JZ 2001, 147; *Kotzur*, in Geiger/Khan/Kotzur, EUV/AEUV Kommentar, GR-Charta, Einführung, Rn. 1.

zum Ausdruck, denn zu den Werten, auf die sich die Union gründet, gehört u.a. die Wahrung der Menschenrechte.[412] Im Vertrag von Lissabon wurde die Wahrung der Menschenrechte auch als Leitlinie der europäischen Zusammenarbeit festgelegt.[413] Den Kern des Grundrechtsschutzes auf europäischer Ebene bildet die Charta der Grundrechte, die seit Lissabon verbindlicher Teil des Unionsrechts ist und als solche mit den Grundverträgen gleichrangig gilt.[414]

Das Problem, dass die Mitgliedstaaten kaum in der Lage sind, ihren Bürgern gegen strafrechtrelevante Handlungen der europäischen Einrichtungen einen effektiven Schutz zu bieten, wird mit der Charta der Grundrechte teilweise gelöst. Die Charta gilt für alle Organe, Einrichtungen und sonstigen Stellen der Union,[415] darüber hinaus ist sie auch für die Mitgliedstaaten verbindlich.[416] Es gilt insofern jedoch eine erhebliche Einschränkung; die Vorschriften der Charta greifen in den Mitgliedsstaaten nur ein, wenn ein Mitgliedstaat im Anwendungsbereich des Unionsrechts gehandelt hat.[417] Bei sonstigen nationalen Handlungen bleibt die Grundrechtscharta unbeachtlich, insofern wurde die bisherige Rechtsprechung des EuGH bzgl. der ungeschriebenen Grundrechtsordnung des Unionsrechts konsequent weitergeführt.[418] Darüber hinaus gilt auch bezüglich der Charta das Prinzip der begrenzten Einzelermächtigungen. Dementsprechend darf die Anwendung der Charta nicht zur Ausdehnung der Unionszuständigkeiten führen.[419]

Das Inkrafttreten der Charta der Grundrechte bedeutet also nicht, dass die Union eine Menschenrechtsorganisation oder ein neuer Gerichtshof für Menschenrechte geworden wäre.[420]

Die Charta normiert mehrere strafrechtsspezifische bzw. mit dem Strafrecht eng verbundene Grundrechte: Unantastbarkeit der menschlichen Würde, Verbot der Folter und unmenschlicher, erniedrigender Strafe oder Behandlung, Recht

---

412 Vgl. Art. 2 Abs. 1 S. 1 EUV.

413 Vgl. Art. 6 Abs. 1 EUV a.F.

414 Vgl. Art. 6 Abs. 1 EUV. Charta der Grundrechte der Europäischen Union (ABl. 2007 C 303/1).

415 Art. 51 Abs. 1 S. 1 ChGR.

416 Ausnahmen gibt es leider: Dänemark, Irland und der Vereinigte Königreich. Gem. Protokoll Nr. 30 zum EUV und AEUV.

417 Art. 51 Abs. 1 S. 1 ChGR. *Lenaerts*, EuR 2012, 3, 4.

418 Vgl. Urteil des EuGH Rs. 5/88, „Wachauf", Slg. 1989, I-2609; Rs. C-260/89, „ERT", Slg. 1991, I-2925; Rs. C-309/96, „Annibaldi", Slg. 1997, I-7493. *Lenaerts*, EuR 2012, 3, 5.

419 *Lenaerts*, EuR 2012, 3.

420 *Lenaerts*, EuR 2012, 3.

auf Beistand eines Verteidigers, Recht auf ein unabhängiges, unparteiisches und zuvor durch Gesetz errichtetes Gericht, Recht auf eine faire, öffentliche Verhandlung innerhalb angemessener Frist, Unschuldsvermutung, Rückwirkungsverbot, Gebot der Verhältnismäßigkeit der Strafmaßes, Grundsatz von ne bis in idem.[421]

Im Hinblick auf die strafrechtsspezifischen Grundrechte der Charta sind zwei Aspekte unbedingt zu berücksichtigen. Erstens sind diese Garantieregelungen im Europarecht nicht ganz neu, sie waren überwiegend Teil der – durch die Rechtsprechung des EuGH entwickelten – ungeschriebenen Grundrechtsordnung des Unionsrechts.[422] Wenn man die hier aufgezählten Rechte mit den in der EMRK verankerten Grundrechten vergleicht, lässt sich zweitens feststellen, dass der Schutzgehalt der Charta nicht wesentlich über den der EMRK hinausgeht,[423] daher ist die Charta nur *teilweise* geeignet, das Rechtsschutz-Problem auf europäischer Ebene zu lösen. Die Charta ist nämlich nicht in der Lage, einen flächendeckenden Schutz im Strafverfahren zu gewährleisten. Sie enthält nur die grundlegendsten Rechte, die dem Beschuldigten in einem Strafverfahren gewährleistet sein sollten, die Einzelheiten müssen im europäischen Sekundärrecht geregelt werden.

Auf diesem Gebiet hat die Union Nachholbedarf, die Rechtsakte des Sekundärrechts enthalten nur wenige Rechtsschutzvorschriften. Es gibt jedoch Anzeichen dafür, dass die Rechtsetzung künftig zügiger vorangeht, im Primärrecht wurde eine entsprechende Kompetenzgrundlage der Union ausdrücklich verankert. Nunmehr kann die Union gem. Art. 82 Abs. 2 lit. b und c AEUV Richtlinien erlassen, um die Rechte der Beteiligten im Strafverfahren festzulegen.[424] Der europäische Gesetzgeber sollte diese Möglichkeit nutzen, um die rechtsstaatlichen Vorbehalte gegen das europäische Strafrecht zu dämpfen.[425] Im Sekundärrecht wurden schon entsprechende Rechtsakte erlassen bzw. vorgeschlagen.[426] Die verabschiedeten und die vorgeschlagenen Rechtsakte werden

---

421 Art. 1 ChGR, Art. 4 ChGR, Art. 47 Abs. S. 2 i.V.m. Art. 48 Abs. 2 ChGR, Art. 47 ChGR, Art. 47 Abs. 2 S. 1 ChGR, Art. 48 Abs. 1 ChGR, Art. 49 Abs. 1 S. 1 ChGR, Art. 49 Abs. 3 ChGR, Art. 50 ChGR.

422 Vgl. u.a. Urteil des EuGH Rs. 222/84, „Johnston", Slg. 1986, I-1651; Rs. 222/86, „Heylens", Slg. 1987, I-4097; Rs. C-97/91, „Borelli", Slg. 1992, I-6313; Rs. 18/65, „Gutmann", Slg. 1966, I-150;

423 *Esser*, in Sieber/Brüner/Satzger/v. Heintschel-Heinegg (Hrsg.), Europäisches Strafrecht, § 53 Rn. 18.

424 Vgl. Art. 82 Abs. 2 lit. b und c AEUV.

425 Ähnlich *Zeder*, EuR 2012, 34, 58.

426 Rahmenbeschluss 2001/220 über die Stellung des Opfers (ABl. 2001 L 82/1.), Richtlinie 2004/80 über die Entschädigung des Opfers (ABl. 2004 L 261/15), Richtlinie 2010/64 über das Recht auf Dolmetscherleistungen und Übersetzungen

jedoch sowohl in der Literatur als auch in der Praxis teilweise heftig kritisiert, weil sie nur ein geringes Schutzniveau garantieren, die sehr oft nicht über die bestehenden nationalen Regelungen hinausgehen (näher S. 322 ff.).[427]

In Verbindung mit der Charta der Grundrechte stellt sich die Frage, wie die einzelnen Unionsbürger ihre Rechte aus der Charta geltend machen können. Denn es gilt in diesem Zusammenhang die alte Weisheit, dass Grundrechte nur so gut sein können, wie ihr Schutz.[428] Insofern taucht eine weitere Schwachstelle der Charta auf. Die besteht darin, dass im Bereich des Strafrechts keine mit der deutschen Grundrechtsbeschwerde vergleichbare Individualbeschwerde verankert wurde.[429] Nach Art. 263 UAbs. 4 AEUV sind zwar die Unionsbürger bei unmittelbarer und individueller Betroffenheit berechtigt, Handlungen und Rechtsakte der Unionsorgane vor dem EuGH im Hinblick auf die Charta zu rügen, diese Regelung gilt aber nur mit einer erheblichen Einschränkung: Gem. Art. 276 AEUV sind die Gerichte der Union nicht zuständig für die Überprüfung der Maßnahmen der nationalen Strafverfolgungsbehörden sowie für die Überprüfung von sonstigen mitgliedsstaatlichen Handlungen, die zur Aufrechterhaltung der öffentlichen Ordnung und zum Schutz der inneren Sicherheit gerichtet sind.

In sonstigen Fällen könnte die Tatsache, dass die Verfahren vor dem EuGH wesentlich kürzer sind als die vor dem EGMR, in der Praxis für eine erhebliche Verbesserung der Lage der Einzelnen sorgen.[430] Darüber hinaus ist der EuGH verpflichtet, die Grundrechte in jeglichen Verfahren zu berücksichtigen.

---

im Strafverfahren (ABl. 2010 L 280/1), Richtlinie über die Europäische Schutzanordnung (RL 2011/99, Abl. 2011 L 338/2.) Richtlinie über das Recht auf Belehrung und Unterrichtung in Strafverfahren (RL 2012/13, Abl. 2012 L 142/1).
Entwurf einer Richtlinie über das Recht auf Rechtsbeistand (KOM (2011) 326 endg.), über bestimmte Verfahrensrechte im Strafverfahren (KOM (2002) 328 endg.), über Mindeststandards für die Rechte und den Schutz von Opfern sowie für die Opferhilfe (KOM(2011) 275 endg.).

427 Bsp.: Gemeinsame Erklärung der Strafverteidigervereinigungen (Deutschland), des Forums Strafverteidigung (Schweiz), der Vereinigung Österreichischer StrafverteidigerInnen sowie der Niederlande Vereinigung van Strafrechtadvocaten zum Richtlinienvorschlag des Europäischen Rates zum Recht auf Rechtsbeistand.

428 *Heine*, Die Rechtsstellung der Beschuldigten im Rahmen der Europäisierung des Strafverfahrens, S. 191.

429 *Heine*, Die Rechtsstellung der Beschuldigten im Rahmen der Europäisierung des Strafverfahrens, S. 181; *Kotzur*, in Geiger/Khan/Kotzur, EUV/AEUV Kommentar, GR-Charta, Einführung, Rn. 24. Ferner auch *Zeder*, EuR 2012, 34, 49.

430 *Zeder*, EuR 2012, 34, 58.

Das Verhältnis zwischen der Charta der Grundrechte und der EMRK sowie der mitgliedsstaatlichen Grundrechte ist noch nicht ausführlich geklärt. Soviel ist jedoch klar, dass die Auslegung der Charta nicht dazu führen darf, dass ihr Schutzniveau hinter dem der EMRK zurückbleiben würde. Dieses gilt auch in Bezug auf die nationalen Grundrechte.[431]

Bisher gab es kaum Kompetenzkonflikten zwischen dem EuGH und dem EGMR.[432] Diese Tatsache ist aber vor allem darauf zurückzuführen, dass das Europarecht in der Vergangenheit keinen Grundrechtskatalog enthalten hat. Künftig könnte sich das ideale Verhältnis ändern, denn beide Gerichte sind darum bemüht, einen einheitlichen europäischen Grundrechtschutz zu schaffen.[433] Die Tatsache, dass die Charta nur in Verbindung mit den Handlungen der Union gilt, könnte dabei für eine größere Rolle des EGMR sprechen.

Eines gilt als sicher: In Folge der grundrechtsbezogenen Tätigkeit des EuGH und des EGMR wird das BVerfG in diesem Gebiet einen Bedeutungsverlust erleiden.[434] Das höchste deutsche Gericht scheint es bisher nicht hinnehmen zu wollen.

Die Tatsache, dass künftig drei hohe Gerichte für den Grundrechtsschutz (BVerfG, EuGH, EGMR) zuständig sind, hat ein Janusgesicht: Mehr Gerichte sorgen für mehr Schutz, sie fördern aber nicht die Übersichtlichkeit und dadurch die Rechtssicherheit, vor allem dann, wenn ein ständiges Kompetenzkonflikt herrscht.

Bei der weiteren strafrechtlichen Rechtsetzung des europäischen Gesetzgebers muss oberste Leitlinie sein, dass Strafrecht und Rechtsschutz unzertrennlich sind und zwar unabhängig davon, ob es sich um ein Rechtsstaat oder um einen demokratischen Staatenbund handelt.

III. Die Möglichkeiten der Europäisierung der Strafrechtssystemen

Die offensichtlichste Möglichkeit um die nationalen Strafrechtssysteme zu europäisieren, ist die Anwendung der primärrechtlichen Kompetenzgrundlagen der

431 Vgl. Art. 53 ChGR. *Lenaerts*, EuR 2012, 3, 12 ff.

432 *Heine*, Die Rechtsstellung der Beschuldigten im Rahmen der Europäisierung des Strafverfahrens, S. 195.

433 *Heine*, Die Rechtsstellung der Beschuldigten im Rahmen der Europäisierung des Strafverfahrens, S. 195.

434 *Heine*, Die Rechtsstellung der Beschuldigten im Rahmen der Europäisierung des Strafverfahrens, S. 198.

Union zur Strafrechtsharmonisierung. Insofern spricht man über eine unmittelbare Europäisierung. Diese Kompetenzvorschriften und die Voraussetzungen ihrer Anwendung stehen im Mittelpunk dieser Arbeit, daher werden sie im späteren noch ausführlich thematisiert (siehe S. 130 ff.).

Zuvor sollte jedoch die Frage geklärt werden, ob auch andere Möglichkeiten bestehen, das Strafrecht zu europäisieren. Die Frage ist ganz klar zu bejahen, in Laufe der Jahrzehnte haben sich mehrere Prozesse herauskristallisiert, die zur Europäisierung des Strafrechts führen. Einige von diesen Methoden wurden sogar in der Zeit angewendet, als von ausdrücklichen strafrechtlichen Kompetenzgrundlagen des Primärrechts noch keine Rede war. Diese anderweitigen Methoden der Harmonisierung werden nicht nur im Strafrecht angewendet und es geht nicht nur um die Harmonisierung, andere Ziele werden auch verfolgt. Man spricht daher in diesem Zusammenhang über die mittelbare Europäisierung des Strafrechts.

Nun über die mittelbaren strafrechtlichen Europäisierungsmöglichkeiten.

1. Gleichstellungsklausel

Aus dem europarechtlichen Loyalitätsgebot gem. Art. 4 Abs. 3 EUV folgt, dass die Rechtsgüter der Union auch durch die Mitgliedsstaaten geschützt werden müssen. Die Mitgliedsstaaten sind seit der Verkündung des Griechischen-Mais-Urteils[435] im Jahre 1989 verpflichtet, die Rechtsgüter der Union genauso zu schützen, wie es bei den vergleichbaren nationalen Rechtsgütern der Fall ist. Insofern spricht man von einer sog. Assimilierungspflicht.

Die aus dem Loyalitätsgebot stammende Assimilierungspflicht verfügte vor allem in der Zeit über eine enorme Bedeutung, in der der europäische Gesetzgeber noch nicht befugt war, strafrechtliche Vorschriften zu erlassen und damit die europäischen Rechtsgüter selber zu schützen.

Der wesentliche Inhalt der Assimilierungspflicht wurde in Laufe der '90er Jahren auch im Primärrecht der Union verankert, und die entsprechenden Regelungen wurden kontinuierlich präzisiert bzw. erweitert.[436] Sie wurde zuerst mit dem Vertrag von Maastricht in Art. 208 a EGV verankert, später wurde sie mit dem Vertrag von Amsterdam modifiziert und in Art. 280 EGV umgesiedelt. So entstand letztendlich mit dem Inkrafttreten des Vertrags von Lissabon

435 EuGH Rs. 68/88, Slg. 1990, I-2965.

436 Vgl. Art. 209a EWG und später Art. 280 EGV.

aus der Assimilierungspflicht des Griechischen-Mais-Urteils eine unmittelbare Strafrechtsetzungskompetenz der Union gem. Art. 325 AEUV.[437]

2. Blankettstrafgesetze

Die Union verfügt weiterhin über keine allgemeine Strafrechtsetzungskompetenz. Daher muss das mitgliedsstaatliche Strafrecht genutzt werden, um den europäischen Rechtsgütern einen umfassenden Schutz zu gewährleisten. Der nationale Gesetzgeber muss also ggf. auch in europäischen Angelegenheiten tätig werden. Die entsprechende Tätigkeit kann unter anderem so erfolgen, dass im nationalen Strafrecht die Verstöße gegen bestimmte unionsrechtliche Regelungen unter Strafe gestellt werden. Insofern spricht man von sog. Blankettstrafgesetzen.[438]

Die Blankettstrafgesetze sind juristisch gesehen nicht unproblematisch.[439] Die grundlegende Schwierigkeit besteht darin, dass die Vorschriften von zwei praktisch unabhängigen Rechtssystemen miteinander eng verbunden werden. Es bedeutet in der Praxis Folgendes: Für den Fall, dass jemand gegen eine Vorschrift eines Rechtsakts des Sekundärrechts der Union verstößt, wird im nationalen Strafgesetzbuch die Verhängung einer strafrechtlichen Rechtsfolge im Aussicht gestellt. Dadurch wird die unionsrechtliche Regelung materiell gesehen Bestandteil des nationalen Strafrechts, auch wenn sie formell gesehen weiterhin Teil des Unionsrechts bleibt. Diese diffuse Lage bringt in der Praxis mehrere schwerwiegende Probleme mit sich: Es ist unklar, ob bei der Anwendung der strafrechtlichen Regelung die europäischen oder die nationalen, strafrechtsspezifischen Auslegungsgrundsätze berücksichtigt werden müssen; es ist offen, wie der lex mitior Grundsatz[440] sich mit der nachträglichen Änderung der unionsrechtlichen Hintergrundvorschrift vereinbaren lässt; es ist außerdem ungeklärt, wie die Gesetzeslücken in den Fällen behandelt werden müssen, in denen die unionsrechtlichen Vorschriften wegfallen, die nationalen strafrechtlichen Rahmenvorschriften jedoch weiterhin in Kraft sind.[441]

---

437 Vgl. Art. 325 AEUV.

438 Ähnlich *Satzger*, § 9, Rn. 57.

439 Einzelheiten: *Satzger*, § 9, Rn. 61 ff.

440 Der Grundsatz gewährleistet, dass ein Täter – wenn sich das Gesetz zwischen Tat und Urteil geändert hat – nach dem milderen Gesetz abzuurteilen ist.

441 Ausführlich über das Problem i.V.m. dem Unionsrecht: *Satzger/Langheld*, HRRS 2011/572, 460 ff.

3. Anwendungsvorrang des Unionsrechts

Nach der ständigen Rechtsprechung des EuGH verfügen die unmittelbar anwendbaren Regelungen des Unionsrechts über einen Anwendungsvorrang gegenüber dem nationalen Recht.[442] Der Anwendungsvorrang bedeutet in der Praxis eine Neutralisierungswirkung des Unionsrechts. Das heißt, die unionsrechtswidrigen nationalen Regelungen dürfen nicht angewendet werden, sie sind jedoch nicht nichtig, sie bleiben weiterhin in Kraft.[443]

Die nationalen Verfassungsgerichte tun sich traditionell schwer mit dem Anwendungsvorrang des Unionsrechts. Nach der ständigen Rechtsprechung des BVerfG stellt die letzte Grenze des Vorrangs der nationale order public Vorbehalt dar. Aus anderen Mitgliedstaaten sind ähnlichen Verfassungsgerichtsentscheidungen bekannt.[444]

4. Unionsrechtskonforme Auslegung

Die unionsrechtskonforme Auslegung funktioniert ähnlich, wie die verfassungskonforme Auslegung nach dem deutschen Recht. Wenn mehrere Auslegungsmöglichkeiten bei einer nationalen Rechtsvorschrift zur Verfügung stehen, ist dementsprechend stets diejenige zu wählen, welche sich mit dem Unionsrecht am besten vereinbaren lässt. Ähnlich wie beim Anwendungsvorrang des Unionsrecht, müssen bei der unionsrechtskonformen Auslegung ausschließlich die unmittelbar anwendbaren Regelungen des Unionsrechts berücksichtigt werden.

Die Rechtsgrundlage der unionsrechtskonformen Auslegung ist die gleiche, wie die der Assimilierungspflicht der Mitgliedstaaten, also das Loyalitätsgebot gem. Art. 4 Abs. 3 EUV.[445]

Es ist bei der strafrechtlichen Anwendung der unionsrechtskonformen Auslegung unbedingt zu berücksichtigen, dass eine Analogie zum Lasten des Angeklagten verfassungsrechtlich strikt verboten ist.[446] Dieser Grundsatz kann auch nicht durch die unionsrechtskonforme Auslegung beeinträchtigt werden. Der Grund dafür besteht darin, dass das Analogieverbot aus Art. 103 Abs. 2 GG folgt, es hat also Verfassungsrang.

In Verbindung mit der Reichweite der unionsrechtskonformen Auslegung stellt eine wegweisende Entscheidung das Pupino-Urteil des EuGH dar, die die

---

442 EuGH Urteil, Rs. 6/64, „Costa/ENEL", Slg. 1964 I-1251.

443 *Satzger*, § 9, Rn. 79.

444 *Satzger*, § 9, Rn. 81.

445 *Satzger*, § 9, Rn. 90.

446 Vgl. Art. 103 Abs. 2 GG. *Satzger*, § 9, Rn. 92; *Schröder*, in: FS Achenbach, S. 504.

Mitgliedsstaaten verpflichtet hat das nationale Recht richtlinienkonform auszulegen (siehe S. 181 ff.).[447]

IV. Kompetenzgrundlagen im Primärrecht

Da das bisherige Säulensystem der Union mit dem Vertrag von Lissabon aufgehoben wurde, stellt die justizielle und polizeiliche Zusammenarbeit nunmehr auch einen Teil des supranationalen Tätigkeitsfelds der Union dar. Die Kompetenzen der Union in diesem Bereich mussten daher komplett neu geregelt und umstrukturiert werden.

Parallel mit der Umstrukturierung wurden die Kompetenzgrundlagen der Union im Vergleich zu Art. 31 EUV a.F. erweitert. Wie tief greifend die Kompetenzerweiterung ist, lässt sich diskutieren. Ich würde an dieser Stelle vorsichtig formulieren und behaupten, dass die strafrechtliche Kompetenzen eher konkretisiert als wesentlich erweitert wurden (siehe S. 270 ff.).[448]

Im AEUV finden wir sechs strafrechtsrelevante Kompetenzgrundlagen: Art. 33, Art. 82 Abs. 1 UA. 2 und Abs. 2, Art. 83 Abs. 1 und Abs. 2 sowie Art. 325 AEUV (Nach einigen Meinungen kommt noch Art. 79 Abs. 2 lit. c und d AEUV hinzu).

Es gibt allerdings einen wesentlichen Unterschied zwischen Art. 33 und 325 AEUV zu den sonstigen strafrechtlichen Kompetenzgrundlagen: Auf der Basis von Art. 82 Abs. 2 und Art. 83 AEUV dürfen „lediglich“ nationale Vorschriften durch Richtlinien harmonisiert werden. Im Gegensatz dazu berechtigt Art. 33 und Art. 325 AEUV - nach der h.M.[449] - die Union unmittelbar geltendes Strafrecht zu normieren, Verordnungen mit strafrechtlichem Inhalt können also erlassen werden.

1. Kompetenzauslegung im Unionsrecht

Die europäischen Verträge unterscheiden zwischen ausschließlichen, geteilten und ergänzenden Zuständigkeiten.[450] Für uns ist an dieser Stelle die geteilte Zuständigkeit die wichtigste.

---

447 EuGH Urteil, Rs. C-105/03, Pupino, Slg. 2005, I-5285. Ausführliche Darstellung und Analyse: *Weißer*, ZIS 2006, 562, 575.

448 Anders BVerfG, 2 BvE 2/08 vom 30.6.2009, Rn. 352. Ähnlich *Böse*, ZIS 2010, 76, 82.

449 U.a. *Hecker*, § 4, Rn. 80 f.; *Satzger*, § 8, Rn. 24.; *Nelles/Tinkl/Lauchstädt*, in Kadelbach (Hrsg.) Europarecht, § 42 Rn. 9; *Nürnberger*, ZIS 2009, 494, 503; *Tiedemann*, Wirtschaftsstrafrecht BT, § 1, Rn. 36 ff.; *Zimmermann*, Jura 2009, 844, 846.

450 Vgl. Art. 3 AEUV, Art. 4 AEUV und Art. 6 AEUV.

Die geteilte Zuständigkeit bedeutet, dass in einem bestimmten Politikbereich sowohl die einzelnen Mitgliedstaaten, als auch die Union verbindliche Rechtsakte erlassen dürfen. Im AEUV sind die Politikbereiche, in denen die Union über eine geteilte Zuständigkeit verfügt, in einem abgeschlossenen Katalog aufgezählt.[451] In diesem Katalog lässt sich unter anderen auch die Kompetenz für die Einrichtung eines Raums der Freiheit, der Sicherheit und des Rechts finden.[452] Bei den strafrechtlichen Kompetenzgrundlagen handelt es sich also um eine geteilte Zuständigkeit.[453]

Die größte Schwierigkeit im Hinblick auf die Unionskompetenzen besteht darin, dass sie in den Grundverträgen kaum definiert werden. In den Zuständigkeitskatalogen sind vielmehr die zu erreichenden Ziele des Unionsrechts aufgezählt. Hieraus sind mittelbar Kompetenzen eingeräumt worden.[454]

Eine weitere Schwierigkeit ergibt sich dadurch, dass bei einigen Vorschriften, in denen die Einzelheiten der Unionskompetenzen geregelt sind, für den nicht sachkundigen Leser nicht einmal klar ist, dass es sich um Kompetenzgrundlagen handelt.

Die Auslegung der Zuständigkeiten ist also nicht einfach. Um die Uferlosigkeit der Kompetenzausübung der europäischen Organe zu verhindern, müssen bei der Auslegung der jeweiligen Kompetenzen drei Grundsätze zwingend angewendet werden: das Prinzip der begrenzten Einzelermächtigungen, das Subsidiaritätsprinzip sowie das Grundsatz der Verhältnismäßigkeit.[455]

a) Prinzip der begrenzten Einzelermächtigungen

Bei der Ausübung der Zuständigkeiten der Union muss zwingend das Prinzip der begrenzten Einzelermächtigungen berücksichtigt werden.[456] Dieser besagt, dass die Union nur über solche Zuständigkeiten verfügt, die ihr in den Grundverträgen (also im EUV sowie im AEUV) ausdrücklich übertragen wurden.

In Art. 5 Abs. 2 S. 2 EUV wird ausdrücklich festgelegt, dass die Zuständigkeiten, die in den Grundverträgen nicht übertragen wurden, bei den Mitgliedstaaten bleiben. Da dies eigentlich eine zwingende Folge der begrenzten Einzelermächtigungen ist, gilt diese Vorschrift als überflüssig, sie spielt eher eine symbolische

451 Vgl. Art. 4 Abs. 2 AEUV.
452 Vgl. Art. 4 Abs. 2 lit. j AEUV.
453 Vgl. Art. 4 Abs. 2 lit. j AEUV.
454 *Vedder*, in Vedder/v. Heinegg (Hrsg.), EUV/AEUV Kommentar, Art. 5 AEUV, Rn. 10.
455 Vgl. Art. 5 Abs. 1 EUV.
456 Vgl. Art. 5 Abs. 2 EUV.

Rolle, sie trägt den Befürchtungen der Mitgliedstaaten Rechnung, ungewollt Kompetenzen verlieren zu können.[457]

Der Grundsatz der begrenzten Einzelermächtigungen ist also eine Zuständigkeitsabgrenzungsregelung der Union.[458] Die Bedeutung des Prinzips zeigt sich bereits dadurch, dass es an der Spitze des EUV, bei den allgemeinen Grundsätzen des Unionsrechts, verankert wurde.

Der Grundsatz ist natürlich kein Novum im Vertrag von Lissabon, er ist seit eh und je Dreh- und Angelpunkt der Kompetenzausübung der europäischen Organe, er wurde in den früheren Grundverträgen verankert und in der Rechtsprechung des EuGH mehrmals bekräftigt.[459]

Das Prinzip bringt zum Ausdruck, dass die Mitgliedstaaten weiterhin die Herren der Verträge sind und zwar unabhängig davon, dass sie Hoheitsrechte und damit ein Teil ihrer Souveränität der Union übertragen haben.[460] Die Union – im Gegensatz zu den Mitgliedstaaten – besitzt keine Allzuständigkeit, sie kann daher selbstständig keine neue Kompetenzgrundlage im Unionsrecht verankern,[461] das Recht auf Festlegung von Kompetenzen bleibt weiterhin das ausschließliche Privileg der Mitgliedstaaten.[462]

Das Prinzip der begrenzten Einzelermächtigungen ist nicht nur ein allgemein geltender Grundsatz der Kompetenzauslegung, sondern gleichzeitig auch ein Gebot für den europäischen Gesetzgeber.[463] Es bringt die wichtigste Eigenschaft des rechtlichen Charakters der Union zum Ausdruck, nämlich dass die Union

---

457 Ferner *Vedder*, in Vedder/v. Heinegg (Hrsg.), EUV/AEUV Kommentar, Art. 5 AEUV, Rn. 12.

458 *Vedder*, in Vedder/v. Heinegg (Hrsg.), EUV/AEUV Kommentar, Art. 5 AEUV, Rn. 6.

459 Vgl. Art. 13 Abs. 2 EUV a.F. Urteil des EuGH Rs. 7/56, „Algera“, Slg. 1957, I-83; Rs. 3/57, „GA Langrange“, Slg. 1957I-167. Rechtshistorisch ist bemerkenswert, dass das Prinzip der begrenzten Einzelermächtigungen im Vertrag von Maastricht vor allem auf Druck der deutschen Bundesländer verankert wurde, weil die befürchtet haben, dass die Union ihre vertraglich festgelegte Zuständigkeiten überschreiten könnte und damit würde der europäische Gesetzgeber die Zuständigkeiten der deutschen Bundesländer aus dem Grundgesetz gefährden.

460 BVerfG, 2 BvE 2/08 vom 30.6.2009, Rn. 298 = BVerfGE, 123, 267, 381.

461 *Vedder*, in Vedder/v. Heinegg (Hrsg.), EUV/AEUV Kommentar, Art. 5 EUV, Rn. 7; *Zöller*, ZIS 2009, 340, 342.

462 *Satzger*, Europäisierung des Strafrechts, S. 33.

463 BVerfG, 2 BvE 2/08 vom 30.6.2009, Rn. 234.

kein souveräner Staat ist,[464] souverän sind ausschließlich die Mitgliedstaaten[465] und sie müssen auch souverän bleiben, sonst lässt sich das Unionsrecht – nach der Meinung des BVerfG – mit der geltenden deutschen Verfassung nicht vereinbaren.[466]

Das Prinzip bedeutet in der Praxis für den europäischen Gesetzgeber, dass beim Erlassen von einzelnen Rechtsakten geprüft werden muss, ob im Primärrecht, also in den Gründungsverträgen, eine entsprechende Kompetenzgrundlage zu finden ist.

Der Grundsatz der begrenzten Einzelermächtigungen verlangt an sich nicht, dass die Kompetenzgrundlagen restriktiv ausgelegt werden müssen.[467] So existieren mehrere Möglichkeiten, um die Unionszuständigkeiten trotz der begrenzten Einzelermächtigungen erheblich zu erweitern und dadurch die Wirkung des Prinzips zu schwächen.

Bei der Auslegung der einzelnen Kompetenzgrundlagen kann das Prinzip des „effet utile" angewendet werden. Es besagt, dass die Normen teleologisch so auszulegen sind, dass sie ihre Wirksamkeit am besten erreichen können.[468] Die Anwendung führt also notwendiger Weise zu einer breiten Auslegung der Kompetenzen und gleichzeitig zur Relativierung des Prinzips der begrenzten Einzelermächtigungen. Die Anwendung des „effet utile" wird in der Literatur viel kritisiert, vom EuGH jedoch besonders gerne praktiziert. Das Prinzip „effet utile" hilft in der Praxis dem EuGH besonders, seine Rolle als „Motor der Integration" wahrzunehmen.[469]

Eine weitere Auflockerungsmöglichkeit des Prinzips der begrenzten Einzelermächtigungen stellt die sog. Vertragsabrundungskompetenz dar, die – im

---

464 *Ambos*, 2. Auflage, § 11, Rn. 1; *Satzger*, Europäisierung des Strafrechts, S. 33.

465 BVerfG, 2 BvE 2/08 vom 30.6.2009, Rn. 275 und Rn. 298 = BVerfGE, 123, 267, 370 und 381.

466 BVerfG, Urt. v. 30.6.2009 – 2 BvE 2/08, Rn. 228 = BVerfGE, 123, 267, 347 f.

467 *Vedder*, in Vedder/v. Heinegg (Hrsg.), EUV/AEUV Kommentar, Art. 5 EUV, Rn. 9.

468 *Satzger*, Europäisierung des Strafrechts, S. 34. Effet utile = nützliche, praktische Wirkung.

469 *Fromm*, EG-Rechtssetzungsbefugnis im Kriminalstrafrecht, S. 23; *Satzger*, Europäisierung des Strafrechts, S. 2; *Schweitzer/Hummer*, Europarecht, Rn. 445. Beispiele dafür: EuGH Rs. 176/03, Umweltrahmenbeschluss, Slg. 2005, I-5285; EuGH Rs. 440/05, Verschmutzung durch Schiffe, Slg. 2007, I-9097; EuGH Rs. C-105/03, Pupino, Slg. 2005, I-5285. *Heine* bezeichnet den EuGH als „treibender Kraft" der Integration (*Heine*, Die Rechtsstellung der Beschuldigten im Rahmen der Europäisierung des Strafverfahrens, S. 66).

Gegensatz zu „effet utile“ – im Primärrecht ausdrücklich normiert ist.[470] Das Prinzip – welches aus dem US-Amerikanischen Recht stammt[471] – besagt, dass ein Vertrag auch solche ungeschriebenen Kompetenzen enthält, ohne die die Wahrnehmung der ausdrücklich geschriebenen Kompetenzen nicht möglich wäre und ohne die sie nicht sinnvoll zur Anwendung kommen könnten. Bei der europarechtlichen Anwendung sollte dabei vor allem die Verwirklichung der Ziele der Grundverträge im Mittelpunkt stehen. Dementsprechend ermächtigt Art. 352 AEUV die Union, die erforderlichen Kompetenzen mit einem einstimmigen Ratsbeschluss und mit Zustimmung des EP im Unionsrecht zu etablieren.

Die Auflockerungen der begrenzten Einzelermächtigungen sind umso problematischer, je größer die Unionskompetenz ist. Die Schwächung des Prinzips kann bei einer breiteren Kompetenzgrundlage zu erheblicher Einschränkung der Souveränität der Mitgliedstaaten führen. So ist es kein Wunder, dass das BVerfG in seinem Urteil die strikte Anwendung des Prinzips zur Voraussetzung der Verfassungsmäßigkeit des Vertrags von Lissabon erklärt hat.[472]

Die Schwächung der begrenzten Einzelermächtigungen ist beim Strafrecht besonders problematisch. Man muss insofern berücksichtigen, dass das Prinzip in erster Linie dem Souveränitätsschutz der Mitgliedstaaten dient und das Strafrecht traditionell zum wichtigsten Bestandteil der Souveränität gehört. Wenn also das Prinzip bei strafrechtlichen Kompetenzgrundlagen nicht oder nicht hinreichend berücksichtigt wird, verliert es seinen Sinn und Zweck.

b) Subsidiarität

Wenn es sich um eine geteilte Zuständigkeit handelt, muss ein weiterer Grundsatz, nämlich das Prinzip der Subsidiarität[473], zwingend berücksichtigt werden. Subsidiarität in diesem Zusammenhang bedeutet, dass die EU nur tätig werden darf, wenn die Mitgliedsstaaten nicht in der Lage sind, eine Aufgabe wirksam zu erfüllen und die Aufgabe auf Unionsebene besser zu bewältigen ist. Diese zwei Voraussetzungen sind kumulativ zu verstehen.[474]

---

470 Vgl. Art. 352 AEUV. Es wird auch „implied powers“ genannt.

471 Als Implid-Powers-Doktrin bekannt. Ursprung: McCulloch vs. Maryland, 17 U.S. 316 (1819).

472 BVerfG, 2 BvE 2/08 vom 30.6.2009, Rn. 275 = BVerfGE, 123, 267, 370.

473 Vgl. Art. 5 Abs. 3 AEUV.

474 Ähnlich *Geiger*, in Geiger/Khan/Kotzur, EUV/AEUV Kommentar, Art. 5 EUV, Rn. 12, *Vedder*, in Vedder/v. Heinegg (Hrsg.), EUV/AEUV Kommentar, Art. 5 EUV, Rn. 17.

Das Subsidiaritätsprinzip ist also eine Kompetenzverteilungsregelung oder als eine Kompetenzausübungsschranke zu bezeichnen, und sie ist insofern ein weiterer wichtiger Ausdruck der Schonung der Souveränität der Mitgliedstaaten.[475] Es trägt dem Föderalismus der Union und ferner auch dafür Rechnung, dass das Prinzip der begrenzten Einzelermächtigungen nicht unerträglich aufgelockert wird.

Der Subsidiaritätsgrundsatz wird traditionell in Bundesstaaten, so auch in Deutschland angewendet, um das Föderalismusprinzip und somit die grundsätzliche Zuständigkeit der Bundesländer zu gewährleisten. Im Unionsrecht wurde die Subsidiarität mit dem Vertrag von Maastricht – nach den entsprechenden Bemühungen Deutschlands – verankert. Hierzulande spielt die Beachtung des Grundsatzes eine besonders große Rolle, dies zeigt sich vor allem dadurch, dass im Grundgesetz die Teilnahme der Bundesrepublik an der europäischen Integration nur bei Einhaltung der Subsidiarität vorgesehen ist.[476]

Die zentrale Bedeutung der Subsidiarität im Unionsrecht zeigt sich auch dadurch, dass ihre Achtung als Generalklausel in Art. 5 Abs. 3 S. 2 EUV verankert wurde. Die Art und Weise der Wahrung des Prinzips und die Aufgabe der nationalen Parlamente in diesem Zusammenhang sind im Protokoll 2 zum EUV und zum AEUV ausführlich geregelt worden. Darüber hinaus können sowohl die Auslegung als auch die Verletzung der Subsidiarität vor dem EuGH in einem Vorabentscheidungsverfahren[477] oder in Verbindung mit einer Nichtigkeitsklage[478] geprüft werden. Der Grundsatz ist jedoch nicht unmittelbar wirksam, dessen Verletzung führt nicht zur automatischen Nichtigkeit. Bei der Beurteilung der Frage, ob eine Entscheidung bzw. ein Rechtsakt ausreichend subsidiär ist, verfügt der europäische Gesetzgeber über einen breiten Ermessensspielraum.[479]

Wichtig ist die Reihenfolge der Anwendung der zwei Prinzipen: Bei der Beantwortung der Frage, ob die Union in einem Bereich über Kompetenzen verfügt, muss immer zuerst das Prinzip der begrenzten Einzelermächtigungen angewendet werden. Wenn die begrenzten Einzelermächtigungen eine Handlung theoretisch zulassen würden, dann stellt sich die Frage, wer die Aufgabe

---

475 *Geiger*, in Geiger/Khan/Kotzur, EUV/AEUV Kommentar, Art. 5 EUV, Rn. 9; *Satzger*, Europäisierung des Strafrechts, S. 146; *Satzger*, § 8, Rn. 28; *Sieber*, ZStW 2009, 1, 45; *Vedder*, in Vedder/v. Heinegg (Hrsg.), EUV/AEUV Kommentar, Art. 5 EUV, Rn. 14.

476 Vgl. Art. 23 Abs. 1 S. 1 GG. *Vedder*, in Vedder/v. Heinegg (Hrsg.), EUV/AEUV Kommentar, Art. 5 EUV, Rn. 14.

477 Vgl. Art. 267 AEUV.

478 Vgl. Art. 263 Abs. 1 AEUV.

479 *Vedder*, in Vedder/v. Heinegg (Hrsg.), EUV/AEUV Kommentar, Art. 5 EUV, Rn. 20.

effektiver erledigen kann, die Mitgliedstaaten oder die Union. Es stellt sich also die Frage der Subsidiarität.[480]

c) Verhältnismäßigkeit

Bei den Handlungen der Union muss auch das Prinzip der Verhältnismäßigkeit beachtet werden. Verhältnismäßigkeit bedeutet in diesem Zusammenhang, dass die Maßnahmen der Union nicht über das zur Erreichung der Ziele der Grundverträge erforderliche Maß hinausgehen dürfen.[481] Diese Anforderung betrifft – nach dem Wortlaut des EUV – sowohl die Art des angewendeten Rechtsakts als auch den Regelungsinhalt.[482] Der Grundsatz der Verhältnismäßigkeit ist also eine weitere Kompetenzausübungsschranke.[483]

Das Gebot der Verhältnismäßigkeit ist ein Übermaßverbot[484], das vor allem beim Grundrechtsschutz eine zentrale Rolle spielt, sowohl auf deutscher als auch auf europäischer Ebene.[485] Dementsprechend wurde die Verhältnismäßigkeit in die Charta der Grundrechte aufgenommen.[486]

Nach der Judikatur des EuGH wird bei der Frage, ob eine Unionshandlung verhältnismäßig ist – ähnlich wie in der deutschen Rechtsprechung – vor allem die Geeignetheit und die Erforderlichkeit der Maßnahme unter die Lupe genommen.[487]

---

480 *Mansdörfer*, HRRS 2010, 11, 12; *Rosenau*, ZIS 2008, 9, 16; *Satzger*, Europäisierung des Strafrechts, S. 147.

481 Vgl. Art. 5 Abs. 4 EUV.

482 Ähnlich *Vedder*, in Vedder/v. Heinegg (Hrsg.), EUV/AEUV Kommentar, Art. 5 EUV, Rn. 34.

483 *Geiger*, Auswirkungen europäischer Strafrechtsharmonisierung auf nationaler Ebene, S. 52; *Vedder*, in Vedder/v. Heinegg (Hrsg.), EUV/AEUV Kommentar, Art. 5 EUV, Rn. 35.

484 *Geiger*, in Geiger/Khan/Kotzur, EUV/AEUV Kommentar, Art. 5 EUV, Rn. 17; *Vedder*, in Vedder/v. Heinegg (Hrsg.), EUV/AEUV Kommentar, Art. 5 EUV, Rn. 36.

485 *Vedder*, in Vedder/v. Heinegg (Hrsg.), EUV/AEUV Kommentar, Art. 5 EUV, Rn. 36.

486 Vgl. Art. 52 Abs. 1 S. 2 ChGR.

487 Die Verhältnismäßigkeitsprüfung des EuGH kann zum Beispiel mit Hilfe der Entscheidungen des Gerichts über den nationalen Glücksspielmonopolen sehr gut analysiert werden: u.a.: Rs. C-275/92 „Schindler", Slg. 1994, I-01039; Rs. C-124/97 „Läärä", Slg. 1999, I-06067; Rs. C-67/98 „Zenatti", Slg. 1999, I-07289; Rs. C-6/01 „Anomar", Slg. 2003, I-8621; Rs. C-42/02 „Lindman", Slg. 2003, I-13519; Rs. C-243/01 „Gambelli", Slg. 2003, I-13031; Rs. C-338/04 „Placanica", Slg. 2007, I-1891; Rs. C-42/07 „Liga Portuguesa", Slg. 2009, I-7633; Rs. C-203/08 „Sporting Exchange"; Rs. C-258/08 „Landbrokes"; Rs. C-447/08 und C-448/08 „Sjöberg" und „Gerdin"; Rs. C-409/06

Die Prüfung der Verhältnismäßigkeit steht in der Reihenfolge der Kompetenzausübungsgrundsätze an der letzten Stelle. Dementsprechend muss zuerst geprüft werden, ob die Union nach dem Prinzip der begrenzten Einzelermächtigungen überhaupt Zuständigkeit hat, eine Maßnahme zu treffen. Wenn diese Frage bejaht wird, muss entschieden werden, ob die Handlung der Union subsidiär ist. Wenn dies auch der Fall ist, muss geprüft werden, ob die Maßnahme verhältnismäßig ist.

Ähnlich wie bei der Subsidiarität, wurden die Art und Weise der Wahrung des Prinzips und die Aufgabe von nationalen Parlamenten in diesen Zusammenhang im Protokoll 2 zum EUV und zum AEUV ausführlich geregelt.

d) Besonderheiten des Strafrechts

Die gesetzgeberische Tätigkeit der Union ist im Bereich des Strafrechts besonders souveränitätsbeeinträchtigend.[488] Deswegen stellt sich natürlich die Frage, ob und wie weit die Besonderheiten des Strafrechts bei der Anwendung der Grundsätzen der begrenzten Einzelermächtigungen, der Subsidiarität und der Verhältnismäßigkeit berücksichtigt werden müssen. Die Mitgliedstaaten erwarten auf jeden Fall, dass die Zuständigkeiten, die teilweise nur „schmerzhaft" übertragen wurden, auf keinen Fall überschritten werden. Diese Erwartung wurde auch in den Grundverträgen berücksichtigt, der tragen unter anderen Art. 5 Abs. 3 S. 2 EUV, Art. 69 AEUV sowie das Protokoll 2 zum EUV und zum AEUV Rechnung.

In Art. 69 AEUV wurde eine Wächterfunktion der nationalen Parlamente verankert.[489] Es bedeutet, dass sie berechtigt sind, die Einhaltung des Subsidiaritätsprinzips zu kontrollieren und zwar in allen Rechtsbereichen. Insofern spricht man von einem Frühwarnsystem.[490] Dieses Kontrollrecht passt dazu, dass die nationalen Gesetzgebungsorgane mit dem Vertrag von Lissabon ins europäische Rechtsetzungsverfahren intensiver einbezogen wurden, als das bisher – auf der Basis der alten Rechtslage – der Fall war. Damit sollten die Vorbehalte wegen der

---

„Winner Wetten"; Rs. C-46/08 „Carmen Media"; Rs. C-316/07 „Markus Stoß"; Rs. C-64/08 „Engelmann"; Rs. C-212/08 „Zeturf"; Rs. C-347/09 „Dickinger"; Rs. C-403/08 und C-429/08 „Football Association".

488 BVerfG, 2 BvE 2/08 vom 30.6.2009, Rn. 253 = BVerfGE, 123, 267, 359 f.; *Rackow*, ZIS 2008, 526, 527; *Rosenau*, ZIS 2008, 9, 19.

489 *Kotzur*, in Geiger/Khan/Kotzur, EUV/AEUV Kommentar, Art. 69 Rn. 1; *Kretschmer*, in Vedder/v. Heinegg (Hrsg.), EVV Kommentar, Art. III-259 Rn. 1.

490 *Kretschmer*, in Vedder/v. Heinegg (Hrsg.), EVV Kommentar, Art. III-259 Rn. 1.

nicht ausreichenden Rechtsstaatlichkeit des europäischen Gesetzgebungsverfahrens gedämpft werden.

Die Kontrollfunktion der nationalen Parlamente wurde bereits in Art. 5 Abs. 3 S. 2 EUV generell verankert, insofern ist Art. 69 AEUV als eine bloße Bekräftigung der Generalklausel zu betrachten, welcher eher eine symbolische Rolle spielt. Es verdeutlicht, dass das Strafrecht zum Kernbereich der mitgliedsstaatlichen Souveränität gehört, deswegen sind die Zuständigkeitsregelungen besonders zu achten.[491]

Die Einzelheiten der Kontrollrechte der nationalen Parlamente sind im Protokoll Nr. 2 zum EUV und AEUV geregelt. Nach Art. 1 sind alle europäischen Organe verpflichtet, die Einhaltung des Subsidiaritätsprinzips zu achten. Die Entwürfe der Gesetzgebungsakte der Union müssen gem. Art. 5 im Hinblick auf den Grundsatz der Subsidiarität begründet und gem. Art. 4 den nationalen Parlamenten zugeschickt werden. Die nationalen Parlamente sind nach Art. 6 berechtigt, binnen acht Wochen Stellung zu nehmen, weshalb der Entwurf sich ggf. mit dem Subsidiaritätsprinzip nicht vereinbar lässt. Nach Art. 7 Abs. 1 UA 2 S. 1 und S. 2 haben alle nationale Parlamente insofern zwei Stimmen, die bei Parlamenten mit zwei Kammern zwischen den Kammern geteilt werden müssen. So wurden in Deutschland durch den Bundesrat auch die Länder in dieses Kontrollverfahren einbezogen. Wenn nationale Parlamente bzw. Kammern – die mindestens ein Drittel der Stimmen vertreten – den Entwurf mit dem Subsidiaritätsprinzip für unvereinbar halten, muss der Vorschlag gem. Art. 7 Abs. 2 S. 1 überprüft werden. Bei Rechtsakten betreffend den Raum der Freiheit, der Sicherheit und des Rechts reicht gem. Art. 7 Abs. 2 S. 2 schon ein Viertel der Stimmen der nationalen Parlamente aus. Diese Vorschrift trägt den besonders intensiven Souveränitätseinbußen im Bereich des Strafrechts Rechnung. Falls der europäische Gesetzgeber an dem Entwurf weiterhin festhält, muss er gem. Art. 7 Abs. 3 S. 1 in Hinblick auf die Bedenken der nationalen Parlamente Stellung nehmen.

Der EuGH hat in Art. 8 die Zuständigkeit bekommen, auf Ersuchen eines Mitgliedstaates die Einhaltung des Subsidiaritätsprinzips zu kontrollieren.

Die vom AEUV eingeräumten Kontrollrechte der nationalen Parlamente scheinen mehr als bloße Theorie zu sein. Der Bundesrat hat bereits in Verbindung mit einer strafrechtsrelevanten Richtlinie eine Subsidiaritätsklage erhoben.[492]

---

491 *Hobe*, Europarecht, § 24, Rn. 16; *Suhr*, in Fastenrath/Nowak (Hrsg.), Der Lissabonner Reformvertrag, S. 306.

492 BR-Drucks. 646/11.

Es ging im konkreten Fall um den Richtlinienentwurf über die strafrechtlichen Sanktionen für Insider-Geschäfte und Marktmanipulation.[493] Die Kommission hat den Vorschlag auf Art. 83 Abs. 2 AEUV, also auf die ins Unionsrecht neu eingeführte Annexkompetenz gestützt. Nach der Meinung der Kommission bestehe auf dem Gebiet der Bekämpfung der Marktmanipulation ein schwerwiegendes Vollzugsdefizit, und dies könne nur mit Hilfe des Strafrechts effektiv aufgelöst werden, denn mit den unterschiedlichen Sanktionen in den Mitgliedsstaaten bestehe die Möglichkeit der Tatortverlagerung, und diese Möglichkeit würde in der Praxis von den Unternehmen oft genutzt. Damit scheinen die Voraussetzungen von Art. 83 Abs. 2 AEUV erfüllt zu sein. Der Bundesrat sah dies anders. Die deutschen Ländervertreter bezweifelten zwar nicht, dass die unterschiedlichen Sanktionssysteme zum forum shopping führen können. Dies begründe jedoch die Anwendung der Annexkompetenz an sich nicht. Denn diese setze die nachgewiesene Unerlässlichkeit der Anwendung des Strafrechts voraus. Die Problematik der Tatortverlagerung aufgrund der unterschiedlichen Sanktionssysteme tauche bei sehr vielen kriminellen Handlungen auf, insofern sei die Marktmanipulation kein Spezialfall. Sinn und Zweck der Annexkompetenz bestehe jedoch nicht darin, das Strafrecht weitgehend zu harmonisieren, die Kompetenzgrundlage könne nur dann angewendet werden, wenn bereichsspezifische Vollstreckungsprobleme nachgewiesen werden können. Dies sei bei der Marktmanipulation-Richtlinie nicht der Fall. Darüber hinaus entspreche der Richtlinien-Entwurf nach der Ansicht des Bundesrates auch nicht dem Bestimmtheitsgebot. Der Grund dafür sei, dass im Vorschlag so unpräzise Ausdrücke verwendet werden, wie etwa „Verwendung sonstiger Kunstgriffe".

Art. 69 AEUV und das Protokoll 2 zum EUV und zum AEUV erklären nur, dass die Anwendung des Subsidiaritätsprinzips im Unionsrecht generell kontrolliert werden muss. Die Frage, ob die Kompetenz beim Strafrecht anders, das heißt noch souveränitätsschonender ausgelegt werden muss, wird nicht beantwortet.

Die Kommission und der EuGH sehen im Strafrecht ein bloßes Mittel, das besonders geeignet sein kann, um Unionsziele zu erreichen, zum Beispiel um einen einheitlichen Binnenmarkt zu gewährleisten.[494]

Im Gegensatz dazu vertritt die herrschende Lehre in Deutschland konsequent die Meinung, dass das Strafrecht ein spezielles Rechtsgebiet ist, daher müssen die

493 KOM(2011) 654 vom 20.10.2011 endg. Einzelheiten bei *Schork/Reichling*, StraFo 2012, 125 ff. Über die Klage wurde vom EuGH noch nicht entschieden, bisher liegt nur die Stellungnahme der Kommission vor (Drucksache 529/12).

494 U.a. im Urteil des EuGH Rs. 176/03, Umweltrahmenbeschluss, Slg. 2005, I-5285.

möglichen Kompetenzgrundlagen besonders restriktiv ausgelegt werden.[495] So ist vor allem die stillschweigende Übertragung der strafrechtlichen Kompetenz ausgeschlossen.[496]

Die Besonderheit des Strafrechts lässt sich – nach der herrschenden Meinung – mit zwei Argumenten untermauern. Erstens stelle das Strafrecht den intensivsten Eingriff in die Rechte der Bürger dar, der einem Staat überhaupt zur Verfügung stehe, denn das Strafrecht berechtigt die Staatsorgane das wertvollste Gut der Bürger, die persönliche Freiheit, wegzunehmen bzw. einzuschränken.[497] Deswegen setze das Erlassen der strafrechtlichen Rechtsvorschriften eine besonders hohe demokratische Legitimation des Gesetzgebers und des Gesetzgebungsverfahrens voraus.[498] Ob dies auf Unionsebene gegeben ist, wird in der Literatur häufig diskutiert.

Zweitens spreche ebenso für die Besonderheit des Strafrechts, dass es so eng wie kein anderes Rechtsgebiet mit der nationalen Staatlichkeit verbunden sei.[499] Wenn man den Inhalt der strafrechtlichen Regelungen negativ betrachte, mache

---

495 *Ambos,* 2. Auflage, § 11, Rn. 5; *Fromm*, EG-Rechtssetzungsbefugnis im Kriminalstrafrecht, S. 24; *Hefendehl*, ZIS 2006, 161, 164; *Satzger*, § 8, Rn. 20; *Zöller*, ZIS 2009, 340, 342; *Schünemann*, ZIS 2009, 393, 395.

496 *Zöller*, ZIS 2009, 340, 347.

497 *Braum*, ZIS 2009, 418; *Dannecker*, JöR 2004, 127, 129 f; *Musil*, NStZ 2000, 68, 69; *Rosenau*, ZIS 2008, 9, 18; *Schünemann*, ZIS 2009, 393, 395; *Sieber*, ZStW 2009, 1, 52; *Weber*, EuR 2008, 88, 89.

498 *Ambos*, 2. Auflage, § 11, Rn. 4; *Musil*, NStZ 2000, 68, 69; *Rosenau*, ZIS 2008, 9, 18; *Schünemann*, ZIS 2009, 393, 395; *Weber*, EuR 2008, 88, 89.

499 Vielleicht liegt beim Familienrecht eine ähnlich starke Verbundenheit vor.
Die spezielle Stellung des Strafrechts hat vor allem mit der Entstehungsgeschichte des nationalen Strafrechts zu tun. Die Verabschiedung der ersten nationalen Strafgesetzbücher fällt in den meisten europäischen Ländern mit der Entstehung der Nationalstaaten, in der Mitte des 19. Jahrhunderts zusammen (Das Deutsche Reich wurde im Jahre 1871 gegründet, das erste einheitliches StGB wurde schon im selben Jahr verabschiedet. Im ungarischen Königsreich trat das erste nationale StGB im Jahre 1876 – nach dem Österreichisch-Ungarischer Ausgleich im Jahre 1867 – in Kraft. Das Königreich Italien entstand im Jahre 1861, das einheitliche italienische StGB wurde im Jahre 1890 verabschiedet.). Daher gilt das Strafrecht als ein wichtiger Ausdruck der nationalen Unabhängigkeit, der Kultur und der Traditionen eines Volkes. Insofern macht jedoch *Böse* (ZIS 2010, 76, 81) darauf aufmerksam, dass das BGB eine ähnliche Entstehungsgeschichte hat, wie das StGB. Es sollte deshalb mit den historischen Traditionen eines Landes ähnlich eng verbunden sein. Trotzdem wird das bürgerliche Recht – ohne nennenswerten Widerstand – seit Jahrzehnten europäisiert.

das Strafrecht dem Bürger deutlich, welche Verhalten – nach der allgemeinen Wertvorstellung der Bevölkerung und nach den kulturellen, historischen Traditionen des Landes – noch als erlaubt gelte und welche bereits mit Strafen bedroht seien. Es wird also mit Hilfe des Strafrechts festgelegt, wie großzügig die Privatsphäre der Einzelnen ausgestaltet wird, in der der Staat nichts mehr zu suchen habe. In Verbindung mit der Union könne man aber schwer über Staatlichkeit sprechen, denn die Union sei eine Konstruktion sui generis, die mit den Einzelstaaten kaum zu vergleichen sei. Die gemeinsamen kulturellen Traditionen des Kontinents im Hinblick auf das Strafrecht lassen sich auch schwerer festlegen.[500] Niemand wolle natürlich behaupten, dass das Strafrecht von internationalen Einflüssen frei sei und Straftaten nur von Staaten festgelegt werden dürfen, es existiere ja auch das Völkerstrafrecht.[501] Die Delikte des Völkerstrafrechts gehören sogar in den Zuständigkeitsbereich eines internationalen Gerichtshofs.[502] Im Völkerstrafrecht gehe es jedoch um solche grundlegenden Delikte – wie Kriegsverbrechen oder Völkermord – deren Strafwürdigkeit von keinem gesund denkenden Menschen in Frage gestellt wird.[503]

Die zwei Behauptungen, dass nämlich das Strafrecht mit den nationalen Traditionen eng zusammenhängt, und dass solche Traditionen auf europäischer Ebene kaum zu finden sind, werden bei einigen Wissenschaftlern – mit Recht – in Frage gestellt. Man kann auch in Verbindung mit Europa über gewisse kulturelle Traditionen sprechen, auch wenn deren Umfang mit den nationalen nicht vergleichbar ist. So könnte die Harmonisierung im Kernstrafrecht – also bei solchen Straftaten die traditionell in allen europäischen Ländern strafbar sind – doch nicht so problematisch sein (siehe S. 322 ff.).[504]

Der EuGH hat die herrschende Meinung über die Sonderstellung des Strafrechts nicht geteilt. In der Umwelt-Rahmenbeschluss Entscheidung hat das

---

500 *Rosenau*, ZIS 2008, 9, 19.

501 *Böse*, ZIS 201076, 81.

502 Der Internationale Strafgerichtshof ist ein ständiges internationales Strafgericht der Völkergemeinschaft mit Sitz in Den Haag. Die Zuständigkeit des Gerichtshofes umfasst Delikte wie Völkermord, Kriegsverbrechen, Verbrechen gegen die Menschlichkeit usw. Die völkerrechtliche Grundlage seiner Tätigkeit ist das Römische Statut vom 17.7.1998. Das Statut wurde von 139 Staaten unterzeichnet und bisher von 121 ratifiziert (u.a. von Deutschland).

503 *Rosenau*, ZIS 2008, 9, 19.

504 *Fuchs*, ZStW 2004, 368, 370. *Böse* (ZIS 2010, 76, 81) weist ferner darauf hin, dass die Deutschen sich möglicherweise mit dem Reinheitsgebot für Bier wesentlich enger verbunden fühlen, als z.B. mit den tatbestandlichen Voraussetzungen der Körperverletzung oder des Betruges.

Gericht die Besonderheit des Strafrechts praktisch abgelehnt.[505] Das Gericht hat in folgender Weise argumentiert: Das Gemeinschaftsrecht enthält keine ausdrückliche strafrechtliche Kompetenz, das heißt das Strafrecht und das Strafprozessrecht fallen grundsätzlich nicht in die Zuständigkeit der Gemeinschaft.[506] Dies bedeutet jedoch nicht, dass die Gemeinschaft nicht befugt wäre ggf. strafrechtliche Maßnahmen zu ergreifen, um die wirksame Durchsetzung des Gemeinschaftsrechts zu gewährleisten. Wann und in welchen Rechtsbereichen das Strafrecht angewendet werden darf, ergibt sich aus der Auslegung der einzelnen Kompetenzgrundlagen unter Berücksichtigung des Prinzips der begrenzten Einzelermächtigungen. Insofern ist das Gemeinschaftsrecht rechtsgebietsunabhängig, das Strafrecht ist eines von mehreren möglichen Mitteln in der Hand des europäischen Gesetzgebers. Es ist auf keinen Fall spezieller als die anderen Mittel. Das Erlassen von Rechtsakten mit strafrechtlichem Inhalt verlangt deswegen keine besondere Kompetenzgrundlage und kein besonderes Auslegungsverfahren. Entscheidend ist, ob das Mittel erforderlich ist, sei es das Strafrecht, sei es ein anderes gesetzgeberisches Instrument. Ziel ist es, die Vorschriften des Gemeinschaftsrechts zur Geltung bringen, auch mit Hilfe von wirksamen, verhältnismäßigen und abschreckenden Sanktionen.[507] Solche Rechtsfolgen können ggf. nur strafrechtliche Sanktionen sein. Wenn dies der Fall ist, können Rechtsakte auch mit strafrechtlichem Inhalt erlassen werden. Die Übertragung der strafrechtlichen Kompetenzen ist also auch stillschweigend möglich.[508]

Die Aussagen des Urteils hat der EuGH – zwei Jahren später – im Meeresverschmutzung – Rahmenbeschluss Urteil bestätigt.[509] Die Urteile hatten eine erhebliche Auswirkung auf die Strafrechtskompetenz der Gemeinschaft, es wurde nämlich die sog. strafrechtliche Annexkompetenz höchstrichterlich anerkannt.

---

505 EuGH Rs. 176/03, Umweltrahmenbeschluss, Slg. 2005, I-5285. Ausführliche Darstellung u.a. bei *Fromm*, EG-Rechtssetzungsbefugnis im Kriminalstrafrecht, S. 18 ff.; *Zimmermann*, NStZ 2008, 662 ff.

506 Die fehlende strafrechtliche Kompetenz wurde von dem EuGH auch in früheren Entscheidungen anerkannt: EuGH Rs. 8/77, Sagulo, Slg. 1977, 1495; EuGH Rs. 203/80, Casati, Slg. 1981, 2595; EuGH Rs. 186/87, Cowan vs. Trésor Public, Slg. 1989, 195.

507 Sog. Mindesttrias.

508 *Fromm*, EG-Rechtssetzungsbefugnis im Kriminalstrafrecht, S. 24.

509 EuGH Rs. 440/05, Verschmutzung durch Schiffe, Slg. 2007, I-9097. Ausführliche Darstellung u.a. bei *Fromm*, EG-Rechtssetzungsbefugnis im Kriminalstrafrecht, S. 34 ff.; *Zimmermann*, NStZ 2008, 662 ff.

Die Argumente des EuGH haben weder die Literatur, noch das BVerfG überzeugt. Der Meinungsunterschied zwischen den Gerichten ist mit dem Lissabon-Urteil des BVerfG nochmal deutlich geworden, als in der Entscheidung das Strafrecht mit Hinblick auf die staatliche Souveränität als Spezialgebiet, das Prinzip der begrenzten *und kontrollierten* Einzelermächtigungen als Dreh- und Angelpunkt der Kompetenzausübung der Union und die besonders enge Vertragsauslegung beim Strafrecht als Gebot erklärt wurde.[510]

Das BVerfG sieht das Strafrecht nicht nur als ein bloßes Mittel in der Hand des Gesetzgebers, welches dazu dient, Rechtsvorschriften effektiver durchsetzen zu können. Strafrechtliche Regelungen sind vielmehr besonders sensible Entscheidungen über das rechtsethische Minimum.[511] Das Erlassen von strafrechtlichen Regelungen setzt daher immer eine hinreichende demokratische Legitimation und Begründetheit voraus. Das BVerfG hat in seinem Urteil gleichzeitig begrüßt, dass die Besonderheiten des Strafrechts im AEUV nicht übersehen wurden. Dazu tragen u.a. die Notbremsenregelungen bei.[512]

Einige Stimmen in der Literatur sehen jedoch durch das Gebot der engen Kompetenzauslegung die Funktionsfähigkeit der Union in Gefahr.[513]

In dieser Streitigkeit würde ich einen Mittelweg anschlagen. Das Strafrecht kann nicht nur als ein Rechtsgebiet von den vielen betrachtet werden, das unter Umständen am besten geeignet ist, Ziele des europäischen Gesetzgebers zu erreichen; man muss die erhebliche freiheitseinschränkende Wirkung der Materie stets berücksichtigen, eine strafrechtliche Regelung darf daher nie Selbstzweck sein, sie muss immer ein legitimes Ziel verfolgen (siehe S. 19 ff. sowie S. 281 f.). Darüber hinaus ist bei Strafvorschriften auch eine erhöhte demokratische Legitimation des Gesetzgebers erforderlich. Hierbei muss aber berücksichtigt werden – und aus diesem Grund kann ich auch die herrschende deutsche Lehre nicht folgen –, dass erstens einen ausnahmslosen Parlamentsvorbehalt in den meisten Mitgliedsstaaten nicht verlangt wird und der ist genauso wenig in der ChGR sowie in der EMRK verankert, zweitens spezielle Regelungen für die Übertragung von strafrechtlichen Kompetenzen vom Grundgesetz nicht vorgesehen sind (siehe S. 302 ff.).

Eines ist jedoch sicher und insofern sind sich EuGH und BVerfG einig: Die Kompetenzausübung darf kein Selbstzweck sein.[514] Diese Aussage gilt auch im

510 BVerfG, 2 BvE 2/08 vom 30.6.2009, Rn. 249 ff., Rn. 298 und Rn. 358 = BVerfGE, 123, 267, 381 und 410.

511 BVerfG, 2 BvE 2/08 vom 30.6.2009, Rn. 358 = BVerfGE, 123, 267, 410.

512 BVerfG, 2 BvE 2/08 vom 30.6.2009, Rn. 358 = BVerfGE, 123, 267, 410.

513 *Everling*, EuR 2010, 91, 99.

514 *Karsai*, in Kondorosi/Ligeti (Hrsg.), Az európai büntetőjog kézikönyve, Rn. 26-07.

Bereich des Strafrechts. Die Ausübung der strafrechtlichen Zuständigkeit des europäischen Gesetzgebers muss zumindest erforderlich sein, um den Bürgern einen Raum der Freiheit, der Sicherheit und des Rechts zu gewährleisten.[515] Diese Schwelle der Anwendung des Strafrechts wird jedoch häufig als viel zu niedrig erachtet und es wird insofern die Gefahr einer Totalharmonisierung gesehen.

Eins dürfen wir jedoch nicht vergessen. Das Prinzip der begrenzten Einzelermächtigungen, der Subsidiaritätsgrundsatz, das Prinzip der Verhältnismäßigkeit und das Gebot der restriktiven Auslegung wegen des besonderen Charakters des Strafrechts spielen keine besonders große Rolle, wenn eine Ermächtigungsgrundlage ganz eindeutig ist. So besteht nach der Rechtslage post Lissabon kein Zweifel daran, dass die Mitgliedstaaten die Union ermächtigt haben, im Bereich des Strafrechts tätig zu sein.[516] Insofern muss vor allem auf Art. 82, Art. 83 und 325 AEUV hingewiesen werden.

2. Die einzelnen Kompetenzgrundlagen

a) Richtlinienkompetenz der Union

Die erste Gruppe der strafrechtlichen Kompetenzgrundlagen stellen die Harmonisierungskompetenzen gem. Art. 82 Abs. 2 sowie Art. 83 Abs. 1 und Abs. 2 AEUV dar. Die Unionstätigkeit ist in diesem Bereich strikt auf der Harmonisierung durch Richtlinien beschränkt, unmittelbar geltende strafrechtliche Regelungen können nicht erlassen werden.

Die Richtlinienkompetenz ist kein Novum im Unionsrecht, es war auf der Basis von Art. 31 EUV a.F. auch früher möglich, nationale Strafrechtsvorschriften zu harmonisieren. Was allerdings den näheren Anwendungsbereich und die Voraussetzungen der Harmonisierung betrifft, sind erheblich Änderungen festzustellen.

Eine wichtige Gemeinsamkeit und gleichzeitig Neuigkeit der Kompetenzregelungen in diesem Bereich besteht darin, dass die Richtlinien nunmehr im ordentlichen Gesetzgebungsverfahren verabschiedet werden. Einige besondere Vorschriften tragen jedoch dem intensiven souveränitätsbeeinträchtigenden Charakter des Strafrechts Rechnung. So hat ausnahmsweise nicht nur die Kommission ein Initiativrecht, sondern es ist auch ein Quorum der Mitgliedstaaten

515 *Karsai*, in Kondorosi/Ligeti (Hrsg.), Az európai büntetőjog kézikönyve, Rn. 27-05.
516 *Satzger*, § 8, Rn. 20.

berechtigt, das Rechtsetzungsverfahren in die Wege zu leiten.[517] Darüber hinaus gelten die Notbremseregelungen.

aa) Prinzip der gegenseitigen Anerkennung

Art. 82 Abs. 1 UA 1 AEUV ist keine Kompetenzgrundlage im eigentlichen Sinne, trotzdem spielt er bei der strafrechtlichen Rechtsetzung der Union eine zentrale Rolle. Das Prinzip der gegenseitigen Anerkennung wurde in Art. 67 Abs. 3 AEUV generell und in Art. 82 Abs. 1 UA 1 AEUV mit Einzelheiten – erstmals im Primärrecht – als leitendes Strukturprinzip der justiziellen Zusammenarbeit in Strafsachen verankert.[518] Es wurde gleichzeitig dessen Vorrang gegenüber der Harmonisierung angedeutet.[519] Die Anwendung des Prinzips ist allerdings weder im Europäischen Strafrecht noch im Gemeinschaftsrecht neu, es wurden bereits vor dem Inkrafttreten des Vertrags von Lissabon mehrere Rechtsakte erlassen, in denen die gegenseitige Anerkennung im Mittelpunkt stand.[520]

An dieser Stelle stellt sich natürlich die Frage, was eigentlich unter dem Prinzip der gegenseitigen Anerkennung zu verstehen ist. Nach der herrschenden Meinung soll das Prinzip bedeuten, dass alle Gerichts- und Amtsentscheidungen, die in einem Mitgliedstaat rechtmäßig getroffen wurden, von den Behörden der anderen Mitgliedsstaaten ohne inhaltliche Überprüfung, also automatisch anerkannt werden.[521]

(1) Die Entstehungsgeschichte

Die Wurzeln der gegenseitigen Anerkennung sind im europäischen Binnenmarkt zu finden.[522] Es wurde schon im '60er Jahren erkannt, dass ein Binnenmarkt bzw. die Warenverkehrsfreiheit ohne wechselseitige Anerkennung der nationalen Entscheidungen und dadurch der nationalen Rechtsvorschriften nicht funktionieren kann.

---

517 Vgl. Art. 76 AEUV.

518 *Scheuermann*, Das Prinzip der gegenseitigen Anerkennung im geltenden und künftigen europäischen Strafrecht, S. 1; *Suhr*, in Calliess/Ruffert, EUV/AEUV Kommentar, Art. 82, Rn. 1; *Zimmermann*, Jura 2009, 844, 845.

519 *Heger*, ZIS 2009, 406, 410.

520 Ähnlich *Zeder*, EuR 2012, 34, 37.

521 U.a. *Satzger*, § 10, Rn. 24.

522 *Gless*, ZStW 2003, 131, 137; *Scheuermann*, Das Prinzip der gegenseitigen Anerkennung im geltenden und künftigen europäischen Strafrecht, S. 10.

Die Bedeutung und Tragweite des Prinzips hat sich in der Praxis des EuGH herauskristallisiert.[523] Wegweisend ist insofern die „Cassis de Dijon“ Entscheidung des EuGH.[524] Es ging in diesem Prozess um eine französische Firma, die in Deutschland alkoholische Getränke verkaufen wollte, die in Frankreich von den zuständigen nationalen Behörden als Branntwein zugelassen wurde. Das Produkt entsprach allerdings nicht den deutschen Branntwein-Vorschriften. Deswegen stellte sich die Frage, ob das Produkt in Deutschland als Branntwein verkauft werden darf und, ob ein deutsches Verkaufsverbot des Produkts als Branntwein nach den deutschen Branntwein-Vorschriften mit dem Gemeinschaftsrecht vereinbar sei.

Das Problem hätte man am einfachsten mit einheitlichen europäischen Branntwein- bzw. Lebensmittelherstellungsvorschriften lösen können, eine solche Angleichung oder sogar Vereinheitlichung hat jedoch in dieser Zeit noch nicht stattgefunden. Dies hängt wohl damit zusammen, dass die Harmonisierung in allen Rechtsbereichen ein aufwendiger und langer Prozess ist. Insofern hat sich die Situation bis heute nicht wesentlich verbessert.

Die Entscheidung des EuGH trug der komplizierten Durchsetzbarkeit der Harmonisierung Rechnung. So hat das Gericht in seinem Urteil die Harmonisierung teilweise entbehrlich gemacht und hat erklärt, dass die Angleichung der Branntwein- bzw. generell der Lebensmittelsherstellungsvorschriften nicht zwingend notwendig sei, um einen einheitlichen europäischen Markt zu schaffen. Es sei viel mehr notwendig, dass alle Produkte, die in einem Mitgliedstaat rechtmäßig hergestellt und zugelassen wurden, in allen anderen Mitgliedstaaten – ohne nationale Prüfung – als verkehrsfähig anerkannt werden, die Produktzulassungen sind also gegenseitig anzuerkennen.

Das Prinzip lässt sich nicht ohne weiteres anwenden, bestimmte Voraussetzungen müssen erfüllt sein. Diese lassen sich wie folgt zusammenfassen:

- In einer Staatengemeinschaft besteht Ungleichheit zwischen den Rechtssystemen und Rechtsvorschriften der Mitgliedstaaten. Wenn die Vorschriften identisch sind, sollten auch die Amtsentscheidungen auf der Basis der

523 EuGH Rs. 71/76, Slg. 1977, I-765; Rs. 8/74, Dassonville, Slg. 1974 I-837; EuGH Rs. 11/77, Patrick, Slg. 1977, I-1199; Rs. 788/79, Obstessig, Slg. 1980 I-2071; EuGH Rs. 261/81, Rau, Slg. 1982, I-3961; EuGH Rs. 174/82, Sandoz, Slg. 1983, I-2445; EuGH Rs. 272/80, Slg. 1981, I-3277; EuGH Rs. 107/83, Klopp, Slg. 1984, I-2971; EuGH Rs. 25/88, Slg. 1989, I-1105.

524 EuGH Rs. 120/78, Slg. 1979 I-649. Das erste Urteil auf der Grundlage des Prinzips der gegenseitigen Anerkennung ist aber die „Dassonville“ – Entscheidung (v. 11.7.1974, Rs. 8/74, 873 ff.).

Vorschriften identisch sein. In solchen Fällen ist also die gegenseitige Anerkennung eine bloße Formalität. Es würde im Branntwein-Fall bedeuten, dass in jedem Mitgliedsstaat die gleichen Produkte als Branntwein zugelassen wären.

- Es wird aber ein gleichmäßiges, in allen Mitgliedstaaten geltendes Schutzniveau anerkannt. Sonst könnte sich der anerkennende Mitgliedstaat nicht darauf verlassen, dass der anerkannte Beschluss in dem anderen Mitgliedstaat als Ergebnis einer sachgerechten Abwägung erlassen wurde.
  Die Bedeutung dieser Voraussetzung ist im Lebensmittelrecht besonders gut nachvollziehbar: Die Mitgliedstaaten würden fremde Lebensmittelzulassungen niemals anerkennen, wenn sie sich nicht darauf verlassen könnten, dass im Entscheidungsstaat die Produkte in Verbindung mit der Lebensmittelsicherheit besonders sorgfältig kontrolliert wurden, das heißt, gesundheitsschädliche Produkte nicht als Lebensmittel zugelassen sein können.
- Es besteht schon ein Mindestmaß an Harmonisierung.[525] Das gegenseitige Vertrauen kann unmöglich herrschen, wenn die einschlägigen Vorschriften nicht zumindest vergleichbar sind.
  Es bedeutet zum Beispiel im Lebensmittelrecht, dass die Untersuchungen allzu gründlich und sachgerecht sein können, wenn in den Mitgliedstaaten unter Gesundheitsgefahr etwas ganz anderes verstanden wird, die Grenzen der Gesundheitsgefährdung wesentlich abweichen sind. Dann ist ein hinreichendes Vertrauen in das fremde Lebensmittelrecht ausgeschlossen und die Anwendung des Prinzips wird so besonders problematisch. Sowohl für die Fachleute als auch für die breite Gesellschaft, die letztendlich als Verbraucher mit dem Ergebnis der gegenseitigen Anerkennung konfrontiert sind.

Nachdem das Prinzip von dem EuGH in mehreren Entscheidungen angewendet worden war, erkannte auch die Kommission dessen Potential und hat die gegenseitige Anerkennung aufgegriffen: „Da die Ziele der nationalen Gesetzgebung im Wesentlichen gleichwertig sind, könnte die gegenseitige Anerkennung grundsätzlich eine wirksame Strategie zur Schaffung eines gemeinsamen Marktes für den Handeln sein."[526]

Das Prinzip ist im Laufe der Jahre in weiten Teilen der europäischen wirtschaftlichen Beziehungen etabliert worden und hat sich als gute Alternative zur Harmonisierung herausgestellt. Die gegenseitige Anerkennung wurde später – nach

---

525 *Scheuermann*, Das Prinzip der gegenseitigen Anerkennung im geltenden und künftigen europäischen Strafrecht, S. 12.

526 KOM (1985) 310 v. 14.6.1985, S. 22.

der erfolgreichen Anwendung in den wirtschaftlichen Beziehungen – mit dem Vertrag von Maastricht auch in die justiziellen Zusammenarbeit in Zivilsachen eingeführt.[527]

(2) Die strafrechtliche Anwendung

Es war schon an Anfang der '90er Jahre nahe liegend, das Prinzip auf das Europäische Strafrecht zu übertragen. Es bestand ein eindeutiger Handlungsbedarf: Die Binnengrenzen wurden abgeschafft, in Europa entstand ein einheitlicher Kriminalitätsraum.[528] Darüber hinaus ist die wirtschaftliche Zusammenarbeit immer intensiver geworden. Unter anderem wurden aus diesen zwei Gründen immer mehr Straftaten mit ausländischem Element verwirklicht.

Die nationalen Strafverfolgungsbehörden waren – mit den ineffektiven Instrumenten der klassischen internationalen Rechtshilfe – nicht mehr in der Lage, den Kampf mit der grenzüberschreitenden Kriminalität aufzunehmen bzw. Straftaten mit ausländischen Elementen aufzuklären.[529] Die Kommission hat zutreffend festgestellt, dass die klassischen Instrumente der strafrechtlichen Kooperation nicht mehr zeitgemäß sind,[530] um die Zusammenarbeit voran zu treiben, wäre die Harmonisierung der nationalen Rechtsvorschriften notwendig gewesen. Das heißt, die inhaltliche Angleichung der mitgliedsstaatlichen Strafrechtsregelungen nach unionsrechtlichen Vorgaben – und zwar sowohl auf der Tatbestands- als auch auf der Rechtsfolgeseite – hätte helfen können, die grenzüberschreitende Kriminalität effektiver zu bekämpfen.[531] Die Harmonisierung ist jedoch nur mühsam oder gar nicht vorangekommen, denn die Mitgliedstaaten

---

527 *Kotzur*, in Geiger/Khan/Kotzur, EUV/AEUV Kommentar, Art. 82 Rn. 4.

528 *Satzger*, Europäisierung des Strafrechts, S. 6; *Walter*, Die Polizei 2002, 33.

529 *Fuchs*, ZStW 2004, 368, 370; *Sieber*, ZStW 2009, 1, 33.

530 *Heine*, Die Rechtsstellung der Beschuldigten im Rahmen der Europäisierung des Strafverfahrens, S. 68.

531 *Hecker*, in Ambos (Hrsg.), Europäisches Strafrecht post-Lissabon, S. 18. An dieser Stelle wäre wünschenswert klarzustellen, dass die Kompetenz für Harmonisierung durch Richtlinien und die für Strafrechtssetzung durch Verordnungen keine synonymen Begriffe sind. Bei der Harmonisierung werden die Mitgliedstaaten verpflichtet – nach Angaben des europäischen Gesetzgebers – nationale Strafvorschriften zu erlassen. Da eine solche Verpflichtung alle Mitgliedstaaten betreffen würde, würden am Ende weitgehend ähnliche nationale Rechtsvorschriften entstehen. Diese Regelungen werden in diesem Fall jedoch von den nationalen Gesetzgebern erlassen, sie stellen also kein unmittelbar geltendes Unionsrecht dar.

haben im Strafrecht die letzte Bastion ihrer nationalen Souveränität gesehen.[532] Sie standen der Rechtsangleichung vor allem aus politischen Gründen entgegen. Die Mitgliedstaaten und der europäische Gesetzgeber hatten also die schwierige Aufgabe, die grenzüberschreitende Kriminalitätsbekämpfung ohne weitgehende Harmonisierung effektiver zu machen.

Die Kommission hat das Problem erkannt, als Ausweg kam die gegenseitige Anerkennung im Betracht. Das Prinzip hatte sich bereits im Wirtschaftsbereich etabliert und es schien auch im Bereich des Strafrechts eine gute Lösung zu sein, eine effektive und schnelle mitgliedsstaatliche Zusammenarbeit zu erreichen, ohne allzu umfangreich zu harmonisieren.[533]

In Verbindung mit dem Strafrecht wurde die gegenseitige Anerkennung das erste Mal offiziell im Programm von Tampere im Jahr 1999 thematisiert und gleichzeitig als beste Alternative der unerwünschten Harmonisierung dargestellt.[534] Das Prinzip ist binnen einem Jahrzehnt die wichtigste Methode der Europäisierung geworden.[535] Es ist kein Wunder, denn es ist geeignet, die nationalen Strafrechtssysteme ohne europäische Rechtssetzungskompetenz faktisch anzugleichen.[536]

Die Verwirklichung des Prinzips soll nach der Vorstellung der Union bedeuten, dass die klassische Rechtshilfe weitgehend abgelöst wird, das heißt es muss im europäischen Rechtsraum nicht mehr um Rechtshilfe ersucht werden, die Entscheidung eines Mitgliedstaates wird von den anderen automatisch anerkannt und durchgeführt.[537]

Obwohl das Prinzip mittlerweile auch im Bereich des Strafrechts mehrmals angewendet wurde und es nunmehr auch im Primärrecht der Union verankert ist, bleibt es bis heute umstritten, ob die gegenseitige Anerkennung auf das Strafrecht überhaupt übertragbar ist, oder die besondere Eingriffsintensität

532 BVerfG, 2 BvE 2/08 vom 30.6.2009, Rn. 253 = BVerfGE, 123, 267, 359 f. *Ambos*, 2. Auflage, § 11, Rn. 10; *Dannecker*, Jura 2006, 95; *Rackow*, ZIS 2008, 526, 527; *Rosenau*, ZIS 2008, 9, 19; *Zöller*, ZIS 2009, 340.

533 *Fuchs*, ZStW 2004, 368, 369.

534 http://www.europarl.europa.eu/summits/tam_de.htm (13.07.2014).

535 *Heine*, Die Rechtsstellung der Beschuldigten im Rahmen der Europäisierung des Strafverfahrens, S. 67.

536 *Heine*, Die Rechtsstellung der Beschuldigten im Rahmen der Europäisierung des Strafverfahrens, S. 68.

537 *Nelles/Tinkl/Lauchstädt*, in Kadelbach (Hrsg.) Europarecht, § 42 Rn. 148.

dieses Rechtsgebietes dies nicht zulässt.[538] Wie kontrovers die Beurteilung der gegenseitigen Anerkennung ist, zeigt sich auch daran, dass sie ausgedacht wurde, um die staatliche Souveränität zu schonen, aber zum Beispiel von *Schünemann* als die Wurzel allen Übels im Europäischen Strafrecht angesehen wird.[539]

Angesichts, dass die Mitgliedstaaten mit dem Vertrag von Lissabon Fakten – also eine Ermächtigungsgrundlage – geschaffen haben, ist der Streit um das Prinzip teilweise akademisch geworden.[540] Es ist jedoch nicht gleichgültig, mit welchem Inhalt, mit welchen Garantieregelungen und Vorbehalten die Rechtsakte auf Basis von Art. 82 Abs. 1 UA 2 AEUV erlassen werden. Viele Wissenschaftler – die die gegenseitige Anerkennung im Strafrecht kritisch betrachten – haben auch eingesehen, dass die generelle Ablehnung des Prinzips mittlerweile vom gesetzgeberischen Alltag in Europa überholt ist. Insofern sind die Leitlinien und Musterbestimmungen für die Rechtsetzung im Strafrecht vom Rat und das *Manifest zur Europäischen Kriminalpolitik* von ECPI beachtenswert, in dem die rechtsstaatlichen Voraussetzungen der Anwendung des Prinzips niedergelegt sind.[541]

Wenn von der Geschichte der gegenseitige Anerkennung im Europäischen Strafrecht die Rede ist, soll unbedingt darauf hingewiesen werden, dass das Prinzip das erste Mal im Strafrecht in Art. 54 SDÜ, also bei der Etablierung der europaweiten Doppelbestrafungsverbot angewendet wurde. Es hat also bei der ersten Anwendung für mehr Rechtssicherheit und mehr Freiheit gesorgt.

(3) Kritik zur strafrechtlichen Anwendung

Die Verankerung des Prinzips der gegenseitigen Anerkennung wurde zuerst auch im Strafrecht positiv aufgenommen. Die Wissenschaft hat mit positiven Folgen gerechnet: die souveränitätsbeeinträchtigende Harmonisierung könnte – zumindest teilweise – entbehrlich sein; die parallelen Strafverfolgung könnte vermieden werden; die internationale Zusammenarbeit und dadurch die Strafverfahren

---

538 U.a. *Ambos*, § 13 Rn. 28 ff, 1. Auflage; *Böse*, FS Maiwald 2003, S. 233; *Braum*, GA 2005, 681, 688; *Fuchs*, ZStW 2004, 368; *Gleß*, ZStW 2004, S. 353; *Hecker*, § 12 Rn. 50 ff; *Herdegen*, Europarecht, § 20, Rn. 10; *Kotzurek*, ZIS 2006, S. 123; *Ligeti*, Büntetőjog és bűnügyi együttműködés az Európai Unióban, S. 132; *Mylonopulos*, ZStW 2011, 633, 640; *Satzger*, § 9 Rn. 23, 2. Auflage; *Suhr*, in Calliess/Ruffert, EUV/AEUV Kommentar, Art. 82 AEUV, Rn. 5.

539 In dieser Sinne *Schünemann*, ZIS 2007, 528.

540 *Bock*, ZIS 2011, 266.

541 Ratsdok. Nr. 16542/2/09 vom 30.11.2009 sowie Forschungsgruppe European Criminal Policy Initiative, ZRP 2010, 137 ff. Dazu Einführung von *Satzger*, ZIS 2009, 691 ff.

mit ausländischem Element könnten schneller werden; mit der Anerkennung der entlastenden Beweise und Urteile könnte mehr Freiheit im europäischen Rechtsraum herrschen.[542]

Die Anwendung der gegenseitigen Anerkennung im Strafrecht wird mittlerweile in der Wissenschaft prinzipiell in Frage gestellt. Dafür existieren gleich mehrere Gründe:

- Die Anwendung des Prinzips im Strafrecht hat eine komplett andere Wirkung auf die Einzelnen, als es im Wirtschaftsrecht der Fall ist. Das Prinzip der gegenseitigen Anerkennung führt im Strafrecht eindeutig zu einer Rechtseinschränkung. Es wird z.B. Freiheitsentzug auch nach ausländischen Urteilen vollstreckbar. Im Gegensatz dazu wurde im Binnenmarkt durch die Anwendung des Prinzips die Freiheit, unter anderem die Warenverkehrsfreiheit wesentlich erweitert.[543]
- Der Schutz der Rechte der Einzelnen wird kaum berücksichtigt, er wurde praktisch vollständig den Mitgliedstaaten überlassen. Die Union hat auch nicht für einheitliche Standards gesorgt, da die bereits bestehenden mitgliedsstaatlichen Rechtsmittel – laut Kommission – ausreichend seien.[544]
- Es fehlt an dem notwendigen gegenseitigen Vertrauen.[545]
- Die Anwendung des Prinzips setzt ein Mindestmaß an Harmonisierung voraus.

Mit Hinblick auf die prinzipiellen Einwände wird sogar behauptet, dass die gegenseitige Anerkennung schlimmer als die Harmonisierung sei, denn die gegenseitige Anerkennung sei automatisch, sie lasse also kein Anwendungsspielraum zu.[546]

Es tauchen aber neben den generellen Einwänden auch Einzelprobleme auf. Um sie thematisieren zu können, muss zuerst erläutert werden, dass das Prinzip im Strafrecht grundsätzlich auf zweierlei Art und Weise angewendet werden

---

542 *Heine*, Die Rechtsstellung der Beschuldigten im Rahmen der Europäisierung des Strafverfahrens, S. 73.

543 *Braum*, GA 2005, 681, 688; *Hecker*, § 12 Rn. 60; *Heine*, Die Rechtsstellung der Beschuldigten im Rahmen der Europäisierung des Strafverfahrens, S. 81; *Satzger*, § 10 Rn. 25.

544 *Heine*, Die Rechtsstellung der Beschuldigten im Rahmen der Europäisierung des Strafverfahrens, S. 73.

545 *Heine*, Die Rechtsstellung der Beschuldigten im Rahmen der Europäisierung des Strafverfahrens, S. 70.

546 *Heine*, Die Rechtsstellung der Beschuldigten im Rahmen der Europäisierung des Strafverfahrens, S. 72.

kann: Entweder werden nur die Gerichtsurteile und die sonstigen verfahrensabschließenden Beschlüsse, oder darüber hinaus auch die verfahrensinternen Entscheidungen der Strafverfolgungsbehörden und der Gerichte (wie zum Beispiel die Verwertbarkeit von Beweisen) gegenseitig anerkannt.

Die vorbehaltlose Anerkennung der fremden Urteile und der sonstigen verfahrensabschließenden Entscheidungen würde bedeuten, dass praktisch das ganze ausländische Strafverfahren mit dem eigenen, nationalen Strafprozess als gleichwertig erklärt werden sollte und zwar auch dann, wenn das ausländische Verfahren, in dem die Entscheidung getroffen wurde, den rechtsstaatlichen Vorstellungen des vollstreckenden Mitgliedstaates nicht entspricht.[547]

(a) Kohärenz der nationalen Strafrechtssysteme

Noch problematischer ist die Anwendung der gegenseitigen Anerkennung, wenn nicht nur Urteile, sondern auch verfahrensinterne Teilentscheidungen an sich anerkannt werden (z.B.: eine Telefonabhöraufnahme als verwertbares Beweisstück oder die Anordnung der U-Haft). Durch solche Anerkennungen werden die Elemente der verschiedenen nationalen Strafrechtssysteme gemischt. Man darf insofern nicht vergessen, dass die nationalen Strafrechtssysteme kohärente Einheiten bilden, das heißt, die verschiedenen staatlichen Eingriffe immer mit entsprechenden Rechtsschutzmaßnahmen ausgeglichen sind. Wenn durch die gegenseitige Anerkennung die Möglichkeit gegeben ist, die einzelnen Elemente eines nationalen Strafrechts in eine andere Rechtsordnung zu übertragen, bleiben womöglich die speziellen Rechtsschutzmaßnahmen an der Strecke. Es droht die Gefahr, dass sich die Kohärenz der nationalen Strafrechtssysteme auflöst, patchworkartige Strafprozessordnungen könnten entstehen.[548]

547 U.a. *Fuchs*, ZStW 2004, 368, 370; *Leuthauseser-Schnarrenberger*, StraFo 2007, 267, 271; *Mylonopulos*, ZStW 2011, 633, 342; *Suhr*, in Fastenrath/Nowak (Hrsg.), Der Lissabonner Reformvertrag, S. 315; *Suhr*, in Calliess/Ruffert, EUV/AEUV Kommentar, Art. 82 AEUV, Rn. 5.

548 U.a. *Busemann*, ZIS 2010, 552, 555; *Gleß*, ZStW 2003, 131, 148; *Hecker*, § 12 Rn. 63; *Mylonopulos*, ZStW 2011, 633, 342 f.; *Nestler*, ZStW 2004, 332, 348 f.; *Rosenau/Petrus*, in Vedder/v. Heinegg (Hrsg.), EUV/AEUV Kommentar, Art. 82 Rn. 4; *Schünemann*, ZIS 2007, 528; *Schünemann/Roger*, ZIS 2010, 92; *Weigend*, ZStW 2004, 275, 293.

(b) Forum shopping

Die gegenseitige Anerkennung würde unvermeidbar zu forum shopping führen.[549] Insofern sind zwei Arten von forum shopping denkbar: Es könnte entweder die Verwertbarkeit von einzelnen Beweisstücken, oder darüber hinaus das ganze Strafverfahren betroffen sein.

Wenn es „nur" um die verfahrensinterne Entscheidung geht, wäre es für die nationale Strafverfolgungsbehörde möglich, im europäischen Ausland solche Beweismittel zu beschaffen, die nach der Vorschriften der eigenen Rechtsordnung nicht verwertbar wären.[550] Ein Beispiel dafür: In Italien haben die Strafverfolgungsbehörden vor einer Telefonabhörmaßnahme wesentlich weniger rechtliche Voraussetzungen zu erfüllen, als es in Deutschland der Fall ist. Eine deutsche Staatsanwaltschaft könnte daher die italienischen Kollegen um Hilfe bitten, die Italiener sollen bestimmte Telefongespräche belauschen. In Sinne der gegenseitigen Anerkennung wären dann die Abhörprotokolle aus Italien im deutschen Strafverfahren verwertbar, obwohl sie nach deutschen Maßstäben niemals zugelassen gewesen wären.

Wenn die gegenseitige Anerkennung für das ganze Strafverfahren gelten sollte, wäre es möglich, das ganze Strafverfahren in den Mitgliedstaaten zu führen, in denen die Hürden der Anklageerhebung und der Beweisverwertung am niedrigsten sind.[551]

(c) Europäische Strafverfolgungskompetenzen

Es wird als besonders bedenklich angesehen, wenn die gegenseitige Anerkennung mit europäischen Strafverfolgungskompetenzen kombiniert wird. Solche Tendenzen lassen sich bei Europol schon erkennen. Bei einem solchen Szenario kämen zu den Bedenken gegenüber der gegenseitigen Anerkennung noch die Bedenken wegen des nicht immer hinreichenden Rechtsschutzniveaus bei der Tätigkeit der europäischen Behörden hinzu.[552]

549 *Heine*, Die Rechtsstellung der Beschuldigten im Rahmen der Europäisierung des Strafverfahrens, S. 78 f.; *Suhr*, in Calliess/Ruffert, EUV/AEUV Kommentar, Art. 82 AEUV, Rn. 5.

550 *Schünemann*, StV 2003, 116, 121 f; *Kretschmer*, in Vedder/v. Heinegg (Hrsg.), EVV Kommentar, Art. III-270 Rn. 10.

551 *Fuchs*, ZStW 2004, 368, 369.

552 *Nestler*, ZStW 2004, 332, 349; *Schünemann* spricht insofern sogar über einem „inquisitorischen Overkill", StV 2003, 116, 118.

Ein bedrohliches Zukunftsszenario sieht wie folgt aus: In einem bestimmten Fall führt eine europäische Behörde die Ermittlung. Wenn bestimmte Ermittlungsmaßnahmen notwendig sind, sucht die europäische Behörde den Mitgliedstaat aus, wo diese Maßnahmen am schnellsten und effektivsten durchzuführen sind. So kann sich die europäische Ermittlungsbehörde während des Verfahrens Beweise aus mehreren Mitgliedstaaten verschaffen. Mit diesen Beweisen könnte sie in allen Mitgliedstaaten Anklage erheben. Die Beweise sollten in allen Mitgliedstaaten verwertbar sein, denn sie waren am Ort der Beschaffung rechtmäßig erlangt.

(d) Recht auf Verteidigung

Es muss in Verbindung mit der gegenseitigen Anerkennung auch das – in der Praxis – wesentlich eingeschränkte Recht auf Verteidigung thematisiert werden. Das Problem ist leicht nachvollziehbar: Wenn in einem Strafverfahren die Vorschriften von mehreren Ländern angewendet werden bzw. Teile des Strafverfahrens in Ausland ablaufen, es ist schwer, eine effektive Verteidigung zu gewährleisten. Der Verteidiger soll sich mit mehreren Rechtsordnungen auskennen und er soll mehrere Sprachen gut beherrschen. Angesichts dieser Schwierigkeiten ist es zwar nicht unmöglich, die Verteidigung zu organisieren, es ist aber mit erheblichen Kosten verbunden, die nicht von allen Angeschuldigten aufzubringen sind.[553] Die Waffengleichheit ist also negativ beeinträchtigt. Die Bediensteten der Strafverfolgungsbehörden, die nur in ihrer eigenen Rechtsordnung tätig sind, befinden sich im Vergleich zu den Verteidigern in einer privilegierten Lage.

Die Waffengleichheit soll nicht bedeuten, dass die Rechte und die Pflichten des Beschuldigten die gleichen sein sollten, es wäre teilweise auch unmöglich. Die Waffengleichheit muss aber gewährleisten, dass ein Beschuldigter im Strafverfahren gleichberechtigt und als Prozess*subjekt* dem Staatsanwalt gegenüber treten kann.[554]

Die Bedeutung der effektiven Verteidigung während des Ermittlungsverfahrens und dadurch die Bedeutung der Waffengleichheit wird noch deutlicher, wenn man berücksichtigt, dass das Prinzip der Unmittelbarkeit in den meisten Mitgliedsstaaten nicht so streng genommen wird, wie es in Deutschland der Fall

553 *Heine*, Die Rechtsstellung der Beschuldigten im Rahmen der Europäisierung des Strafverfahrens, S. 75; *Nestler*, ZStW 2004, 332, 351.

554 *Heine*, Die Rechtsstellung der Beschuldigten im Rahmen der Europäisierung des Strafverfahrens, S. 77; *Kühne*, Strafprozessrecht, 7. Aufl. 2007, Rn. 74; *Safferling*, NStZ 2004, 181, 184. Auch in dieser Sinne Art. 6 Abs. 1 S. 1 EMRK.

ist. So kann die schwächere Position des Verteidigers während des Ermittlungsverfahrens in der Hauptverhandlung nicht mehr ausgeglichen werden.[555]

Das Problem der fehlenden Waffengleichheit bliebe auch dann erhalten, wenn in allen Mitgliedstaaten hinreichende, im Idealfall sogar ähnliche Garantieregelungen herrschen würden. Denn die Sprachschwierigkeiten können mit gesetzlichen Regelungen nicht gelöst werden. Deswegen wird in der Literatur der europäische Gesetzgeber aufgefordert, tätig zu werden um die Waffengleichheit zu gewährleisten bzw. um die Schwierigkeiten der Verteidigung zu kompensieren. Es wurde u.a. vorgeschlagen, das Institut von „Eurodefensor" zu etablieren.[556]

Den „Eurodefensor" soll man als eine neue europäische Institution verstehen, die zwar von der Union finanziert wird, seine Tätigkeit jedoch völlig unabhängig ausführt. Diese europäische Einrichtung würde praktisch aus zwei Abteilungen bestehen: Rechtsschutzabteilung und „Protoverteidigung". Die „Protoverteidigung" sollte in dem - notwendigerweise heimlichen - Anfangsstadium des Ermittlungsverfahrens über die Rechte der Beschuldigten wachen. Die Rechtsschutzabteilung hätte die Aufgabe, bei der Auswahl des Verteidigers den Beschuldigten Hilfe zu leisten, also praktisch als eine Vermittlungsstelle agieren. Im Rahmen dieser Tätigkeit sollte der „Eurodefensor" die Verteidigung auch finanziell unterstützen. Insofern könnte man an eine Art Pflichtverteidigungssystem denken. Diese neue europäische Institution könnte nach meiner Einschätzung zur Wiederherstellung der Waffengleichheit in den Strafverfahren mit europäischem Hintergrund wesentlich beitragen. Die praktische Verwirklichung sehe ich aber aus zwei Gründen problematisch: Erstens, die Institution wäre mit erheblichen Kosten verbunden; es ist vorherzusehen, dass sowohl die Union, als auch die Mitgliedsstaaten den Andere in der Pflicht sehen würden, die Kosten zu tragen, denn es sich einerseits um eine europäische Einrichtung handeln würde, anderseits würde sie aber ihre Tätigkeit in den Mitgliedsstaaten, in nationalen Verfahren ausüben. Zweitens, bei der Strafverteidigung ist das Vertrauen des Mandants ein zentraler Punkt; es ist äußerst fraglich, ob das notwendige Vertrauen herrschen würde, wenn die Verteidigung bzw. deren Organisierung einer Art staatliche Institution übernehmen würde. Nichtdestotrotz ist es bedauerlich, dass die Kommission den Vorschlag nicht einmal mit einer Stellungnahme gewürdigt hat.

---

555 Ähnlich *Schünemann*, ZIS 2007, 528, 533.

556 U.a. *Nestler*, ZStW 2004, 332, 351 f.; Schünemann (Hrsg.), Alternativentwurf Europäische Strafverfolgung; *Schünemann*, ZStW 2004, 376, 388 ff.

Das Argument, welches bzgl. der mangelnden Waffengleichheit auf die Selbstschuld der Straftäter hinweist, ist zynisch. Danach hätte es der Täter sich selber zuzuschreiben, dass im Strafverfahren die Vorschriften von mehreren Mitgliedstaaten berücksichtigt werden müssen sowie, dass Amtshandlungen in mehreren Mitgliedstaaten stattfinden. Er habe selber die Entscheidung getroffen, seine kriminelle Aktivität in mehreren Ländern auszuüben. Er müsse daher jetzt auch mit den Folgen rechnen, er dürfe nicht mehr allein auf sein nationales Recht vertrauen. Die Argumentation ist kaum nachvollziehbar, denn im Strafrecht sollte die Unschuldsvermutung herrschen. Während des Strafprozesses kann es also kein Argument sein, dass der Angeschuldigte die Straftat in mehreren Mitgliedstaaten verwirklicht hat, denn er gilt bis Verkündung des rechtskräftigen Urteils als unschuldig. Darüber hinaus müssen die Garantieregelungen des Strafverfahrensrechts auch bei denjenigen Personen gelten, die eine Straftat offensichtlich begangen haben, das Recht auf faires Verfahren ist jedermann zu gewährleisten.

(e) Gegenseitiges Vertrauen

Angesichts der oben beleuchteten Probleme es ist ziemlich klar, dass die langfristige Anwendung des Prinzips ein hohes Maß an Vertrauen in die fremden Rechtsordnungen voraussetzt und zwar unabhängig davon, ob die gegenseitige Anerkennung nur die Gerichtsurteile und die sonstigen verfahrensabschließenden Entscheidungen oder auch die verfahrensinternen Entscheidungen betrifft.[557]

Das Vertrauen muss nicht nur auf politischer Ebene herrschen, es muss auch bei den zuständigen Gerichten und bei den zuständigen Richtern vorliegen. Wenn die zuständigen Richter kein Vertrauen in der fremden Rechtsordnung hätten, würden mit großer Wahrscheinlichkeit – im Rahmen der freien Beweiswürdigung – die fremden Beweise einfach ignorieren.[558]

Darüber hinaus soll das Vertrauen auch bei den sonstigen Beteiligten des Strafverfahrens herrschen, denn sie sind durch die Anwendung des Prinzips unmittelbar betroffen.[559] Alle europäischen Bürger sollten darauf vertrauen, dass im europäischen Ausland ein ähnlich hohes Maß an Grundrechtsschutz herrscht

557 *Heine*, Die Rechtsstellung der Beschuldigten im Rahmen der Europäisierung des Strafverfahrens, S. 70; *Fuchs*, ZStW 2004, 368.

558 *Heine*, Die Rechtsstellung der Beschuldigten im Rahmen der Europäisierung des Strafverfahrens, S. 158; *Rheinbay*, Die Einrichtung einer Europäischen Staatsanwaltschaft 2014, S. 267.

559 *Hecker*, § 12 Rn. 51.

und die Entscheidungen in einem genauso demokratischen Verfahren getroffen wurden, wie es in dem eigenen Land der Fall wäre.[560]

Dass ein hohes Maß an Vertrauen unumgänglich ist, gilt als unumstritten. Dementsprechend wird über das gegenseitige Vertrauen viel gesprochen. Es wird oft in der Präambel von Rahmenbeschlüssen und von Richtlinien als oberstes Gut erklärt. Ob es jedoch in der Wirklichkeit tatsächlich herrscht, ist äußerst fraglich.[561] Dazu müssen nicht einmal die neuen mittel-ost-europäischen Mitgliedstaaten als Beispiel gebracht werden. Es reicht völlig aus, daran zu denken, wie viel Vertrauen ein Unionsbürger aus Stockholm in das italienische Rechtssystem hätte, obwohl Italien ein Gründungsstaat der Union ist.

Das Vertrauen kann allein weder durch politische Proklamationen, noch infolge rechtlicher Anordnung entstehen. Es muss viel mehr von sich aus wachsen.[562] Dieser Prozess kann und soll zwar mit Hilfe vertrauensbildender Maßnahmen gefördert werden, es kann aber kein Ergebnis von Brüsseler oder nationalen Anordnungen sein.

Ohne ein ausreichendes Maß an Vertrauen kann von den Mitarbeitern der nationalen Strafverfolgungs- und Justizbehörden nicht erwartet werden, dass sie die fremden Entscheidungen effektiv durchführen sowie, dass sie mit ausländischen Behörden und deren Vertreter aktiv kooperieren. Es kann also festgestellt werden, dass das gegenseitige Vertrauen nicht nur ein Leitspruch, sondern eine tatsächliche Voraussetzung der Anwendung des Prinzips der gegenseitigen Anerkennung darstellt.[563]

Über die Charakteristik des wechselseitigen Vertrauens als Voraussetzung der gegenseitigen Anerkennung lässt sich diskutieren. Es kann als Geltungsvoraussetzung festgelegt werden, d.h. ohne hinreichendes Vertrauen darf das Prinzip der gegenseitigen Anerkennung nicht angewendet werden. Dagegen könnte sprechen, dass „das Vertrauen" als Begriff viel zu wage ist, um daraus einen juristischen Terminus technicus zu machen. Überzeugender ist der Standpunkt, dass das Vertrauen eine Wirksamkeitsvoraussetzung darstellt.[564] Es bedeutet, dass die gegenseitige Anerkennung zwar auch ohne das hinreiche Vertrauen angeordnet

---

560 *Kotzur*, in Geiger/Khan/Kotzur, EUV/AEUV Kommentar, Art. 82 Rn. 4; *Zimmermann*, Jura 2009, 844, 845; *Schünemann/Roger*, ZIS 2010, 515, 518 f.

561 *von Bubnoff*, in Pache (Hrsg.), Die Europäische Union – Ein Raum der Freiheit, der Sicherheit und des Rechts?, S. 115; *Roger*, GA 2010, 27, 30; *Schünemann/Roger*, ZIS 2010, 515, 518 f.; *Zimmermann*, Jura 2009, 844, 845.

562 Ähnlich *Kaufhold*, EuR 2012, 408, 409.

563 Ähnlich *Kaufhold*, EuR 2012, 408, 410.

564 Ähnlich *Kaufhold*, EuR 2012, 408, 417.

werden kann, das fehlende Vertrauen wird aber zu Defiziten bei der Umsetzung und beim Vollzug führen.[565]

Das Defizit kann mehrere Ebenen haben: Es kann bereits die nationale Umsetzung betreffen. Dies ist der Fall, wenn das mangelnde Vertrauen beim nationalen Gesetzgeber herrscht. Mögliche Folge kann die nicht vorgabetreue oder unnötig langsame Umsetzung oder gar die Nichtumsetzung trotz abgelaufener Umsetzungsfrist sein.[566] Noch wahrscheinlicher ist, dass das Defizit auf der Ebene der Anwendung auftaucht. Als dessen Folge ignorieren die zuständigen Mitarbeiter der nationalen Strafverfolgung- und Justizbehörden die Vorschriften, die mit der Anerkennung von fremden Entscheidungen in Verbindung stehen. In der Praxis findet in diesem Fall trotz entsprechender Regelungen keine amtliche Kooperation statt.[567]

Damit ist es belegt, dass das gegenseitige Vertrauen auf allen Ebenen der Zusammenarbeit herrschen muss, also nicht nur bei den Eurokraten und bei den Regierungsvertretern die die Formen der Kooperation erarbeiten, sondern auch bei den nationalen Volksvertretern, die die europäischen Vorgaben umsetzen und ebenso bei allen Mitarbeitern der nationalen Strafverfolgung- und Justizbehörden, in deren Hand die tatsächliche Anwendung des Prinzips der gegenseitigen Anerkennung liegt.

Die Bedeutung des Vertrauens zeichnet sich auch dadurch aus, dass dessen Förderung im Stockholmer Programm als „eine der wichtigsten Aufgaben in der Zukunft" bezeichnet wird.[568]

Das Prinzip des gegenseitigen Vertrauens taucht auch in der Judikatur des EuGH auf, jedoch in einer auf dem Kopf gestellten Form: Die gegenseitige Anerkennung verlange, dass ein wechselseitiges Vertrauen herrsche. Da die gegensteige Anerkennung angewendet wird, könne man davon ausgehen, dass das gegenseitige Vertrauen gegeben sei, daher sei es – als Folge des Vertrauens – eine Pflicht, die Entscheidungen der anderen Mitgliedsstaaten ohne Überprüfung anzuerkennen.[569]

(f) Fazit

Die Einwände – die gegen die strafrechtliche Anwendung des Prinzips regelmäßig gebracht werden – sind durchaus nachvollziehbar. Auch wenn man die

565 Ähnlich *Kaufhold*, EuR 2012, 408, 421.

566 *Kaufhold*, EuR 2012, 408, 422.

567 *Kaufhold*, EuR 2012, 408, 422.

568 Stockholmer Programm, Rat Dok. 17024/09, ABl. 2010 C 115/1, S. 15.

569 Gözütok/Brügge, EuGH, Urteil, Rs C-187/01, Slg. 2003, I-1345, Rn. 22.

Einwände gegenüber der Anwendung des Prinzips – richtigerweise – ernst nimmt, bleibt die Anwendung der gegenseitigen Anerkennung zu befürworten. Eine weitgehende Harmonisierung könnte zwar die Anwendung der gegenseitigen Anerkennung entbehrlich machen, ohne Problemen bzgl. des Rechtsschutzes auszulösen. Gleichzeitig muss man aber einsehen, dass das Anerkennungsprinzip die nationale Souveränität weniger tangiert als die Harmonisierung, denn das Prinzip lässt die nationalen Vorschriften unberührt. Da die weitgehende Harmonisierung kurz- und mittelfristig politisch unrealistisch ist, die strafrechtliche Kooperation aber notwendiger ist als eh und je, bleibt die Anwendung des Anerkennungsprinzips unumgänglich. Das Prinzip kann aber die Harmonisierung aus zwei Gründen nicht vollständig ersetzen: Erstens, ein Mindestmaß an Ähnlichkeit zwischen den nationalen Rechtsordnungen muss hergestellt sein; zweitens, um die Verfahrensrechte zu gewährleisten, die durch die Anwendung des Prinzips tangiert sind. Diese Meinung hat auch das BVerfG in seinem Urteil zum Europäischen Haftbefehl geteilt. Auch nach der Einschätzung des Gerichts seien Maßnahmen notwendig, um im einheitlichen europäischen Rechtsraum die Kriminalität erfolgversprechend verfolgen zu können. Die nationalen Entscheidungen und Maßnahmen gegenseitig anzuerkennen sei dabei mit dem Subsidiaritätsgebot des Grundgesetzes gem. Art. 23 Abs. 1 S. 1 wesentlich besser zu vereinbaren, als die weitgehende Harmonisierung. Deswegen sei die Anwendung des Prinzips zu befürworten, die gegenseitige Anerkennung sei der schonendste Weg der strafrechtlichen Zusammenarbeit.[570]

Das BVerfG hat sich jedoch in seinem Lissabon-Urteil von diesen Aussagen eindeutig distanziert und verlangt nunmehr eine enge Auslegung der strafrechtlichen Kompetenzen der Union, unabhängig davon, ob es um die Harmonisierung oder um die gegenseitige Anerkennung geht. Von den souveränitätsschonenden Eigenschaften der gegenseitigen Anerkennung im Gegensatz zur Harmonisierung ist im Lissabon-Urteil nicht mehr die Rede.[571]

Als Fazit muss festgestellt werden, dass sowohl die Harmonisierung, als auch die gegenseitige Anerkennung nicht abgelehnt werden können. Sonst wäre die Union in ihrer heutigen Form nicht haltbar. Ohne effektive Zusammenarbeit der nationalen Strafverfolgungsbehörden ist die Verbrechensbekämpfung in

570 BVerfG, 2 BvR 2236/04 vom 18.7.2005, Leitsätze 2 sowie Rn. 299 = BVerfGE, 123, 267 f. sowie 381. Ähnlich Ligeti, Büntetőjog és bűnügyi együttműködés az Európai Unióban, S. 132.

571 BVerfG, Urt. v. 30.6.2009 – 2 BvE 2/08, Rn. 352= BVerfGE, 123, 267, 407 ff. *Suhr*, in Calliess/Ruffert, EUV/AEUV Kommentar, Art. 82 AEUV, Rn. 6.

einem Raum ohne Binnengrenzen und mit sehr engen und intensiven wirtschaftlichen Beziehungen aussichtslos.[572] Optimal wäre nach meiner Einschätzung eine Mischung aus Harmonisierung und gegenseitiger Anerkennung, wo der Schwerpunkt an die Harmonisierung liegt (siehe S. 315 f.). Die politische Realität spricht aber dafür, dass weiterhin das Anerkennungsprinzip im Mittelpunkt der europäischen Zusammenarbeit bleiben wird. Daher ist es besonders wichtig, dass die Probleme und Gefahren, die mit der Anerkennung entstehen, nicht unbeachtet blieben. Der europäische Gesetzgeber muss tätig werden, um einen hinreichenden Rechtsschutzstandard – trotz effektiver polizeilicher und justizieller Kooperation – zu gewährleisten.

(4) Lösungsvorschläge

Die begründeten Befürchtungen gegenüber dem Prinzip dürfen also richtigerweise nicht unberücksichtigt bleiben. Die gegenseitige Anerkennung ist zwar notwendig, um eine effektive Verbrechensbekämpfung zu gewährleisten, sie ist jedoch nicht um jeden Preis zu verwirklichen. Die wichtigsten strafverfahrensrechtlichen Grundrechte müssen unter allen Umständen gewährleistet bleiben, sie sollten quasi eine Sperrwirkung haben.[573]

(a) Gegenseitiges Vertrauen

Es muss gegenseitiges Vertrauen zwischen den Mitgliedstaaten herrschen. Es ist die Aufgabe der Union zu erreichen, dass zwischen den Mitgliedsstaaten ein ausreichendes Maß an Vertrauen Wirklichkeit wird.[574] Das Vertrauen soll und kann allerdings nicht durch politischen Proklamationen und rechtliche Erklärungen, sondern vielmehr durch Fakten entstehen. Die Beitrittskandidaten müssen insofern einer strengen Kontrolle unterworfen werden und was vielleicht noch wichtiger ist, diese Kontrolle muss nach dem Beitritt konsequent weitergeführt werden und im Fall der Verletzung der Rechtsstaatlichkeit sollten ggf. auch Sanktionen zur Anwendung kommen. Nach dem Beitritt ist nämlich der Abbau des Rechtsstaates bzw. der Demokratie durchaus möglich. Das beste Beispiel dafür ist die rechtsstaatliche Entwicklung, oder besser gesagt Rückentwicklung in Ungarn.

Die Union will letztendlich nicht nur ein Wirtschafts-, sondern auch eine Wertegemeinschaft sein, was gleichzeitig eine unentbehrliche Voraussetzung

---

572 Ähnlich *Dannecker*, Jura 2006, 173, 176; *Ligeti*, Büntetőjog és bűnügyi együttműködés az Európai Unióban, S. 131; *Mylonopulos*, ZStW 2011, 633, 342 f.

573 Ähnlich *Mylonopulos*, ZStW 2011, 633, 342 f.

574 Ähnlich *Suhr*, in Calliess/Ruffert, EUV/AEUV Kommentar, Art. 82 AEUV, Rn. 7.

eines einheitlichen europäischen Rechtsraums und der strafrechtlichen Zusammenarbeit ist. Die Union muss also etwas dafür tun, dass in allen Mitgliedstaaten ein beruhigend hoher Rechtsschutzstandard herrscht.

(b) Die EMRK und die Charta der Grundrechte

Das Vertrauen wird auf jeden Fall dadurch gefördert, dass mit dem Vertrag von Lissabon die Grundrechtcharta nunmehr als verbindlicher Teil des Unionsrechts gilt und der Beitritt der Union zur EMRK vorgesehen ist.[575] Die Kommission sieht in dem EMRK-Beitritt der Union fast ein Allheilmittel, welches in der Lage ist, die Bedenken gegenüber dem Europäischen Strafrecht zu eliminieren, die aus dem nicht hinreichenden Rechtsschutz stammen.[576] In der Literatur wird jedoch – mit Recht – gemahnt, dass diese Maßnahmen nicht überbewerten werden dürfen.

Was die EMRK betrifft, darf man nicht übersehen, dass die Konvention nur Mindestrechte garantiert. Die EMRK kann die ausführlichen nationalen Verfahrensgarantien nicht ersetzen.[577] Zwei Beispiele um das Problem zu verdeutlichen: Das nemo-tenetur und das Gesetzlichkeitsprinzip sind in der EMRK schwach ausgeprägt.[578]

Die Lückenhaftigkeit ist allerdings nicht die einzige Schwachstelle der EMRK. Es muss auch berücksichtigt werden, dass die Verfahren vor dem EGMR sehr mühsam vorangehen, eine Verfahrensdauer von 5 bis 10 Jahren ist keine Seltenheit.[579] Daher ist es kein Wunder, dass die Beschuldigten bzw. ihre Verteidiger die Klage vor dem EGMR nur als ultima ratio sehen und nur dann klagen, wenn alle anderen Möglichkeiten bereits weitgehend erschöpft sind. Es gilt praktisch als Verzweiflungsakt.

Es darf auch nicht vergessen werden, dass die Urteile des EGMR de iure nur inter partes Wirkung haben, sie stellen für die anderen – im Verfahren nicht

---

575 Vgl. Art. 6 Abs. 1 EUV. Ausnahmen gibt es leider: Dänemark, Irland und das Vereinigte Königreich. Es stellt sich insofern die Frage, ob von einem einheitlichen Rechtsraum noch die Rede sein kann.

576 Ähnlich klingende Erwartungen sind u.a. im Stockholmer Programm zu lesen (Rat Dok. 17024/09, ABl. 2010 C 115/1).

577 *von Bubnoff*, in Pache (Hrsg.), Die Europäische Union – Ein Raum der Freiheit, der Sicherheit und des Rechts?, S. 117; *Gleß*, ZStW 2003, 131, 149; Gleß, StV 2010, 400, 406; *Hecker*, § 12 Rn. 60; *Nürnberger*, ZIS 2009, 494, 502; *Radke*, GA 2004, 1, 20 f.; *Schünemann*, ZIS 2010, 735, 738.

578 Vgl. *Schünemann*, ZIS 2010, 735, 738 f.

579 *Leuthauseser-Schnarrenberger*, StraFo 2007, 267, 275.

teilnehmenden – Staaten nur ein unverbindliches Orientierungsmuster dar.[580] Bis der Inhalt eines Urteils sich in allen Mitgliedstaaten als ständige nationale Rechtsprechung etabliert, kann es Jahren, sogar Jahrzehnte dauern.[581]

Mit dem Beitritt der Union zur EMRK dürfen sich also die Mitgliedstaaten nicht zufrieden stellen, er löst die Probleme der gegenseitigen Anerkennung nicht.[582]

Auf die Schwachstellen der Grundrechtscharta wurde bereits in dieser Arbeit hingewiesen. Die wichtigste besteht darin, dass der Schutz, welcher durch die Charta der Grundrechte gewährleistet wird, nicht wesentlich über den der EMRK hinausgeht. Die Charta der Grundrechte ist also auch nicht in der Lage einen flächendeckenden Schutz für das ganze Strafverfahren zu garantieren.

Es lässt sich noch einmal das Fazit ziehen, dass die Union und die Mitgliedsstaaten weiterhin Anstrengungen unternehmen müssen, um einen hinreichenden Rechtsschutzstandard zu gewährleisten und damit das gegenseitige Vertrauen zu fördern.

(c) Harmonisierung der Rechtsschutzvorschriften

Die fehlenden nationalen Einzelvorschriften könnten jedoch auf der Basis von Art. 82 Abs. 2 UA 2 AEUV in der Form von Mindestvorschriften konkretisiert werden.[583] Es zeigt sich wiederum deutlich, dass zwar die gegenseitige Anerkennung eine Alternative der Harmonisierung sein kann, ohne eine gewisse Harmonisierung das Prinzip jedoch nicht angewendet werden kann. Die gegenseitige Anerkennung kann die Harmonisierung nicht vollständig ersetzen, sie muss auf jeden Fall eine ergänzende Funktion erfüllen, es müssen einheitliche Garantieregelungen her, nur dann steht das gegenseitige Vertrauen auf festen Beinen, nur so wird im Endeffekt die gegenseitige Anerkennung ohne erhebliche Bedenken erreichbar sein (Über die optimale Mischung zwischen Harmonisierung und Anerkennung siehe S. 285 ff.).[584]

---

580 *Leuthauseser-Schnarrenberger*, StraFo 2007, 267, 275; *Scheuermann*, Das Prinzip der gegenseitigen Anerkennung im geltenden und künftigen Europäischen Strafrecht, S. 153 f.

581 *Nestler*, ZStW 2004, 332, 348.

582 *Bock*, ZIS 2011, 266, 269; *Nestler*, ZStW 2004, 332, 346. *Esser* geht noch weiter: Die EMRK habe bislang wenig zur Beweisverwertungsverbot beigetragen (StraFo 2003, 335, 342).

583 *Leuthauseser-Schnarrenberger*, StraFo 2007, 267, 271; *Mansdörfer*, HRRS 2010, 11, 15.

584 Ähnlich *Suhr*, in Calliess/Ruffert, EUV/AEUV Kommentar, Art. 82 AEUV, Rn. 7.

(d) Maßnahmen gegen forum shopping

Auch wenn im Allgemeinen in allen Mitgliedstaaten vergleichbare Rechtsschutzstandards etabliert werden, wird das Problem des drohenden forum shopping nicht gelöst, welches dadurch entsteht, dass nicht nur die Gerichtsurteile und die sonstigen verfahrensabschließenden Entscheidungen, sondern auch die einzelnen verfahrensinternen Amtshandlungen anerkannt werden könnten. Zu einer bedenkenlosen Anwendung der gegenseitigen Anerkennung in diesem Bereich muss das Problem der Zersplitterung der einheitlichen nationalen Strafverfahrenssysteme gelöst werden. Wie dies gehen soll, dazu gibt es mehrere Lösungsvorschläge:

- Es könnten die nationalen Strafprozessordnungen weitgehend harmonisiert werden (also nicht nur die Garantieregelungen).[585] Diese Lösungsmöglichkeit scheitert daran, dass von den Mitgliedstaaten eine umfangreiche Harmonisierung nicht gewünscht wird. Gerade als deren Alternative ist ja die gegenseitige Anerkennung gedacht. Außerdem wäre eine breite Harmonisierung neben der gegenwärtigen Rechtslage kaum möglich, weil die dazu notwendigen Kompetenzgrundlagen im Unionsrecht fehlen. Vor allem dann, wenn das Prinzip der begrenzten Einzelermächtigungen, der Subsidiaritätsgrundsatz und das Gebot der Verhältnismäßigkeit konsequent angewendet werden.[586]
- Die zweite Möglichkeit wäre die Vereinheitlichung. Es wäre theoretisch möglich, eine einheitliche europäische StPO – mit Verfahrens- und Kollisionsvorschriften – zu schaffen.[587] Wegen der Kompetenzvorschriften des Unionsrechts kommt jedoch nur eine partielle StPO im Betracht, vor allem bzgl. der Betrugsdelikte zu Lasten der Union. Eine solche Lösung wäre gar nicht verkehrt, die nationale Souveränität wäre nicht unerträglich schwer beeinträchtigt, denn die gemeinsamen Verfahrensregelungen würden nur solche Fällen betreffen, in denen es hauptsächlich um die Interessen und Angelegenheiten der Union geht.[588] Es wäre gleichzeitig eine effektivere Strafverfolgung gewährleistet als bisher. Für diese Lösung plädiert auch das Corpus Juris.[589]

---

585 *Hecker*, § 12 Rn. 66; *Roger*, GA 2010, 27, 32.

586 *Satzger*, StV 2003, 137, 142.

587 *Hecker*, § 12 Rn. 67.

588 Ähnlich *Braum*, JZ 2000, 493, 495.

589 *Delmas-Marty, Mireille* (Hrsg.), Corpus Juris 2000 der strafrechtlichen Regelungen zum Schutz der finanziellen Interessen der Europäischen Union. ec.europa.eu/anti_fraud/green_paper/corpus/de.doc (16.11.2011).

Dieser Lösungsvorschlag betrifft jedoch nur einen kleinen Teil des Strafrechts, nämlich die betrügerischen Handlungen zu Lasten der Union. Strafverfahren mit ausländischen Elementen kommen aber auch in anderen Bereichen des Strafrechts häufig vor.

- Die dritte Alternative wäre ein einheitliches europäisches Beweisrecht.[590] In den entsprechenden Rechtsakten wären einheitliche europäische Voraussetzungen etabliert, wann Beweismittel in einem grenzüberschreitenden Strafverfahren verwertbar wären. Wenn im Zweifel ein zuständiges europäisches Gericht feststellen würde, dass die Voraussetzungen erfüllt sind, wäre das Beweismittel vor jedem mitgliedsstaatlichen Gericht ohne weitere Prüfung verwertbar.

  In dieser Zusammenhang muss man allerdings auf drei Probleme hinweisen: Die Art und Weise der Beweiserhebung ist zwar der Dreh und Angelpunkt des ganzen Strafverfahrens, sie stellt aber trotzdem nur ein Elemente eines Strafverfahrens dar. Ein europäisches Beweisrecht würde also keine umfassende Lösung für das gesamte Strafverfahren bieten, das Problem der drohenden Inkohärenz wäre nicht gelöst. Bei einem europäischen Beweisverfahren sollte außerdem das Verhältnis zwischen den nationalen und den europäischen Verwertbarkeitsvoraussetzungen geregelt werden, denn die Kollisionsprobleme sind vorprogrammiert.[591] Darüber hinaus ist es zu berücksichtige, dass die nationalen Beweisverwertungsregelungen zurzeit erhebliche Unterschiede aufweise, die teilweise prinzipiell sind, so wäre es sehr mühsam sich an gemeinsamen Regelungen zu verständigen.[592]
- Als vierte Alternative gibt es einen Vorschlag, wie man eine gegenseitige Anerkennung von Beweismitteln ohne vollständige Harmonisierung des Verfahrens und ohne Rechtseinbußen erreichen könnte. Es könnte entweder das Prinzip forum regit actum oder das Prinzip der Meistbegünstigung angewendet werden.[593]

---

590 *von Bubnoff*, in Pache (Hrsg.), Die Europäische Union - Ein Raum der Freiheit, der Sicherheit und des Rechts?, S. 118; *Gleß*, ZStW 2003, 131, 148 ff.; *dieselbe* Beweisrechtsgrundsätze einer grenzüberschreitenden Strafverfolgung, 2006, S. 435 ff.; *Hecker*, § 12 Rn. 68; *Radtke*, GA 2004, 1, 19; *Rheinbay*, Die Einrichtung einer Europäischen Staatsanwaltschaft 2014, S. 270 ff.

591 Ähnlich *Rheinbay*, Die Einrichtung einer Europäischen Staatsanwaltschaft 2014, S. 225.

592 *Rheinbay*, Die Einrichtung einer Europäischen Staatsanwaltschaft 2014, S. 274.

593 *Busemann*, ZIS 2010, 552, 555; *Heger*, ZIS 2007, 547, 552 f.; *Scünemann/Roger*, ZIS 2010, 92, 93 f.

Die Anwendung des Prinzips „forum regit actum" würde bedeuten, dass die Beweisverwertungsvorschriften des Gerichtsstandes angewendet werden würden, da dieser den engsten Bezug zur Straftat hat. Schwachstelle ist allerdings, dass das zuständige Gericht ggf. fremde Rechtsvorschriften anwenden müssten. Dabei sollten sie insofern theoretisch über die Kenntnis aller 28 mitgliedsstaatlichen Rechtsordnungen verfügen. Das ist natürlich kaum vorstellbar.[594] Das Prinzip wurde bereits im Übereinkommen über die Rechtshilfe in Strafsachen zwischen den Mitgliedstaaten der Europäischen Union von 29.05.2000[595] angewendet.[596] Es wurde jedoch im Übrigen als Vorbehalt verankert, dass die Anwendung des ausländischen Rechts verweigert werden darf, wenn es mit der Rechtsordnung des Vollstreckungsstaates unvereinbar ist.[597]

Die andere Möglichkeit ist die Meistbegünstigung. Sie bedeutet, dass die Schutzvorschriften und sonstigen Regelungen von allen betroffenen Rechtsordnungen berücksichtigt werden müssen und die strengsten Vorschriften Anwendung finden müssen. Das Prinzip ist sehr grundrechtsschonend, dessen Anwendung ist in der Praxis jedoch kaum möglich. Es würde teilweise zur Anwendung von unvereinbaren Vorschriften führen bzw. der Rechtsschutzstandard wäre so hoch, dass praktisch alle Beweise unverwertbar wären.[598] Die Meistbegünstigung ist im Übrigen praktisch mit dem Prinzip locus regit actum gleichzustellen.[599]

Locus regit actum bedeutet, dass bei der Beweiserhebung die entsprechenden Regelungen des ersuchten Staates angewendet werden müssen. Die Beweise sind jedoch im ersuchenden Staat nur verwertbar, wenn sie den Beweisverwertungsvorschritfen des Landes entsprechen. Die Folge ist die gleiche wie bei der Meistbegünstigung. Unterschiedlich ist allerdings der Sinn und Zweck der Meistbegünstigung bzw. von locus regit actum; die Meistbegünstigung dient dem Schutz der Beschuldigten, locus regit actum – als Grundsatz der

594 Ähnlich *von Bubnoff*, in Pache (Hrsg.), Die Europäische Union – Ein Raum der Freiheit, der Sicherheit und des Rechts?, S. 117.

595 BGBl. II. 2005 Nr. 16, S. 650.

596 *Ligeti*, in Kondorosi/Ligeti, Az európai büntetőjog kézikönyve, Rn. 4–20.

597 *Ligeti*, in Kondorosi/Ligeti, Az európai büntetőjog kézikönyve, Rn. 4–20.

598 *von Bubnoff*, in Pache (Hrsg.), Die Europäische Union – Ein Raum der Freiheit, der Sicherheit und des Rechts?, S. 117; *Busemann*, ZIS 2010, 552, 555; *Scünemann/Roger*, ZIS 2010, 92, 94.

599 *Ligeti*, in Kondorosi/Ligeti, Az európai büntetőjog kézikönyve, Rn. 4–19.

klassischen internationalen Rechtshilfe – trägt dem Souveränitätsschutz der betroffenen Staaten Rechnung.[600]

Die Union ist einen dritten Weg gegangen, es wurde von der Kommission ein Grünbuch über die Vereinheitlichung der Verwertbarkeit und der Erhebung von strafrechtlichen Beweise vorgestellt.[601] Auf der Basis des Grünbuchs ist auch ein Rechtsakt geplant. Eine solche Richtlinie wäre insofern ein Novum, als zwei Elemente der strafrechtlichen Zusammenarbeit, die eng zusammenhängen, nämlich die gegenseitige Anerkennung und die Harmonisierung zusammen geregelt wären.[602] Dies ist auf jeden Fall begrüßenswert. Ziel wäre es, eine weitgehende Verkehrsfähigkeit der Beweise im europäischen Rechtsraum zu gewährleisten.

Es wurden bisher auf der Basis des Grünbuchs keine Rechtsakte verabschiedet. Auf dem Gebiet des Beweisrechts war jedoch der europäischen Gesetzgeber schon anderweitig aktiv, es wurde ein Rahmenbeschluss über die Europäische Beweisanordnung (EBA) erlassen.[603] Die EBA ist mit dem Vorschlag des Grünbuchs nicht gleichzustellen, da die EBA keine einheitlichen europäischen Verwertbarkeitsvoraussetzungen gewährleistet, sie ist lediglich ein Instrument der Zusammenarbeit nach mitgliedsstaatlichen Maßstäben. Die EBA ist ein von der zuständigen Behörde eines Mitgliedstaates erlassenes Formular zur Erlangung von Sachen, Schriftstücken oder Daten aus einem anderen Mitgliedstaat.[604] Ziel des Verfahrens ist es, die Beweisstücke in einem Strafverfahren zu verwenden.[605] Eine EBA kann nur erlassen werden, wenn es notwendig sowie angemessen ist und das Beweisstück unter vergleichbaren Umständen nach dem Recht des Anordnungsstaates erlangbar wäre.[606] Mit Hilfe der EBA können nur bereits vorhandene Beweise erlangt werden.

Die Vorschriften des Anordnungsstaates werden bei der Erlangung des Beweisstückes nicht berücksichtigt, was zur Ausdehnung der Garantieregelungen des Anordnungsstaates führen kann.[607] Insofern wird wiederum die Notwendigkeit von einheitlichen europäischen Schutzvorschriften belegt.

600 *Ligeti*, in Kondorosi/Ligeti, Az európai büntetőjog kézikönyve, Rn. 4–20.
601 Grünbuch zur Erlangung verwertbarer Beweisen in Strafsachen aus einem anderen Mitgliedstaat, KOM (2009) 624 endg.
602 *Busemann*, ZIS 2010, 552, 554.
603 RB 2008/978/JI, ABl. 2008 L 350/72.
604 Vgl. Art. Abs. 1 RB 2008/978/JI.
605 Vgl. Art. 5 RB 2008/978/JI.
606 Vgl. Art. 7 RB 2008/978/JI.
607 *Heger*, ZIS 2007, 547, 554.

Die Vollstreckungsbehörde muss die EBA ohne weitere Prüfung binnen 60 Tagen vollstrecken.[608] Die beiderseitige Strafbarkeit nach einem Katalog von Straftaten wird nicht vorausgesetzt.[609]

Die EBA bedeutet nicht die Verwirklichung des freien Beweisverkehrs in Europa. Grund dafür sind die viele Ausnahmen bzw. Vorbehaltsmöglichkeiten. Die Situation ist ähnlich wie beim Europäischen Haftbefehl. Das Erfordernis der beiderseitigen Strafbarkeit wurde zum Beispiel nicht abgeschafft, es wurde stattdessen ihr Anwendungsbereich wesentlich eingeschränkt.[610]

Der Anwendungsbereich der EBA ist begrenzt, sie findet neben anderem bei dem vielleicht wichtigsten Beweismittel, der Zeugenvernehmung, keine Anwendung.

Eine Deutschland-Spezifische Besonderheit der EBA ist, dass die Bundesrepublik eine sog. opt-out Klausel durchgesetzt hat. Das bedeutet, dass bei sechs besonders vage gefassten Deliktsbereichen Deutschland die beiderseitige Strafbarkeit weiterhin verlangt.[611] Es ist aber zu beachten, dass es eine Rückausnahme gelten soll, wenn der ersuchende Staat nachweist, dass bestimmte, von Deutschland vorher festgelegte Kriterien erfüllt sind.[612]

Als Weiterentwicklung der EBA wurde von der Kommission der Vorschlag einer sog. Europäischen Ermittlungsanordnung (EEA) vorgestellt und später vom Rat und vom EP verabschiedet.[613] Die EEA ist eine gerichtliche Entscheidung, die von der zuständigen Behörde eines Mitgliedsstaates zur Durchführung einer oder mehrerer Ermittlungsmaßnahme(n) in einem anderen Mitgliedstaat zur Beweiserhebung im Rahmen eines Strafverfahrens erlassen wird.[614] Dem Prinzip der gegenseitigen Anerkennung zufolge ist die Anordnung ohne jede weitere Formalität durch den Vollstreckungsstaates so zu vollstrecken, als wäre die Ermittlungsmaßnahme von einer Behörde des Vollstreckungsstaates angeordnet worden.[615] Der Anwendungsbereich der EEA ist wesentlich größer, als der der EBA, sie kann jedoch nicht erlassen werden, um

608 Vgl. Art. 15 Abs. 3 RB 2008/978/JI.

609 Art. 14 Abs. 1 2008/978/JI.

610 *Kreß*, ZStW 2004, 445, 469.

611 Der Vorbehalt wurde im Ratsdokument 10100/08 vom 14.7.2008 erklärt. Bsp.: Rassismus, Sabotage.

612 Im Ratsdokument 10100/08 vom 14.7.2008 hat Deutschland die Kriterien aufgelistet.

613 RL 2014/41, ABl. 2014 L 130/1.

614 Art. 1 Abs. 1 EEA RL-Entwurf.

615 Art. 1 Abs. 2 i.V.m. Art. 8 Abs. 1 EEA RL-Entwurf.

den Telekommunikationsverkehr zu überwachen.[616] Die beiderseitige Strafbarkeit wird nicht vorausgesetzt. Eine EEA kann nur in Bezug auf Strafverfahren erlassen werden, die eine Justizbehörde wegen einer nach dem nationalen Recht des Anordnungsstaates strafbaren Handlung eingeleitet hat.[617] Eine EEA soll vom Ermittlungsrichter, Richter, Gericht und von der Staatsanwaltschaft bindend angeordnet werden können. Die Verhältnismäßigkeit ist bei der Anordnung immer zu prüfen. Aus deutscher Sicht ist es wichtig zu bemerken, dass der ursprüngliche Entwurf sowohl vom Bundestag als auch vom Bundesrat abgelehnt wurde.[618] Die deutschen Volksvertreter sehen die vollständige Abschaffung der beiderseitigen Strafbarkeit als einen unverhältnismäßig starken Eingriff in die nationale Strafgewalt. Darüber hinaus sehen sie die Rechte der Betroffenen in Gefahr, da kein hinreichend hoher, europaweiter Schutzstandard im Strafverfahren herrsche.

In der Literatur herrscht Einigkeit, dass das Problem der Grundrechtsbeeinträchtigung bei der gegenseitigen Anerkennung der Verwertbarkeit von Beweisstücken, in der Form von einheitlichen Schutzvorschriften – vor allem bzgl. des Richtervorbehaltes, der Zeugenvernehmung und der Überwachung – gelöst werden muss, und zwar nicht nachträglich.[619]

Die fehlenden Garantieregelungen sind allerdings nur ein Teil des Problems. Es tauchen daneben grundsätzliche, rechtsstaatliche Bedenken auf: Es werde – so befürchten einige – mit der allgemeinen gegenseitigen Anerkennung von Beweismittel im europäischen Rechtsraum die „maximale Punitivität" Wirklichkeit.[620] Auch mit harmonisierten Rechtsschutzregelungen bleiben Mitgliedsländer, in denen das Verfahren der Beweiserhebung einfacher ist, bis nicht alle Vorschriften der Beweiserhebung weitgehend identisch sind. Es ist schwer vorstellbar, dass die Strafverfolgungsbehörden nicht anstreben würden, die Beweise dort zu sichern bzw. zu erheben, wo die Schwellen am niedrigsten sind, wo es am schnellsten und einfachsten geht. Wir sind also wieder bei der Problematik des forum shopping.

---

616 Art. 3 Abs. 2 lit. b EEA RL-Entwurf.

617 Art. 4 EEA RL-Entwurf.

618 BT, Beschluss v. 7.10.2010, BT-Drs. 17/3234, BT Protokoll, 17/6962(C) und BR, Beschluss v. 4.6.2010, BR-Drs. 280/10, BR Protokoll, 871 (4.6.2010), S. 211 f.

619 *Busemann*, ZIS 2010, 552, 555; *Heger*, ZIS 2007, 547, 554; *Schünemann/Roger*, ZIS 2010, 92.

620 *Gless*, ZStW 2004, 383 f.; *Gless*, StV 2010, 400, 405; *Leuthauseser-Schnarrenberger*, StraFo 2007, 267, 271.

(5) Fazit

Es ist eindeutig, dass die gegenseitige Anerkennung die Harmonisierung nicht vollständig ersetzen kann. Ein hohes Maß an Vertrauen kann unmöglich herrschen, wenn die Strafrechtsvorschriften nicht zumindest vergleichbar sind.[621] Dazu muss der europäische Gesetzgeber tätig werden. Er muss zuerst gewährleisten, dass bei den Beitrittskandidaten und auch bei den Mitgliedstaaten im Strafverfahren ein rechtsstaatlicher Standard herrscht. Darüber hinaus muss der europäische Gesetzgeber mit Mindestvorschriften sicherstellen, dass die Garantievorschriften des Strafverfahrens in allen Mitgliedstaaten ein vergleichbar hohes Niveau erreichen. Diese zwei grundlegenden Aufgaben wurden bisher nicht erledigt.

Die bisherige Anwendungspraxis der gegenseitigen Anerkennung trägt erheblich dazu bei, dass das Gleichgewicht zwischen Freiheit und Sicherheit der Bürger negativ beeinträchtigt wurde. Auf der einen Seite wird die Sicherheit durch die Erleichterung der grenzüberschreitenden polizeilichen und justiziellen Zusammenarbeit erheblich gefördert. Auf der anderen Seite wird dem Bürger kein hinreichender Rechtsschutz geboten.

Die gegenseitige Anerkennung ist zwar ein gutes Instrument die Sicherheit zu stärken, sie ist jedoch – zumindest nach der herrschenden Lehre – im Strafrecht ungeeignet, die Freiheit der Bürger zu fördern oder zumindest aufrechtzuerhalten. Daher könne die gegenseitige Anerkennung kein Instrument des Rechtsschutzes sein.

Dieser Aussage ist nicht ohne weitere zuzustimmen. Das Prinzip der gegenseitigen Anerkennung ist sehr wohl geeignet die Rechtssicherheit der Einzelnen auch auf dem Gebiet des Strafrechts zu fördern:

- Es bedeutet nicht nur die Vollstreckung, sondern auch die Beachtung der ausländischen Entscheidungen. Insofern muss vor allem auf dem Grundsatz von „ne bis in idem“ hingewiesen werden, welcher nunmehr auch in der Grundrechtscharta verankert ist. Die praktische Bedeutung des Grundsatzes ist nicht zu unterschätzen.[622] Die Einzelheiten des europäischen

621 Ähnlich *Schünemann/Roger* ZIS 2010, 515, 518; *Suhr*, in Calliess/Ruffert, EUV/AEUV Kommentar, Art. 82 AEUV, Rn. 7.

622 Vgl. Art. 50 EU-GRCh. *Nelles/Tinkl/Lauchstädt*, in Kadelbach (Hrsg.) Europarecht, § 42 Rn. 149; *Suhr*, in Calliess/Ruffert, EUV/AEUV Kommentar, Art. 82 AEUV, Rn. 13. Die Weiterentwicklung des Grundsatzes ist bereits länger geplant. Es gab schon einen Rahmenbeschluss-Entwurf über die Anwendung des „ne-bis-in-idem“ Prinzips (Ratsdok. 6356/03 und ein Grundbuch (KOM (2005) 696 endg.). Das Hauptproblem liegt darin, dass das Prinzip nicht geeignet ist die Kompetenzkonflikte zwischen den Mitgliedsstaaten zu verhindern. Es kommt nur dann zur Anwendung,

Doppelbestrafungsverbotes wurden in zahlreichen Entscheidungen des EuGH thematisiert.[623]

- Beweise könnten nicht nur belastend sondern auch entlastend für den Angeschuldigten sein.
- Es wird ein schnelleres Verfahren ermöglicht. Insofern sorgt die gegenseitige Anerkennung zu einer angemessenen Verfahrensdauer, die vom EGMR regelmäßig verlangt wird.[624]

Die Anwendung der gegenseitigen Anerkennung darf trotzdem nicht zu Lasten der Grundrechte gehen.[625] Es muss eine Balance zwischen Effektivität der Strafverfolgung und der Gewährleistung der Grundrechte (vor allem der Gewährleistung des Rechts auf effektive Verteidigung) herrschen.[626] Die Annahme, dass die gegenseitige Anerkennung ausschließlich zur „maximalen Punitivität“ führen kann, ist jedoch falsch, das Prinzip ist neutral und dessen Anwendung kann auch zur Stärkung der Grundrechte beitragen, wie durch die oben angeführten Beispiele deutlich gemacht wurde.[627]

Wenn von den Ängsten vor dem Prinzip die Rede ist, muss auch klargestellt werden, dass der Grundsatz in Art. 82 Abs. 1 AEUV keine unmittelbare Wirkung hat, es müssen nunmehr nicht alle beliebigen Entscheidungen ohne Voraussetzungen und Vorbehalte anerkannt werden.[628] Es ist eine bloße Ermächtigungsgrundlage, die zulässt, Richtlinien in den Bereichen zu erlassen, die in UA 2 ausdrücklich aufgezählt wurden. In den Richtlinien können die Voraussetzungen und Garantien bzgl. der einzelnen Anwendungsbereiche ausführlich geregelt werden.[629] Solche Möglichkeiten wurden allerdings vom europäischen Gesetzgeber in der Vergangenheit nicht bzw. nicht konsequent wahrgenommen. Das meist genannte Beispiel dafür ist der Rahmenbeschluss über den Europäischen Haftbefehl, in dem kein

---

wenn in einem Mitgliedstaat bereits eine rechtskräftige Entscheidung vorliegt und ein anderer Mitgliedstaat dennoch ein Strafverfahren eingeleitet hat. Der Grundsatz sollte dementsprechend mit Zuständigkeitsregelungen ergänzt werden.

623 Gözütok/Brügge, EuGH, Urteil, Rs. C-187/01; Miraglia, EuGH, Urteil, Rs. 469/03; van Straaten, EuGH, Urteil, Rs. 150/05; van Esbroeck, EuGH, Urteil, Rs. 436/04; Kraaijenbrik, EuGH, Urteil Rs. 376/05.

624 Bsp.: Urteil des EuGH v. 09.12.2003, Rs. C-116/02.

625 *Ligeti*, in Kondorosi/Ligeti (Hrsg.), Rn. 4–25.

626 *Fuchs*, ZStW 2004, 368, 371.

627 *Gless*, ZStW 2004, 383 f.; *Gless*, StV 2010, 400, 405; *Kreß*, ZStW 2004, 445, 463.

628 *Suhr*, in Fastenrath/Nowak (Hrsg.), Der Lissabonner Reformvertrag, S. 315 f.

629 *Suhr*, in Fastenrath/Nowak (Hrsg.), Der Lissabonner Reformvertrag, S. 315 f.

einziges Verfahrensrecht niedergelegt wurde. Der Rechtsschutz wurde vollständig den Mitgliedsstaaten überlassen. Es gehört jedoch auch zur Wahrheit, dass die Gewährleistung von Beschuldigtenrechten und von Mindeststandards meist ausgerechnet am Widerstand der Mitgliedstaaten scheiterte.[630] Die Politiker der Mitgliedstaaten wollten sich vermutlich die unbequemen europäischen Vorgaben ersparen, die die Effektivität der Strafverfolgung gefährden könnten. Insofern ist es irreführend, für den mangelnden Rechtsschutz auf europäischer Ebene den europäischen Gesetzgeber verantwortlich zu machen.

Art. 82 Abs. 1 AEUV bedeutet also nicht die unmittelbare Anwendung des Prinzips, es könnten Richtlinien mit solchem Inhalt erlassen werden. Es stellt sich natürlich die Frage, ob ein Mitgliedstaat das Erlassen einer Richtlinie verhindern kann, wenn z.B. er der Meinung ist, dass in einem bestimmten Bereich bei anderen erheblich niedrigere Rechtsstandards herrschen. Bisher war dies möglich, denn nach der alten Rechtslage wurden auf dem Gebiet des Strafrechts Rahmenbeschlüsse erlassen. Die Rahmenbeschlüsse haben im Rat eine einstimmige Entscheidung vorausgesetzt und sie waren unter keinen Umständen unmittelbar wirksam; die Anwendung eines Rahmenbeschlusses konnte letztendlich auch nicht vom EuGH erzwungen werden. Die Lage hat sich mit dem AEUV wesentlich verändert, denn in Art. 82 AEUV ist die Anwendung der ordentlichen Gesetzgebungsverfahren vorgesehen. Die Richtlinien können mit der Zustimmung der Mehrheit der Mitgliedstaaten erlassen werden. Darüber hinaus findet die Notbremse aus Abs. 3 im Gesetzgebungsverfahren nach Abs. 1 keine Anwendung.[631] Dafür spricht vor allem, dass es bei Abs. 1 nicht um Rechtsangleichung, sondern um die – auf den ersten Blick weniger „gefährliche" – Verwirklichung der gegenseitigen Anerkennung geht.[632] Der Wortlaut und die Systematik der Vorschriften sind auch ziemlich eindeutig.

Das Erlassen einer Richtlinie kann also von den einzelnen Mitgliedsstaaten nicht verhindert werden. Man muss jedoch berücksichtigen, dass es an dieser Stelle um das Erlassen von *Richtlinien* geht. Die Richtlinien sind wohlbekannt nicht unmittelbar wirksam, sie müssen von den Mitgliedsstaaten ins nationale Recht implementiert werden. Im Falle der Nichtumsetzung kann zwar ein Vertragsverletzungsverfahren eingeleitet werden und infolge dessen ein Bußgeld verhängt werden, die Entscheidung des nationalen Volksvertretungsorgans über die Umsetzung bleibt jedoch letztendlich unerlässlich. Die nationale Implementierung

630 *Nettesheim*, EuR 2009, 24, 40.

631 Ähnlich *Heger*, ZIS 2009, 406, 411.

632 *Suhr*, in Calliess/Ruffert, EUV/AEUV Kommentar, Art. 82 AEUV, Rn. 10.

kann von einem Urteil des EuGH nicht ersetzt werden. Eine solche Verhinderung des mitgliedsstaatlichen Inkrafttretens einer Richtlinie ist aber viel mehr eine politische, als eine rechtliche Lösung.

Es muss jedoch in diesem Zusammenhang auch darauf hingewiesen werden, dass eine Richtlinie ggf. unmittelbare Wirksamkeit erlangen kann. Die Unionsbürger können ihre Rechte unmittelbar aus der Richtlinie geltend machen, falls die Richtlinie von einem Mitgliedsstaat nicht fristgemäß oder inhaltlich mangelhaft umgesetzt wurde.[633] Insofern kann jedoch eine Richtlinie für den Bürger also ausschließlich positive Folgen entfalten.

Die gegenseitige Anerkennung ist sehr gut geeignet, die Effektivität der Strafverfolgung zu maximieren, sie kann jedoch zu einem einheitlichen Schutz der Interessen und Einrichtungen der Union im Wesentlichen nicht beitragen, dies kann aber von den Mitgliedstaaten auch nicht gewährleistet werden. Ein einheitliches Schutzniveau kann nur durch Europäisierung erreicht werden. Dies würde die weitreichende Harmonisierung des nationalen Rechts verlangen.[634] Es ist also wiederum belegt, dass das Prinzip kein Allheilmittel ist, es kann nicht – wie ursprünglich es vielleicht vorgesehen war – die Harmonisierung ersetzen; sie muss angewendet werden um erstens ein Mindestmaß an Ähnlichkeit zwischen den nationalen Rechtsordnungen herzustellen und zweitens um die Verfahrensrechte zu gewährleisten, die durch die Anwendung des Prinzips tangiert sind. Optimal wäre nach meiner Ansicht eine Mischung aus Harmonisierung und gegenseitiger Anerkennung, wo der Schwerpunkt an die Harmonisierung liegt (siehe S. 285 ff.).

Wegweisend für die Zukunft der gegenseitigen Anerkennung ist das Stockholmer Programm, welches das Prinzip weiterhin als Dreh- und Angelpunkt der strafrechtlichen Zusammenarbeit betrachtet und dabei für die Harmonisierung nur eine Nebenrolle vorsieht, vor allem um die Grundlagen der gegenseitigen Anerkennung im Wege von vertrauensbildenden Maßnahmen zu stärken.[635] Ähnliche Überlegungen sind auch im Aktionsplan zum Stockholmer Programm zu finden.[636]

---

633 Vgl. Urteil des EuGH, Rs. C-6/90 und C-9/90 „Francovich", Slg. 1991 I-5357; Rs. C-387/02 „Berlusconi", Slg. 2005, I-3565.

634 *Hecker*, in Ambos (Hrsg.), Europäisches Strafrecht post-Lissabon, S. 17.

635 Stockholmer Programm für den Zeitraum 2010–2015, S. 11, Rat Dok. 17024/09, ABl. 2010 C 115/1. Nachfolger des Haager-Programms.

636 KOM 2010/0771 endg., Rn. 4.

bb) Maßnahmen auf der Basis der gegenseitigen Anerkennung

Art. 82 Abs. 1 UA 2 AEUV eröffnet den Weg für die Union, Maßnahmen zur Erleichterung der zwischenstaatlichen Kooperation der nationalen Justizbehörden zu erlassen. Die Maßnahmen, die auf der Basis von Art. 82 Abs. 1 UA 2 AEUV erlassen werden können, müssen im Prinzip der gegenseitigen Anerkennung wurzeln. Hier geht es also – anders als in Art. 82 Abs. 2 und Art. 83 AEUV – nicht um die Harmonisierung, sondern um das zur Anwendung Bringen des Prinzips der gegenseitigen Anerkennung im Bereich des Strafrechts.[637] Die gegenseitige Anerkennung ist also das erste Mal im Primärrecht der Union verankert worden, obwohl die Bedenken, die gegenüber der Anwendung des Prinzips im Bereich des Strafrechts bestehen, keineswegs als beseitigt galten.[638] Vorgänger der Regelung auf der Basis der alten Rechtslage ist Art. 31 EUV a.F., obwohl post Lissabon das Prinzip im Primärrecht der Union ausdrücklich nicht erwähnt wurde.

Die Union kann gem. Art. 82 Abs. 1 UA 2 AEUV auf den folgenden Gebieten tätig werden und Richtlinien zur Anwendung des Prinzips der gegenseitigen Anerkennung erlassen:

- Anerkennung aller Art von gerichtlichen Entscheidungen. Dieser Punkt ist vielleicht der Wichtigste, denn er stellt den eigentlichen Kernbereich der gegenseitigen Anerkennung im Strafrecht dar.
- Verhinderung und Auflösung von Kompetenzkonflikten. Wenn die nationalen Gerichtsentscheidungen gegenseitig anerkannt werden, wäre es besonders wichtig zu regeln, welches Mitgliedsland überhaupt die Zuständigkeit hat, eine bestimmte Entscheidung zu treffen.
  Das Problem ist insofern bereits gelöst, als in Strafsachen eine Doppelbestrafung nicht in Betracht kommt, denn der Grundsatz „ne bis in idem" gilt für alle Mitgliedstaaten als verbindlich. Es wurde zuerst durch den Art. 54 SDÜ[639] geregelt, neuerlich wird er auch als Teil der EU-Grundrechtscharta für die europäischen Bürger gewährleistet.[640] Trotzdem wäre es aus justizökonomischen Gründen wesentlich sinnvoller, die Kompetenzkonflikte zu

---

637 Ähnlich *Suhr*, in Calliess/Ruffert, EUV/AEUV Kommentar, Art. 82 AEUV, Rn. 1.

638 *Mylonopulos*, ZStW 2011, 633, 340.

639 Sog. Schengen-acquis besteht aus dem Übereinkommen von Schengen, aus dem Übereinkommen zur Durchführung des Übereinkommens von Schengen, aus den Beitrittsprotokollen und aus den sonstigen Beschlüssen und Erklärungen (ABl. 2000 L 239/1).

640 Vgl. Art. 50 EU-Grundrechtscharta.

vermeiden, als die schon laufenden Verfahren aufgrund des Doppelbestrafungsverbotes einzustellen.

- Weiterbildung. Wie schon erwähnt, spielt bei der gegenseitigen Anerkennung das gegenseitige Vertrauen eine besonders wichtige Rolle. Es ist praktisch als deren Voraussetzung zu betrachten. Die Weiterbildung und der Austausch von Richtern, Staatsanwälten und sonstigen Justizbediensteten fördert besonders das Vertrauen in die fremden Rechtsordnungen und in die ausländischen Kollegen. Insofern ist die Weiterbildung als wichtige vertrauensbildende Maßnahme zu betrachten,[641] die betrifft jedoch nur die Fachleute, nicht aber die ganze Bevölkerung.
  Bei der Organisation der grenzüberschreitenden Weiterbildung und dem Austausch spielt das Europäische Justizielle Netz (EJN) eine zentrale Rolle.[642] Bereichsspezifisch nimmt solche Aufgaben auch Europol wahr.
- Erleichterung der Zusammenarbeit der nationalen Justizbehörden auf dem Gebieten der Strafverfolgung und -vollstreckung. Dieses Tätigkeitsfeld ist auch nicht neu. Es existieren längst europäische Stellen und Vereinbarungen, um die justizielle Zusammenarbeit zu fördern: Eurojust[643], SIS[644], ECRIS[645], Vertrag von Prüm[646], Beschluss über den Informationsaustausch und die Zusammenarbeit betreffend terroristischer Straftaten[647] sind insofern zu erwähnen.

Die Aufzählung gem. Art. 82 Abs. 1 UA 2 AEUV ist als taxativ zu betrachten.[648] Der Ausdruck „Maßnahme“ lässt darauf schließen, dass die Union im Rahmen

641 Ähnlich *Suhr*, in Calliess/Ruffert, EUV/AEUV Kommentar, Art. 82 AEUV, Rn. 1.

642 Gemeinsame Maßnahme 98/428/JI vom 29.6.1998 zur Einrichtung eines Europäischen Justiziellen Netzes, ABl. 1998 L 191/4.

643 Beschluss 2002/187/JI des Rates vom 28.2.2002, ABl. 2002 L 63/1. Umsetzung in Deutschland durch das Eurojust-Gesetz (EJG), BGBl. I 2004 S. 902.

644 Vgl. Art. 92 ff. SDÜ.

645 Beschluss zur Errichtung des Europäischen Strafregisterinformationssystems (ECRIS), ABl. 2009 L 93/33 i.V.m. dem Beschluss 2005/876/JI über den Austausch von Informationen aus dem Strafregister, ABl. 2005 L 322/33.

646 Beschluss 2008/615/JI (ABl. 2008 L 210/1).

647 Beschluss über den Informationsaustausch und die Zusammenarbeit betreffend terroristische Straftaten, ABl. 2005 L 253/22.

648 *Böse*, in Schwarze (Hrsg.), EU-Kommentar, Art. 82, Rn. 22; *Kotzur*, in Geiger/Khan/Kotzur, EUV/AEUV Kommentar, Art. 82 Rn. 6.

von Art. 82 Abs. 1 UA 2 AEUV nicht nur umsetzungsbedürftige Rechtsakte (also Richtlinien) erlassen darf, sondern auch administrative Tätigkeiten erlaubt sind.[649]

Der Ausdruck „Maßnahmen“ eröffnet auch die Möglichkeit, unmittelbar geltende Regelungen (also Verordnungen) zu erlassen. An dieser Stelle muss aber nochmals betont werden, dass es bei Art. 82 Abs. 1 UA. 2 AEUV - anders als bei Art. 82 Abs. 2 und Art. 83 AEUV - nicht um Harmonisierung, sondern um die Erleichterung der europäischen strafrechtlichen Zusammenarbeit geht. In der Praxis könnte aber die Abgrenzung schwierig sein, denn auch die europäische Kooperation berührt rein innerstaatlichen Regelungen, wie zum Beispiel die Rechte der Einzelnen im Strafverfahren.[650]

Da in Art. 82 Abs. 1 UA. 2 AEUV auch das Erlassen von Richtlinien vorgesehen ist, muss die Anwendung der Verordnungen besonders gerechtfertigt sein, das heißt, es muss nachgewiesen werden, dass das mildere Mittel (also die Richtlinie) nicht geeignet ist, um das Ziel des europäischen Gesetzgebers zu erreichen.[651]

Obwohl man bis die gegenseitige Anerkennung im Primärrecht als Eckstein der strafrechtlichen Zusammenarbeit erklärt wurde, auf das Inkrafttreten des Vertrags von Lissabon warten musste, hat das Prinzip in der Praxis schon als Grundstein von mehreren Rechtsakten gedient. Insofern ist vor allem auf die folgenden Rechtsnormen hinzuweisen, die noch auf der Basis von Art. 31 EUV a.F. erlassen wurden: Rahmenbeschluss über den Europäischen Haftbefehl[652], Rahmenbeschluss über die Vollstreckung von Entscheidungen über die Sicherstellung von Vermögensgegenständen und Beweismitteln[653], Rahmenbeschluss über die gegenseitige Anerkennung von Geldstrafen und Geldbußen[654], Rahmenbeschluss über die gegenseitige Anerkennung von Einziehungsentscheidungen[655], Rahmenbeschluss über die gegenseitige Anerkennung von Freiheitsstrafen[656], Rahmenbeschluss über die gegenseitige Anerkennung von Überwachungsmaßnahmen als Alternative zur Untersuchungshaft[657].

649 *Mansdörfer*, HRRS 2010, 11, 15.
650 *Böse*, in Schwarze (Hrsg.), EU-Kommentar, Art. 82, Rn. 22.
651 Ferner *Böse*, in Schwarze (Hrsg.), EU-Kommentar, Art. 82, Rn. 22.
652 RB 2002/584/JI (ABl 2002 L 190/1).
653 RB 2003/577/JI (ABl. 2003 L 196/45).
654 RB 2005/214/JI (ABl. 2005 L 76/16).
655 RB 2006/783/JI (ABl. 2006 L 328/59).
656 RB 2008/909/JI (ABl. 2008 L 327/27).
657 RB 2009/829/JI (ABl. 2009 L 294/20).

Von diesen Rechtsakten ist der mit Abstand bedeutendste der Rahmenbeschluss über den Europäischen Haftbefehl, denn in diesem wurde das Prinzip der gegenseitigen Anerkennung das erste Mal in der Praxis angewendet.[658] Der Europäische Haftbefehl stellt ohnehin die wichtigste Errungenschaft des Europäischen Strafrechts für das tagtägliche Leben der europäischen Juristen dar.[659] Deswegen soll dieser Rahmenbeschluss näher erleuchtet werden.

(1) Exkurs: Der Europäische Haftbefehl

In den vergangenen Jahrzehnten hat die Bedeutung der Auslieferung – besonders innerhalb der EU – wesentlich zugenommen. Die Auslieferungsverfahren waren jedoch langsam und am Ende des Verfahrens stand immer eine rein politische Entscheidung. Die Mitgliedstaaten hatten bereits am Ende der '80er Jahre erkannt, dass der Kampf gegen die grenzüberschreitende Kriminalität ohne ein effektives und schnelles Auslieferungsverfahren aussichtslos ist. So sind zahlreiche bi- und multilaterale Auslieferungsübereinkommen zwischen den Mitgliedstaaten entstanden. Die Lage war aber trotzdem nicht zufriedenstellend. Auf dem Gebiet des Auslieferungsrechts war eine Vielzahl von Übereinkommen in Kraft, die jedoch nicht von allen Mitgliedstaaten ratifiziert waren.[660] Die Auslieferung wurde deswegen von den Übereinkommen kaum beschleunigt und vereinfacht, die Regelungen waren unübersichtlich und schwer anwendbar. Weder die Behörden, noch die betroffenen Einzelnen konnten die Rechtsgrundlage nachvollziehen.[661]

Der große Stoß in die Richtung eines vereinfachten, vereinheitlichten Auslieferungsrechts – wie in vielen anderen sicherheitspolitischen Fragen – war der Terroranschlag am 11. September 2001.[662] Die Union und die Mitgliedstaaten

---

658 RB 2002/584/JI vom 13.6.2002 über den Europäischen Haftbefehl und die Übergabeverfahren zwischen den Mitgliedstaaten, ABl 2002 L 190/1.

659 Ähnlich *Zeder*, EuR 2012, 34, 40.

660 Die wichtigsten europäischen Vereinbarungen in Bezug der Auslieferung sind die Folgenden: Europäisches Auslieferungsübereinkommen des Europarats, aus dem Jahr 1957; dessen Zusatzprotokolls, aus den Jahren 1975 und 1978; sowie das Übereinkommen zwischen den Mitgliedstaaten der Europäischen Gemeinschaften über die Vereinfachung der Verfahren zur Übermittlung von Auslieferungsersuchen, aus dem Jahr 1989; Übereinkommen über das vereinfachte Auslieferungsverfahren, aus dem Jahr 1995; Übereinkommen über die Auslieferung, aus dem Jahr 1996; die diesbezügliche Vorschriften des Schengener Durchführungsübereinkommen.

661 *Rohlff*, Der Europäische Haftbefehl S. 1; *Suhr*, in Calliess/Ruffert, EUV/AEUV Kommentar, Art. 82 AEUV, Rn. 25.

662 *Rohlff*, Der Europäische Haftbefehl S. 17.

haben plötzlich die vereinfachte Auslieferung für unentbehrlich gehalten. Der Rahmenbeschluss über den Europäischen Haftbefehl wurde – in der europäischen Praxis ungewöhnlich schnell – binnen 1 Jahr erarbeitet und verabschiedet.

Durch das Erlassen eines Europäischen Haftbefehls kann ein Mitgliedstaat einen anderen auffordern, eine Person festzunehmen und ihm zum Zweck der Strafverfolgung bzw. Strafvollstreckung zu übergeben.[663] Das umstrittene Prinzip der gegenseitigen Anerkennung wurde also ausgerechnet in einem Bereich angewendet, in dem die Grundrechtsbeeinträchtigung am intensivsten ist, in dem es um die persönliche Freiheit geht. Die Ausstellung eines Europäischen Haftbefehls setzt voraus, dass im Fall der Strafverfolgung die Handlung mit einer mindestens einjährigen Freiheitsstrafe bedroht ist.[664] Bei der Übergabe zur Vollstreckung soll die zu verbüßende Freiheitsstrafe bei mindestens vier Monaten liegen.[665]

Das große Novum hierbei ist, dass die beiderseitige Strafbarkeit – welche früher als unantastbare Voraussetzung einer Auslieferung galt – teilweise abgeschafft wurde. Sie ist bei den Katalogstraftaten nicht mehr zu prüfen, wenn die Mindestfreiheitsstrafe über drei Jahren liegt.[666]

Eine weitere Voraussetzung der klassischen Auslieferung, der Grundsatz der Spezialität, ist teilweise auch aufgegeben worden.[667] In bestimmten Fällen ist sie gar nicht zu prüfen, in den sonstigen Fällen können die Mitgliedstaaten in einer

663 Vgl. Art. 1 RB 2002/584/JI.

664 Vgl. Art. 2 Abs. 1 RB 2002/584/JI.

665 Vgl. Art. 2 Abs. 1 RB 2002/584/JI.

666 Vgl. Art. 2 Abs. 2 RB 2002/584/JI.

667 Vgl. Art. 27 RB 2002/584/JI. Der Spezialitätsgrundsatz bedeutet im Allgemeinen, dass die betroffene Person im ersuchenden Staat nur wegen der Tat verfolgt werden darf, derentwegen die Auslieferung bewilligt worden ist. Dieses Prinzip enthält drei Verpflichtungen des ersuchenden Staates: (1) Der Ausgelieferte darf nicht wegen einer vor der Übergabe begangene Tat verfolgt, bzw. bestraft werden, auf die sich die Auslieferungsbewilligung nicht bezieht. Es sei denn eine nachträgliche Zustimmung des ersuchten Staates liegt vor; (2) Der Ausgelieferte darf nicht wegen einer vor der Übergabe begangene Tat an einen Drittstaat weitergeliefert werden. Es sei denn eine nachträgliche Zustimmung des ersuchten Staates liegt vor; (3) Nach dem endgültigen Abschluss des Verfahrens darf der Ausgelieferte nicht daran gehindert werden, den ersuchenden Staat zu verlassen. Vgl. *Murschetz*, Europäische Haftbefehl S. 147 ff.

Erklärung auf die Prüfung generell verzichten.[668] Die Erklärung ist jedoch für Einzelfälle widerrufbar,[669] was die Anwendung nicht unbedingt erleichtert.[670]

Der Rahmenbeschluss enthält fakultative[671] und zwingende[672] Ablehnungsgründe. Zu den zwingenden Ablehnungsgründen zählen die Amnestie, die fehlende Strafmündigkeit und das Doppelbestrafungsverbot. Zu den fakultativen Ablehnungsgründen gehören u.a. die Rechtshängigkeit, die Verjährung, das Personal- und das Territorialprinzip.

Der Europäische Haftbefehl gilt als sehr umstritten; sowohl der Rahmenbeschluss als auch das deutsche Umsetzungsgesetz hat in der Wissenschaft hohe Wellen geschlagen.[673] Es ist kein Wunder, denn der Rahmenbeschluss beruhte auf dem umstrittenen Prinzip der gegenseitigen Anerkennung, und zwar in einem besonders grundrechtsintensiven Bereich. Es wurde wieder thematisiert, ob die Anwendung der gegenseitigen Anerkennung im Strafrecht sich mit rechtsstaatlichen Maßstäben überhaupt vereinbaren lässt. Es wurde darüber hinaus dem europäischen Gesetzgeber vorgeworfen, dass die Effektivität der Strafverfolgung wieder gestärkt wurde, ohne dabei die Rechte der Angeschuldigten beachtet zu haben. Es wurde außerdem von vielen bezweifelt, ob eine effektive Verteidigung gegen einen Europäischen Haftbefehl überhaupt möglich sei.[674] Denn der Strafverteidiger sollte sich in mehreren nationalen Rechtsordnungen auskennen. Dies ist natürlich nicht unmöglich, das Honorar eines solchen Verteidigers ist aber höchstwahrscheinlich für viele unerschwinglich.

Das Gesetz wurde letztendlich vom BVerfG für verfassungswidrig erklärt[675]: Erstens, weil es einen unverhältnismäßigen Angriff gegen die Auslieferungsfreiheit gem. Art. 16 Abs. 2 GG darstelle, denn der Rahmenbeschluss wurde in

---

668 Vgl. Art. 27 Abs. 3 RB 2002/584/JI. sowie Art. 27 Abs. 1 RB 2002/584/JI.

669 Vgl. Art. 27 Abs. 1 RB 2002/584/JI.

670 *Rohlff*, Der Europäische Haftbefehl S. 100; *Zeder*, EuR 2012, 34, 38.

671 Vgl. Art. 4 RB 2002/584/JI.

672 Vgl. Art. 3 RB 2002/584/JI.

673 Gesetz über den Europäischen Haftbefehl vom 21.07.2004 – Erstes EuHbG, BGBl. 2004 I, 1748 sowie Gesetz über die internationale Rechtshilfe in Strafsachen, BGBl. 1994 I, 1537. Das Umsetzungsgesetz wurde ins IRG eingeführt. Kritik zur Umsetzung: u.a. *Hackner*, NStZ 2005, 311; *von Heintschel-Heinegg/Rohlff*, GA 2003, 44; *Schünemann*, GA 2002, 501; *Schünemann*, ZRP 2003, 185; *Schünemann*, StV 2003, 531.

674 So z.B. *Suhr*, Calliess/Ruffert (Hrsg.), EUV/AEUV Kommentar, Art. 82 Rn. 24.

675 BVerfGE 113, 273 ff.

Deutschland nicht möglichst grundrechtsschonend umgesetzt.[676] Zweitens, weil es die Rechtsweggarantie gem. Art. 19 Abs. 4 GG verletze, denn die Anfechtbarkeit der Bewilligungsentscheidung war nicht gewährleistet.[677]

Im Jahr 2006 – nach Beseitigung des Mangels – wurde das zweite deutsche EuHbG[678] verabschiedet, welches – wie bei der klassischen Auslieferung – zwischen Zulässigkeits- und Bewilligungsverfahren unterscheidet.[679] Der Gesetzgeber hat – entsprechend dem Urteil – ein spezielles Prüfungsprogramm bzgl. der Übergabe von deutschen Staatsangehörigen herausgearbeitet. Bei der Auslieferung von Deutschen ist wegen Art. 16 Abs. 2 GG eine Übergabe ins europäische Ausland nur dann erlaubt, wenn ein maßgeblicher Auslandsbezug vorliegt und der Ausstellungsstaat garantiert, dass die Sanktion auf Wunsch des Betroffenen in Deutschland verbüßt werden darf.[680]

Um die ziemlich komplizierte Regelung bzgl. der Auslieferung von Deutschen zu verstehen, soll die folgende Tabelle helfen:

Eindeutige Fälle		**Mischfälle**
Maßgeblicher Bezug zum ersuchenden Mitgliedstaat + Nach Wunsch des Verfolgten Garantie auf Zurücküberstellung zur Vollstreckung (§ 80 I 1 IRG)	**Maßgeblichen Inlandsbezug** (Umkehrschluss § 80 II. i Nr. 2 IRG)	**Weder maßgeblicher Auslands- noch Inlandsbezug** Zu prüfen: - kein maßgeblicher Inlandsbezug - beiderseitige Strafbarkeit + Einzelfallabwägung (§ 80 II 1 IRG)
Auslieferung ist **zulässig**	Auslieferung ist **unzulässig**	Auslieferung ist **möglich**

Man muss neben den Kritiken auch erwähnen, dass der Europäische Haftbefehl in der Praxis polizeitechnisch recht erfolgreich angewendet wird. Die Kommission hat darüber berichtet, dass zwischen 2005 und 2009 fast 55.000 Europäische

676 Urteil des BVerfG vom 18. Juli 2005 – 2 BvR 2236/04, Rn. 63 ff. = BVerfGE, 123, 267, 295.

677 Urteil des BVerfG vom 18. Juli 2005 – 2 BvR 2236/04, Rn. 101 ff. = BVerfGE, 123, 267, 306 f.

678 Gesetz über den Europäischen Haftbefehl – Zweites EuHbG, BGBl 2006 I, 1721.

679 Vgl. § 79 Abs. 2 S. 1 IRG.

680 Vgl. § 80 Abs. 1 S. 1 IRG.

Haftbefehle ausgestellt wurden, die in mehr als 11.500 Fallen zur Festnahme der gesuchten Person geführt haben.[681]

cc) Harmonisierungskompetenz im Verfahrensrecht

Die gegenseitige Anerkennung – wie bereits erörtert wurde – kann die Rechtsangleichung nicht vollständig ersetzen, sie setzt notwendigerweise ein Mindestmaß an Harmonisierung voraus. Art. 82 Abs. 2 AEUV ermächtigt dementsprechend die Union – und zwar das erste Mal[682] – im Bereich des Strafverfahrensrechts Mindestvorschriften zu erlassen, um den notwendigen Grad der Harmonisierung zu erreichen. Es geht hier also – im Gegensatz zu Art. 82 Abs. 1 UA 2 AEUV – nicht nur um die Verwirklichung der gegenseitigen Anerkennung, sondern ausdrücklich um Rechtsangleichung. Es wurde damit nunmehr auch im Vertrag manifestiert, dass die gegenseitige Anerkennung die Harmonisierung nicht vollständig ersetzen kann. Ein Mindestmaß an Rechtsangleichung bleibt trotz der Anwendung des Prinzips notwendig. Dementsprechend enthält Art. 82 Abs. 2 AEUV – als weiteres Novum – eine unmittelbare Verknüpfung der gegenseitigen Anerkennung mit der Harmonisierung.[683]

Auf der Basis von Art. 82 Abs. 2 AEUV können ausschließlich Richtlinien mit Mindestvorschriften erlassen werden. Dies wird bereits in UA 1 festgelegt. Es soll sinngemäß bedeuten, dass es den Mitgliedstaaten weiterhin frei steht, das höhere, nationale Schutzniveau beizubehalten, oder sogar nationale Vorschriften mit höherem Schutzniveau neu zu etablieren.[684] Obwohl die unionsrechtliche Unantastbarkeit des höheren nationalen Schutzniveaus bereits nach dem Wortlaut von UA 1 eindeutig ist, wird sie trotzdem in UA 3 ausdrücklich verankert; diese Vorschrift hat lediglich eine klarstellende Funktion.[685]

Um Mindestvorschriften erlassen zu dürfen, müssen bestimmte Voraussetzungen erfüllt werden. Es steht ausdrücklich in Art. 82 Abs. 2 UA. 1 S. 1 AEUV, dass die Richtlinie erforderlich sein muss, um die Anwendung der gegenseitigen Anerkennung *und* die polizeiliche, justizielle Zusammenarbeit bei Straftaten mit grenzüberschreitender Dimension zu erleichtern. Aufgrund des eindeutigen Wortlauts der Vorschrift müssen die zwei Voraussetzungen als kumulativ angesehen werden

---

681 Pressemitteilung der Kommission (IP/11/454 v. 11/04/2011).

682 *Hailbronner*, in: Hummer/Obwexer (Hrsg.), Der Vertrag von Lissabon, S. 370; *Heger*, ZIS 2009, 406, 411.

683 *Böse*, in Schwarze (Hrsg.), EU-Kommentar, Art. 82, Rn. 22 *Böse*, in Schwarze (Hrsg.), EU-Kommentar, Art. 82, Rn. 22; *Busemann*, ZIS 2010, 552, 554.

684 Ähnlich *Suhr*, in Calliess/Ruffert, EUV/AEUV Kommentar, Art. 82 AEUV, Rn. 33.

685 Ähnlich *Kotzur*, in Geiger/Khan/Kotzur, EUV/AEUV Kommentar, Art. 82, Rn. 14.

(also die Erleichterung der gegenseitigen Anerkennung und das Vorliegen von Straftaten mit grenzüberschreitender Dimension).[686]

Darüber hinaus müssen die allgemeinen Regelungen der Ausübung der Kompetenzgrundlagen berücksichtigt werden. Diese stellen die weiteren Voraussetzungen der Harmonisierung dar. So muss vor allem der Grundsatz der Subsidiarität und der Verhältnismäßigkeit berücksichtigt werden. Bei der Entscheidung der Frage, ob die Voraussetzungen erfüllt sind, reicht die bloße Aussage des europäischen Gesetzgebers nicht aus, im Richtlinien-Entwurf müssen bei der Begründung die Nachweise des Gesetzgebers immer ausdrücklich erörtert werden; dies wird vom BVerfG verlangt.[687]

Auch wenn die allgemeinen und die speziellen Voraussetzungen erfüllt sind, dürfen nach Art. 82 Abs. 2 AEUV nicht alle Bereiche harmonisiert werden, sondern nur diejenigen, die in UA 2 von a bis d ausdrücklich aufgezählt werden. Die einzelnen Bereiche der künftigen Harmonisierung sind glücklicherweise ausgerechnet diejenigen, die zur Stärkung des gegenseitigen Vertrauens am effektivsten beitragen können, nämlich die Garantieregelungen im Strafverfahren: Die Rechte der Einzelnen im Strafverfahren und die Rechte der Opfer von Straftaten sowie die Voraussetzungen der Zulassung von Beweismitteln. Es wäre daher wünschenswert die Möglichkeit zur Harmonisierung zu nutzen und damit den bisherigen eher punitiven Charakter der Europäisierung auszugleichen. Wenn in allen Mitgliedstaaten ein strafverfahrensrechtlicher Mindeststandard herrschen würde, wäre das Misstrauen gegenüber den fremden Rechtsordnungen eindeutig gedämpft und die Akzeptanz der gegenseitigen Anerkennung wäre eindeutig größer.

In Verbindung mit den aufgezählten Bereichen wird in der Literatur darauf aufmerksam gemacht, dass zwischen der Förderung des Opferschutzes und der Beschuldigtenrechte ein Spannungsfeld besteht; die Erweiterung der Rechte der Opfer einer Straftat kann nach der Erreichung eines bestimmten Grades des Schutzes nur zu Lasten der Rechte des Beschuldigten gehen, und dies gilt auch umgekehrt. Es muss daher zwischen den zwei Seiten immer eine praktische Konkordanz hergestellt werden.[688]

Obwohl in alten Grundverträgen eine vergleichbare Kompetenz für die Harmonisierung des Strafverfahrens nicht normiert war, wurden bereits auf der

686 Ähnlich *Kretschmer*, in Vedder/v. Heinegg (Hrsg.), EVV Kommentar, Art. III-270 Rn. 25; *Suhr*, in Calliess/Ruffert, EUV/AEUV Kommentar, Art. 82 AEUV, Rn. 32.

687 BVerfG, Urt. v. 30.6.2009 – 2 BvE 2/08, Rn. 359 = BVerfGE, 123, 267, 410. Dazu beachten: Art. 296 Abs. 2 AEUV.

688 Ferner *Zeder*, EuR 2012, 34, 59.

Basis von Art. 31 EUV a.F. mehreren Rechtsakte erlassen: Rahmenbeschluss über die Stellung des Opfers[689], Richtlinie über die Entschädigung des Opfers[690], Richtlinie über das Recht auf Dolmetscherleistungen und Übersetzungen im Strafverfahren[691], Richtlinie über die Europäische Schutzanordnung[692], Richtlinie über das Recht auf Belehrung und Unterrichtung in Strafverfahren[693]. Darüber hinaus stehen weitere Rechtsakte vor der Verabschiedung: Richtlinienentwürfe über bestimmte Verfahrensrechte im Strafverfahren[694], über die Europäische Ermittlungsanordnung[695], über Mindeststandards für die Rechte und den Schutz von Opfern sowie für die Opferhilfe[696], Sicherstellung und Einziehung von Erträgen aus Straftaten[697] sowie über das Recht auf Rechtsbeistand[698]. Außerdem ist in diesem Zusammenhang noch der Entwurf eines Grünbuchs über die Untersuchungshaft zu erwähnen.

Wie immer bei strafrechtlicher Rechtsangleichung, dürfen auch bei der strafverfahrensrechtlichen Harmonisierung die mitgliedsstaatlichen Souveränitätsgedanken nicht außer Acht gelassen werden. Diesem tragen mehrere Vorschriften Rechnung:

- Nach Art. 82 Abs. 2 S. 1 AEUV ist eine Harmonisierung nur möglich, wenn sie zur Erleichterung der gegenseitigen Anerkennung beiträgt und gleichzeitig zur polizeilichen und justiziellen Zusammenarbeit in Strafsachen mit grenzüberschreitender Dimension erforderlich ist. Die Harmonisierung darf also kein Selbstzweck sein, deren Notwendigkeit muss explizit nachgewiesen werden.
- Nach Art. 82 Abs. 2 S. 2 AEUV müssen die Rechtssysteme und Rechtstraditionen der Mitgliedstaaten berücksichtigt werden. Es handelt sich hier allerdings wieder um die bloße Bekräftigung eines Grundsatzes, denn die Achtung der nationalen Identität wurde bereits in Art. 4 Abs. 2 EUV mit genereller Wirkung verankert.

689 RB 2001/220/JI, ABl. 2001 L 82/1. In diesem Bereich ist eine umfassende Neuregelung bereits geplant. Dazu: KOM (2011) 275 endg.

690 RL 2004/80, ABl. 2004 L 261/15.

691 RL 2010/64, ABl. 2010 L 280/1.

692 RL 2011/99, Abl. 2011 L 338/2.

693 RL 2012/13, Abl. 2012 L 142/1.

694 KOM (2002) 328 endg.

695 Ratsdok. 11735/11 vom 17. Juni 2011.

696 KOM(2011) 275 endg.

697 KOM/2012/085 endg.

698 KOM (2011) 326 endg.

- Die Harmonisierung ist ausschließlich in den in Art. 82 Abs. 2 UA 2 AEUV aufgezählten Bereichen zulässig; die Aufzählung ist taxativ. Dies ist nach dem Wortlaut ganz eindeutig. Der Katalog ist jedoch erweiterbar.[699]
  Es wurden in der Literatur die Alarmglocken geschlagen, eine uferlose Erweiterung der Unionskompetenzen drohe.[700] Insofern kann man über eine Kompetenz-Kompetenz sprechen: Durch Art. 82 Abs. 2 lit. d AEUV wird der Union eine Kompetenz eingeräumt, sich zusätzliche Kompetenten zuzusprechen, was in der Praxis zur Ausdehnung der begrenzten Einzelermächtigungen führen könnte.
  Mit der Problematik hat sich auch das BVerfG befasst. In Verbindung mit einer vergleichbaren Vorschrift in Art. 83 Abs. 1 UA 3 AEUV wurde im Urteil festgelegt, dass die Kompetenzerweiterung im Sinne von Art. 23 Abs. 1 GG mit einer Vertragsänderung gleichzustellen ist. Denn die Union ist kein souveräner Staat, deswegen darf sie sich keine neuen Kompetenzen zusprechen. Dies bleibt weiterhin das ausschließliche Privileg der Mitgliedstaaten, sie müssen die Herren der Verträge bleiben.
  Diese Aussage des Gerichts bzw. die hohe Hürden bei der Kompetenzerweiterung sollte konsequenterweise auch in Verbindung mit Art. 82 Abs. 2 lit. d AEUV gelten. Das Urteil schweigt hierzu jedoch. Der Grund dafür ist völlig unklar. Da das BVerfG in Zusammenhang mit Art. 82 Abs. 2 lit. d AEUV keine Parlamentszustimmung gem. Art. 23 Abs. 1 GG verlangt hat, tut das Integrationsverantwortungsgesetz es auch nicht.[701] So beliebt eine uferlose Erweiterung der strafverfahrensrechtlichen Kompetenzen der Union theoretisch möglich. Es ist aber bei Mindeststandards weniger problematisch.
- Es kann gem. Art. 82 Abs. 3 AEUV ggf. die Notbremse gezogen werden. Die sog. Notbremse ist ein neues Rechtsinstrument des Unionsrechts. Sie wurde bei den zentralen Vorschriften des europäischen Strafrechts, sowohl bei Art. 82 als auch Art. 83 AEUV verankert.
  Der Gesetzgeber hat mit Hilfe der Vorschrift versucht, die Befürchtungen bezüglich der drohenden mitgliedsstaatlichen Souveränitätseinbuße zu dämpfen. Diese Befürchtungen entstanden dadurch, dass mit der Auflösung des Säulensystems auch im Bereich des Strafrechts von der Einstimmigkeit zur qualifizierten Mehrheitsentscheidungen übergegangen worden ist.[702]

---

699 Vgl. Art. 82 Abs. 2 lit. d AEUV.

700 *Dannecker*, Jura 2006, 95; *Zimmermann*, Jura 2009, 845.

701 Ähnlich *Suhr*, in Calliess/Ruffert, EUV/AEUV Kommentar, Art. 82 AEUV, Rn. 43. Vgl. Art. 7 Abs. 1 IntVG.

702 *Heger*, ZIS 2009, 406, 411.

Die Notbremse ist praktisch ein Vetorecht, das von jedem Mitgliedstaat ausgeübt werden kann, wenn eine grundlegende Beeinträchtigung der nationalen Strafrechtsordnung durch eine Entscheidung der Unionsgesetzgeber drohen würde.[703] In einem solchen Fall kann der Mitgliedstaat den Europäischen Rat anrufen, sich mit dem Entwurf zu befassen; das ordentliche Gesetzgebungsverfahren wird gleichzeitig ausgesetzt. Wenn binnen 4 Monaten keine Einigung erreicht wird, ist das Gesetzgebungsverfahren als gescheitert zu erklären.

Wie gesagt, die Notbremsenregelung ist praktisch als Kompensation für die Abschaffung der Einstimmigkeit im Rat gedacht. Der Unterschied zwischen Einstimmigkeit und qualifizierten Mehrheitsentscheidungen mit bedingtem Vetorecht ist dennoch wesentlich. Bei der Einstimmigkeit konnte ein Entwurf am willkürlichen politischen Widerstand eines Mitgliedstaates scheitern, bei der Notbremse muss der ablehnende Mitgliedstaat tiefgreifende rechtliche Gründe gegen den Entwurf nachweisen.[704]

Es stellt sich allerdings die Frage, wie man den Begriff „grundlegender Aspekt" auslegen muss, aus nationaler oder aus europäischer Sicht.[705] Auf den ersten Blick klingt es vielleicht logisch, dass die europäische Sicht berücksichtigt werden muss, denn es handelt sich um einen europäischen Begriff, der EuGH hätte also die Auslegungszuständigkeit.[706] Dieses Ergebnis übersieht jedoch offensichtlich den Sinn und Zweck der Vorschrift, es muss nämlich die Souveränität der Mitgliedsstaaten geschützt werden. Daher ist die Frage, ob grundlegende Aspekte des nationalen Rechtssystems verletzt sind, aus mitgliedsstaatlicher Sicht, von dem betroffenen Mitgliedstaat zu beurteilen.[707]

Ein Missbrauch mit der Notbremse ist möglich: Richtigerweise darf jeder Mitgliedstaat selber beurteilen, wann die Beeinträchtigung der nationalen Rechtsordnung tiefgreifend ist. Wenn jedoch das Veto offensichtlich unbegründet war, kann ein Vertragsverletzungsverfahren[708] eingeleitet werden.[709] Die Frage zu beurteilen, ob ein Missbrauch vorliegt, ist nicht unbedingt einfach. Was ist zum Beispiel, wenn der Druck aus Brüssel weiter wächst,

---

703 Vgl. Art. 82 Abs. 3 S. 1 AEUV.

704 Heger, ZIS 2008, 406, 414; *Nelles/Tinkl/Lauchstädt*, in Kadelbach (Hrsg.) Europarecht, § 42 Rn. 18.

705 *Satzger*, § 9, Rn. 48.

706 Vgl. Art. 267 Abs. 1 lit. a AEUV.

707 *Satzger*, § 9, Rn. 48.

708 Vgl. Art. 259 AEUV.

709 *Hecker*, § 8, Rn. 58; *Heger*, ZIS 2009, 406, 415; *Zimmermann*, Jura 2009, 844, 848.

die Strafbarkeit von juristischen Personen im nationalen Recht zu etablieren? Dies wäre mit dem deutschen Handlungsbegriff kaum vereinbar. Ist der Handlungsbegriff/Schuldprinzip als ein grundlegender Aspekt des deutschen Strafrechts zu betrachten?[710] Nach der Meinung des BVerfG ist die Frage eindeutig zu bejahen.[711]

Das BVerfG hat sich in seinem Lissabon-Urteil zur Notbremsenregelung geäußert.[712] Das Gericht begrüßt die Regelung und findet, dass sie sachgerecht und verhältnismäßig sei. Sie träge dafür Rechnung, dass mit strafrechtlichen Unionskompetenzen die nationale Souveränität erheblich beeinträchtigt wird sowie, dass die demokratische Legitimation der europäischen Rechtsakte teilweise durch die nationalen Parlamente gewährleistet wird. Deswegen müsse den nationalen Parlamenten eine ultimative Kontrollmöglichkeit eingeräumt werden. Der deutsche Regierungsvertreter darf dementsprechend im Rat die Notbremse nur nach ausdrücklicher Weisung des deutschen Bundestages und ggf. des Bundesrates betätigen.[713]

Die Notbremsenregelung hat im Urteil des BVerfG auch sonst eine zentrale Rolle gespielt, das Gesetz über die Ratifizierung des Vertrags von Lissabon wurde wegen der nicht hinreichenden Einbeziehung des deutschen Gesetzgebers in die europäischen Angelegenheiten als verfassungswidrig angesehen. Also u.a. weil die Mitwirkung des Bundestages und des Bundesrates bei der Anwendung der Notbremsenvorschrift ursprünglich nicht gewährleistet wurde.[714] In Verbindung mit der Beteiligung des deutschen Gesetzgebers bei der Anwendung von Art. 82 Abs. 3 UA 1 S. 1 AEUV sind nach dem Urteil des BVerfG zwei Fragen offen: Nach der Meinung des BVerfG darf der Regierungsvertreter im Rat die Notbremse ausschließlich nach der Weisung des deutschen Parlaments betätigen. Es ist klar, dass die Notbremse nach der entsprechenden

---

710 *Satzger*, § 9, Rn. 49; *Tiedemann*, Wirtschaftsstrafrecht BT, § 1, Rn. 56. Insofern ist es rechtspolitisch durchaus interessant, dass in den Rahmenbeschlüssen und Richtlinien, die in den vergangenen Jahren verabschiedet wurden, um die nationalen Strafrechtssysteme zu harmonisieren, die Strafbarkeit der juristischen Personen regelmäßig vorgesehen ist (*Zeder*, EuR 2012, 34, 36).

711 BVerfG, Urt. v. 30.6.2009 - 2 BvE 2/08, Rn. 364 = BVerfGE, 123, 267, 413.

712 BVerfG, 2 BvE 2/08 vom 30.6.2009, Rn. 365 = BVerfGE, 123, 267, 413.

713 Vgl. Art. 9 IntVG (Gesetz über die Wahrnehmung der Integrationsverantwortung des Bundestages und des Bundesrates in Angelegenheiten der Europäischen Union vom 22. September 2009; BGBl. I S. 3022). Ob der Bundesrat mitwirken muss, hängt gem. Art. 9 Abs. 2 IntVG davon ab, ob er in der konkreten Angelegenheit gem. Art. 72 GG Zuständigkeit hätte.

714 BVerfG, 2 BvE 2/08 vom 30.6.2009, Rn. 401 ff. = BVerfGE, 123, 267, 431 ff.

Entscheidung des Bundestages und ggf. des Bundesrates gezogen werden muss. Es ist jedoch unverständlich, warum der deutsche Regierungsvertreter es ohne Anweisung nicht tun dürfte.[715] Das Integrationsverantwortungsgesetz enthält insofern eine bessere Formulierung und lässt die Anwendung von Art. 82 Abs. 3 UA 1 S. 1 AEUV auch ohne eine entsprechende Parlamentsanweisung zu. Es kann grundsätzlich in Frage gestellt werden, warum das deutsche Parlament im Notbremsenverfahren einbezogen werden muss, denn es handelt sich bei Art. 82 Abs. 2 AEUV nicht um eine Vertragsänderung oder Kompetenzerweiterung der Union, sondern lediglich um das Erlassen von regulären Rechtsakten des Sekundärrechts der Union.[716]

Falls nach der Anwendung der Notbremsenvorschrift binnen 4 Monaten keine Einigung erreicht wurde und infolge dessen das Rechtsetzungsverfahren als gescheitert erklärt wurde, kann eine verstärkte Zusammenarbeit begründet werden.[717] Fraglich ist, ob in diesem Fall die Teilnahme von Deutschland an der verstärkten Zusammenarbeit die Zustimmung des deutschen Parlaments benötigt. Wenn das Notbremsenverfahren von Deutschland eröffnet wurde, taucht das Problem natürlich nicht auf; sonst ist es jedoch offen. Das Urteil des BVerfG und das Integrationsverantwortungsgesetz schweigen hierzu leider.[718] Es wird trotzdem an einigen Stellen in der Wissenschaft die Meinung vertreten, dass bei einer verstärkten Zusammenarbeit die Zustimmung des deutschen Parlaments erforderlich sei.[719]

- In Art. 82 Abs. 2 UA 3 AEUV wurde ein sog. Günstigkeitsprinzip verankert.[720] Es garantiert, dass das ggf. höhere Schutzniveau der Mitgliedstaaten unberührt bleibt.[721] An dieser Stelle haben wir es wieder mit einer bloßen Bekräftigung zu tun, denn es geht in Art. 82 Abs. 2 AEUV sowieso um Mindestvorschriften. In diesem Zusammenhang können Mindestvorschriften schon sinngemäß ausschließlich die Gewährleistung des Mindestschutzstandards bedeuten. Diese praktisch überflüssige Regelung in UA 3 trägt lediglich der intensiven Souveränitätsbeeinträchtigung in Art. 82 AEUV Rechnung.

---

715 *Suhr*, in Calliess/Ruffert, EUV/AEUV Kommentar, Art. 82 AEUV, Rn. 50.

716 *Suhr*, in Calliess/Ruffert, EUV/AEUV Kommentar, Art. 82 AEUV, Rn. 49.

717 Vgl. Art. 82 Abs. 3 UA 2 S. 1 AEUV.

718 Vgl. Art. 9 IntVG.

719 *Suhr*, in Calliess/Ruffert, EUV/AEUV Kommentar, Art. 82 AEUV, Rn. 53.

720 *Rosenau/Petrus*, in Vedder/v. Heinegg (Hrsg.), EUV/AEUV Kommentar, Art. 82, Rn. 20.

721 *Mansdörfer*, HRRS 2010, 11, 15; *Suhr*, in Fastenrath/Nowak (Hrsg.), Der Lissabonner Reformvertrag, S. 317.

dd) Harmonisierungskompetenz im materiellen Recht

Art. 83 Abs. 1 AEUV ist die zentrale Vorschrift der Europäisierung des materiellen Strafrechts, sie stellt eine originäre Strafrechtsharmonisierungskompetenz der Union dar. Die grundlegende Bedeutung der Regelung ergibt sich daraus, dass erwartungsgemäß – trotz ausdrücklicher Verankerung des Prinzips der gegenseitigen Anerkennung im Unionsrecht – die Harmonisierung weiterhin im Mittelpunkt der strafrechtlichen Tätigkeit der Union stehen wird.[722]

Auch bei Art. 83 Abs. 1 AEUV gelten nunmehr die Regelungen des ordentlichen Gesetzgebungsverfahrens, einige besondere Vorschriften tragen jedoch dem intensiven souveränitätsbeeinträchtigenden Charakter der Regelungen Rechnung. So verfügt ausnahmsweise nicht nur die Kommission über ein Initiativerecht, sondern ein Quorum der Mitgliedstaaten ist auch berechtigt, das Rechtsetzungsverfahren in die Wege zu leiten.[723] Darüber hinaus gelten die Notbremsenregelungen.

(1) Relativer Unterschied zwischen RB und RL

Vorgänger dieser Norm war die Harmonisierung durch Rahmenbeschlüsse im Rahmen der dritten Säulen der Union, auf der Basis von Art. 31 EUV a.F. Bevor Art. 83 Abs. 1 AEUV näher thematisiert wird, erscheint es sinnvoll, nochmals darauf hinzuweisen, dass die Strafrechtsharmonisierung in der Vergangenheit durch Rahmenbeschlüsse erfolgt war. Die Kommission hat sich jedoch mit den rechtlichen Eigenschaften des Rahmenbeschlusses nie zufrieden gegeben. Sie tendierte immer dazu, das Strafrecht auch außerhalb der intergouvernementalen Zusammenarbeit durch Richtlinien zu europäisieren oder sogar unmittelbar geltende strafrechtliche Normen, also Verordnungen mit strafrechtlichem Inhalt, zu erlassen. Ob dazu die Gemeinschaft die Zuständigkeit hätte, wurde heiß diskutiert, aber mehrheitlich strikt abgelehnt.

Bei den Anstrengungen der Kommission war auch der EuGH Partner. Es war in der europäischen Rechtsprechung eine Tendenz zu erkennen, die strafrechtliche Zuständigkeit der Gemeinschaft zu erweitern bzw. den Unterschied zwischen Richtlinie und Rahmenbeschluss zu relativieren sowie die rechtliche Stellung der Richtlinien zu Lasten der Rahmenbeschlüsse zu stärken.[724] Insofern sind vor allem die Folgenden Urteile des EuGH zu beachten:

722 *Hecker*, in Ambos (Hrsg.), Europäisches Strafrecht post-Lissabon, S. 19.

723 Vgl. Art. 76 AEUV.

724 *Rackow*, ZIS 2008, 526, 536; *Weißer*, ZIS 2006, 562, 575.

- Mit dem berühmten Pupino-Urteil[725] hat der EuGH die mitgliedsstaatliche Pflicht zur rahmenbeschlusskonformen Auslegung begründet sowie – nach einigen Ansichten[726] – die unmittelbare Wirkung der Rahmenbeschlüsse erklärt.

  Im Fall Pupino ging es um eine italienische Erzieherin, die die Kinder, die in ihrer Obhut gegeben wurde, misshandelt haben sollte. Im Prozess hat das zuständige italienische Gericht beim EuGH ein Vorabentscheidungsverfahren eingeleitet, der EuGH musste die Frage klären, ob die Vorschriften der italienischen Strafprozessordnung, die die Verwertung der Zeugenaussagen außerhalb der Hauptverhandlung nur bei Sexualdelikten zu Lasten von Kindern zulässt, mit dem Rahmenbeschluss über den Opferschutz[727] vereinbar seien bzw. ob man im vorliegenden Fall nach Berücksichtigung des oben genannten Opferschutz-Rahmenbeschlusses die Spezialvorschriften, die nach dem italienischen Strafverfahrensrecht eigentlich nur bei Sexualdelikten gelten, doch anwenden sollte. Es sollte allgemein geklärt werden, ob die Mitgliedstaaten – nach dem Vorbild der Richtlinien – auch bei den Rahmenbeschlüssen verpflichtet sind, das nationale Recht unter Berücksichtigung des Wortlauts und des Zwecks des einschlägigen europäischen Rahmenbeschlusses auszulegen.

  Der Fall hatte eine Besonderheit, die Umsetzungsfrist des Rahmenbeschlusses über den Opferschutz war zum Zeitpunkt des Strafverfahrens schon abgelaufen, er war jedoch ins italienische Recht noch nicht implementiert.

  Der EuGH hat in seiner Urteilsbegründung die Ähnlichkeit zwischen Richtlinien und Rahmenbeschlüssen betont; beide Rechtsakte verpflichten die Mitgliedsstaaten, bestimmte Ziele zu erreichen. Da die Rechtsnatur der beiden Rechtsinstrumente ähnlich sei, sollten ihre Wirkungen auch im Wesentlichen vergleichbar sein. Der Umstand, dass die Richtlinie ein Rechtsinstrument des Gemeinschaftsrechts sei und dementsprechend im EGV geregelt wird, der Rahmenbeschluss in Gegensatz dazu eine Handlungsform des Unionsrecht darstelle und als solche im EUV a. F. normiert sei, stehe der analogen Anwendung der Wirkungen der Richtlinie auf den Rahmenbeschluss nicht entgegen. Denn die erste und die dritte Säule bzw. der EGV und der EUV a.F. bilden letztendlich eine Einheit, sie stehen unter

---

725 EuGH Rs. C-105/03, Pupino, Slg. 2005, I-5285. Ausführliche Darstellung und Analyse: *Weißer*, ZIS 2006, 562, 575. Kritisch: *Rackow*, ZIS 2008, 526, 529 ff.

726 *Hillgruber*, JZ 2005, 841; *Tinkl*, StV 2006, 39; *Unger*, NVwZ 2006, 49. Befürchtet: *Rackow*, ZIS 2008, 526, 531.

727 RB 2001/220/JI, ABl. 2001 L 82/1.

dem Dach der Union. Daher können die zwei Verträge nicht separat ausgelegt werden.
Das Gericht hat gleichzeitig erklärt, dass die Loyalitätspflicht der Mitgliedstaaten gegenüber der Gemeinschaft auch in der dritten Säule gelte, sie komme zwar aus dem Art. 10 EGV und im EUV a.F. sei nicht normiert, dennoch müsse sie auch in der dritten Säle Anwendung finden. Sonst wäre die Union nicht in der Lage, ihre Aufgabe aus Art. 1 Abs. 2 EUV a.F. wahrzunehmen, also die immer engere Zusammenarbeit der europäischen Völker zu verwirklichen.[728] Die Loyalitätspflicht begründe also generell eine europarechtskonforme Auslegung, die nunmehr auch in der dritten Säule – in Form einer rahmenbeschlusskonformen Auslegung – zu berücksichtigen sei.
Die Grenzen der rahmenbeschlusskonformen Auslegung bildeten der Grundsatz der Rechtssicherheit und das Rückwirkungsverbot. Darüber hinaus durfte die rahmenbeschlusskonforme Auslegung nicht zu einer contra legem Anwendung des nationalen Rechts führen.
Ob in einem konkreten Fall eine rahmenbeschlusskonforme Auslegung des mitgliedsstaatlichen Rechts möglich ist, muss immer von dem zuständigen nationalen Gericht beurteilt werden.
Als das Gericht in seinem Urteil den Unterschied zwischen Richtlinie und Rahmenbeschluss relativiert hat, ging nach meiner Ansicht zu weit, man könnte über eine contra legem Auslegung sprechen. Auch wenn es das Gericht rechtspolitisch nicht überzeugen mag, dass die Herren der Verträge für die dritte Säule einen speziellen Rechtsakt konstruiert haben, hätte er die klare Entscheidung des Gesetzgebers akzeptieren müssen.
Das Urteil hat also den Unterschied zwischen Richtlinie und Rahmenbeschluss relativiert, trotzdem scheint es nach meiner Meinung übertrieben zu sein, die Verpflichtung der Mitgliedsstaaten, das nationale Recht rahmenbeschlusskonform auszulegen, mit der unmittelbaren Wirkung von Rahmenbeschlüssen gleichzustellen und dadurch über die quasi Vergemeinschaftlichung der dritten Säule zu sprechen. Eine solche Interpretation hätte außer Acht gelassen, dass Unmittelbarkeit und Auslegungsplicht nicht die gleichen Rechtsbegriffe sind.[729] In Art. 34 Abs. 2 lit. b EUV a.F. stand sowieso eindeutig, dass ein Rahmenbeschluss keine unmittelbare

728 Ähnlich *Adam*, EuZW 2005, 561; *Fetzer/Groß*, EuZW 2005, 551; *Hermann*, EuZW 2005, 437 f.; *Hobe*, Europarecht, § 24, Rn. 29; *Lemke*, Die Wirkung von Richtlinien und Rahmenbeschlüssen im nationalen Recht der Mitgliedsstaaten, S. 176 f.; *Satzger* § 8 Rn. 118, 2. Auflage; *Weißer*, ZIS 2006, 562, 568.

729 Ferner *Rackow*, ZIS 2008, 526, 531.

Wirkung hat. Die Abweichung von dieser Regelung hätte tatsächlich die Auflösung des Säulensystems bedeutet und hätte die Kompetenzen des EuGH klar überschritten. Ein solcher Vorgang ist dem Gericht jedoch nicht zumutbar.[730]

Die rahmenbeschlusskonforme Auslegung konnte nicht nur durch die Übertragung der Loyalitätspflicht auf der dritten Säule begründet werden. In der Literatur wurde teilweise auf das – im deutschen Recht herrschende – Gebot der völkerrechtsfreundlichen Auslegung hingewiesen, die auch zu der Pflicht der rahmenbeschlusskonformen Auslegung des nationalen Rechts hätte führen können, denn die Rahmenbeschlüsse stellten letztendlich völkerrechtliche Verpflichtungen dar.[731]

- Die Rechtsprechung des EuGH hat später auch den Vorrang der Richtlinien gegenüber den Rahmenbeschlüssen eingeräumt.

Die Kommission hat im Jahr 2003 eine Richtlinie über den Umweltschutz vorgeschlagen. Es wurde kurz darauf ein Rahmenbeschluss zum gleichen Thema mit fast identischem Inhalt vom Rat erlassen. Die beiden Rechtsakte sahen die Verpflichtung der Mitgliedsstaaten vor, Umweltstraftätern mit strafrechtlichen Sanktionen zu drohen. Die Kommission rügte darauf den Rahmenbeschluss vor dem EuGH. Die Beweggründe der Kommission waren nachvollziehbar, wenn man berücksichtigt, dass die Kommission im Rechtsetzungsverfahren in Verbindung mit einer Richtlinie einen wesentlich größeren Spielraum hatte, als beim Erlassen von Rahmenbeschlüssen (siehe S. 94 ff.).

Im Grundsatzurteil des EuGH wurde der Rahmenbeschluss als nichtig erklärt. Es sollten zwei Fragen geklärt werden. Die erste lautete, ob die Gemeinschaft die Zuständigkeit hätte, eine Richtlinie mit strafrechtlichem Inhalt im Bereich des Umweltrechts zu erlassen. Die zweite lautete, ob die Bejahung der Zuständigkeit der ersten Säule, dem Erlass eines Rahmenbeschlusses mit dem gleichen Inhalt entgegensteht.

Bezüglich der ersten Frage hat das Gericht in seinem Urteil Folgendes betont: Bei der Entscheidung, ob in einem Bereich die erste oder die dritte Säule die Zuständigkeit habe und dementsprechend eine Richtlinie oder ein Rahmenbeschluss erlassen werden dürfe, müsse der Inhalt und die Zielsetzung des entsprechenden Rechtsaktes analysiert werden. Das Ziel der europäischen Gesetzgeber war es, den Umweltschutz – mit Hilfe von

---

730 *Satzger*, § 8 Rn. 119, 2. Auflage.

731 *Adam*, EuZW 2005, 560; *Dannecker*, Jura 2006, 99; *Satzger* § 8 Rn. 120, 2. Auflage.

strafrechtlichen Maßnahmen – zu effektiveren. Der Schutz der Umwelt gehöre zu den wesentlichen Zielen der Gemeinschaft. Die Gemeinschaft habe dementsprechend im EGV Zuständigkeiten bekommen, eine effektive Umweltpolitik durchzuführen.[732] In Folge dessen sei die Gemeinschaft berechtigt, Rechtsakte (also Richtlinien) zu erlassen, um die wirksame Durchführung der europäischen Umweltpolitik zu gewährleisten. Dass das Strafrecht als solches nicht in die Zuständigkeit der ersten Säule falle, bedeute nicht, dass das Erlassen von Rechtsakten mit strafrechtlichen Maßnahmen der Gemeinschaft generell untersagt wäre. Wenn zwei Voraussetzungen kumulativ erfüllt seien, könnten Richtlinien mit strafrechtlichem Inhalt erlassen werden. Die strafrechtliche Maßnahmen müssten sich auf eine implizit verankerte Zuständigkeit des Unionsrechts stützen, und es müsste muss nachweislich die Notwendigkeit der Anwendung des Strafrechts bestehen, um schwere Defizite bei der Erreichung der Ziele der Gemeinschaft zu beseitigen. Darüber hinaus müssten die strafrechtrelevanten Regelungen des Europarechts – und zwar säulenübergreifend – eine kohärente Einheit bilden.

Mit dem Urteil hat der EuGH die sog. Annexkompetenz der Gemeinschaft etabliert.

Nachdem die Zuständigkeit der Gemeinschaft bejaht wurde, war es notwendig, die zweite Frage zu klären, nämlich ob die Zuständigkeit der ersten Säule dem Erlass eines Rahmenbeschlusses entgegensteht. Bezüglich der zweiten Frage hat das Gericht folgendes ausgeführt: Wenn sich die Rechtsetzungszuständigkeit des europäischen Gesetzgebers in einem Politikbereich der ersten Säule der Union begründen lässt und so eine Richtlinie erlassen werden kann, sei die Harmonisierung durch Rahmenbeschlüsse im Rahmen der dritten Säule unzulässig. Die erste Säule hat also vor der dritten Säule und demzufolge die Richtlinie vor dem Rahmenbeschluss einen Vorrang.[733]

Später hat der EuGH diese Entscheidung in einem weiteren Urteil bestätigt.[734]

Das Urteil ist nach meiner Ansicht aus zwei Gründen kritisch zu würdigen: Erstens, es mag aus politischen Überlegungen richtig zu sein, die Annexkompetenz dem europäischen Gesetzgeber zuzusprechen, nichtdestotrotz hätte das Gericht die Tatsache nicht übersehen dürfen, dass eine solche Kompetenz im damaligen Gemeinschaftsrecht einfach nicht gab. Eine neue

732 Vgl. Art. 174 ff. EGV.

733 EuGH Rs. 176/03, Umweltrahmenbeschluss, Slg. 2005, I-5285.

734 EuGH Rs. 440/05, Verschmutzung durch Schiffe, Slg. 2007, I-9097.

Zuständigkeit judikativ zu begründen, geht nach meiner Meinung zu weit. Zweitens, in dieser Arbeit wird zwar die h.M. nicht geteilt, dass das Strafrecht mit der nationalen Souveränität, mit kulturellen, historischen Traditionen eines Landes unzertrennlich verbunden wäre (Näher S. 322 ff.), dennoch darf das Strafrecht nicht nur als bloßes Mittel wahrgenommen werden, welches unter Umständen besonders geeignet ist, politische Ziele zu erreichen; es ist aus der Sicht der Grundrechte und der Demokratie ein besonders sensibles Terrain, daher bedarf seine Anwendung eine besondere Rechtsfertigung (siehe S. 275 ff.).

Es ist wichtig klarzustellen, dass weder die frühere Harmonisierungskompetenz durch Rahmenbeschlüsse, noch die geltende Harmonisierungskompetenz durch Richtlinien gem. Art. 83 Abs. 1 AEUV eine unmittelbare Rechtsetzungsbefugnis im Strafrecht bedeutet. Grund dafür ist, dass sowohl die Rahmenbeschlüsse als auch die Richtlinien durch die nationalen Parlamente ins nationale Recht umgesetzt werden müssen. Ob diese Umsetzung nur eine bloße Formalität ist, oder ob es einen tatsächlichen Entscheidungsspielraum für den nationalen Gesetzgeber bedeutet, bleibt jedoch strittig.

(2) Voraussetzungen der Harmonisierung

Da die Regelung eine zentrale Bedeutung hat und in der Literatur – wie bei Art. 82 Abs. 2 lit. d AEUV – wegen der drohenden Uferlosigkeit der Kompetenzgrundlage Warnungen aufgetaucht sind, muss die Vorschrift gründlich, Wort für Wort analysiert werden.

Bei der Harmonisierung handelt es sich – ähnlich wie bei Art. 82 Abs. 2 AEUV – um Mindestvorschriften. Eine formelle Besonderheit ist jedoch, dass in Art. 83 Abs. 1 AEUV – im Gegensatz zu Art. 82 Abs. 2 S. 2 AEUV – der Begriff „Mindestvorschrift" nicht legal definiert wird. Trotzdem ist klar, was der Gesetzgeber damit ausdrücken wollte. Eine Abweichung von der Vorgaben der Union ist möglich, jedoch nur in die punitive Richtung. Das heißt, die Strafdrohung kann höher sein, als es in den einschlägigen Richtlinien vorgesehen ist. Ebenso kann der nationale Gesetzgeber entscheiden, dass die Strafbarkeit bereits bei der Erfüllung von weniger Tatbestandsmerkmalen gegeben ist, als es in der einschlägigen Richtlinie festgelegt wurde.[735]

Die Harmonisierung gem. Art. 83 Abs. 1 AEUV hat grundsätzlich drei Voraussetzungen. Bei der Prüfung, ob die Voraussetzungen der Harmonisierung

---

735 Ähnlich *Suhr*, in Calliess/Ruffert, EUV/AEUV Kommentar, Art. 83 AEUV, Rn. 8; *Zeder*, EuR 2012, 34, 34.

erfüllt sind, muss berücksichtigt werden, dass das BVerfG eine besonders restriktive Auslegung von Art. 83 Abs. 1 AEUV verlangt hat, da die Übertragung von strafrechtlichen Kompetenzen nur eingeschränkt erlaubt ist. Dies ist darauf zurückzuführen, dass die demokratische Selbstbestimmung der Mitgliedsstaaten durch die Harmonisierungskompetenz in einer besonders empfindlichen Weise berührt ist. Den Mitgliedsstaaten wird die Möglichkeit genommen, über die Strafbarkeit von Handlungen sowie über die Rechtsfolge von strafbaren Handlungen - nach der nationalen Wertvorstellung - allein zu entscheiden.[736]

Nun zu den drei Voraussetzungen:

- Es muss sich um „besonders schwere Kriminalität" handeln. Die Voraussetzung schließt also eindeutig die leichteren und die mittleren Formen der Kriminalität aus. Was aber unter dem Ausdruck „besonders schwere Kriminalität" ganz genau zu verstehen ist, dazu liefert das Unionsrecht keine Antwort. Eine Legaldefinition gibt es nicht.[737] Es könnte daher an dieser Stelle ein europäischer Rechtsvergleich hilfreich sein.
  Man könnte sich dem Begriff negativ nähern, es wäre möglich festzulegen, welche Straftaten mit Sicherheit nicht zu der schweren Kriminalität gehören. Wenn ein Delikt nur ein Vergehen darstellt, kann kaum von einer schweren Straftat die Rede sein. Bei der Beantwortung der Frage, was eigentlich ein Vergehen ist, kann jedoch das deutsche StGB allein nicht entscheidend sein. Denn die Definition von Vergehen und die Strafrahmen der einzelnen Straftaten sind in einzelnen Mitgliedstaaten stark abweichend.[738] Es kann allerdings behauptet werden, dass die typischen Vergehen des StGB, wie die einfachsten Formen des Diebstahls[739], des Betruges[740], der Körperverletzung[741], der Falschaussage[742], der Bestechlichkeit[743], der Bestechung[744]

736 BVerfG, 2 BvE 2/08 vom 30.6.2009, Rn. 363 = BVerfGE, 123, 267, 412 f.

737 Ähnlich *Suhr*, in Calliess/Ruffert, EUV/AEUV Kommentar, Art. 83 AEUV, Rn. 17.

738 Zum Beispiel nach dem ungarischen StGB darf über ein Verbrechen nur bei einer vorsätzlichen Straftat die Rede sein, die mit im Mindestmaß mit Freiheitsstrafe von zwei Jahren oder darüber bedroht ist (vgl. 1978. évi I. törvény a Büntető Törvénykönyvről, 11. § (2) bek.).

739 Vgl. §§ 242 ff. StGB.

740 Vgl. §§ 263 ff. StGB.

741 Vgl. §§ 223 ff. StGB.

742 Vgl. § 153 StGB.

743 Vgl. § 332 StGB.

744 Vgl. § 334 StGB.

oder der Urkundenfälschung[745] nicht unter Art. 83 Abs. 1 AEUV zu subsumierend sind, weil sie in allen Mitgliedstaaten Vergehen darstellen, bzw. mit einem entsprechend niedrigeren Strafrahmen bedroht sind.
Die Kriminalität muss jedoch nicht nur schwer, sondern „besonders schwer" sein. Das Wort „besonders" bekommt seine Bedeutung vor allem nach der systematischen Auslegung. Bei vergleichbaren Vorschriften, wie die vertraglichen Regelungen von Europol und von Eurojust ist nur von schwerer Kriminalität die Rede.[746] Die Wortwahl bei Art. 83 Abs. 1 AEUV sollte daher nicht ohne Bedeutung sein. Es ist naheliegend zu behaupten, dass nicht einmal alle Verbrechen, wie die Bildung terroristischer Organisationen[747], Menschenraub[748] oder Menschenhandel[749], sondern nur typische Kapitalverbrechen, wie etwa Mord[750], sexuelle Nötigung[751], sexueller Missbrauch von Kindern mit Todesfolge[752] unter Art. 83 Abs. 1 AEUV zu subsumieren sind. Ob dieses Ergebnis haltbar ist, ist fraglich, denn es würde die Einschränkung der bisherigen Harmonisierungskompetenz bedeuten. Es kann nach meiner Meinung nicht der Wille der Vertragsparteien sein, daher bin ich dafür, dem Ausdruck „besondere" keine große Bedeutung zuzumessen. Es sollte bei der Ausübung der Kompetenz nur nachgewiesen werden, dass es nicht um Bagatellstraftaten handelt.

- Das Delikt bei dem die Harmonisierung vorgesehen ist, muss darüber hinaus eine „grenzüberschreitende Dimension" haben. Dies ergibt sich – nach dem eindeutigen Wortlaut des Vertrags – *entweder* aus der Art und der Auswirkung der Straftat *oder* aus der besonderen Notwendigkeit. Zu einem anderen Ergebnis kommt das Urteil des BVerfG, in dem trotz des klaren Wortlauts festgelegt wurde, dass die zwei Voraussetzungen kumulativ zu verstehen sind. Nach der Meinung des BVerfG darf allein durch die besondere Notwendigkeit der grenzüberschreitenden Kriminalitätsverfolgung die Zuständigkeit des europäischen Gesetzgebers nicht bejaht werden.[753]

745 Vgl. §§ 267 ff. StGB.
746 *Rosenau/Petrus*, in Vedder/v. Heinegg (Hrsg.), EUV/AEUV Kommentar, Art. 83 AEUV, Rn. 12.
747 Vgl. § 129a StGB.
748 Vgl. § 234 StGB.
749 Vgl. § 232 StGB.
750 Vgl. § 211 StGB.
751 Vgl. § 177 StGB.
752 Vgl. § 176d StGB.
753 BVerfG, 2 BvE 2/08 vom 30.6.2009, Rn. 359 = BVerfGE, 123, 267, 410. Ähnlich *Heger*, ZIS 2009, 406, 412; *Kubiciel*, GA 2010; 105.

Nach dem Standpunkt des BVerfG soll im Mittelpunkt die Art und Auswirkung stehen und die (bloße) politische Überlegung, dass eine Harmonisierung sinnvoll wäre, um die europäische Zusammenarbeit zu fördern, nur eine untergeordnete Rolle spielen dürfe.

Diese Meinung mag vielleicht aus rechtspolitischen Gründen nachvollziehbar sein, um die nationale Souveränität in einem besonders sensitiven Bereich zu schonen und um den europäischen Gesetzgeber zu stoppen, wenn er aus politischen und nicht aus faktischen Gründen harmonisieren will. Sie ist trotzdem kaum haltbar, denn sie verstößt gegen die äußerste Grenze der Auslegung, gegen den Wortlaut.[754]

- Die Harmonisierung muss letztlich „erforderlich" sein. Diese Voraussetzung ist etwas versteckt, denn sie befindet sich gar nicht im Art. 83 Abs. 1 UA. 1 AEUV, sie ist in Art. 67 Abs. 3 AEUV enthalten. Trotzdem muss sie mitberücksichtigt werden.[755]

  Im Art. 67 sind die allgemeinen Regelungen der justiziellen Zusammenarbeit bzw. des Raums der Freiheit, der Sicherheit und des Rechts normiert. Es handelt sich also um ein lex generalis, das bei alle weiteren Vorschriften des Titels Anwendung finden muss.

  Erforderlichkeit – nach der allgemein anerkannten Auslegung – bedeutet, dass die Handlung – in unserem Fall also die Harmonisierung – das mildeste Mittel sein muss, um die im Vertrag verankerte Ziele – in diesem Fall die Verhütung und die Bekämpfung der Kriminalität – zu erreichen.

  Ob die Harmonisierung erforderlich ist, kann nur nach einer Einzelfallabwägung entschieden werden.

Für die Eindeutigkeit enthält Art. 83 Abs. 1 UA 2 einen Katalog über die einzelnen Kriminalitätsfelder, die unter UA 1 zu subsumieren sind. Der Katalog in Art. 83 Abs. 1 UA 2 AEUV erfasst neun Politikfelder. Dies macht jedoch die Auslegung nicht unbedingt eindeutiger. Sicher ist jedoch, dass die Aufzählung im Gegensatz zum Vorgänger des Art. 83 Abs. 1 AEUV abschließend ist. Insofern sorgt sie für mehr Klarheit.[756] Hierfür spricht ganz klar sowohl der Wortlaut als auch die Systematik. Wenn die Aufzählung nicht abschließend wäre, würde es

754 Ähnlich *Folz*, ZIS 2009, 430; *Mansdörfer*, HRRS 2010, S. 16; *Zimmermann*, Jura, 2009, 846 f.

755 *Satzger*, § 9, Rn. 37.

756 *Ambos*, § 12 Rn. 9, 1. Auflage; *Hecker*, § 11 Rn. 84 ff., 2. Auflage; *Nelles/Tinkl/Lauchstädt*, in Kadelbach (Hrsg.) Europarecht, § 42 Rn. 15 f.; *Suhr*, in Calliess/Ruffert, EUV/AEUV Kommentar, Art. 83 AEUV, Rn. 9; *Zimmermann*, Jura, 2009, 846.

keinen Sinn machen, die Ergänzung der Liste ausdrücklich zu regeln, wie es im UA. 3 geschehen ist und zwar mit sehr strengen Voraussetzungen.[757] Eine abweichende Meinung ist kaum vertretbar.[758]

In Art. 31 Abs. 1 lit. e EUV a.F. war die Lage wesentlich komplizierter, weil dort die Aufzählung ganz eindeutig nicht abschließend war. Eine klare Begrenzung der Unionszuständigkeit war daher kaum möglich.[759]

Dass Art. 83 Abs. 1 AEUV einen Katalog enthält und dieser Katalog abschließend ist, hat in der Literatur weitgehend ein positives Echo gefunden. Und zwar unabhängig davon, dass die Liste in Vergleich zum Art. 31 Abs. 1 lit. e EUV a.F. wesentlich verlängert wurde. Dass die neue Regelung klare Verhältnisse und eindeutige Grenzen der Unionszuständigkeit geschaffen hat, wurde als viel wichtiger eingestuft, als die Tatsache, dass die Liste umfassender geworden ist.

Man kann in Verbindung mit der Liste von einem Enumerativprinzip sprechen, das heißt, die Unionstätigkeit ist außerhalb des vertraglich bestimmten Zuständigkeitskatalogs untersagt.[760] Die klaren Grenzen der Harmonisierungskompetenz sind vor allem deswegen wichtig, weil die Harmonisierung auf der Basis der alten Rechtslage – wegen der nicht eindeutigen Formulierung – praktisch in allen Kriminalitätsbereichen für zulässig erachtet wurde.[761] Nun haben wir es mit einer ganz anderen Rechtslage zu tun.

Wenn man die Kriminalitätsbereiche des Katalogs näher betrachtet, ist eindeutig zu sehen, dass der Kernbereich des klassischen Strafrechts von der Harmonisierung geschont bleibt. Wenn Art. 83 Abs. 1 AEUV mit der sachgerechten Berücksichtigung des Prinzips der begrenzten Einzelermächtigungen angewandt wird, drohen an dieser Stelle keine allzu großen Souveränitätseinbußen der Mitgliedsstaaten.[762]

(3) Der Katalog in Art. 83 Abs. 1 AEUV

Der Katalog hat also in erster Linie für mehr Klarheit gesorgt. Nichtsdestotrotz tauchen einige Auslegungsprobleme auf. In der Literatur wird unter anderem ein „klassisches“ Problem thematisiert. Die Kriminalitätsbereiche im Katalog

757 *Walter*, ZStW 2005, 912, 926 f.

758 Gegenmeinung: *Meyer*, FS Eser 2005, 797, 801.

759 U.a. *Satzger*, § 8 Rn. 50, 2. Auflage.

760 *Kotzur*, in Geiger/Khan/Kotzur, EUV/AEUV Kommentar, Art. 83 Rn. 5; *Zeder*, EuR 2012, 34, 46.

761 *Satzger*, § 9, Rn. 34.

762 Ähnlich *Zeder*, EuR 2012, 34, 45.

sind – nach der Meinung von vielen Wissenschaftlern – nicht hinreichend bestimmt.[763] Die Aufzählung enthält nicht konkrete Tatbeständen sondern lediglich Kriminalitätsbereiche, die teilweise nicht hinreichend eindeutig sind. Die Ungenauigkeit kann zu einer willkürlichen Anwendung des Katalogs führen.

Das Problem der fehlenden Eindeutigkeit der Katalogstraftaten deutete sich erstmals in Verbindung mit dem Rahmenbeschluss über den Europäischen Haftbefehl klar an.[764] Später tauchte es erneut beim Rahmenbeschluss über die Anwendung des Grundsatzes der gegenseitigen Anerkennung von Geldstrafen und Geldbußen auf.[765]

Was Menschenhandel oder Fälschung von Zahlungsmitteln bedeutet, ist ziemlich eindeutig. Die Situation ist jedoch anders zum Beispiel bei Computerkriminalität oder organisierter Kriminalität. Diese Begriffe können eine Vielzahl von Handlungen erfassen, was zu einer erheblichen Erweiterung des Anwendungsbereichs von Art. 83 Abs. 1 AEUV führen könnte. Ein wesentlicher Unterschied besteht jedoch darin, dass bei den oben genannten Rahmenbeschlüssen die Rechte der Einzelnen unmittelbar betroffen sind, nicht aber in Art. 83 Abs. 1 AEUV, denn diese Vorschrift stellt „lediglich" eine Kompetenzgrundlage dar.

Eine mögliche Lösung des Katalogproblems wurde bereits in Verbindung mit dem Europäischen Haftbefehl thematisiert. Auf den ersten Blick erscheint die Lösung ganz einfach: es sollten nicht abstrakte Kriminalitätsbereiche, sondern konkrete Tatbestände aufgezählt werden. Das Problem ist jedoch, dass die entsprechenden Tatbestände in den Mitgliedsstaaten teilweise sehr abweichend sind. Die nationalen StGB stimmen zwar insoweit überein, dass z.B. die sexuelle Ausbeutung von Kindern unter Strafe gestellt ist. Wie dies aber geschieht, durch einen Tatbestand oder durch mehrere, wie die Tatbestände genau genannt werden, variiert von Land zu Land. Deswegen ist es kaum möglich, in europäischen Rechtsakten konkrete Tatbestände aufzuzählen.

---

763 *Ambos/Rackow*, ZIS 2009, 397, 402; *Heger*, ZIS 2009, 406, 412; *Kretschmer*, in Vedder/v. Heinegg (Hrsg.), EVV Kommentar, Art. III-271 EVV, Rn. 7; *Kubicel*, GA 2010, 101; *Rosenau/Petrus*, in Vedder/v. Heinegg (Hrsg.), EUV/AEUV Kommentar, Art. 83 AEUV, Rn. 13; Walter, ZStW 2005, 912, 927; *Weigend*, ZStW 2004, 276, 285.

764 Bei Straftaten von einem Katalog ist die beiderseitige Strafbarkeit als Voraussetzung der Übergabe nicht zu prüfen gem. Art. 2 Abs. 2 RB 2002/584/JI (ABl. 2002 L 190/1). Kritik: *Ambos*, § 12, Rn. 60; *von Bubnoff*, Kriminalistik 2007, 531, 532 f.; Hecker, § 12, Rn. 26; *Herdegen*, Europarecht, § 20, Rn. 12; *Leutheusser-Schnarrenberger*, StraFo 2007, 267, 270; *Satzger*, § 10, Rn. 27; *Schünemann*, StraFo 2003, 344, 348.

765 RB 2005/214/JI (ABl. 2005 L 76/16).

Eine andere Möglichkeit wäre, die entsprechenden Tatbestände zu harmonisieren. Eine weitgehende Vereinheitlichung der nationalen Strafgesetzbücher ist jedoch gegenwärtig rechtlich kaum durchsetzbar, darüber hinaus politisch auch äußerst unrealistisch. Durch eine so weitgehende Harmonisierung wäre die nationale Souveränität extrem beeinträchtigt, die Mitgliedsstaaten würden dies kaum akzeptieren. Deswegen will der europäische Gesetzgeber die Harmonisierung sowieso in den Hintergrund rücken und viel mehr die gegenseitige Anerkennung vorantreiben.

Das Problem der mangelnden Eindeutigkeit des Katalogs ist daher kaum lösbar. Es muss wohl als Nebenwirkung der Europäisierung des Strafrechts in Kauf genommen werden. Für mehr Klarheit bei der Auslegung der einzelnen Kriminalitätsfelder könnte möglicherweise die Rechtsprechung des EuGH sorgen. Eine solche Auslegung könnte allerdings „gefährlich" sein, denn der EuGH befürwortet traditionell eine breite Interpretation der Unionskompetenzen.[766]

Wenn man den Katalog genauer studiert, fällt auf, dass ein wichtiges Politikfeld fehlt: der Rassismus und die Fremdenfeindlichkeit. Dass der Rassismus nicht zu den harmonisierungsfähigen Strafrechtsbereichen gehören sollte, ist deswegen verblüffend, weil er auch auf der Basis der alten Rechtslage bereits harmonisiert wurde[767] und dessen Bekämpfung vom Anfang an zu den Hauptaufgaben der Union gehört. Die Lösung könnte die strafrechtliche Annexkompetenz der Union darstellen: Da die Bekämpfung des Rassismus und der Fremdenfeindlichkeit an mehreren Stellen des Primärrechts geregelt ist und die Union in diesem Bereich eine allgemeine Zuständigkeit erhalten hat (Antidiskriminierungsgebot in Art. 19 AEUV und ferner die Integration im Rahmen der Einwanderungspolitik gem. Art. 79 Abs. 4 AEUV), kann die Bekämpfung auch ohne explizite strafrechtliche Kompetenz erfolgen, dies erlaubt die strafrechtliche Annexkompetenz gem. Art. 83 Abs. 2 AEUV.[768] Die herrschende Meinung hält diese Auslegung als viel zu weitgehend, und sieht zum Erlass neuer Rechtsakten die Anwendung von Art. 83 Abs. 1 Uabs. 3 als notwendig.[769]

(4) Der Katalog und die Voraussetzungen der Harmonisierung

Ein weiteres – und noch schwerwiegenderes – Problem bei der Auslegung von Art. 83 Abs. 1 UA 2 AEUV ist das ungeklärte Verhältnis zwischen den

766 *Satzger*, Europäisierung des Strafrechts, S. 2.

767 RB 2008/913/JI (Abl. 2008 L 328/55).

768 *Herrnfeld*, in Schwarze (Hrsg.), EU-Kommentar, Art. 67, Rn. 16.

769 *Böse*, ZIS 2010, 76, 82; *Satzger*, in Streinz (Hrsg.), EUV/AEUV Kommentar, Art. 83, Rn. 6; *Suhr*, ZeuS 2009, 687, 669; *Schünemann*, GA 2002, 501, 502 ff.

Voraussetzungen der Harmonisierung im UA 1 und dem Katalog im UA 2. Es ist fraglich, ob bei den Kriminalitätsbereichen, die im Katalog aufgezählt sind, die drei Voraussetzungen von UA 1 (besonders schwere Kriminalität, grenzüberschreitende Dimension der Straftaten und die Erforderlichkeit) als de lege erfüllt zu betrachten sind, oder ob sie auch bei den Katalogstraftaten extra geprüft werden müssen.

Es sind insofern grundsätzlich zwei Meinungen vertretbar: Entweder geht man davon aus, dass der Gesetzgeber für die Praxis Hilfe leisten wollte und so im Katalog die Kriminalitätsbereiche festgelegt wurden, in denen die im UA 1 verankerten Voraussetzungen immer erfüllt sind. Wenn man dieser Meinung folgen würde, dann wären bei den aufgezählten Kriminalbereichen die Voraussetzungen von UA 1 nicht mehr zu prüfen.[770]

Eine andere Meinung ist jedoch auch vertretbar. Dass nämlich in den im Katalog nominierten Bereichen die Voraussetzungen von UA 1 typischerweise erfüllt sind. Dies ist jedoch nicht zwingend der Fall, Ausnahmen sind durchaus möglich. Es muss daher im Einzelfall immer geprüft werden, ob die Voraussetzungen tatsächlich zu bejahen sind.[771]

Um die Frage entscheiden zu können, welche Meinung vorzugswürdiger erscheint, muss die Systematik, der Sinn und Zweck sowie die Entstehungsgeschichte der Regelung berücksichtigen werden.

Dafür, dass die Voraussetzungen von UA 1 in jeden einzelnen Fall zu prüfen sind, spricht die Systematik der Vorschriften. Die Voraussetzungen wurden bereits in UA 1 festgelegt, sie müssen also von der Systematik her für den ganzen Abs. 1 gelten und nicht etwa nur für UA 3.

Wenn man die Meinung vertritt, dass bei den Katalogstraftaten die Voraussetzungen aus dem UA 1 de lege erfüllt sind, würden die im UA 1 festgelegten Voraussetzungen ihre Bedeutung praktisch verlieren. Dann wäre der UA 1 eine bloße Erklärung des Gesetzgebers, warum die einzelnen Kriminalitätsbereiche im UA. 2 aufgezählt wurden. Eine solche Erklärung gehört jedoch üblicherweise nicht zum Vertragstext. Nach einer solchen Auslegung könnten die Voraussetzungen im UA 1 lediglich in einem einzigen Fall doch noch eine tatsächliche Rolle spielen, wenn nämlich der Rat gem. UA 3 den Katalog erweitern würde. Denn die Erweiterung ist – ohne Zweifel – nur in solchen Bereichen möglich, die die Voraussetzungen von UA 1 erfüllen. Wenn man jedoch dem UA 1 nur

770 *Weigend*, ZStW 2004, 283; *Zeder*, EuR 2012, 34, 45.

771 *Rosenau/Petrus*, in Vedder/v. Heinegg (Hrsg.), EUV/AEUV Kommentar, Art. 83 AEUV, Rn. 13.

bei der Erweiterung des Katalogs eine tatsächliche Bedeutung schenkt, sollten die Voraussetzungen systematisch richtiger Weise nicht im UA 1, sondern im UA 2 stehen.[772]

Es muss darüber hinaus berücksichtigt werden, dass die Annahme, dass bei den aufgezählten Kriminalitätsbereichen die Voraussetzungen von UA 1 zwingend erfüllt sind, aus einem weiteren Grund mit dem Sinn und Zweck der Regelung kaum zu vereinbaren ist. Es ist ganz klar, dass zum Beispiel beim illegalen Herunterladen von Musikvideos – was freilich unter Computerkriminalität zu subsumieren ist – von besonders schwerer Kriminalität nicht die Rede sein kann. Solche Straftaten verfügen zwar typischerweise über einen grenzüberschreitenden Charakter, dies ist jedoch auch nicht zwingend der Fall. Ähnliches gilt auch für die Korruption. Mit guten Gründen kann man also die Meinung vertreten, dass die Voraussetzungen aus UA 1 bei den Straftaten des Katalogs gem. UA 2 nicht immer erfüllt sind, sie müssen daher auch bei den Katalogstraftaten geprüft werden.

Nach dem Urteil des BVerfG müssen diese Voraussetzungen nicht nur berücksichtigt werden, sondern deren Anwendung muss zur restriktiven Auslegung der aufgezählten Kriminalitätsbereiche führen.[773] Denn im Urteil des BVerfG wurde generell die einschränkende Auslegung der strafrechtlichen Kompetenzgrundlagen verlangt.[774]

Auch wenn nach dem Regelungsaufbau gute Argumenten dafür sprechen, dass die Voraussetzungen aus UA 1 auch bei den Katalogstraftaten zu prüfen sind, bleibt die Gegenmeinung durchaus vertretbar. Dafür, dass bei den Katalogstraftaten die Voraussetzungen aus dem UA 1 de lege erfüllt sind, spricht vor allem der Wortlaut. Denn Art. 83 Abs. 1 UA 2 AEUV wird mit den Worten „derartige Kriminalitätsbereiche sind“ eingeführt. Dies kann durchaus so verstanden werden, dass der Gesetzgeber die Voraussetzungen als erfüllt betrachtet. Wenn man jedoch mit dem Wortlaut einer europäischen Vorschrift argumentiert, reicht es nicht aus, nur die deutsche Fassung zu berücksichtigen. Und der Wortlaut ist nicht in allen Amtssprachen der Union so eindeutig.[775]

---

772 Ähnlich *Kretschmer*, in Vedder/v. Heinegg (Hrsg.), EVV Kommentar, Art. III-271 EVV, Rn. 4; *Walter*, ZStW 2005, 926; *Zimmermann*, Jura, 2009, 847.

773 *Rosenau/Petrus*, in Vedder/v. Heinegg (Hrsg.), EUV/AEUV Kommentar, Art. 83 AEUV, Rn. 13. Ähnlich BVerfG, 2 BvE 2/08 vom 30.6.2009, Rn. 363.

774 BVerfG, 2 BvE 2/08 vom 30.6.2009, Rn. 362.

775 *Satzger*, § 9, Rn. 36. Es wird als Beispiel die holländische Fassung gebracht. Im Gegensatz dazu sind z.B. die englische, italienische und die ungarische Fassungen ganz klar formuliert.

Wenn man - trotz dagegen sprechenden deutschen Wortlauts - die Prüfung der Voraussetzungen aus UA 1 bei den Katalogstraftaten doch verlangt, entsteht eine rechtspolitisch interessante Situation. Viele Rahmenbeschlüsse, die auf der Basis von Art. 31 EUV a.F. erlassen wurden, dürften gem. Art. 83 Abs. 1 AEUV nicht mehr erlassen werden.[776] Denn die aufgezählten Kriminalitätsbereiche, verschärft mit den Voraussetzungen aus UA 1, begründen eine wesentlich eingeschränktere Unionszuständigkeit für die Strafrechtsharmonisierung, als es nach Art. 31 EUV a.F. noch der Fall war. Ob die Herren der Verträge mit dem Vertrag von Lissabon die strafrechtlichen Kompetenzen der Union einschränken wollten, ist jedoch durchaus fraglich. Es wäre einmalig in der Geschichte der europäischen Zusammenarbeit, dass der Grad der Integration nach einer Vertragsreform zurückgegangen ist. Die Geschichte der europäischen Vereinigung nach dem II. Weltkrieg ist die kontinuierliche Verbreitung und Vertiefung der Zusammenarbeit. Wenn man dennoch an der Prüfung der Voraussetzungen aus UA 1 auch bei den Katalogstraftaten festhält, ist die Behauptung, dass die strafrechtlichen Zuständigkeiten der Union mit dem Vertrag von Lissabon wesentlich erweitert wurden, kaum haltbar.[777]

(5) Ein Lösungsvorschlag

Nach der Berücksichtigung alle Argumente scheint die folgende Lösung optimal zu sein: Bei der Auslegung der einzelnen Kriminalitätsbereiche des Katalogs müssen die Voraussetzungen von UA 1 mitberücksichtigt werden. Die Kriterien sind jedoch restriktiv auszulegen, vor allem was die „besondere Schwere" der Kriminalität betrifft. Restriktive Auslegung bedeutet in diesem Zusammenhang, dass dem europäischen Gesetzgeber ein größerer Spielraum bei der Harmonisierung gewährleistet werden sollte. Bei der Beurteilung der Frage, ob die Kriminalität besonders schwer ist, soll es in der ersten Linie nicht auf das Strafmaß im deutschen StGB ankommen, sondern es muss viel mehr berücksichtigt werden, wie verbreitet die Straftat in europäischen Rechtsraum ist, wie stark deren grenzüberschreitender Charakter ist und wie effektiv eine unionsweite Regelung zu deren Bekämpfung beitragen könnte.

Diese breite Interpretation darf natürlich nicht dazu führen, dass Bagatelldelikte unter Art. 83 Abs. 1 AEUV subsumiert werden. Ein solches Ergebnis würde bereits einen eindeutigen Verstoß gegen den Wortlaut bedeuten.

---

776 Ähnlich *Suhr*, In Fastenrath/Nowak (Hrsg.), Der Lissabonner Reformvertrag, S. 317.

777 *Heger*, ZIS 2009, 406, 417; *Kretschmer*, in Vedder/v. Heinegg (Hrsg.), EVV Kommentar, Art. III-271 EVV, Rn. 5; *Suhr*, ZEuS 2009, 687, 699.

(6) Der Katalog als Kompetenz-Kompetenz?

Es gibt auch Stimmen im Schrifttum, die den Katalog generell ablehnen.[778] Die Aufzählung wird mit dem Prinzip der begrenzten Einzelermächtigungen als unvereinbar erklärt. Die Formulierungen seien teilweise so vage, dass sie eine – mit dem Prinzip der begrenzten Einzelermächtigungen unvereinbare – Kompetenz-Kompetenz darstellten. Die Aufzählung wird im Hinblick auf die bisherige Kompetenzauslegungspraxis des EuGH noch kritischer betrachtet. Die Auslegung der Kriminalitätsbereiche könne mit dem umstrittenen Grundsatz von „effet utile" zur uferlosen Erweiterung der Strafrechtskompetenzen der Union führen.[779]

Diese Befürchtungen scheinen übertrieben zu sein. Es ist zwar tatsächlich nicht ganz klar, welche Tatbestände genau unter den Katalog zu subsumieren sind, die meisten Tatbeständen der nationalen Strafgesetzbücher bleiben jedoch von Art. 83 Abs. 1 AEUV mit Sicherheit unberührt. Denn sie haben mit den aufgezählten Kriminalitätsfeldern nichts zu tun. Die Ungenauigkeit der Katalogstraftaten muss als unvermeidliche Nebenwirkung des Unionsrechts hingenommen werden.

An dieser Stelle kann von einer Kompetenz-Kompetenz nicht die Rede sein, denn die Aufzählung ist abgeschlossen. Sie kann nicht erweitert werden. Die Möglichkeit der breiten Auslegung einer Kompetenzgrundlage ist an sich keine Kompetenz-Kompetenz, denn die Auslegung geht über den Inhalt der schon bestehenden Kompetenz nicht hinaus. Der Katalog wird durch bloße Auslegung nicht erweitert.

(7) Erweiterung des Katalogs

Obwohl der Katalog eine abschließende Aufzählung enthält, ist der Weg für die Erweiterung gem. Art. 83 Abs. 1 UA. 3 AEUV dennoch offen. Insofern spricht man von einer sog. dynamischen Blankettermächtigung.

Die Liste kann „nach der Entwicklung der Kriminalität" mit dem einstimmigen Beschluss des Rates und mit der Zustimmung des EP erweitert werden. Dabei reicht die bloße Behauptung des europäischen Gesetzgebers, dass die kriminalpolitische Lage sich verändert hat, mit Sicherheit nicht aus, die dynamische Blankettermächtigung von Art. 83 Abs. 1 UA. 3 AEUV anzuwenden. Die veränderte kriminalpolitische Situation muss richtigerweise durch empirische Untersuchungen bestätigt werden,[780] wie es auch vom BVerfG in seinem Urteil

778 U.a. *Schröder*, in: FS Achenbach, S. 493 f.

779 *Schröder*, in: FS Achenbach, S. 494.

780 Ähnlich *Suhr*, in Calliess/Ruffert, EUV/AEUV Kommentar, Art. 83 AEUV, Rn. 15.

verlangt wurde.[781] Wenn man sich insofern mit einer bloßen politischen Erklärung der Kommission zufriedenstellen würde, wäre die Voraussetzung der Erweiterung der Kriminalitätsbereiche praktisch entleert. Dies kann nicht Sinn und Zweck der Regelung sein, sonst würde diese Zusatzvoraussetzung gar nicht im UA. 3 stehen. Fraglich ist, ob auch der EuGH die empirische Untersuchung fordern wird, die bisherige Auslegungspraxis des Gerichts spricht dagegen.

Die dynamische Blankettermächtigung in Art. 83 Abs. 1 UA. 3 AEUV stellt wieder eine Kompetenz-Kompetenz dar, ähnlich wie Art. 82 Abs. 2 lit. d AEUV. Obwohl die zwei Vorschriften durchaus ähnlich sind, hat sich das BVerfG in seinem Urteil nur über Art. 83 Abs. 1 UA. 3 AEUV geäußert. Unverständlicher Weise wurde Art. 82 Abs. 2 lit. d AEUV in der Entscheidung nicht thematisiert. Die Kompetenzerweiterung von Art. 83 Abs. 1 UA. 3 AEUV ist im Sinne von Art. 23 Abs. 1 GG mit einer Vertragsänderung gleichzustellen.[782] So die Aussage des BVerfG. Grund dafür sei, dass die Union kein souveräner Staat ist, und deswegen sich auch keine neuen Kompetenzen zusprechen dürfe. Das bleibt das ausschließliche Privileg der Mitgliedstaaten, denn sie müssen die Herren der Verträge bleiben. Die Zuständigkeitserweiterung bedarf daher stets der Zustimmung des Bundestages und des Bundesrates.[783]

Es bleibt jedoch offen, ob bei der Zustimmung eine reguläre Mehrheit ausreicht, oder eine Zweidrittel-Mehrheit erforderlich ist. Insofern enthält weder das Urteil noch das Integrationsverantwortungsgesetz Informationen. Für die Notwendigkeit einer qualifizierten Mehrheit spricht der Inhalt des Urteils. Dies verlangt die Gleichstellung der Anwendung von Art. 83 Abs. 1 UA. 3 AEUV mit einer Vertragsänderung gem. Art. 23 Abs. 1 GG. Die Vertragsänderungen setzen die Zustimmung von zwei Drittel der Mitglieder des Bundestages und des Bundesrates voraus.[784] Trotzdem ist die Notwendigkeit einer qualifizierten Mehrheit nach einer Gesamtbetrachtung eher abzulehnen. Dafür spricht der Ausnahmecharakter von Art. 23 Abs. 1 S. 3 GG bzw. von Art. 79 Abs. 2 GG. Die deutsche Verfassung verlangt grundsätzlich nur bei der Änderung des Grundgesetzes eine Zweidrittel-Mehrheit.[785] Insofern gilt die Vorschrift, die bei der Änderung der

---

781 BVerfG, 2 BvE 2/08 vom 30.6.2009, Rn. 363 = BVerfGE, 123, 267, 412 f.

782 BVerfG, 2 BvE 2/08 vom 30.6.2009, Rn. 363 = BVerfGE, 123, 267, 412 f.

783 Vgl. § 7 Abs. 1 IntVG.

784 Vgl. Art. 23 Abs. 1 S. 3 GG i.V.m. Art. 79 Abs. 2 GG.

785 Zum Beispiel setzt die ungarische Verfassung traditionell bei einer Vielzahl von Gesetzen die Zustimmung von Zweidrittel der Abgeordneten voraus (z.B.: Gesetz über das Wahlrecht, über das Wahlverfahren, über das Staatsangehörigkeit, über die Verteidigung, über das Verfassungsgericht, über die Kommunen, über

europäischen Grundverträge die Zustimmung von Zweidrittel der deutschen Parlamentsabgeordneten vorsieht, als Ausnahme. Die Zweidrittel Mehrheit zu verlangen, bedarf immer einer besonderen Rechtfertigung. Diese ist bei der Anwendung von Art. 83 Abs. 1 UA. 3 AEUV wohl nicht gegeben, diese kann mit der Ratifikation eines Unionsvertrages wohl kaum gleichgestellt werden. Vor allem, weil dem deutschen Gesetzgeber, als er den Vertrag von Lissabon ratifiziert hat, wohl bewusst war, dass der Vertrag die Möglichkeit der Erweiterung der strafrechtlichen Kompetenzen der Union enthält.[786]

Ob die Möglichkeit der Katalogerweiterung eine praktische Bedeutung hätte, wird teilweise in Frage gestellt, denn Art. 82 AEUV sowie Art. 83 Abs. 1 AEUV, aber vor allem Art. 83 Abs. 3 AEUV könnte hinreichend Raum gewährleisten, um das nationale Strafrecht weitgehend zu harmonisieren.[787]

(8) Harmonisierung durch Mindestvorschriften

Die Harmonisierung in Art. 83 Abs. 1 AEUV umfasst das Erlassen von Mindestvorschriften zur Festlegung von Straftaten und Strafen.[788] Die Harmonisierung hat also zwei Richtungen: Von dem europäischen Gesetzgeber können sowohl Tatbestandsmerkmale, als auch Rechtsfolgen festgelegt werden.

Wichtig ist, dass in Rahmen der Harmonisierung nur Mindestvorschriften erlassen werden dürfen. Die Grenze der Strafbarkeit liegt umso höher, je mehr Voraussetzungen der Tatbestandsmäßigkeit festgelegt werden. Eine europäische Mindestvorschrift bedeutet dementsprechend, das Vorschreiben eines Maximums an Tatbestandsmerkmalen. Es bleibt jedoch den Mitgliedstaaten frei, die Strafbarkeit an weniger Tatbestandmerkmale zu knüpfen und damit die Strafbarkeitsgrenze herunterzusetzen.[789]

Im Zusammenhang mit Art. 83 Abs. 1 AEUV bzw. mit der Harmonisierung wird generell die Kritik laut, dass die Vorschrift einen eindeutigen punitiven Charakter hat, wie es beim Europäischen Strafrecht bedauerlicher Weise praktisch

---

die Gerichtsverwaltung, über die Einzelheiten der Ausübung von Grundrechten, über das Wappen, die Flagge sowie über die Nationalhymnen der Republik Ungarn).

786 Ähnlich *Suhr*, in Calliess/Ruffert, EUV/AEUV Kommentar, Art. 83 AEUV, Rn. 22.

787 *Folz*, ZIS 2009, 430.

788 *Hecker*, § 8, Rn. 38.

789 *Walter*, ZStW 2005, 912, 924 f.

immer der Fall ist.[790] Denn bisher wurden im Rahmen des Europäischen Strafrechts vor allem neue Tatbestände eingeführt, bereits bestehende Tatbeständen erweitert, Strafen erhöht sowie die Strafverfolgung perfektioniert.[791] Die Kompetenzgrundlage im Art. 83 Abs. 1 AEUV folgt diesem Trend. Die höheren nationalen Strafrahmen belieben also von den europarechtlichen Vorgaben unberührt, die niedrigeren nationalen Strafrahmen müssen jedoch angehoben werden. Solche Reglungen bestätigen das verbreitete (Vor)urteil gegenüber der Union, dass sie nur die Erweiterung des Kreises der strafbaren Handlungen, die Erhöhung der Strafen, also allgemein die Einschränkung der Rechte der Einzelnen anstrebe.

Es muss aber gleichzeitig darauf hingewiesen werden, dass die punitiven Tendenzen den nationalen Gesetzgebern auch nicht fremd sind. Ein Beispiel für eine Depönalisierung in der nationalen Gesetzgebung zu finden, ist nicht leicht.[792] Das machte es aber nicht wirklich besser...

(9) Harmonisierung im Allgemeinen Teil

Eine weitere Frage bei der Anwendung von Art. 83 Abs. 1 AEUV ist, ob nur die Tatbestände des Besonderen Teiles, oder auch die Vorschriften des Allgemeinen Teiles harmonisiert werden können.

Die Praxis der Rechtsangleichung auf der Basis von Art. 31 EUV a.F. hat bereits gezeigt, dass bei der Harmonisierung von einzelnen Straftaten des Besonderen Teils der Allgemeine Teil nicht unberührt bleiben kann. Der Allgemeine und der Besondere Teil des materiellen Strafrechts hängen notwendigerweise eng miteinander zusammen. Es wird zum Beispiel in Rahmenbeschlüssen oft vorgeschrieben, dass nicht nur der Haupttat des unmittelbaren Täters, sondern auch der Versuch und weitere Beteiligungsformen strafbar sein müssen. Der Allgemeine Teil ist also durch die Europäisierung unmittelbar betroffen, insofern gilt die Harmonisierung des Allgemeinen Teiles als zulässig.[793]

790 *Braum*, JZ 2000, 493, 497; *Gless*, StV 2010, 400, 405; *Hecken*, § 9, Rn. 42; *Hefendehl*, ZIS 2006, 229, 232; *Heger*, ZIS 2009, 406, 415; *Rosenau/Petrus*, in Vedder/v. Heinegg (Hrsg.), EUV/AEUV Kommentar, Art. 83 AEUV, Rn. 15.

791 *Zeder*, EuR 2012, 34, 40.

792 Ferner *Albrecht/Braum*, KritV 1998, 460, 481.

793 Vgl. RL 2001/,29/EG (ABl. 2001 L 167/10); RB 2002/629/JI (ABl. 2002 L 203/1); RB 2004/68/JI (ABl. 2004 L 13/44); RB 2004/757/JI (ABl. 2004 L 335/8); RB 2008/841/JI (ABl. 2008 L 300/42); RB2008/919/JI (ABl. 2008 L 330/21). Ähnlich *Zeder*, EuR 2012, 34, 46. *Geiger*, Auswirkungen europäischer Strafrechtsharmonisierung auf nationaler Ebene, S. 48.

Ob jedoch einzelne Rechtsinstrumente des Allgemeinen Teiles – wie der Versuch, der Rücktritt oder die Anstiftung – an sich europäisiert werden dürfen, bleibt äußerst fraglich. Es wäre ein ziemlich eindeutiger Verstoß gegen den Wortlaut von Art. 83 Abs. 1 UA. 1 AEUV, da der Vertragstext über Tatbestände spricht. Unter dem Begriff „Tatbestand" werden typischerweise nur die einzelnen Straftaten im Besonderen Teil verstanden, nicht jedoch die Vorschriften des Allgemeinen Teiles.

Es wird in der Wissenschaft teilweise dennoch die Meinung vertreten, dass mit der Harmonisierung von Rechtsinstrumenten des Allgemeinen Teils mittelfristig zu rechnen ist. Es wird jedoch nur eine sektorielle Europäisierung erwartet.[794] Also nur in solchen Bereichen, in denen die Tatbestände im Besonderen Teil bereits harmonisiert wurden.

Die Meinung, dass man sich eine effektive Harmonisierung kaum vorstellen kann, wenn die grundlegenden Rechtsinstrumente des Allgemeinen Teiles in den Mitgliedstaaten erheblich abweichend geregelt sind, ist nachvollziehbar. Das gleiche gilt übrigens auch auf die Strafzumessungsvorschriften.[795]

(10) Handlungsform

Die Harmonisierung gem. Art. 83 Abs. 1 AEUV muss durch Richtlinien erfolgen. Dabei ist es wichtig, dass die rechtlichen Eigenschaften dieser Rechtsakte berücksichtigt werden müssen. Die Union darf dementsprechend in den Richtlinien nur das zu erreichende Ziel festlegen. Die Wahl bzgl. der Form und des Mittels muss strikt den Mitgliedstaaten überlassen werden.[796] Die rechtlichen Eigenschaften der Richtlinien zu betonen, ist deswegen wichtig, weil es in der Vergangenheit eine gängige Praxis des europäischen Gesetzgebers war, in Richtlinien bzw. damals noch in Rahmenbeschlüssen Regelungen bis ins letzte Detail zu konkretisieren. Damit wurde die Rolle der nationalen Gesetzgebungsorgane bei der mitgliedsstaatlichen Implementierung praktisch entleert. Eine solche Praxis stand strikt den Eigenschaften der Richtlinie bzw. des Rahmenbeschlusses sowie der fehlenden allgemeinen unmittelbaren strafrechtlichen Rechtsetzungskompetenz der Union entgegen.[797]

---

794 *Satzger*, § 8, Rn. 27; *Tiedemann*, Wirtschaftsstrafrecht BT, § 1, Rn. 56. Eher befürchtet als vertritt: *Böse*, ZIS 2010, 76, 86; *Weigend*, ZStW 2004, 275, 287.

795 *von Bubnoff*, in Pache (Hrsg.), Die Europäische Union – Ein Raum der Freiheit, der Sicherheit und des Rechts?, S. 115; *Satzger*, § 9, Rn. 45.

796 Vgl. Art. 288 AEUV.

797 *Heger*, Europäisierung des Umweltstrafrechts, S. 61.

(11) Die Notbremse
Ähnlich wie bei Art. 82 Abs. 3 AEUV wurde auch im Art. 83 Abs. 3 AEUV eine Notbremse verankert. Diese Vorschrift gilt unmissverständlich sowohl für Art. 83 Abs. 1 AEUV als auch für Art. 83 Abs. 2. AEUV.

Mit der Notbremsenregelung wird auch bei der Harmonisierung des materiellen Rechts ein effektiver Souveränitätsschutz gewährleistet. Die Mitgliedstaaten haben also ein ultimatives Mittel in der Hand, wenn – wie es von vielen Rechtswissenschaftlern gefürchtet wird – die Voraussetzungen der Harmonisierungsvorschriften nicht hinreichend restriktiv ausgelegt werden.[798]

Die Regelungsinhalte sind bei Art. 82 Abs. 3 AEUV und bei Art. 83 Abs. 3 AEUV weitgehend identisch, deswegen tauchen bei beiden Vorschriften die gleichen Auslegungsproblemen auf.

ee) Annexkompetenz
In Art. 83 Abs. 2 AEUV ist die sog. strafrechtliche Annexkompetenz verankert, das heißt, eine Unionskompetenz zum Erlass von strafrechtlichen Mindestvorschriften in Politikbereichen, außerhalb der justiziellen Zusammenarbeit, wo die Union bereits über Rechtsetzungskompetenzen verfügt, und die schon zumindest teilweise harmonisiert wurden. Ziel der strafrechtlichen Harmonisierung ist es, die effektive Durchführung der Politik der Union zu gewährleisten.

Die Vorschrift verfügt über eine wichtige rechtshistorische Dimension. Die Annexkompetenz war bis zum Inkrafttreten des Vertrags von Lissabon im primären Unionsrecht nicht verankert, wurde aber dennoch angewendet. Auch wenn die vertragliche Regelung neu ist, ist die Problematik der strafrechtlichen Annexkompetenz an sich kein Novum im Unionsrecht. Sie steht schon seit Jahren im Mittelpunkt von Diskussionen.

Es war nach der alten Rechtslage lange Zeit umstritten, ob die Verträge eine strafrechtliche Annexkompetenz zulassen. Die herrschende Lehre hatte hierzu eine strikt ablehnende Haltung.[799] Nichtsdestotrotz hat sich der EuGH in mehreren Urteilen immer wieder für eine Annexkompetenz ausgesprochen. Dies ist kein Wunder wenn man berücksichtigt, dass der EuGH in seiner Rechtsprechung die strafrechtlichen Kompetenzen der Union konsequent gestärkt hat. Dabei kam das Gericht oft zu Vertragsauslegungen, die von der herrschenden

798 *Satzger*, § 9, Rn. 46.
799 U.a. *Dannecker*, Jura 1998, 79, 80; *Eisele*, JA 2000, 896897 f.; *Jung*, JuS 2000, 417, 419; *Weigend*, ZStW 1993, 774, 779; *Suhr*, in Fastenrath/Nowak (Hrsg.), Der Lissabonner Reformvertrag, S. 319.

Lehre strikt abgelehnt wurden. Der erste Meilenstein auf diesem Weg des EuGH war das Griechische Mais-Urteil.[800]

(1) Die Judikatur

Im Jahre 2005 sprach der EuGH der Union eine strafrechtliche Annexkompetenz ausdrücklich zu.[801] Dies führte zu großer Verwirrung in der Literatur, denn der EuGH hatte mit seiner Entscheidung eine neue strafrechtliche Unionskompetenz trotz fehlender einschlägiger vertraglicher Vorschrift geschaffen.[802] Nichtsdestotrotz bekräftigte der EuGH die Entscheidung im Jahre 2007 in einem anderen Urteil, jedoch mit der Ergänzung, dass die Festlegung der Art und des Maßes der Sanktionen weiterhin in der ausschließlichen Zuständigkeit der Mitgliedstaaten bleiben muss.[803]

Wie bereits erörtert wurde, ging es bei dem Rechtsstreit darum, dass die Kommission im Jahre 2003 eine Richtlinie über den Umweltschutz vorgeschlagen hatte. Kurz darauf wurde ein Rahmenbeschluss zum gleichen Thema mit fast identischem Inhalt vom Rat erlassen. Die beiden Rechtsakte sahen die Verpflichtung der Mitgliedsstaaten vor, Umweltsündern mit strafrechtlichen Sanktionen zu drohen. Die Kommission rügte den Rahmenbeschluss vor dem EuGH, weil eine Richtlinie für die Kommission politisch wesentlich günstiger gewesen wäre. Beim Erlassen von Richtlinien verfügte die Kommission über eine wesentlich größere politische Gestaltungsmöglichkeit als beim Erlassen von Rahmenbeschlüssen.

Das Gericht hat in seinem Urteil erklärt, dass das Strafrecht als solches nicht in die Zuständigkeit der ersten Säule falle. Dies bedeute jedoch nicht, dass der Gemeinschaft das Erlassen von Rechtsakten mit strafrechtlichen Maßnahmen generell untersagt wäre. Wenn zwei Voraussetzungen kumulativ erfüllt seien, könnten Richtlinien mit strafrechtlichem Inhalt erlassen werden. Die strafrechtlichen Maßnahmen müssten sich auf eine implizit verankerte Zuständigkeit des Unionsrechts stützen (1.). Darüber hinaus müsse nachweislich die Notwendigkeit der Anwendung des Strafrechts bestehen, um schwere Defizite bei der Umsetzung der Zielsetzungen der Gemeinschaft zu beseitigen (2.). Weiter müssten

---

800 EuGH Rs. 68/88, Slg. 1990, I-2964.

801 EuGH Rs. 176/03, Umweltrahmenbeschluss, Slg. 2005, I-5285.

802 U.a. *Böse*, GA 2006, 211; *Fromm*, ZIS 2007, 26, 37; *Hefendehl*, ZIS 2006, 161, 167; *Heger*, JZ 2006, 310; *Pohl*, ZIS 2006, 213, 321; *Rackow*, ZIS 2008, 526, 532 ff.; *Stiebig*, EuR 2005, 466, 493; *Suhr*, ZEuS 2008, 45, 52 ff.; *Zimmermann*, NStZ 2008, 662; *Zöller*, ZIS 2009, 340, 349.

803 EuGH Rs. 440/05, Verschmutzung durch Schiffe, Slg. 2007, I-9097.

die strafrechtsrelevanten Regelungen des Europarechts – und zwar säulenübergreifend – eine kohärente Einheit bilden.[804] Später hat der EuGH diese Entscheidung in einem weiteren Urteil bestätigt.[805]

Die Urteile hatten zur Folge, dass die Harmonisierung im Strafrecht nunmehr keine explizite strafrechtliche Kompetenzgrundlage im Primärrecht mehr voraussetzte. Wenn in den Verträgen der Gemeinschaft eine umfangreiche Kompetenz in einem anderen Politikfeld zugesagt wurde (wie z.B. im Umweltrecht), war die Kompetenz für die strafrechtliche Harmonisierung dieses Gebietes automatisch mit erfasst.

Die Annexkompetenz ist nunmehr Teil der primärrechtlichen Kompetenzregelungen der Union. Dies ist zunächst begrüßenswert, denn es sorgt für mehr Klarheit und Rechtssicherheit. Darüber hinaus wurde die Kompetenzausübung mit Garantievorschriften ergänzt.[806]

(2) Die vertragliche Regelung

Die Anwendung von Art. 83 Abs. 2 AEUV verlangt, dass die strafrechtsrelevante Harmonisierung zur wirksamen Durchführung der Politik der Union auf einem bestimmten Gebiet unerlässlich ist, in dem eine europäische Zuständigkeit bereits vorliegt. Dementsprechend können zahlreiche Rechtsfelder im Betracht kommen, in denen mit Hilfe der Annexkompetenz strafrechtliche Regelungen erlassen werden können.

Die Anwendung von Art. 83 Abs. 2 AEUV ist ausschließlich in solchen Politikbereichen möglich, in denen die Harmonisierung bereits stattgefunden hat. Das Strafrecht darf also nicht der Vorreiter der Rechtsangleichung sein, kein bloßes Mittel, um die Harmonisierung in einem Bereich zu ermöglichen. Der Einsatz des Strafrechts muss unerlässlich sein, es kann dementsprechend nur dann zur Anwendung kommen, wenn die anderen Mittel versagt haben. Die Unionspolitik darf ohne strafrechtliche Maßnahmen nicht effektiv durchsetzbar sein.[807] Auch mit dieser Einschränkung ist der mögliche Anwendungsbereich von Art. 83 Abs. 2 AEUV außerordentlich groß. Es kommen zahlreichen Politikbereiche in Betracht, wie etwa der Verbraucherschutz, die Waren-, Kapital, Agrar-, Verkehrs- oder die Umweltpolitik, Urheberrechtsverletzung, illegale

804 EuGH Rs. 176/03, Umweltrahmenbeschluss, Slg. 2005, I-5285.

805 EuGH Rs. 440/05, Verschmutzung durch Schiffe, Slg. 2007, I-9097.

806 Ähnlich *Böse*, ZIS 2010, 76, 82; *Suhr*, in Calliess/Ruffert, EUV/AEUV Kommentar, Art. 83 AEUV, Rn. 29.

807 *Suhr*, in Calliess/Ruffert, EUV/AEUV Kommentar, Art. 83 AEUV, Rn. 25.

Einwanderung und Beschäftigung, Rassismus und Fremdenfeindlichkeit sowie das Wettbewerbsrecht.

(3) Über die „Unerlässlichkeit“

Ähnlich wie bei Art. 82 Abs. 2 lit. d AEUV sowie bei Art. 83 Abs. 1 UA. 3 AEUV wurde auch bei Art. 83 Abs. 2 eine uferlose Kompetenzzunahme der Union befürchtet.[808] An dieser Stelle könnte diese Befürchtung begründet sein. Bei Art. 82 Abs. 2 lit. d AEUV und bei Art. 83 Abs. 1 UA. 3 AEUV, wo die Hürden der Kompetenzerweiterung ziemlich hoch sind, ist die Uferlosigkeit eher als theoretische Gefahr wahrzunehmen. Denn bei diesen Vorschriften setzt die Kompetenzerweiterung die einstimmige Entscheidung des Rates und die Zustimmung des Europäischen Parlaments voraus. Darüber hinaus muss die Notwendigkeit der Erweiterung der Strafrechtsharmonisierungskompetenz durch „empirische“ Untersuchungen nachgewiesen werden.

Die Situation ist jedoch bei der Annexkompetenz wesentlich unterschiedlich, Art. 83 Abs. 2 AEUV birgt die Gefahr der uferlosen Zunahme der strafrechtlichen Rechtsetzungskompetenzen der Union in sich. Wenn das Erlassen von Mindestvorschriften unerlässlich erscheint, kann der europäische Gesetzgeber in Verbindung mit jeglichen Politikfeldern der Union strafrechtliche Regelungen erlassen. Dabei lässt der Begriff „Unerlässlichkeit“ eine ziemlich breite Auslegung zu.

Es wird teilweise vorausgesehen und gleichzeitig befürchtet, dass der EuGH – wie oft – auf den Grundsatz des effet utile zurückgreift und die Unerlässlichkeit ziemlich breit, praktisch als Erforderlichkeit interpretiert, was nach dem Wortlaut jedoch eindeutig als zu wenig erscheint.[809] Für diese breite Interpretation spricht, dass in Art. 29 EUV a.F. als allgemeine Voraussetzung der Strafrechtsharmonisierung nur die Erforderlichkeit verlangt wurde. Im Meeresverschmutzungs-Urteil schrieb der EuGH als Voraussetzung der Anwendung der Annexkompetenz ebenso nur die Erforderlichkeit vor.[810]

Die Kommission ist vermutlich auch für eine breite Auslegung. Denn sie argumentierte auch in der Vergangenheit konsequent dafür, dass „Unerlässlichkeit“, „Notwendigkeit“ und „Erforderlichkeit“ bei der Anwendung der Verträge

---

808 U.a. *Ambos/Rackow*, ZIA 2009, 397, 403; *Folz*, ZIS 2009, 427, 429; *Heger*, ZIS 2009, 406, 413; *Zimmermann*, NStZ 2008, 662, 664 f.; *Zimmermann*, Jura 2009, 844, 847.

809 *Kotzur*, in Geiger/Khan/Kotzur, EUV/AEUV Kommentar, Art. 83 AEUV, Rn. 11; *Satzger*, § 9, Rn. 38; *Zimmermann*, NStZ 2008, 662, 664 f.

810 *Masnsdörfer*, HRRS 2010, 11, 17.

synonyme Begriffe seien.[811] Der Kommission ist insofern zuzustimmen, als bei den Begriffen „Notwendigkeit“ und „Erforderlichkeit“ kaum ein inhaltlicher Unterschied festgestellt werden kann.[812] Die Betrachtungsweise ist vielleicht unterschiedlich, vom Ergebnis her haben die Begriffe jedoch die gleiche Bedeutung.[813] Die Meinung der Kommission ist jedoch bzgl. der „Notwendigkeit“/ „Erforderlichkeit“ und der „Unerlässlichkeit“ kaum haltbar. Denn die Wörter „Unerlässlichkeit“ und „Notwendigkeit“ haben offensichtlich eine unterschiedliche Bedeutung. Dabei ist – nach meiner Meinung – „Unerlässlichkeit“ praktisch als Steigerung von „Notwendigkeit“ zu betrachten.[814]

Der Mehrwert der „Unerlässlichkeit“ gegenüber der „Notwendigkeit“/„Erforderlichkeit“ muss bei der Anwendung der allgemeinen Regelungen der Kompetenzausübung – also bei der Anwendung des Subsidiaritätsgrundsatzes sowie des Prinzips der Verhältnismäßigkeit – berücksichtigt werden.[815] Subsidiarität und Verhältnismäßigkeit bedeuten allgemein, dass die EU nur tätig werden darf, wenn die Mitgliedsstaaten nicht in der Lage sind eine Aufgabe wirksam zu erfüllen und die Aufgabe auf Unionsebene besser zu bewältigen wäre, sowie dass die Maßnahmen der Union nicht über das zur Erreichung der Ziele der Grundverträge erforderliche Maß hinausgehen dürfen.[816] Zwischen den Ausdrücken „Notwendigkeit“/ „Erforderlichkeit“ und „Unerlässlichkeit“ besteht ein schwerwiegender Unterschied. „Unerlässlichkeit“ verlang in diesem Zusammenhang, dass das Strafrecht das *einzige* vorstellbare Mittle ist, um die Politik der Union effektiv durchzusetzen.

---

811 Stellungnahme der Kommissioön im Verfahren „Verschmutzung durch Schiffe“; EuGH Rs. 440/05, Slg. 2007, I-9097.

812 Man kann zwischen „Notwendigkeit“ und „Erforderlichkeit“ in den meisten Amtssprachen der Union nicht unterscheiden.

813 Die „Notwendigkeit“ könnte man vielleicht mit einem Blick von oben, im Vergleich dazu die „Erforderlichkeit“ mit einem Blick von unten verbinden. Man könnte auch behaupten, dass die „Notwendigkeit“ mehr in der Umgangssprache, die „Erforderlichkeit“ mehr in der juristischen Fachsprache verwendet wird.

814 Dieser Unterschied besteht auch in anderen Sprachen. Zum Beispiel: szükséges-elengethetetlen (ungarisch), necessitá-indispensabile (italienisch), need-essential (englisch).

815 Ähnlich *Hecker*, § 8, Rn. 48; *Rosenau/Petrus*, in Vedder/v. Heinegg (Hrsg.), EUV/ AEUV Kommentar, Art. 83 AEUV, Rn. 20; *Suhr*, in Calliess/Ruffert, EUV/AEUV Kommentar, Art. 83 AEUV, Rn. 24; *Zimmermann*, Jura 2009, 844, 847. Vgl. Art. 5 Abs. 4 EUV.

816 Vgl. Art. 5 EUV.

Im Vergleich dazu verlangt die „Notwendigkeit"/„Erforderlichkeit" lediglich, dass das Strafrecht das *mildeste* Mittel ist. Es muss jedoch nicht das einzige sein.[817]

Es ist also bei der Annexkompetenz eine entscheidende Frage, ob die „Erforderlichkeit" oder die „Unerlässlichkeit" der Anwendung des Strafrechts verlangt wird.

An dieser Stelle ist es vielleicht sinnvoll darauf hinzuweisen, dass die Bedeutung des Wortlautarguments bei der Auslegung des Unionsrechts wesentlich kleiner ist als dies im nationalen Recht der Fall ist. Eine Meinung, die sich ausschließlich auf den Wortlaut der Norm gründet, muss im Unionsrecht immer sehr kritisch betrachtet werden. Grund dafür ist, dass die Union zurzeit über 23 Amtssprachen verfügt. Das heißt, alle Rechtsakte werden in 23 Sprachen verfasst. Deswegen ist eine ganz genaue wortwörtliche Übereinstimmung der Regelungen in einigen Fällen kaum möglich. Wenn man also mit dem Wortlaut argumentiert, müssen auf jeden Fall die einschlägigen Vorschriften in mehreren Amtssprachen analysiert werden. Bei der „Erforderlichkeit" – „Unerlässlichkeit" besteht der Unterschied nicht nur auf Deutsch, sondern in mehreren Amtssprachen.

An dieser Stelle spricht außerdem auch die Teleologie dafür, dass die „Unerlässlichkeit" mehr bedeuten muss, als die bloße „Erforderlichkeit". Es kann kein Zufall sein, dass bei einer Regelung, die in einem besonders hohen Maße souveränitätsbeeinträchtigend ist, ein Begriff mit besonders starker Bedeutung verwendet wird.

(4) Auslegung durch das BVerfG

Die Sorgen der uferlosen Kompetenzerweiterung wegen der breiten Auslegung des Begriffs „Unerlässlichkeit" hat auch das BVerfG geteilt. Nach der Auffassung des Gerichts befindet sich die Regelung am Rande der Verfassungsmäßigkeit, sie ist nur deswegen mit dem Grundgesetz vereinbar, weil der Vertragstext eine besonders restriktive Auslegung zulässt.[818] Das Gericht hat sich dementsprechend in seinem Urteil für eine besonders restriktive Auslegung ausgesprochen.[819]

Die „Unerlässlichkeit" muss also bedeuten, dass das Strafrecht das einzig vorstellbare Rechtsmittel ist, um eine Unionspolitik durchzusetzen. Darüber hinaus kann die Anwendung der Annexkompetenz nur dann bejaht werden, wenn ein gravierendes Vollzugsdefizit in einem bereits harmonisierten Politikbereich

817 *Suhr*, in Calliess/Ruffert, EUV/AEUV Kommentar, Art. 83 AEUV, Rn. 24.
818 Ähnlich *Suhr*, in Calliess/Ruffert, EUV/AEUV Kommentar, Art. 83 AEUV, Rn. 27.
819 BVerfG, 2 BvE 2/08 vom 30.6.2009, Rn. 361 = BVerfGE, 123, 267, 411.

empirisch nachgewiesen werden kann. Es muss außerdem durch ein Gutachten belegt werden, dass das Vollzugsdefizit nur mit Hilfe des Strafrechts aufgehoben werden kann. Das Strafrecht muss das einzig anwendbare Mittel, sein Einsatz muss also unerlässlich sein.[820]

Diese einschränkende Auslegung des BVerfG ist in der Literatur weitgehend befürwortet worden.[821] Es lassen sich jedoch im Schrifttum auch einige abweichende Stimmen zu finden. *Böse* nimmt eindeutig gegen die zu strengen Voraussetzungen Stellung. Er gibt zu, dass die „Unerlässlichkeit" zwar wichtig sei, denn sie sei ein Ausdruck des ultima-ratio Prinzips, trotzdem sei es unverhältnismäßig, allzu hohe Hürde zu stellen, denn das BVerfG habe in Verbindung mit der Strafgewalt des deutschen Gesetzgebers festgelegt, dass der Erlass von strafrechtlichen Regelungen dem Gesetzgeber grundsätzlich frei sei.[822] Nach der Meinung von *Böse* solle, was im nationalen Strafrecht gilt, auch im Europäischen Strafrecht gelten. Darüber hinaus dürfe nach der Meinung von *Böse* auch nicht unbeachtet bleiben, dass der Ausdruck „Unerlässlichkeit" in diesem Zusammenhang vom EuGH komme, das höchste europäische Gericht habe jedoch nie empirische Untersuchungen verlangt.[823]

Die Aussagen des BVerfG sind auch aus anderen Aspekten nicht unproblematisch. Erstens, weil es praktisch kaum zu überprüfen ist, ob eine künftige strafrechtliche Regelung geeignet ist, eine Vollzugsdefizit zu beseitigen. Es ist äußerst schwer nachprüfbar, wie sich eine Strafrechtsdrohung auf die Kriminalitätsentwicklung auswirkt.[824] Zweitens hat das BVerfG mit dieser Zusatzvoraussetzung der einschlägigen Rechtsprechung des EuGH eindeutig widersprochen.[825] Das höchste europäische Gericht hat nämlich die „Unerlässlichkeit" praktisch mit der „Erforderlichkeit" gleichgestellt. Diese Interpretation der Vorschrift ist zwar – aus den oben dargelegten Gründen – nicht besonders überzeugend. Eines ist jedoch trotzdem eindeutig: Die Auslegung des Europarechts, also auch die der

820 BVerfG, 2 BvE 2/08 vom 30.6.2009, Rn. 362 = BVerfGE, 123, 267, 411 f.

821 U.a. *Ambos/Rackow*, ZIA 2009, 397, 403; *Folz*, ZIS 2009, 427, 429; *Heger*, ZIS 2009, 406, 413.

822 *Böse*, in Schwarze (Hrsg.), EU-Kommentar, Art. 83, Rn. 28 mit Verweis auf BVerfGE 123, 267, 408 f.

823 *Böse*, in Schwarze (Hrsg.), EU-Kommentar, Art. 83, Rn. 28 mit Verweis auf EuGH Rs. 176/03, Umweltrahmenbeschluss, Slg. 2005, I-5285 und EuGH Rs. 440/05, Verschmutzung durch Schiffe, Slg. 2007, I-9097.

824 *Hecker*, § 8, Rn. 48; *Kubiciel*, GA 2010, 99, 104.

825 EuGH Rs. 176/03, Umweltrahmenbeschluss, Slg. 2005, I-5285; EuGH Rs. 440/05, Verschmutzung durch Schiffe, Slg. 2007, I-9097.

Grundverträge, liegt in der Zuständigkeit des EuGH. Das ungarische Verfassungsgericht hat insofern in seinem Lissabon-Urteil zutreffend festgelegt, dass die nationalen Verfassungshüter entscheiden können, ob der Vertrag als solcher bzw. einzelne Regelungen des Vertrags mit der nationalen Verfassung vereinbar sind. Die Auslegung der einzelnen Vorschriften liegt jedoch nicht in der nationalen Zuständigkeit, das ist eindeutig die Aufgabe und das Privileg des EuGH.[826]

Wie dieser Widerspruch rechtlich und politisch zu lösen ist, bleibt bisher unklar. Obwohl die EuGH-Judikatur auf der alten Rechtslage basiert und daher Art. 83 Abs. 2 AEUV de jure nicht betrifft, darf aber nicht übersehen werden, dass die entsprechenden Urteile in einem Zeitraum gesprochen wurden, in dem der neue Vertragstext schon bekannt war. Die Judikatur sollte de facto also berücksichtigt werden. Es taucht insofern in der Literatur ein rechtshistorisch sehr interessantes Argument auf. Da die Ratifizierung des Reformvertrags (damals noch der Verfassungsvertrag und nicht der Vertrag von Lissabon) zur Zeit der Verkündung des Urteils äußerst fraglich war, wollte der EuGH angeblich die neue Rechtslage notfalls auch ohne die Verträge, mit Hilfe einer sehr weitgehenden Rechtsprechung erreichen. Der EuGH hat also die Annexkompetenz in Kenntnis des Art. 83 Abs. 2 AEUV begründet. Dies spricht auch dafür, dass das Urteil de facto vermutlich weiterhin gilt.[827]

(5) Festlegung der Rechtsfolgen

Die Annexkompetenz-Urteile des EuGH erschweren auch aus einem anderen Grund die Anwendung von Art. 83 Abs. 2 AEUV. Der Vertragstext spricht über die Kompetenz zur Festlegung von Straftaten und Strafen. Es ist deswegen nahe liegend zu behaupten, dass die Einschränkungen des Meeresverschmutzungs-Urteiles bzgl. der Rechtsfolgen nicht mehr anwendbar ist.[828] Im Meeresverschmutzungs-Urteil[829] hat sich der EuGH nämlich dafür ausgesprochen, dass die Festlegung der Strafen auf jeden Fall den Mitgliedsstaaten überlassen werden muss. Man muss jedoch wiederum berücksichtigen, dass die Urteile in einem Zeitraum gesprochen wurden, in dem der neue Vertragstext schon bekannt war. An dieser Stelle ist es jedoch ziemlich sicher, dass die frühere Annex-Rechtsprechung des EuGH nicht nur de jure, sondern auch de facto überholt ist.

---

826 143/2010 (VII. 14.) AB határozat, Magyar Közlöny, 2010. évi 119. szám.

827 *Satzger*, § 9, Rn. 40; *Heger*, ZIS 2009, 406, 413.

828 *Heger*, ZIS 2009, 406, 413; Nelles/Tinkl/Lauchstädt, § 42 Rn. 17; *Zimmermann*, NStZ 2008, 662, 665 u. 703. Dagegen *Heger*, ZIS 2009, 406, 413. Vgl. EuGH Rs. 440/05, Verschmutzung durch Schiffe, Slg. 2007, I-9097.

829 EuGH Rs. 440/05, Verschmutzung durch Schiffe, Slg. 2007, I-9097.

Denn ein Gericht kann bei der Vertragsauslegung den eindeutigen Normtext kaum überschreiben. Es ist also davon auszugehen, dass vom europäischen Gesetzgeber künftig nicht nur Tatbestandsmerkmale, sondern auch Rechtsfolgen festgelegt werden dürfen.

Insofern stellt Art. 49 Abs. 3 ChGR eine wichtige Garantieregelung dar. Es wird nämlich im ChGR die Verhältnismäßigkeit der Sanktionen verlangt.[830] Diese Garantievorschrift gilt übrigens nicht nur bei der Annexkompetenz, sie muss allgemein berücksichtigt werden.

(6) Weitere Kritikpunkte

Nach einem generellen Einwand gegen die Annexkompetenz bringt sie die Unfähigkeit der Brüsseler Bürokratie zum Ausdruck.[831] Sie zeige, dass die Union nicht in der Lage war ihre eigene Politik effektiv umzusetzen. Es sei ein Wertungswiderspruch die untaugliche Arbeit der Kommission mit zusätzlichen Kompetenzen zu honorieren.[832]

An dieser Stelle soll jedoch insofern eingehakt werden, dass die Tatsache, dass in einem Politikfeld die Ziele der Union nicht oder nicht hinreichend effektiv erreicht wurden, natürlich auf einen Fehler der Kommission zurückzuführen sein kann, dies jedoch nicht zwingend der Fall sein muss. Es gibt auch mitgliedsstaatliche Beispiele dafür, dass bestimmte Ziele – seien sie auch noch so edel – ohne die Anwendung des Strafrechts nicht erreicht werden können. Dafür können wirtschaftliche, gesellschaftliche oder auch soziale Gründe verantwortlich sein, es muss nicht unbedingt die Unfähigkeit der Regierung bedeuten.

Um die Annexkompetenz in Grenzen zu halten, verlangen einige Stimme in der Literatur eine besonders einschränkende Auslegung. Dementsprechend sollten die Voraussetzungen aus Art. 83 Abs. 1 UA. 1 AEUV bei der Anwendung von Art. 83 Abs. 2 AEUV ebenfalls verlangt werden.[833] Diese Forderung ist jedoch mit der Systematik des Art. 83 kaum zu vereinbaren. Eine solche Einschränkung der Annexkompetenz mag vielleicht aus Erwägungen des Souveränitätsschutzes heraus nachvollziehbar sein, es ist jedoch auf der Basis des

830 *Zeder*, EuR 2012, 34, 46.

831 *Schröder*, in: FS Achenbach, S. 495 f.

832 *Schröder*, in: FS Achenbach, S. 495 f.

833 *Bacigalupo*, ZStW 2004, 326, 329; *Schünemann* (Hrsg.), Alternativentwurf europäische Strafverfolgung 2004, 75, 81. Teilweise auch *Walter*, ZStW 2005, 912, 929. Hier Hinweis auf einen Vortrag von *Bacigalupo* auf der Dresdener Strafrechtslehrertagung.

gegenwärtigen Vertragstextes nicht möglich. Dem steht sowohl der Wortlaut als auch die Systematik von Art. 83 AEUV entgegen.

(7) Verhältnis zu anderen Kompetenzgrundlagen

Da die Annexkompetenz eigentlich eine ergänzende Kompetenz ist, – d.h. sie kann nur in den Bereichen angewendet werden, wo bereits eine Unionszuständigkeit besteht –, scheint es sinnvoll zu sein, das Verhältnis von Art. 82 Abs. 2 AEUV zu anderen Kompetenzgrundlagen zu analysieren.

Nach einigen Stimmen in der Literatur könne die Annexkompetenz eine Sperrwirkung für die anderen Strafrechtskompetenzen entfalten. Das heißt, die Existenz der viel kritisierten Annexzuständigkeit könne für die restriktive Auslegung der anderen Strafrechtskompetenzen der Union sprechen. Wenn man die anderen Strafrechtszuständigkeiten beliebig erweitern würde, wäre die Annexkompetenz überflüssig, denn Art. 82 Abs. 2 AEUV sei gerade deswegen im Primärrecht verankert, um für die Harmonisierung auch solche Gebiete zu erschließen, die sonst für das Europäische Strafrecht unerreichbar wären.[834]

Die Annahme der Sperrwirkung der Annexkompetenz bedeutet im Umkehrschluss, dass sie eine lex generalis ist, sie kommt also nur dann zur Anwendung, wenn andere spezielle strafrechtliche Kompetenzen bereits ausgeschöpft sind.[835]

Es gibt Stimmen in der Wissenschaft, die die Verordnungskompetenz bei Art. 325 AEUV mit Hinblick auf Art. 82 Abs. 2 AEUV ablehnen. Sie behaupten, dass Art. 325 AEUV mangels einer eindeutigen Regelung keine strafrechtliche Kompetenz enthalte, der strafrechtliche Vorbehalt sei nur deswegen gestrichen worden, weil mit Hilfe der Annexkompetenz auch im Bereich der Betrugsbekämpfung strafrechtliche Regelungen erlassen werden können. Hierbei muss man aber berücksichtigen, dass der Unterschied, ob die Betrugsbekämpfung durch Art. 325 oder durch Art. 83 Abs. 2 AEUV erfolgt, ist wesentlich: Art. 83 Abs. 2 AEUV lässt nur die Anwendung der Richtlinien zu.[836] Darüber hinaus ist es auch zu beachten, dass Art. 83 Abs. 2 ein lex generalis ist, wo die Betrugsbekämpfung nicht explizit erwähnt wird. Wenn man aber daran denkt, dass die Erhöhung der Effektivität des Finanzinteressenschutzes der Union seit Jahren im Mittelpunkt der europäischen Politik steht, ist es kaum zu glauben, dass die Vertragsparteien die diesbezüglichen strafrechtlichen Kompetenzen nicht explizit geregelt hätten.

---

834 *Böse*, in Schwarze, Union-Kommentar, Art. 83, Rn. 30.

835 *Böse*, in Schwarze, Union-Kommentar, Art. 83, Rn. 30.

836 *Böse*, in Schwarze, Union-Kommentar, Art. 83, Rn. 31; *Schoo*, in Schwarze, Union-Kommentar, Art. 325, Rn. 26.

(8) Fazit

Die Gefahr der unkontrollierten strafrechtlichen Kompetenzerweiterung der Union wird aus zwei Richtungen gemildert. Erstens dadurch, dass die Annexkompetenz die Union nicht ermächtigt, unmittelbar geltendes Kriminalstrafrecht zu setzen. Die Union wird in Art. 83 Abs. 2 AEUV nur ermächtigt, Richtlinien mit Mindestvorschriften zu erlassen. Die Richtlinien sind jedoch wohlbekannt implementierungsbedürftig. Ohne die nationale Umsetzung tritt also keine Rechtsnorm auf der Basis von Art. 83 Abs. 2 AEUV in Kraft. Eine breitere Interpretation von Art. 83 Abs. 2 AEUV – also die Ermächtigung des europäischen Gesetzgebers, Verordnungen zu erlassen – würde ganz eindeutig gegen den Wortlaut verstoßen.[837]

Die zweite gefahrmildernde Besonderheit besteht darin, dass die Notbremsenregelung gem. Art. 83 Abs. 3 AEUV auch bei der Annexkompetenz Anwendung findet. Dadurch wird letztendlich ein hinreichender Souveränitätsschutz gewährleistet.

Wenn man dieser zwei Umstände berücksichtigt, wird es klar, dass die Situation nunmehr wesentlich besser ist, als sie es nach den Urteilen des EuGH auf der Basis der alten Rechtslage war: Die Voraussetzungen und die Grenzen der Anwendung sind nunmehr primärrechtlich festgelegt.[838] Es darf auch nicht vergessen werden, dass die Prinzipien der Verhältnismäßigkeit und der Subsidiarität bei der Anwendung von Art. 83 Abs. 2 AEUV zwingend berücksichtigt werden müssen.[839]

Auch bei der Anwendung von Art. 83 Abs. 2 AEUV finden die Regelungen des ordentlichen Gesetzgebungsverfahrens Anwendung. Dabei müssen jedoch zwei Besonderheiten berücksichtigt werden. Erstens ist der Kreis der Initiativberechtigten gem. Art. 76 AEUV größer als es üblicherweise der Fall ist und zweitens gilt – wie bereits gesagt – die Notbremsenregelung.

Trotz Bedenken der Wissenschaft ist mit der Anwendung der Annexkompetenz in der Zukunft durchaus zu rechnen, darauf lassen ein Arbeitspapier der ungarischen Ratspräsidentschaft[840] und eine Mitteilung der Kommission[841]

837 Ähnlich *Satzger*, § 8, Rn. 29.

838 Ähnlich *Suhr*, in Calliess/Ruffert, EUV/AEUV Kommentar, Art. 83 AEUV, Rn. 27; *Zimmermann*, NStZ 2008, 662, 665.

839 Ähnlich *Tiedemann*, Wirtschaftsstrafrecht BT, § 1, Rn. 42.

840 Der Weg zu einer EU-Kriminalpolitik, Ratsdok. 11155/11 vom 10.6.2011.

841 KOM (2011) 573 endg. v. 20.9.2011.

schließen. Die Kommission beabsichtigt dabei vor allem die folgenden Deliktsbereiche zu europäisieren bzw. weiter zu europäisieren: Euro-Fälschung, Finanzinteressenschutz der Union, Straßenverkehr, Datenschutz, Umweltschutz, Finanzmarktregulierung, Korruptionsbekämpfung und Zollwesen.[842]

b) Originäre Strafrechtsetzungskompetenz

(1) Die Bedeutung der originären Strafrechtsetzungskompetenz

Bei der Thematisierung der originären Strafrechtsetzungskompetenz der Union muss als erstes eine ganz klare Trennlinie zwischen den Kompetenzgrundlagen in Art. 82 f. AEUV und in Art. 325 AEUV gezogen werden. Der erhebliche Unterschied besteht darin, dass in Art. 82 sowie in Art. 83 AEUV „lediglich" eine Unionskompetenz eingeräumt wird, nationale Strafrechtsvorschriften durch Richtlinien zu harmonisieren. Diese Kompetenzgrundlagen berechtigen jedoch die Union ganz eindeutig nicht, unmittelbar geltende strafrechtliche Regelungen zu normieren. Die Harmonisierungskompetenzen sind mit dem Vertrag von Lissabon teilweise ergänzt und modifiziert worden, sie sind jedoch im Prinzip nicht neu. Es war gem. Art. 29 EUV a.F. schon auf der Basis der alten Rechtslage möglich, das nationale Strafrecht – damals mit Hilfe von Rahmenbeschlüssen – anzugleichen.

Art. 325 AEUV hat eine ganz andere Dimension, diese Vorschrift schafft – nach der h.M. – die Möglichkeit für den europäischen Gesetzgeber – und zwar das erste Mal in der Unionsgeschichte – unmittelbar geltendes Strafrecht zu normieren (Gegenmeinung S. 246 ff.).

Bevor aber der Regelungsinhalt von Art. 325 AEUV dargestellt wird, muss wiederum ein Ausflug in der Rechtsgeschichte gemacht werden.

(2) Rechtsgeschichte

Es war ein Jahrzehnt lang das am heißesten diskutierte Thema des europäischen Strafrechts, ob die Gemeinschaft eine Kompetenz besitzt, unmittelbar geltendes Strafrecht zu erlassen. Die Harmonisierungskompetenz im Rahmen der ehemaligen dritten Säule war unumstritten, nicht aber die Strafrechtsetzungskompetenz innerhalb der ersten Säule. Um die Frage zu beantworten, ob die Gemeinschaft befugt war, unmittelbar geltendes Strafrecht zu erlassen, wurden in erster Linie die möglichen Kompetenzgrundlagen – vor allem Art. 280 EGV – unter der Lupe genommen. Es wurde darüber hinaus analysiert, ob nach dem Prinzip der begrenzten Einzelermächtigungen vielleicht andere Vorschriften

842 KOM (2011) 573 endg. v. 20.9.2011.

des EGV strafrechtliche Ermächtigungen enthalten könnten. Es wurde außerdem thematisiert, ob die Sanktionen des Gemeinschaftsrechts strafrechtlichen Charakter besitzen.

Die vertragliche Vorschrift, die als mögliche Kompetenzgrundlage am häufigsten thematisiert wurde, war Art. 280 EGV. Die Auslegung von Art. 280 EGV ist heute überwiegend Rechtsgeschichte.

Die Frage, ob die Sanktionen des Gemeinschaftsrechts strafrechtlichen Charakter haben, hat ihre praktische Bedeutung überwiegend auch verloren, dies ist nunmehr eher eine dogmatische Frage, denn nach Art. 325 AEUV verfügt die Union nunmehr über die Kompetenz, unmittelbar geltendes Strafrecht zu erlassen. Die Analyse könnte jedoch die Frage beantworten, wie weit die unmittelbare Strafrechtskompetenz der Union reicht, ob sie „nur" in 325 AEUV enthalten ist, oder ob Verordnungen mit strafrechtlichem Inhalt vielleicht auch auf der Basis von anderen Kompetenzgrundlagen erlassen werden dürfen.

Unabhängig davon, dass diese Fragen nunmehr nur eine historische Dimension haben, wäre es sinnvoll die Charakterisierung der Sanktionen des ehemaligen Gemeinschaftsrechts zu thematisieren (1.), sowie die Auslegung von Art. 280 EGV näher anzuschauen (2.), denn die waren bis jüngsten „die Themen" des europäischen Strafrechts. Außerdem liefert Art. 280 EGV ein wichtiges historisches Argument bei der Auslegung von Art. 325 AEUV.

aa) Rechtlicher Charakter der Sanktionen des Gemeinschaftsrechts

(1) Die Problemstellung

In der Zeit als die Grundverträge keine eindeutige Regelung über die unmittelbare strafrechtliche Kompetenz des europäischen Gesetzgeber enthalten haben, hätte man die Frage, ob die Gemeinschaft befugt ist, unmittelbar geltendes Strafrecht zu erlassen, auch dadurch beantworten können, dass man die einzelnen Sanktionen des Gemeinschaftsrechts angeschaut und analysiert hätte. Wenn sich bei der Untersuchung herausgestellt hätte, dass eine oder mehrere Sanktionen des Gemeinschaftsrechts strafrechtlichen Charakter haben, hätte dies bedeutet, dass die Gemeinschaft bereits befugt ist, unmittelbar geltendes Strafrecht zu erlassen, denn die Gemeinschaft war befugt, Sanktionsvorschriften zu erlassen.

(2) Der historische Hintergrund

Der europäische Gesetzgeber hat sich für lange Zeit mit Strafrecht gar nicht beschäftigt, es war klar, dass die Gründungsstaaten, die Herren der Verträge, keine explizite strafrechtlichen Kompetenzen übergeben wollten; die EG war lange Zeit als eine rein wirtschaftliche Gemeinschaft wahrzunehmen.[843] Dies bedeutete jedoch nicht, dass Sanktionen dem Gemeinschaftsrecht fremd waren. Auch in der Zeit, als die Gemeinschaft eine reine wirtschaftliche Zusammenarbeit darstellte, wurden im Europarecht verschieden Sanktionen verankert. Die Gründe dafür waren vielfältig: die Gewährleistung, dass die ökonomischen Ziele der Gemeinschaft erreicht werden, also ein einheitlicher Wirtschaftsraum etabliert wird; die Funktionsfähigkeit des Binnenmarkts zu gewährleisten; den Wettbewerb zu fördern.[844] Die Notwendigkeit der Sanktionsvorschriften ist nachvollziehbar, wenn ein rechtswidriges Verhalten nicht sanktioniert wird, ist die Bereitschaft, sich rechtmäßig zu verhalten, ziemlich gering, daher wurde das Gemeinschaftsrecht mit zahlreichen vermögensbezogenen Sanktionen ausgerüstet.

(3) Typisierung der Sanktionen des Gemeinschaftsrechts

Bevor man entscheiden kann, ob die Sanktionen des Gemeinschaftsrechts strafrechtlichen Charakter haben, muss geklärt werden, um was für Sanktionen es sich überhaupt handelte. Insofern besteht übrigens kein großer Unterschied zwischen der Rechtslage ante und post Lissabon, da die Sanktionen überwiegend im Sekundärrecht enthalten sind, und somit also auch nach dem Inkrafttreten des Vertrags von Lissabon unverändert geblieben sind.

Die Vielzahl der Sanktionen lassen sich typisieren:

- Finanzielle Vermögenseinbußen, wie Geldbuße, Zwangsgelder und Strafgelder. Insofern muss vor allem auf das Kartellrecht der Union hingewiesen werden.[845]
- Sonstige finanzielle Sanktionen, die genauso die Vermögensminderung bezwecken wie die finanziellen Vermögenseinbußen, jedoch keine Geldstrafen darstellen. Insofern muss vor allem auf die Rückzahlungspflicht oder den Kautionsverfall in der Agrar- und Fischereipolitik hingewiesen werden.
- Sonstige Rechtsverluste, die keine unmittelbare vermögensmindernde Wirkung haben. So zum Beispiel der Entzug von Zulassungen oder der Ausschluss von Subventionsverfahren.[846]

---

843 *Dannecker*, Jura 2006, 95, 96; *Jung*, JuS 2001, 417, 419; *Rosenau/Petrus*, in Vedder/v. Heinegg (Hrsg.), EUV/AEUV Kommentar, Art. 83 AEUV, Rn. 2.

844 *Tiedemann*, NJW 1993, 23, 24. Wie z.B. im Kartellrecht: *Lorenzmeier*, ZIS 2008, 20.

845 VO 1/2003 (Abl. 2003 L 1/1) auf der Basis von Art. 101 u. 102 AEUV.

846 *Satzger*, § 8, Rn. 1 ff. Ausführlicher mit Bsp.: *Nelles/Tinkl/Lauchstädt*, in Kadelbach (Hrsg.) Europarecht, § 42 Rn. 21 ff.; *Satzger*, Europäisierung des Strafrechts, S. 60 ff.

(4) „Sanktion" sowie „kriminalstrafrechtliche Sanktion"

Die Hauptfrage ist es, ob diese oben aufgezählten Sanktionen strafrechtliche Rechtsfolgen darstellen. Um eine Antwort zu bekommen, muss noch ein Problem thematisiert werden: Die Begriffe „Sanktion" sowie „kriminalstrafrechtliche Sanktion" werden vom europäischen Gesetzgeber nicht definiert.

Sanktionen sind – nach dem allgemeinen Sprachgebrauch – durch eine Rechtsnorm angedrohte Strafmaßnahmen, die darauf ausgerichtet sind, ein konkretes Verhalten zu unterbinden und damit Normen durchzusetzen.[847] In Verbindung mit dem Europarecht hat *Satzger* die Sanktionen als nachteilige Rechtsfolgen definiert, die gegen diejenigen ausgesprochen und durchgesetzt werden, die gegen eine Rechtsvorschrift verstoßen haben.[848]

Die erste Frage, also was unter dem Begriff „Sanktion" zu verstehen ist, können wir mit Hilfe dieser Definitionen schnell klären. Es ist ganz klar, dass die oben aufgezählten Maßnahmen des europäischen Gesetzgebers Sanktionen sind.

Die zweite Frage, ob diese Sanktionen strafrechtliche Sanktionen sind, ist wesentlich komplizierter. Nach der weit verbreiteten Meinung in der Literatur muss insofern zuerst zwischen Strafrecht im weiteren Sinne und Kriminalstrafrecht unterschieden werden. Der Grund dafür ist, dass in den Mitgliedstaaten sehr vielfältige Sanktionen in sehr vielfältigen Verfahren verhängt werden. Die Sanktionen sind teilweise keine klassischen kriminalstrafrechtlichen Rechtsfolgen, und die Verfahren stellen oft kein traditionelles Strafverfahren dar.[849] So wird in einigen Mitgliedsstaaten vom Ordnungswidrigkeitsrecht oder vom Verwaltungsstrafrecht gesprochen. Diese stellen zwar Strafrecht i.w.S. dar, sie dürfen jedoch mit dem klassischen Strafrecht, also mit dem Kriminalstrafrecht nicht gleichgestellt werden.

Die Sanktionen des Gemeinschaftsrechts müssen also dahingehend analysiert werden, ob deren Eigenschaften eher dem Charakter der kriminalstrafrechtlichen Rechtsfolgen, oder eher den Besonderheiten der Sanktionen des Strafrechts i.w.S. entsprechen. Die Unterscheidung zwischen Strafrecht i.w.S. und zwischen Kriminalstrafrecht ist jedoch gar nicht so einfach festzulegen, denn das Gemeinschaftsrecht enthält auch an dieser Stelle keine Legaldefinition.

Die Frage, ob das deutsche Strafrecht oder das nationalen Strafrecht eines Mitgliedstaates eine Legaldefinition enthält, oder ob eine allgemein anerkannt nationale Definition existiert, ist letztendlich unwichtig, denn es handelt sich

847 http://de.wikipedia.org/wiki/Sanktionen (13.07.2014).

848 *Satzger*, Europäisierung des Strafrechts, S. 59.

849 *Hecker*, § 4, Rn. 61; *Musil*, NStZ 2000, 68; *Satzger*, Europäisierung des Strafrechts, S. 64 ff.; *Satzger*, § 8, Rn. 9.

hier um ein Rechtsphänomen des Unionsrechts, eine nationale Begriffsbestimmung darf also nicht einfach herangezogen und angewendet werden.[850]

Eine europäische Rechtsvergleichung kann jedoch durchaus sinnvoll sein. Es muss also untersucht werden, was die einzelnen nationalen Kriminalstrafrechtssysteme charakterisiert. Die gemeinsamen Eigenschaften ergeben dann das, was im Sinne des Gemeinschaftsrechts unter Kriminalstrafrecht verstanden werden sollte.[851]

Wir sollten also die gemeinsamen Eigenschaften der nationalen kriminalstrafrechtlichen Regelungen sammeln. Diese könnten die Folgenden sein: die Verurteilung enthält ein sozial-ethisches Unwerturteil[852]; die Freiheitsstrafe ist die typische Rechtsfolge bzw. Freiheitsstrafe kann nur als Sanktion der Verletzung einer kriminalstrafrechtlichen Vorschrift verhängt werden[853]; Geldstrafe kann ggf. von Freiheitsstrafe ersetzt werden[854]; die Sanktionen werden von einem unabhängigen Gericht und nicht von einem Verwaltungsorgan verhängt[855]; das Verfahren, in dem die Sanktionen verhängt werden, ist ausführlich geregelt und es finden europaweit anerkannte Garantieregelungen Anwendung[856]; die persönlichen Daten des Täters und der verhängten Sanktionen werden in einem nationalen Strafregister aufbewahrt[857]; die Sanktionen verfolgen gleichzeitig repressive und präventive Zwecke[858].

---

850 Ähnlich: *Hecker*, § 4, Rn. 60.

851 *Musil*, NStZ 2000, 68; *Rosenau/Petrus*, in Vedder/v. Heinegg (Hrsg.), EUV/AEUV Kommentar, Art. 83 AEUV, Rn. 14; *Satzger*, Europäisierung des Strafrechts, S. 75 ff.

852 BVerfGE 96, 245, Rn. 10. *Dannecker/Biermann*, in Immenga/Mestmäcker (Hrsg.), Wettbewerbsrecht, Fn. 9; *Hecker*, § 4, Rn. 62; *Lorenzmeier*, ZIS 2008, 20, 21; *Rosenau*, ZIS 2008, 9; *Satzger*, Europäisierung des Strafrechts, S. 77; *Satzger*, § 8, Rn. 9.

853 *Hecker*, § 4, Rn. 62; *Musil*, NStZ 2000, 68; Rosenau, ZIS 2008, 9; *Satzger*, Europäisierung des Strafrechts, S. 75; *Satzger*, § 7, Rn. 13, 2. Auflage. Es muss allerdings darauf hingewiesen werden, dass z.B. das ungarische Ordnungswidrigkeitsrecht, welches in diesem Zusammenhang Strafrecht i.w.S. ist, die Freiheitsstrafe als mögliche Rechtsfolge kennt(vgl. 1999. évi LXIX. törvény a szabálysértésről, 13. § (1) bek. a pont.).

854 *Hecker*, § 4, Rn. 62; *Satzger*, Europäisierung des Strafrechts, S. 76 f.

855 *Dannecker/Biermann*, in Immenga/Mestmäcker (Hrsg), Wettbewerbsrecht, Fn. 21; *Fromm*, ZIS 2007, 279, 283; *Hecker*, § 4, Rn. 62; *Lorenzmeier*, ZIS 2008, 20, 22; *Musil*, NStZ 2000, 68; *Satzger*, Europäisierung des Strafrechts, S. 79.

856 *Hecker*, § 4, Rn. 62; *Satzger*, Europäisierung des Strafrechts, S. 79.

857 *Hecker*, § 4, Rn. 62; *Satzger*, Europäisierung des Strafrechts, S. 79.

858 *Hecker*, § 4, Rn. 62; *Satzger*, Europäisierung des Strafrechts, S. 79; *Saztger*, § 8, Rn. 9.

Die Sanktionen des Gemeinschaftsrechts erfüllen diese oben aufgezählten Voraussetzungen ganz offensichtlich nicht: es kann keine Freiheitsstrafe verhängt werden; die Geldstrafen können nicht durch Freiheitsentzug ersetzt werden; die Sanktionen werden von einem Verwaltungsorgan, von der Kommission angeordnet; es gibt keine europäischen Register der verhängten Sanktionen; die Sanktionen verfolgen überwiegend repressive Zwecke. Deswegen sind die Sanktionen des Gemeinschaftsrechts nach der ganz herrschenden Meinung der deutschen Rechtswissenschaft keine kriminalstrafrechtlichen Rechtsfolgen. Sie stellen stattdessen Sanktionen des Strafrechts im weiteren Sinne dar, welches insofern mit dem Ordnungswidrigkeitsrecht bzw. mit dem – in einigen Mitgliedstaaten existierenden – Verwaltungsstrafrecht gleichzustellen ist.[859]

Eine ähnliche Meinung wird von der herrschende Lehre auch in Italien, in Belgien und in Frankreich vertreten;[860] der EuGH hat selber den verwaltungsrechtlichen Charakter der Sanktionen bzw. des Verfahrens betont, in dem die Bußgelder verhängt werden.[861]

Es wird allerdings – meist in anderen europäischen Ländern, aber teilweise auch in Deutschland – eine abweichende Meinung vertreten, und die Sanktionen werden als kriminalstrafrechtliche Rechtsfolgen bezeichnet. Dafür könnten grundsätzlich vier Argumenten sprechen: die Verstöße gegen das Kartellrecht bzw. der mit dem Unionsrecht vergleichbare Missbrauch von Subventionen werden in den meisten Mitgliedstaaten auch kriminalstrafrechtlich verfolgt[862]; es ist schwer abzustreiten, dass die Sanktionen auch repressiven Zwecken verfolgen[863]; die verhängten Geldstrafen können so hoch sein, dass die Existenz eines Unternehmens in Gefahr gerät; nicht alle mitgliedsstaatlichen Rechtssysteme unterscheiden zwischen Kriminalstrafrecht und Verwaltungsstrafrecht bzw.

859 U.a. *Ambos*, § 11, Rn. 4; *Dannecker/Biermann*, in Immenga/Mestmäcker (Hrsg), Wettbewerbsrecht, Fn. 21; *Deutscher*, Kompetenzen, S. 92 ff; *Fromm*, ZIS 2007, 279, 283; *Hecker*, § 4, Rn. 72; *Lorenzmeier*, ZIS 2008, 20, 23; *Nelles/Tinkl/Lauchstädt*, in Kadelbach (Hrsg.) Europarecht, § 42 Rn. 20; *Rosenau*, ZIS 2008, 9; *Satzger*, Europäisierung des Strafrechts, S. 64 ff; *Satzger*, § 8, Rn. 5 ff.

860 *Fromm*, ZIS 2007, 279, 283. Der Verf. weist aber gleichzeitig darauf hin, dass die herrschende Lehre in Holland dafür argumentiert, dass die Sanktionen des Gemeinschaftsrechts echtes Kriminalstrafrecht darstellen.

861 U.a. EuGH Rs. C-54/64, Grundig, Slg. 1966, I-321; EuGH Rs. C-41/69, Chemiepharma, Slg. 1970, I-661; EuGH Rs. 139/79, Maizena, Slg. 1980 I-3393; EuGH Rs. C-240/90, Deutschland/Kommission, Slg. 1992 I-5383; EuGH Rs. C-194/99, Thyssen Stahl, Slg. 2003, I-10821.

862 *Fromm*, ZIS 2007, 279, 283.

863 *Fromm*, ZIS 2007, 279, 283; *Lorenzmeier*, ZIS 2008, 20, 22 f.; *Satzger*, § 8, Rn. 9.

Ordnungswidrigkeitsrecht, das nach der deutschen Dogmatik als Strafrecht i.w.S. verstanden wird, daher darf diese Typisierung nicht willkürlich auf das Gemeinschaftsrecht übertragen werden.[864]

(5) Anwendbarkeit der Garantievorschriften

Nachdem das überzeugende Ergebnis der Rechtsvergleichung erbracht hat, dass die Sanktionen nicht als kriminalstrafrechtlich einzuordnen sind, es stellt sich die Frage, ob die Anwendung der Garantieregelungen, die im Strafverfahren herrschen, auch im europäischen Verfahren anzuwenden sind, in dem Sanktionen verhängt werden. Dies ist nämlich nicht eindeutig, denn es handelt sich hier nicht um Kriminalstrafrecht und demzufolge nicht um Strafrecht i.e.S.

Bei der Beantwortung der Frage könnte ein grundlegender europäischer Rechtsakt, der EMRK berücksichtigt werden. Fraglich ist insofern, ob bei einem Bußgeldverfahren eine strafrechtliche Anklage im Sinne von Art. 6 EMRK vorliegt.[865]

Bei der Entscheidung, ob eine strafrechtliche Anklage vorliegt, ist das Engle-Urteil des EGMR wegweisend.[866] In diesem Grundsatzurteil wurden drei Kriterien festgelegt, die entscheiden, ob es sich um eine strafrechtliche Anklage handelt: die nationale Zuordnung; die Natur der Vergehens; sowie die Art und Schwere der Vergehens. Das erste Kriterium ist eindeutig nicht erfüllt, denn die Sanktionen wurden vom Gesetzgeber in einer Verordnung als nicht strafrechtlich eingestuft.[867] Die Voraussetzungen müssen dennoch weiter geprüft werden, weil sie alternativ und nicht kumulativ sind, die Anwendung von Art. 6 EMRK ist also nicht sofort ausgeschlossen, wenn eine Rechtsfolge bzw. ein Verfahren, von dem betroffenen Staat selber nicht als strafrechtlich angesehen wird.[868]

Die Umstände, die bei der Analyse der Natur des Vergehens berücksichtigt werden müssen, dass nämlich Sanktionen sowohl repressive als auch präventive Zwecke verfolgen, sowie, dass der Kreis der Adressaten allgemein bestimmt ist, sprechen dafür, dass es sich bei einem europäischen Sanktionsverfahren sehr

---

864 *Fromm*, ZIS 2007, 279, 28; *Lorenzmeier*, ZIS 2008, 20, 23.

865 *Hecker*, § 4, Rn. 61; *Lorenzmeier*, ZIS 2008, 20, 23 ff.; *Mylonopulos*, ZStW 2011, 633, 344; *Nelles/Tinkl/Lauchstädt*, in Kadelbach (Hrsg.) Europarecht, § 42 Rn. 69; *Satzger*, § 8, Rn. 5 ff.

866 EGMR, Urteil v. 23.11.1976. Ausführliche Darstellung: *Lorenzmeier*, ZIS 2008, 20, 23 ff.

867 Art. 23 VO 1/2003 (Abl. 2003 L 1/1).

868 *Lorenzmeier*, ZIS 2008, 20, 23.

wohl um eine strafrechtliche Anklage handelt und deswegen die Garantievorschriften für Strafverfahren Anwendung finden müssen.

Die einzigen Bedenken hiergegen ergeben sich dadurch, dass eine Freiheitsstrafe als Rechtsfolge mit Sicherheit ausgeschlossen ist. Wenn man aber berücksichtigt, dass teilweise sehr hohe Bußgelder verhängt wurden, die sogar die Lebensfähigkeit des betroffenen Unternehmers beeinträchtigen könnten, scheinen die Kriterien erfüllt zu sein.[869]

(6) Fazit

Es besteht also ein klarer Unterschied zwischen der Rechtsprechung des EuGH und des EGMR, was die rechtliche Natur der Sanktionen trifft,[870] denn nach der Rechtsprechung des EGMR liegt bei einem Bußgeldverfahren eine strafrechtliche Anklage im Sinne von Art. 6 EMRK vor. Im Gegensatz dazu ging das Judikat des EuGH davon aus, dass die gemeinschaftsrechtliche Sanktionen keinen kriminalstrafrechtlichen Charakter haben, sie vielmehr als administrative Rechtsfolgen einzustufen sind, daher sei das Verfahren, in dem sie verhängt werden können, auch kein Strafverfahren.[871]

Unsere Untersuchung erbrachte letztendlich das Ergebnis, dass die Sanktionen des Gemeinschaftsrechts strafrechtlichen Charakter haben, auch wenn sie keine kriminalstrafrechtlichen Sanktionen sind. An dieser Stelle konnte also die Strafrechtskompetenz der Gemeinschaft nicht begründet werden. Dennoch müssen in den Verfahren, in denen Sanktionen verhängt werden können, die Garantievorschriften für Strafverfahren des Art. 6 EMRK bzw. die entsprechenden Vorschriften des Unionsrechts Anwendung finden. Mit der Ablehnung des kriminalstrafrechtlichen Charakters darf also die Notwendigkeit des effektiven Rechtsschutzes nicht abgelehnt werden.

bb) Art. 280 EGV

Die zweite Möglichkeit, um zu erfahren, ob die Gemeinschaft vor dem Inkrafttreten des Vertrages von Lissabon berechtigt war, unmittelbar geltendes Strafrecht zu erlassen, ist es, die einzelnen Vorschriften anzuschauen, die als Ermächtigungsgrundlage im Betracht hätten kommen können. Insofern wurden in der Literatur

869 Vor allem im Kartellrecht. Bsp.: 2004, Microsoft, 0,497 Mrd. EUR; 2007, Thyssen-Krupp, 0,992 Mrd. EUR; 2009, Intel, 1,09 Mrd. EUR; 2009, Microsoft, 0899 Mrd. EUR. *Hecker*, § 4, Rn. 61; *Lorenzmeier*, ZIS 2008, 20, 25; *Satzger*, § 8, Rn. 6.

870 *Mylonopoulos*, ZStW 2011, 633, 644.

871 Urteil des EuGH Rs. C-240/90 „Deutschland/Kommission", Slg. 1992 I-5383, Rn. 24 ff.

die folgenden Regelungen thematisiert: Art. 71 Abs. 1 lit. d EGV, Art. 75 Abs. 3 EGV, Art. 80 Abs. 2 EGV, Art. 83 Abs. 2 lit. a EGV, Art. 110 Abs. 3 EGV, Art. 141 EGV, Art. 229 EGV, Art. 308 EGV. Die ganz herrschende Meinung lehnte bei alle diesen Vorschriften eine strafrechtliche Ermächtigung ab,[872] es wurde nur eine Regelung, Art. 280 EGV kontrovers diskutiert.

(1) Die Entstehungsgeschichte

Zuerst zur Entstehungsgeschichte von Art. 280 EGV: Man spricht in Verbindung mit der Notwendigkeit des Europäischen Strafrechts überwiegend über die grenzüberschreitende Kriminalität., es existiert jedoch auch ein anderes Kriminalitätsfeld, welches typischerweise nicht grenzüberschreitend ist, dennoch paneuropäische Zusammenarbeit verlangt: Die Bekämpfung der betrügerischen Handlungen zum Nachteil der finanziellen Interessen der Gemeinschaft, vereinfacht der europäische Betrug.

Die Union verfügt jedes Jahr über eine erhebliche Summe, im Haushalt von 2011 werden Ausgaben in Höhe von 126,5 Mrd. Euro vorgesehen.[873] Wenn man berücksichtigt, dass den überwiegenden Teil der Ausgaben die verschieden Subventionen sowie die finanziellen Unterstützungen im Bereich der Agrar- und Regionalpolitik darstellen und die Gelder meist von mitgliedsstaatlichen Behörden ausgezahlt werden, ist es offensichtlich, dass der Haushalt der Union besonders betrugsgefährdet ist. Wie hoch der Schaden liegen könnten, kann selbstverständlich nur geschätzt werden: Er könnte 10–20% der Gesamtausgaben ausmachen.[874] Es bestand also ein offensichtlicher Handlungsbedarf.[875]

Der Handlungsbedarf wird aber nicht nur durch die Höhe des Schadens verifiziert, sondern auch durch den Schutz der Glaubwürdigkeit der Union; es schadet nämlich dem Ansehen der Union enorm, wenn in Brüssel Steuergeldern in großem Menge verschwunden, ohne etwas dagegen effektiv zu unternehmen.[876]

---

872 *Albrecht/Braum*, KritV 1998, 460, 471; *Ambos*, 2. Auflage, § 11, Rn. 10; *Dannecker*, Jura 2006, 95, 95; *Kaifa-Gbandi*, KritV 1999, 162, 165 f.; *Satzger*, Europäisierung des Strafrechts, S. 99 ff.; *Tiedemann*, NJW 1993, 23 ff.; *Vogel*, GA 2002, 517, 525; *Weigend*, StV 2001, 63, 67.

873 http://ec.europa.eu/budget/budget_detail/current_year_de.htm (10.03.2014).

874 *Ambos*, § 11, Rn. 6; *Kahn*, in Geiger/Khan/Kotzur, EUV/AEUV Kommentar, AEUV Art. 325 AEUV, Rn. 1; *Rosenau*, ZIS 2008, 9, 17.

875 Ähnlich *Ambos*, § 11, Rn. 7.

876 Ähnlich *Rheinbay*, Die Einrichtung einer Europäischen Staatsanwaltschaft 2014, S. 78.

Dieser Handlungsbedarf wurde schon frühzeitig erkannt, im Mais-Urteil des EuGH wurden die Mitgliedstaaten verpflichtet, die Handlungen zum Nachteil der finanziellen Interessen der Union wirksam, verhältnismäßig und abschreckend zu bekämpfen. Mit dem Vertrag von Maastricht wurde diese Pflicht ins Primärrecht eingeführt, zunächst in Art. 209 EGV.[877] Später – mit dem Vertrag von Amsterdam – wurde die Vorschrift ergänzt und in Art. 280 EGV umgesiedelt.

(2) Der Regelungsinhalt

Nach Art. 280 EGV waren die Mitgliedstaaten und die Gemeinschaft verpflichtet, Maßnahme zu treffen um Handlungen zum Nachteil der finanziellen Interessen der Union im Sinne der Mindesttrias zu bekämpfen. In Art. 280 Abs. 4 S. 1 EGV wurde eine konkrete Rechtsetzungskompetenz der Gemeinschaft eingeräumt, um die erforderlichen Maßnahmen zu ergreifen. Die entscheidende, jedoch offene Frage war, wie umfangreich diese Kompetenz war, mit anderen Worten, wie der Ausdruck „Maßnahmen" auszulegen war: Sind darunter alle Handlungsmöglichkeiten, also auch das Erlassen kriminalstrafrechtlicher Sanktionen zu verstehen, oder muss dieser ganz spezielle Bereich von der europäischen Rechtsetzung unberührt bleiben?

Eine zentrale Bedeutung bekam insofern Art. 280 Abs. 4 S. 2 EGV, in dem verankert wurde, dass „die Anwendung des Strafrechts der Mitgliedstaaten und ihre Strafrechtspflege von diesen Maßnahmen unberührt bleibt". Diese Regelung war auch als strafrechtliche Unberührbarkeitsklausel bekannt.[878] Die Rechtslage schien damit eindeutig zu sein, die Auslegung galt dennoch als umstritten.

(3) Die Auslegung von Art. 280 EGV – Die Mindermeinung

Eine Mindermeinung hat das Erlassen von strafrechtlichen Sanktionen nicht als mit der Unberührbarkeitsklausel unvereinbar gefunden, weil in Art. 280 Abs. 4 S. 2 EGV nur die *Anwendung* der strafrechtlichen Sanktionen untersagt wurde, nicht jedoch das *Erlassen* von solchen Sanktionen. Es wurde dabei von niemandem bezweifelt, dass alle strafrechtlichen Vorschriften von den nationalen Strafverfolgungsbehörden angewendet werden müssen.[879] Die Anwendung wäre auf jeden Fall in nationalen Händen geblieben.

877 ABl. 1992 C 224/1.

878 Ausführliche Analyse: Fromm, ZIS 2007, 26, 37; Satzger, Europäisierung des Strafrechts, S. 138 ff.

879 U.a. *Schoo*, in Schwarze (Hrsg.), EU-Kommentar, Art. 280 EGV, Rn. 24; *Stiebig*, EuR 2005, 466, 484 ff.; *Tiedemann*, FS Roxin 2001, 1401, 1406 ff.; *Zieschang*, in Hohloch (Hrsg.), Weg zum Europäischen Recht, S. 40; *Zieschang*, ZStW 2003, 255, 260 f.

Die Vertreter einer anderen Mindermeinung haben auch damit argumentiert, dass mit Art. 280 EGV eine parallele Kompetenz begründet wurde und der europäische Gesetzgeber mit Abs. 4 S. 2 nur sicherstellen wollte, dass die Mitgliedstaaten ihre Kompetenten bzgl. des Schutzes der Finanzinteressen der Gemeinschaft behalten können und sie nicht vollständig an die Gemeinschaft übergeben müssen.[880]

Es wurde auch von den Vertretern der Mindermeinung anerkannt, dass die strafrechtlichen Kompetenzen der Gemeinschaft nicht unbegrenzt sind, sondern sie auf jeden Fall – nach den allgemeinen Regelungen der Kompetenzausübung – dem Subsidiaritätsprinzip und dem Grundsatz der Verhältnismäßigkeit unterliegen.[881]

(4) Die Auslegung von Art. 280 EGV – Die herrschende Meinung

Diese Argumentation wurde von der herrschenden Lehre ganz eindeutig abgelehnt und das Erlassen von strafrechtlichen Vorschriften durch Verordnungen auf Basis von Art. 280 EGV untersagt,[882] denn – so das erste Argument – das Strafrecht gehört zum Kernbereich der nationalen Souveränität und die Herren der Gründungsverträge hatten ganz eindeutig keine Absicht, die europäische Zusammenarbeit auch auf dem Gebiet des Strafrechts zu etablieren. Dafür gibt es Beweise: In den 50er Jahren wollten die Mitgliedstaaten der Römischen Verträge eine Europäische Verteidigungsgemeinschaft ins Leben zu rufen. Diese Gemeinschaft hätte ausdrückliche – im Bereich des Militärstrafrechts – Strafrechtskompetenz bekommen. Das Projekt ist letztendlich gescheitert, es zeigt uns trotzdem, dass den Gründungsvätern ganz genau bewusst war, dass das Strafrecht theoretisch auch vergemeinschaftlicht werden kann.[883] Wenn die Mitgliedstaaten mit dem Vertrag von Maastricht oder mit dem Vertrag von Amsterdam diesen Zustand, also dass die Gemeinschaft keine strafrechtliche Kompetenz hat, hätten verändern wollen, hätten sie es mit ganz eindeutigen Vorschriften gemacht, wie

---

880 *v. Bogdandy/Nettesheim*, in Grabitz/Hilf (Hrsg.), EGV Kommentar, Art. 3 EGV, Rn. 16.

881 *Tiedemann*, FS Roxin 2001, 1401, 1406 ff.; *Wolffgang/Ulrich*, EuR 1998, 616, 644 f.

882 *Ambos*, § 11, Rn. 5 f., 1. Auflage; *Deutscher*, Strafgesetzgebung, S. 345; *Fromm*, ZIS 2007, 26, 36 f.; *Hecker*, § 4, Rn. 99, 2. Auflage; *Musil*, NStZ 2000, 68; *Rosenau*, ZIS 2008, 9, 14 f.; *Satzger*, Europäisierung des Strafrechts, S. 141 ff.; *Satzger*, KritV 2008, 17, 20; *Schröder*, Richtlinien, S. 154 ff.; *Weigend*, StV 2001, 63, 67.

883 *Satzger*, § 8, Rn. 21.

es die Rechtssicherheit und das Prinzip der begrenzten Einzelermächtigungen auch gebietet.[884]

Der EuGH teilte die Meinung, dass strafrechtliche Kompetenzen speziell sind und sie deswegen immer ausdrücklich übertragen werden sollten, nicht. Für eine unmittelbare Strafrechtsetzungskompetenz hat sich das Gericht dennoch nie ausgesprochen.[885]

Andere haben die ablehnende Haltung mit der Kompetenzverteilung zwischen der ersten und der dritten Säule der Union begründet. Die dritte Säule wurde gerade deswegen geschaffen, um die strafrechtliche Zusammenarbeit auf intergouvernementaler Ebene zu praktizieren und um sie von der supranationalen Tätigkeit der Union fernzuhalten.[886] Auch das BVerfG hat in seinem Maastricht-Urteil betont, dass die strafrechtliche Zusammenarbeit ausschließlich im Rahmen der dritten Säule möglich sei.[887]

Eine weitere ablehnende Auffassung hat ihren Standpunkt darauf gestützt, dass auch dem europäischen Gesetzgeber bewusst war, dass in einigen Situationen das Strafrecht unvermeidbar ist. Gerade deswegen hat er im Gemeinschaftsrecht das Assimilierungsprinzip etabliert. Wenn jedoch das Assimilierungsprinzip im Primärrecht geregelt wird, dann hätten die Grundverträge die wesentlich souveränitätsbeeinträchtigende Strafrechtsetzungskompetenz erst Recht regeln sollen.[888]

Als Grund einer generellen Ablehnung einer unmittelbaren Strafrechtsetzungskompetenz der Gemeinschaft wurde teilweise auch auf die nicht hinreichende demokratische Legitimation der Europäischen Union hingewiesen.[889] Es ist jedoch zu bemerken dass, wenn eine eindeutige Kompetenzgrundlage vorliegen würde, die Problematik der demokratischen Legitimation nur eine untergeordnete, eher theoretische Rolle spielen würde.[890]

Es spricht auch für die herrschende Meinung, dass im Jahr 2001 – mit dem Vertrag von Nizza – die Kommission den Art. 280 Abs. 4 S. 2 EGV streichen wollte, um damit – wie es in der Begründung heißt – der Gemeinschaft eine

---

884 *Dannecker*, Jura 2006, 95, 96; *Fromm*, ZIS 2007, 26, 36 f.; Hecker, § 4, Rn. 99, 2. Auflage; *Satzger*, Europäisierung des Strafrechts, S. 141 ff.; *Satzger*, ZRP 2001, 549, 552 f.

885 EuGH Rs. 176/03, Umweltrahmenbeschluss, Slg. 2005, I-5285, Rn. 27.

886 *Hecker*, § 4, Rn. 78; *Griese*, EuR 1998, 462, 467; *Musil*, NStZ 2000, 68; *Schwarzburg/Hamdorf*, NStZ 2002, 617, 620.

887 BVerfG – 2 BvR, 2134/92 vom 12.10.1993, Rn. 75.

888 *Hecker*, § 4, Rn. 77.

889 *Dannecker*, Jura 2006, 95, 96; *Sieber*, ZStW 1991, 957 ff.

890 *Ambos*, § 11, Rn. 12; *Hecker*, § 4, Rn. 74; *Musil*, NStZ 2000, 68, 70.

ausdrückliche Strafrechtskompetenz zu geben. Der Vorschlag scheiterte - anders als beim EVV oder beim Vertrag von Lissabon - am Widerstand der Mitgliedstaaten.[891]

(5) Fazit

Es muss jedoch darauf hingewiesen werden, dass das Erlassen von jeglichen strafrechtlichen Sanktionen überwiegend nicht abgelehnt wurde, nur das Erlassen von kriminalstrafrechtlichen Sanktionen wurde mehrheitlich als unzulässig erachtet, der Erlass von Sanktionen des Strafrechts im weiteren Sinne war dem europäischen Gesetzgeber erlaubt. Dies stimmt damit überein, dass der Ursprung von Art. 280 EGV im griechischen Mais-Urteil zu suchen ist; im Sinne dieses Urteils und dementsprechend auch im Sinne von Art. 280 EGV mussten Maßnahmen etabliert werden, um die finanziellen Interessen der Gemeinschaft zu schützen. Die angewendeten Maßnahmen mussten der Mindesttrias entsprechen. Es wäre bei einem vollständigen Ausschluss des Strafrechts kaum möglich gewesen.[892]

cc) Art. 325 AEUV

Nach diesem Exkurs in die Rechtsgeschichte zurück zum Art. 325 AEUV. Die Ansicht, die die Strafrechtsetzungskompetenz der Union generell ablehnt, ist mit dem Vertrag von Lissabon überholt. Wenn man auf der einen Seite den oben dargestellten Wortlaut und die Auslegung von Art. 280 EGV und auf der anderen Seite das Streichen der Unberührbarkeitsklausel des Art. 280 EGV in Art. 325 AEUV (was kein Versehen oder Zufall ist[893]) und darüber hinaus die Auflösung des Säulensystems berücksichtigt, wird es eindeutig, dass die Union nunmehr befugt ist, unmittelbar geltendes Strafrecht zu erlassen.[894] Es gilt jedoch eine wesentliche Einschränkung, die Strafrechtsetzungskompetenz in Art. 325

---

891 *Ambos*, § 11, Rn. 11 ff.; *Zöller*, ZIS 2009, 340, 342 f.

892 Hecker, § 4, Rn. 100, 2. Auflage; Satzger, Europäisierung, S. 143 f.

893 *Walter* erläutert, dass Art. III-415 EVV im Konvent kontrovers diskutiert und mit Änderungsanträgen verzeichnet wurde (*Walter*, ZStW 2005, 913, 918). Das bedeutet, dass die Reichweite der Vorschrift für die Vertragsparteien durchaus bewusst war.

894 U.a. *Hecker*, § 4, Rn. 80 f.; *Heine*, Die Rechtsstellung der Beschuldigten im Rahmen der Europäisierung des Strafverfahrens, S. 53; *Rheinbay*, Die Einrichtung einer Europäischen Staatsanwaltschaft 2014, S. 22; *Satzger*, § 8, Rn. 24.; *Nelles/Tinkl/Lauchstädt*, in Kadelbach (Hrsg.) Europarecht, § 42 Rn. 9; *Mylonopulos*, ZStW 2011, 633, 334 f.; *Nürnberger*, ZIS 2009, 494, 503; *Tiedemann*, Wirtschaftsstrafrecht BT, § 1, Rn. 36 ff.; *Zimmermann*, Jura 2009, 844, 846.

AEUV ist partiell, das heißt, sie gilt nur um die finanzielle Interessen der Union zu schützen, in anderen Bereichen findet sie keine Anwendung.

(1) Über die „finanziellen Interessen“

Art. 325 AEUV ermächtigt also den europäischen Gesetzgeber europäische Rechtsakte mit unmittelbar geltenden strafrechtlichen Regelungen zu erlassen. Dabei soll unbedingt geklärt werden, welcher Inhalt sich überhaupt hinter dem Begriff „finanzielle Interessen“ verbirgt. Das Europarecht enthält keine allgemein gültige Legaldefinition, dennoch besteht in der Literatur Einigkeit, dass eine breite Interpretation angebracht ist; im Rahmen von Art. 325 sollten die ordnungsgemäße Verwaltung der Finanzierungsmittel und sämtliche Vermögenswerte der Union geschützt werden, da in der Vorschrift ist nicht etwa nur über den Haushalt, sondern generell über die finanziellen Interessen der Union die Rede.[895] Die breite Auslegung ist im Einklang mit dem Übereinkommen v. 26.7.1995 (PIF-Konvention)[896] und mit der Rechtsprechung des EuGH[897] sowie trägt für die vielfältige vermögensrelevante Tätigkeit der Union Rechnung; sie umfasst alle Einnahme und Ausgabe der Unionshaushalt und zwar unabhängig davon, ob sie von der Union selbst oder in ihrem Aufragt durch Dritten, d.h. durch mitgliedsstaatlichen Behörden verwaltet werden. Darüber hinaus sind alle Finanzmittel der europäischen Organe, vor allem der Europäischen Zentralbank (EZB) und der Europäischen Investitionsbank (EIB) geschützt, die keine Teile der Unionshaushalt bilden.

(2) Über die „Betrügereien“ und „sonstige Handlungen“

Art. 325 Abs. 1 sieht die Bekämpfung der „Betrügerei“ und „sonstige gegen die finanziellen Interessen der Union gerichtete rechtswidrige Handlungen“ vor, bei der Festlegung der konkreten Aufgaben von der Mitgliedsstaaten (Abs. 2) und von der Union (Abs. 3) ist jedoch nur über die „Betrügerei“ die Rede. Die Problematik ist in Verbindung mit Abs. 2 weniger relevant, denn die Mitgliedsstaaten

---

895 *Killmann/Schröder*, Sieber (Hrsg.), § 12, Rn. 16; *Magiera*, Grabitz/Hilf/Nettesheim (Hrsg.), Art. 325 AEUV, Rn. 10; *Satzger*, Streinz (Hrsg.), Art. 325 AEUV, Rn. 5; *Waldhoff*, Calliess/Ruffert (Hrsg.), Art. 325 AEUV, Rn. 1; Begründung des RL-Vorschlags über die strafrechtliche Bekämpfung von gegen die finanziellen Interessen der Union gerichteten Betrug, KOM(2012) 363 endg. v. 11.7.2012, S. 8.

896 Art. 1 Abs. 1 lit. a Übereinkommen v. 26.7.1995 über den Schutz der finanziellen Interessen der Europäischen Gemeinschaft, ABl. 1995 L 316/48. Auch als PIF-Konvention genannt (protection des intérêts financiers).

897 EuGH Urteil, Rc. C-11/00, I-7147, Rn. 89.

sind Kraft des Griechischen-Mais-Urteils ohnehin allgemein zur Assimilierung verpflichtet, sie müssen also alle relevanten Tatbestände des nationalen Strafrechts, die zum Schutz der nationalen finanziellen Interessen angewendet werden auch zum Schutz der Union anwenden. In Zusammenhang mit Abs. 4 ist jedoch das Problem wesentlich schwerwiegender, denn in dieser Vorschrift wird der Union eine originäre Strafrechtsetzungskompetenz eingeräumt, die Reichweite der Kompetenz kann dabei nicht gleichgültig sein. Deswegen soll die Frage geklärt werden, ob neben dem Betrug i.w.S. auch anderweitige Handlungen unter Art. 325 Abs. 3 AEUV zu subsumieren sind,[898] wie bei Abs. 1, bei dem die Meinung vertreten wird, dass auch solche Straftaten mit erfasst werden wie Geldfälschung, Korruption oder ggf. Hehlerei.

Nach überzeugender Ansicht ist die „Betrügerei" als Hauptbegriff zu verstehen, dem Begriff „sonstigen gegen die finanziellen Interessen der Union gerichtete rechtswidrige Handlungen" kommt nur klarstellende, ergänzende Bedeutung zu.[899] Für diese Interpretation spricht erstens der Wortlaut: Wenn man ihr eine eigenständige Bedeutung zumessen würde, würde sie ins Leere laufen, da sie nur in Abs. 1, bei der Zielsetzung genannt wird, ab Abs. 2 bis Abs. 4, bei den einzelnen Regelungen bzw. Kompetenzgrundlagen ist nur über „Betrügerei" die Rede. Zweitens, die Historie spricht auch für diese Auslegung: Vor Amsterdam sprachen die Verträge nur über die „Betrügerei", nichtdestotrotz wurden ein breites Spektrum an Handlungen unter dem Begriff subsumiert.

Nun über die Auslegung der Begriffe: Da es sich um europarechtlichen Termini handelt, soll die Auslegung nicht nach nationalrechtlichen Maßstäben erfolgen; unter Betrügerei wird mit Sicherheit mehr subsumiert als ein bloßer Betrug nach den mitgliedsstaatlichen StGBs. Wegweisend sind hierzu das Sekundärrecht der Union sowie unverbindliche europäische Vorgaben. Im Sekundärrecht sind vor allem die PIF-Konvention[900] zu berücksichtigen, die eine sehr ausführliche und weit gefasste Definition der Betrügerei enthält, sie umfasst alle vorsätzlichen und fahrlässigen Hundelungen und Unterlassen, die Schaden für den Unionshaushalt verursacht haben. Die Konvention gilt jedoch nur als Orientierungsmuster, da die Definitionen dürfen laut Art. 1 Abs. 1 S. der Konvention

898 *Zimmermann*, Jura 2009, 844, 846.

899 Ähnlich *Magiera*, Grabitz/Hilf/Nettesheim (Hrsg.), Art. 325 AEUV, Rn. 15; *Satzger*, Streinz (Hrsg.), Art. 325 AEUV, Rn. 6.

900 Übereinkommen v. 26.7.1995 über den Schutz der finanziellen Interessen der Europäischen Gemeinschaft, ABl. 1995 L 316/48.

nur zu ihren Zielen verwendet werden. Die VO 2988/95[901] spricht über „Unregelmäßigkeiten" und geht noch weiter, verlangt nicht Mal den Schadenseintritt, sie genügt dessen theoretischen Möglichkeit. Die Protokolle zur PIF-Konvention haben den Kreis der strafbaren Handlungen noch erweitert, sie haben i.V.m. der Betrügerei die Bestechung[902] und die Geldwäsche[903] geregelt. Bei den unverbindlichen europäischen Vorgaben ist der Corpus Juris zum Schutz der finanziellen Interessen der Europäischen Union (CJ) von Bedeutung.[904] Im CJ wurden i.V.m. der „Betrügerei" u.a. solche Straftaten geregelt, wie Geldwäsche, Hehlerei, Bestechung, Bestechlichkeit, Amtsmissbrauch, Dienstgeheimnisverrat. Als einschlägiges, unverbindliches Dokument ist noch das Grünbuch der Kommission zum strafrechtlichen Schutz der finanziellen Interessen der EG[905] zu erwähnen; hier wurden unter dem Oberbegriff der „Betrügerei" ein Vielzahl von Delikten thematisiert, wie etwa Betrug, Bestechung, Bestechlichkeit, Geldwäsche, Ausschreibungsbetrug, Missbrauch von Amtsbefugnis, Dienstgeheimnisverletzung.

Gemeinsam ist in den Dokumenten, dass sie unter „Betrügerei" die unmittelbare oder mittelbare Schädigung des Unionshaushalts verstehen. Es sollten darunter sowohl die Tätigkeiten, als auch die Unterlassungen und auch die Schein- und Umgehungstatbestände subsumiert werden.[906] So könnten unter „Betrügerei" auch Urkundefälschung, Amtsmissbrauch, Dienstgeheimnisverletzung interpretiert werden.[907]

---

901 VO v. 23.12.1995 über den Schutz der finanziellen Interessen der Europäischen Gemeinschaft, ABl. L 312/1.

902 Protokoll v. 27.9.1996, ABl. C 312/2.

903 Protokoll v. 19.6.1997, ABl. C 221/12.

904 Delmas-Marty/Vervaele (Hrsg.), La mise en oeuvre du Corpus Juris dans les Etats Membres (2000), Band I. Übersetzung von Dr. Tonio Walter, Freiburg i. Br., im Auftrag der Vereinigung für Europäisches Strafrecht e. V. (Prof. Dr. Ulrich Sieber, München), mit finanzieller Unterstützung der Europäischen Kommission (OLAF). CJ welches von einer Wissenschaftlergruppe mit der Leitung von *Delmas-Marty* erarbeitet wurde, war eine umfassende Regelungsvorgabe zum Finanzinteressenschutz der Union. Das CJ wurde zwar von der Rechtswissenschaft beachtet, es konnte jedoch keine gesellschaftliche Diskussion auslösen.

905 KOM(2001) 715 endg. v. 11.12.2001.

906 *Magiera*, Grabitz/Hilf/Nettesheim (Hrsg.), Art. 325 AEUV, Rn. 16, *Waldhoff*, Calliess/Ruffert (Hrsg.), Art. 325 AEUV, Rn. 4.

907 *Rheinbay*, Die Einrichtung einer Europäischen Staatsanwaltschaft 2014, S. 160; *Satzger*, Streinz (Hrsg.), Art. 325 AEUV, Rn. 6; ferner Begründung des RL-Vorschlags über die strafrechtliche Bekämpfung von gegen die finanziellen Interessen der Union gerichteten Betrug, KOM(2012) 363 endg. v. 11.7.2012, S. 7.

Aus dem Wortlaut der deutschen Fassung könnte man zwar entnehmen, dass es sich um vorsätzliches Verhalten handeln soll, da es eine zielgerichtetes Verhalten vorausgesetzt wird, die anderen Vertragssprachen sind jedoch nicht so eindeutig, daher könnte auch die Kriminalisierung der fahrlässigen Handlungen im Betracht kommen.[908]

(3) Aufgabe der Mitgliedsstaaten

Um die betrügerischen Handlungen zu bekämpfen, ist gem. Art. 325 Abs. 1 AEUV sowohl die Tätigkeit der Union, als auch die Tätigkeit der Mitgliedsstaaten unerlässlich; die Aktivität der Mitgliedsstaaten ist dabei jedoch wesentlich wichtiger, denn die meisten Schädigungshandlungen ereignen sich nicht in den europäischen Organen, sondern in den Mitgliedstaaten. Dies ist durchaus nachvollziehbar, wenn man berücksichtigt, dass der überwiegende Teil der europäischen Subventionen und sonstigen finanziellen Unterstützungen von mitgliedsstaatlichen Einrichtungen verwaltet und ausgezahlt wird, die Adressaten der finanziellen Unterstützungen sind – ohne Ausnahme – die Bürger oder Unternehmen in den einzelnen Mitgliedsstaaten; nur aus Brüssel lassen sich die betrügerischen Handlungen gegen die finanziellen Interessen der Union kaum bekämpfen und verfolgen. Diese Aussage gilt sowohl de jure, als auch de facto. Deswegen müssen bei der Betrugsbekämpfung gem. Art. 325 AEUV primär die Mitgliedstaaten tätig sein.[909] Dementsprechend ist die Betrugsbekämpfungspflicht der Mitgliedsstaaten nicht nur generell in Abs. 1 verankert, sie wird in Abs. 2 konkretisiert.

Im Mittelpunkt der Tätigkeit der Mitgliedsstaaten muss das Gleichbehandlungs- bzw. Assimilierungsprinzip stehen.[910] Das Assimilierungsprinzip ist die Keimzelle der europäischen Betrugsbekämpfung. Der Ursprung des Assimilierungsprinzips ist im – bereits ausführlich erörterten – Mais-Urteil des EuGH[911] zu finden; die Verstöße gegen das Gemeinschaftsrecht (also die betrügerischen Handlungen) müssen in den Mitgliedsstaaten gleichermaßen effektiv – nach ähnlichen materiell- und verfahrensrechtlichen Regelungen – bekämpfen werden, wie die Verstöße gegen das nationale Recht.[912] Dieses Gleichbehandlungsgebot

---

908 *Satzger*, Streinz (Hrsg.), Art. 325 AEUV, Rn. 6. A.A. *Rheinbay*, Die Einrichtung einer Europäischen Staatsanwaltschaft 2014, S. 19 f.

909 Ähnlich *Waldhoff*, in Calliess/Ruffert, EUV/AEUV Kommentar, Art. 325 AEUV, Rn. 6.

910 Vgl. Art. 325 Abs. 2 AEUV.

911 EuGH Rs. 68/88, Slg. 1990, I-2964.

912 EuGH Rs. 68/88, Slg. 1990, I-2965, Rn. 24.

wurde zuerst in Art. 209a EGV und später in Art. 280 EGV normiert. Diese Vorschriften gelten als Vorgänger von Art. 325 AEUV. Die Pflicht der Gleichbehandlung betrifft nicht nur den nationalen Gesetzgeber, sondern in gleichem Maß sowohl die nationale Strafverfolgungs- und Strafverhütungsbehörden, als auch die nationalen Rechtsprechungsorgane.[913]

Zur Betrugsbekämpfung sind die mitgliedsstaatlichen Behörden auch dann verpflichtet, wenn keine nationalen Rechtsvorschriften zum Schutz der eigenen finanziellen Interessen existieren. Dies ergibt sich klar aus dem Wortlaut von Art. 325 Abs. 1 AEUV, in dem die Mitgliedsstaaten ohne Wenn und Aber zur Betrugsbekämpfung verpflichtet wurden. In diesem eher theoretischen Fall wird von der *fiktiven* Gleichbehandlung bzw. Assimilierung gesprochen.[914]

Die Maßnahmen, die in Rahmen des Assimilierungsprinzips von den Mitgliedsstaaten ergriffen werden, müssen nach dem Wortlaut von Art. 325 AEUV „abschreckend" und „effektiv" sein. Eine abschreckende Wirkung liegt dann vor, wenn die Maßnahmen sowohl der General-, als auch der Spezialprävention dienen. Die Effektivität der Verfolgung ist mit der Wirksamkeit gleichzustellen, das heißt, die angewendeten Sanktionen müssen den Unwertgehalt der Tätigkeit zum Ausdruck bringen und sie müssen dadurch hinreichend abschreckend sein.[915] Mit diesen Voraussetzungen hat der Gesetzgeber die Mindesttrias aus dem Mais-Urteil des EuGH[916] im Primärrecht etabliert.

Wenn man die Einzelheiten der mitgliedsstaatlichen Verpflichtungen aus Art. 325 Abs. 1 i.V.m. Abs. 4 AEUV analysiert, kann also festgestellt werden, dass praktisch der Inhalt des Mais-Urteils wiedergeben wurde.[917]

(4) Die Aufgabe der Union

Was die Verpflichtungen der Union betrifft, muss vor allem auf Abs. 4 hingewiesen werden. In diesem Absatz wird die unmissverständliche Zuständigkeit des europäischen Gesetzgebers eingeräumt, unmittelbar geltende strafrechtliche Regelungen zu erlassen. Die Kompetenz besteht unbeschadet davon, dass in Abs. 4 von „unmittelbar geltenden strafrechtlichen Regelungen" nicht ausdrückliche die Rede ist (Gegenmeinung S. 246 ff.).

---

913 *Khan*, in Geiger/Khan/Kotzur, EUV/AEUV Kommentar, Art. 325 AEUV, Rn. 4; *Waldhoff*, in Calliess/Ruffert, EUV/AEUV Kommentar, Art. 325 AEUV, Rn. 9.

914 *Waldhoff*, in Calliess/Ruffert, EUV/AEUV Kommentar, Art. 325 AEUV, Rn. 8.

915 *Waldhoff*, in Calliess/Ruffert, EUV/AEUV Kommentar, Art. 325 AEUV, Rn. 11 f.

916 EuGH Rs. 68/88, Slg. 1990, I-2964.

917 Ähnlich ferner *Khan*, in Geiger/Khan/Kotzur, EUV/AEUV Kommentar, Art. 325 AEUV, Rn. 3 f.

Für die originäre Strafrechtssetzungskompetenz spricht ganz eindeutig das historische Argument, nämlich dass der strafrechtliche Schonungsgrundsatz aus Art. 280 Abs. 4 S. 2 EGV weggefallen ist. Insofern ist sich die Literatur einig und zwar unabhängig davon, ob diese Kompetenzerweiterung begrüßt[918] oder mit Abneigung aufgenommen wird.[919] Es wäre vielleicht dennoch wünschenswert gewesen, in Abs. 4 ausdrücklich von „unmittelbar geltenden strafrechtlichen Regelungen“ zu sprechen.[920]

(5) Die Anwendbare Rechtsakte

Ein weiteres Auslegungsproblem entsteht dadurch, dass es im Vergleich zu der vergleichbaren Regelung des Verfassungsvertrags nicht ganz eindeutig ist, welche Art von Rechtsakten im Rahmen von Art. 325 Abs. 4 AEUV vom europäischen Gesetzgeber erlassen werden darf. In Art. III-415 Abs. 4 EVV stand eindeutig, dass sowohl Europäische Gesetze (die den Verordnungen entsprechen), als auch Rahmengesetze (die den Richtlinien entsprechen) verabschiedet werden können. Obwohl der Vertrag von Lissabon den Art. III-415 EVV fast wortwörtlich übernommen hat, fehlt der ausdrücklich Hinweis auf die Art der anwendbaren Rechtsakte. Trotzdem steht vom Wortlaut her nichts entgegen, davon zu ausgehen, dass neben den Richtlinien auch der Erlass von Verordnungen möglich ist.[921]

Die teleologische Auslegung spricht eindeutig für die Verordnungskompetenz der Union, denn mit Hilfe von Richtlinien könnte der europäische Gesetzgeber keine unmittelbar wirksamen Strafvorschriften erlassen, er könnte bloß die Mitgliedstaaten verpflichten, die entsprechenden Regelungen selber zu verabschieden. Eine solche Pflicht findet man aber bereits in Abs. 2. Eine weitere Möglichkeit die Verpflichtung der Mitgliedsstaaten zu normieren, wäre daher absolut überflüssig. Es soll in Abs. 4 viel mehr darum gehen, der Union die Möglichkeit zu gewährleisten, sich selber und zwar unabhängig von den Mitgliedsstaaten schützen zu können. Dazu braucht die Union jedoch eine Verordnungskompetenz.

---

918 Wie etwa *Tiedemann*, ZStW 2004, 945, 955.

919 Wie etwa *Weigend*, ZStW 2004, 275, 287 f. Neuerdings tauchen in der Literatur vereinzelt Stimme auf, die die unmittelbare Strafrechtssetzungskompetenz der Union ablehnen (siehe S. 246 ff.).

920 *Jescheck*, FS Eser 2005, S. 998; *Tiedemann*, Wirtschaftsstrafrecht BT, § 1, Rn. 37; *Tiedemann*, ZStW 2004, 945, 955.

921 *Satzger*, § 8, Rn. 24.; *Tiedemann*, Wirtschaftsstrafrecht BT, § 1, Rn. 37; *Zimmermann*, Jura 2009, 844, 846.

(6) Die Notbremse

Bei den Vorschriften über die Harmonisierungskompetenz der Union gem. Art. 82 und Art. 83 AEUV tragen die Notbremseregelungen den Souveränitätsvorbehalten der Mitgliedstaaten Rechnung; die Situation ist bei Art. 325 AEUV eine andere, an dieser Stelle fehlt die Notbremsenregelung, und das Erfordernis der Einstimmigkeit beim Erlass von Rechtsakten wird auch nicht vorausgesetzt, denn es wird das ordentliche Gesetzgebungsverfahren angewendet. Dieser Unterschied ist systematisch damit zu begründen, dass diese Kompetenzregelungen sich nicht im Titel V befinden. Viele in der Literatur sehen an dieser Stelle dennoch eine planwidrige Regelungslücke des Vertrags und befürworten die analoge Anwendung von Art. 83 Abs. 3 AEUV.[922]

Für die analoge Anwendung der Notbremsenregelung könnte sprechen, dass Art. 325 AEUV eine wesentlich tiefgreifendere Kompetenz darstellt, als es bei Art. 83 AEUV der Fall ist. Wenn die Herren der Verträge bereits bei Art. 83 AEUV eine Notbremsenvorschrift für notwendig gehalten haben, sollte dies erst Recht für Art. 325 AEUV gelten.[923] Darüber hinaus sind die Rechtsakte, die auf der Basis von Art. 325 AEUV erlassen werden könnten, durchaus geeignet, wesentliche Elemente des nationalen Strafrechtssystems zu beeinträchtigen, Sinn und Zweck der Notbremsenregelung ist es gerade bei solchen Beeinträchtigungen den Mitgliedsstaaten eine Abwehr zu ermöglichen. Die Notbremsenregelung sollte daher auch bei Art. 325 AEUV Anwendung finden.[924]

Auf dem ersten Blick scheint es ganz eindeutig zu sein, dass die Notbremsenregelung bei Art. 33 und bei Art. 325 AEUV analog angewendet werden sollte. Wenn man jedoch die Vorschriften näher analysiert, findet man einige sehr zutreffende Argumente, die dafür sprechen, dass die Regelungslücken bei Art. 33 und bei Art. 325 AEUV doch nicht planwidrig sind,[925] und damit ist die Voraussetzung einer Analogie nicht erfüllt.

Die Strafrechtsharmonisierung bei besonders schweren Straftaten liegt primär im Interesse der Mitgliedsstaaten, denn mit vergleichbaren nationalen Regelungen werden die grenzüberschreitende Zusammenarbeit und dadurch die Strafverfolgung erleichtert, deswegen ist es verhältnismäßig, wenn ein Mitgliedsstaat in Ausnahmefälle sagen kann, dass er den besseren Schutz seiner

922 U.a. *Noltenius*, ZStW 2010, 604, 618; *Satzger*, § 9, Rn. 52; *Walter*, ZStW 2005, 912, 924.

923 *Walter*, ZStW 2005, 912, 924.

924 *Satzger*, § 9, Rn. 52.

925 Ähnlich *Safferling*, Internationales Strafrecht, S. 421.

eigenen Interessen nicht wünscht, weil darunter andere nationalen Interessen stark leiden würden.

Die Situation ist bei Art. 325 AEUV eine völlig andere. Bei dieser Vorschrift geht es sozusagen um die Selbstverteidigung der Union gegenüber betrügerischen Handlungen. Das Erlassen der entsprechenden Regelungen ist also primär im Interesse der Union. Deswegen wäre es unverhältnismäßig, wenn ein Mitgliedsstaat mit einem Veto verhindern könnte, dass die Union ihr eigenes finanzielles Interesse schützt. Dies gilt auch für Art. 33 AEUV, denn die Zolleinnahmen gehören zur Union. Es sollte daher nach meiner Ansicht den Mitgliedsstaaten keine Möglichkeit eingeräumt werden, die Selbstschutzanstrengungen der Union blockieren zu können.[926]

Darüber hinaus sollte berücksichtigt werden, dass es bei der Notbremsenvorschrift primär um den Schutz der nationalen Strafrechtssysteme geht. Im Rahmen von Art. 33 und Art. 325 AEUV ist jedoch das Erlassen von Verordnungen vorgesehen, sie müssen nicht ins nationale Recht implementiert werden, sie gehören also nicht unmittelbar zu den nationalen Strafrechtssystemen.[927] Es gilt unbeschadet davon, dass die Verordnungen, die auf der Basis von Art. 33 und Art. 325 AEUV erlassen werden, letztendlich von den nationalen Behörden, Gerichten angewendet werden müssen, so werden sie in enger Verbindung mit den nationalen Strafrechtssystemen stehen. Sie bleiben nichtsdestotrotz von nationalen strafrechtlichen Vorschriften systematisch abgegrenzt.

Es gibt in diesem Zusammenhang noch einen interessanten Umstand: Das BVerfG hat sich im Lissabon-Urteil zu diesem Problem nicht geäußert, obwohl das Gericht die strafrechtlichen Regelungen des Vertrags von Lissabon ziemlich ausführlich thematisiert hat. Es kann wohl nur dafür sprechen, dass das BVerfG an dieser Stelle kein Problem sah und die Auslegung der Regelung eindeutig fand.

(7) Harmonisierung im Allgemeinen Teil

Ähnlich wie bei Art. 83 Abs. 1 AEUV stellt sich auch in Verbindung mit Art. 325 AEUV die Frage, ob die Europäisierung des Allgemeinen Teiles von der Kompetenzgrundlage gedeckt ist.

Es muss wiederum darauf hingewiesen werden, dass der Allgemeine und der Besondere Teil des materiellen Strafrechts notwendigerweise eng miteinander zusammenhängen, ein Straftatbestand aus dem Besonderen Teil kann

926 *Safferling*, Internationales Strafrecht, S. 421.

927 *Safferling*, Internationales Strafrecht, S. 421.

ohne die Regelungen des Allgemeinen Teiles in der Praxis nicht angewendet werden.[928] Ohne die sektorielle Harmonisierung der Vorschriften des Allgemeinen Teiles muss man damit rechnen, dass die Anwendung der vereinheitlichten Tatbestände der europäischen Betrügerei in den Mitgliedsstaaten zu erheblich unterschiedlichen Ergebnissee führen würde.[929] Daher könnte das Gebot der Gleichbehandlung und der Rechtssicherheit für die *sektoriellen* Harmonisierung des Allgemeinen Teiles sprechen.[930]

Die Harmonisierung hätte jedoch Hacken. Wenn vor einem mitgliedsstaatlichen Gericht in einer Hauptverhandlung gleichzeitig ein nationaler und ein supranationaler Tatbestand verhandelt würde, wäre das Gericht gezwungen gleichzeitig zwei Allgemeine Teile anzuwenden, nämlich den harmonisierten und den nationalen.[931] Dies könnte in der Praxis zu erheblichen Anwendungsproblemen führen, daher sind Kollisionsregelungen erforderlich.

(8) Verhältnis zu anderen Kompetenzgrundlagen

Auch wenn die Unionskompetenz für das unmittelbar geltende Strafrecht im Bereich des Finanzinteressenschutzes der Union nicht im fünften Titel des AEUV, also bei der Regelungen des Raums der Freiheit, der Sicherheit und des Rechts normiert wird, ist der enge Zusammenhang zwischen Art. 325 AEUV und den Vorschriften des Raums der Freiheit, der Sicherheit und des Rechts unübersehbar.

Es muss berücksichtigt werden, dass der europäische Gesetzgeber in Art. 82 und Art. 83 AEUV ermächtigt wird, die nationalen Strafrechtssysteme durch Mindestvorschriften zu harmonisieren. Diese Möglichkeit bietet natürlich auch Art. 325 AEUV; diese Vorschrift geht jedoch wesentlich weiter und ermächtigt die Union eigene Strafrechtstatbestände zu normieren. Daher gilt Abs. 325 AEUV als lex spezialis zu Art. 83 AEUV.

Der Zusammenhang zwischen Art. 325 AEUV und Art. 86 AEUV darf auch nicht übersehen werden. Art. 86 AEUV eröffnet die Möglichkeit, eine Europäische Staatsanwaltschaft (EStA) einzurichten. Die künftige EStA sollte genau diejenigen Straftaten verfolgen, bzw. bei denjenigen Delikten die Anklage erheben, die auf der Basis von Art. 325 AEUV erlassen wurden. Art. 86 AEUV über die EStA muss daher auch bei der Auslegung von Art. 325 AEUV berücksichtigt werden.

Die Tatsache, dass künftig für die Verfolgung der Straftaten, die sich gegen die finanziellen Interessen der Union richten, ein gesamteuropäisches Organ

---

928 Ähnlich *Grünewald*, JZ 2011, 972, 975.

929 Ähnlich *Grünewald*, JZ 2011, 972, 976, *Perron*, ZStW 1997, 281, 296.

930 Ähnlich *Grünewald*, JZ 2011, 972, 976.

931 *Grünewald*, JZ 2011, 972, 976.

zuständig sein könnte, spricht auch dafür, dass bei der Anwendung von Art. 325 AEUV das Strafrecht der Mitgliedstaaten – anders als auf der Basis von Art. 280 EGV – nicht unberührt bleiben muss.[932] Die Unberührbarkeitsklausel aus Art. 280 Abs. 4 S. 2 EGV fällt daher nicht nur grammatikalisch, sondern auch teleologisch weg. De jure funktionieren EStA und die europäische Rechtssetzung gem. Art. 325 AEUV unabhängig voneinander, de facto wäre jedoch eine europäische Betrugsverfolgung bzw. Anklagevertretung ohne einheitliche Regelungen kaum möglich,[933] denn ohne einheitliche Tatbestände müsste die künftige EStA die Anklage nach 28 nationalen materiellen Strafrechtsvorschriften vertreten. Dies könnte in der Praxis kaum effektiv funktionieren, daher spricht die Existenz von Art. 86 AEUV auch dafür, dass Art. 325 AEUV eine unmittelbare Strafrechtskompetenz enthält.[934]

Die Abhängigkeit besteht jedoch auch umgekehrt, der Mehrwert der einheitlichen europäischen Betrügereivorschriften wäre wesentlich gemindert, wenn sie von 28 nationalen Strafverfolgungsbehörden und Gerichten ausgelegt und angewendet würden. Die Hürde bei der Einrichtung der EStA ist jedoch wesentlich höher als beim Erlass von Rechtsakten in Verbindung mit Art. 325 AEUV, eine Europäische Staatsanwaltschaft kann ohne das einstimmige Votum der Mitgliedstaaten nicht eingerichtet werden.

(9) Die Mindermeinung

Es wurde in dieser Arbeit konsequent behauptet, dass Art. 325 AEUV (und übrigens auch Art. 33 AEUV) die Möglichkeit eröffnet, unmittelbar anwendbare strafrechtliche Regelungen zu erlassen; diese Meinung entspricht der ganz herrschenden Lehre.[935] Es muss jedoch zugegeben werden, dass in der Literatur vereinzelt Stimmen zu finden sind, die die originäre Strafrechtsetzungskompetenz der Union ablehnen.[936]

---

932 *Mansdörfer*, HRRS 2010, 11, 18; *Suhr*, in Fastenrath/Nowak (Hrsg.), Der Lissabonner Reformvertrag, S. 321; *Tiedemann*, ZStW 2004, 945, 955.

933 *Nürnberger*, ZIS 2009, 494, 503; *Heger*, ZIS 2009, 406, 416.

934 *Heine*, Die Rechtsstellung der Beschuldigten im Rahmen der Europäisierung des Strafverfahrens, S. 89; *Rheinbay*, Die Einrichtung einer Europäischen Staatsanwaltschaft 2014, S. 103.

935 U.a. *Hecker*, § 4, Rn. 80 f.; *Satzger*, § 8, Rn. 24.; *Nelles/Tinkl/Lauchstädt*, in Kadelbach (Hrsg.) Europarecht, § 42 Rn. 9; *Mylonopulos*, ZStW 2011, 633, 334 f.; *Nürnberger*, ZIS 2009, 494, 503; *Tiedemann*, Wirtschaftsstrafrecht BT, § 1, Rn. 36 ff.; *Zimmermann*, Jura 2009, 844, 846.

936 Zum Beispiel: *Schröder*, in: FS Achenbach, S. 496 ff.; *Sturies*, HRRS 2012, 273 ff.

Zur Stützung dieser Meinung werden vor allem generelle Einwände gebracht: strafrechtliche Verordnungen „passen nicht zum Geist und zur Botschaft des Art. 83 Abs. 3 AEUV und zum Lissabon-Urteil des BVerfG"; die entstandenen strafrechtlichen Regelungen seien nicht hinreichend demokratisch legitimiert; angesichts des erheblichen Kontrolldefizits in Griechenland habe der europäische Gesetzgeber keine originäre Zuständigkeiten im Bereich des Finanzinteressenschutzes und damit keine bereichsspezifische Strafrechtsetzungskompetenz „verdient".[937]

Man sieht eindeutig, dass die Einwände rechtspolitischer Natur sind, sie haben viel mehr mit der Weltanschauung des Verfassers als mit der Normauslegung zu tun. Die rechtspolitische Meinung, dass nämlich die Union keine originäre Strafrechtsetzungskompetenz bekommen sollte, ist legitim, sie taugt jedoch nicht, wenn sie klaren Kompetenzgrundlagen gegenübersteht.

Die Heranziehung des Urteils des BVerfG ist in diesem Zusammenhang fragwürdig, denn das Gericht hat selbst die Regelung als verfassungskonform erklärt (genauer gesagt wurde Art. 325 AEUV im Urteil nicht näher thematisiert. Dies lässt freilich darauf schließen, dass keine verfassungsrechtlichen Bedenken aufgetaucht sind).

Genauso problematisch ist das „griechische Argument". Es ist allgemein bekannt, dass die Entscheidung über die Aufnahme Griechenlands in die Eurozone von den Regierungsvertretern im Rat getroffen worden ist, obwohl die Probleme des Landes bekannt waren. Es handelte sich ganz klar um eine politische Entscheidung der Spitzenpolitiker der Mitgliedssaaten. Dafür im Nachhinein die europäischen Bürokraten verantwortlich zu machen, ist heuchlerisch.

Was die demokratische Legitimation betrifft, ist es Tatsache, dass bei Verordnungen die Implementierung durch die nationalen Parlamente nicht erforderlich ist, damit könnte eine demokratische Rückbindung fehlen. Diese Argumentation ist jedoch widersprüchlich, wenn sie in einem Aufsatz erörtert wird, in dem an anderer Stelle die nationale Implementierung entwertet wird, weil kaum ein nationaler Umsetzungsspielraum bestehe und sie daher als eine bloße Formalität bezeichnet wird. Es kann nicht bestritten werden, dass Richtlinien in vielen Fällen nur minimalen Umsetzungsspielraum gewährleisten. Trotzdem kann die nationale Umsetzung nicht als reine Formalität wahrgenommen werden, denn sie ist eine unersetzbare Voraussetzung des Inkrafttretens in den Mitgliedsstaaten,

937 *Schröder*, in: FS Achenbach, S. 497. In *Sturies*, HRRS 2012, 273, 275 f. wird die mangelhafte demokratische Legitimation als Einwand der originären Strafrechtsetzungskompetenz thematisiert.

sie kann nicht etwa durch ein entsprechendes Urteil des EuGH ersetzt werden. Insofern verfügt die Implementierung letztendlich über eine Sperrwirkung.

Neben den generellen existieren auch ganz konkrete Einwände gegen die originäre Strafrechtsetzungskompetenz: Die Aufhebung der Unberührbarkeitsklausel bedeute nur, dass vom Wortlaut her eine Strafrechtsetzungskompetenz nicht mehr ausgeschlossen sei. Die Tatsache, dass eine solche Kompetenz nicht ausdrücklich ausgeschlossen sei, bedeute jedoch nicht, dass sie erlaubt wäre, eine so souveränitätsbeeinträchtigende Kompetenz bedürfe einer ausdrücklichen vertraglichen Regelung.[938] Eine ausdrückliche Vorschrift sei jedoch in den Grundverträgen nicht zu finden. Diese Meinung wird erstens mit der Sonderstellung des Strafrechts und zweitens damit begründet, dass in Art. 103 Abs. 2 lit. a AEUV die Union ausdrücklich ermächtigt wird, im Kartellrecht ggf. Geldbußen und Zwangsgelder zu verhängen. Wenn die Anwendung solcher Rechtsfolgen mit einer ausdrücklichen Regelung gestützt wird, solle dies beim Strafrecht erst recht der Fall sein.[939]

Es wird außerdem auf einen systematischen Widerspruch aufmerksam gemacht. In Art. 83 Abs. 1 AEUV wird die Union ermächtigt, das Strafrecht in bestimmten Bereichen durch Richtlinien zu harmonisieren. Eine solche Harmonisierungskompetenz sei eindeutig weniger souveränitätsbeeinträchtigend als die potenzielle Strafrechtsetzungskompetenz gem. Art. 325 AEUV. Trotzdem müssen bei der Anwendung von Art. 83 Abs. 1 AEUV mehr Voraussetzungen erfüllt sein, als es bei Art. 325 AEUV der Fall ist (kumulative Voraussetzungen bei Art. 83 Abs. 1 AEUV sind: die Harmonisierung ist erforderlich, es handelt sich um besonders schwere Kriminalität mit grenzüberschreitendem Charakter sowie der Kriminalitätsbereich ist im Katalog aufgezählt. Zusätzlich gilt eine Notbremsenregelung), daraus könne man nur schließen, dass Art. 325 AEUV keine Strafrechtsetzungskompetenz enthält.[940]

Es wird auch darauf hingewiesen, dass die europäische Strafrechtsetzung auf jeden Fall subsidiär und verhältnismäßig sein soll. Diese zwei Voraussetzungen müssen auch dann erfüllt sein, wenn eine Strafrechtsetzungskompetenz gem. Art. 325 AEUV bejaht wird.[941] Die Brüsseler Rechtsetzung wird insofern als subsidiär betrachtet, als es darum geht, bestehende Strafbarkeitslücken aufzuheben.[942] Das Erlassen von Verordnungen wird jedoch als unverhältnismäßig

938 *Sturies*, HRRS 2012, 273, 277 f.
939 *Sturies*, HRRS 2012, 273, 277 sowie 278.
940 *Sturies*, HRRS 2012, 273, 278 f.
941 *Sturies*, HRRS 2012, 273, 283 ff.
942 *Sturies*, HRRS 2012, 273, 287.

eingestuft, weil eine hinreichende Effektivität des Finanzinteressenschutzes auch mittels Harmonisierung durch Richtlinie erreicht werden könnte.[943] Diese Behauptung wird aber nicht mit Beweisen untermauert.[944]

Es stellt sich die Frage, welche Bedeutung Art. 325 AEUV bekommen könnte, wenn die unmittelbare Strafrechtsetzungskompetenz abgelehnt würde. Im diesen Fall könnte die Vorschrift nur als eine Harmonisierungskompetenz wahrgenommen werden und diese Harmonisierung sollte durch Richtlinien erfolgen.[945] Nach dieser Ansicht ist die strafrechtliche Unberührbarkeitsklausel aus Art. 280 Abs. 4 S. 2 EGV nur deswegen gestrichen wurde, weil diese auch einer Harmonisierung entgegenstanden hätte. Ohne Frage enthält Art. 325 AEUV auch die Ermächtigung des europäischen Gesetzgebers zur Harmonisierung, die Vorschrift muss jedoch darüber hinausgehen, sonst wäre die Streichung der Unberührbarkeitsklausel maßlos unterbewertet.

Die Umstände, dass die Rechtsetzung durch Verordnungen statt durch Richtlinien erfolgen soll, dass bei Art. 325 AEUV keine Notbremsenregelung zu finden ist sowie, dass weniger Voraussetzungen erfüllt sein müssen, als es bei Art. 83 Abs. 1 AEUV der Fall ist, tragen der abweichenden Interessenlage bei Art. 83 und bei Art. 325 AEUV Rechnung.[946] Die Strafrechtsharmonisierung bei besonders schweren Straftaten liegt primär im Interesse der Mitgliedsstaaten, denn mit vergleichbaren nationalen Regelungen werden die grenzüberschreitende Zusammenarbeit und dadurch die Strafverfolgung erleichtert. Deswegen ist es verhältnismäßig, wenn ein Mitgliedsstaat in Ausnahmefälle sagen kann, dass er den besseren Schutz seiner eigenen Interessen nicht wünscht, weil darunter andere nationalen Interessen stark leiden würden. Die Situation ist bei Art. 325 AEUV eine völlig andere. Das Erlassen der entsprechenden Regelungen ist primär im Interesse der Union, da es um ihre eigenen Finanzinteressen geht. Es muss außerdem berücksichtigt werden, dass die Verordnungen nicht ins nationale Recht implementiert werden müssen. Daher sind die nationalen Strafrechtssysteme durch diese Rechtssetzung nicht unmittelbar betroffen.

(10) Die Institutionalisierung der Betrugsbekämpfung

Zum Schluss muss noch erwähnt werden, dass die Bekämpfung der Straftaten gegen die finanziellen Interessen der Union gem. Art. 280 i.V.m. Art. 162 EGV bereits auf der Basis der alten Rechtslage institutionalisiert wurden.

---

943 *Sturies*, HRRS 2012, 273, 288.

944 Zumindest bei *Sturies* sind die entsprechende Beweise nicht zu finden.

945 *Schröder*, in: FS Achenbach, S. 496 f., *Sturies*, HRRS 2012, 273, 288.

946 Ähnlich *Satzger*, § 9 Rn. 54.

Mit dem Beschluss der Kommission ist im Jahre 1999 das Europäische Amt für Betrugsbekämpfung (OLAF) eingerichtet worden.[947] Die Tätigkeit von OLAF orientiert sich an den bereichsspezifischen Rechtsakten des Europarechts.[948] OLAF ist zwar eine Dienststelle der Kommission, es wird dem Amt dennoch eine funktionelle Unabhängigkeit gewährleistet.[949]

Die Aufgabe von OLAF umfassen die folgenden Tätigkeiten: Konzepte und Entwürfe von Rechtsakten zur Betrugsbekämpfung vorzubereiten, Informationen zu sammeln und auszuwerten sowie die bereichsspezifische europäische Zusammenarbeit zu koordinieren.[950] Darüber hinaus verfügt OLAF über eine Untersuchungsbefugnis.[951] Insofern unterscheidet man zwischen externen und internen Untersuchungen. Bei den externen Untersuchungen handelt es sich um Ermittlungstätigkeiten in den Mitgliedsstaaten und ggf. gem. Kooperationsabkommen in Drittländern. Unter internen Untersuchungen muss man die Ermittlungstätigkeit innerhalb von europäischen Organen, Ämtern und Einrichtungen verstehen.[952]

(11) Rechtssetzung in der näheren Zukunft

Auch wenn nach der herrschenden und überzeugenden Meinung die Union nunmehr ermächtigt ist Verordnungen zum Schutz ihrer eigenen finanziellen Interessen zu erlassen, offensichtlich scheut sich der europäische Gesetzgeber diese Kompetenz auszuschöpfen, so wurde von der Kommission nur eine Richtlinie vorgeschlagen, um die nationale Subventionsbetrugsvorschriften zu harmonisieren.[953] Es ist nach meiner Einschätzung der falscher Weg, denn die Vergangenheit hat eindeutig gezeigt, dass die Richtlinien den Mitgliedsstaaten eine Spielraum lassen die europäischen Vorgaben umzusetzen, daran besteht ja die Besonderheit der Richtlinie im Vergleich zur Verordnung. Die effektive Strafverfolgung kann

---

947 Beschluss der Kommission vom 28.4.1999 zur Errichtung des Europäischen Amtes für Betrugsbekämpfung (OLAF). ABl. 1999 L 136/20.

948 U.a. Übereinkommen zum Schutz der finanziellen Interessen der Europäischen Gemeinschaft vom 26.7.1995 (ABl. 1995 C316/49), Verordnung 2988/95 über den Schutz der finanziellen Interessen der Gemeinschaft (ABl. 1995 L 312/1), Verordnung 2185/96 betreffend die Kontrollen und Überprüfungen vor Ort durch die Kommission zum Schutz der finanziellen Interessen der Europäischen Gemeinschaften vor Betrug und anderen Unregelmäßigkeiten (ABl. 1996 L 292/2).

949 Vgl. Art. 2 Abs. 7 sowie Art. 3 OLAF-Beschluss.

950 Vgl. Art. 2 Abs. 1 sowie Abs. 5 OLAF-Beschluss.

951 Vgl. Art. 2 Abs. 1 UA. 2 OLAF-Beschluss.

952 *Waldhoff*, in Calliess/Ruffert, EUV/AEUV Kommentar, Art. 325 AEUV, Rn. 25 f.

953 KOM(2012) 363 endg. v. 11.7.2012.

aber nur dann gewährleistet sein, wenn die materiell rechtlichen Vorschriften identisch sind, vor allem wenn es die Definitionen von „finanziellen Interessen", „Betrug", „Betrügerei" usw. geht.[954] Ohne Vereinheitlichung werden die Straftäter die Unterschiede zwischen den Mitgliedsstaaten ausnutzen, es wird weiterhin forum shopping geben.

Es ist auch prinzipiell unverständlich, warum einen nationalen Umsetzungsspielraum gewährleistet werden sollten, wenn es ausschließlich um unionsinteresse und europäische Rechtsbegriffe geht.

dd) Die Europäische Staatsanwaltschaft

Art. 86 AEUV gehört zu den wichtigsten Neuerungen des Vertrags von Lissabon im Bereich des Strafrechts; es wurde zum ersten Mal im primären Unionsrecht die Möglichkeit der Einrichtung einer Europäischen Staatsanwaltschaft (EStA) verankert. Damit wird die Idee verfolgt, dass die erfolgreiche Kriminalitätsbekämpfung und die effektive Zusammenarbeit der Strafverfolgungsbehörden sich allein durch Rechtsharmonisierung und durch gegenseitige Anerkennung nicht erreichen lassen, die Zusammenarbeit muss auch institutionalisiert werden, so sind in den letzten zwanzig Jahren zahlreiche europäische Behörden und Institutionen auf dem Gebiet des Strafrechts eingerichtet worden (wie OLAF, Europol, Eurojust, Europäische Polizeiakademie usw.).[955]

Die Idee, eine europäische Staatsanwaltschaft einzurichten, ist nicht neu, es wurde bereits im Corpus Juris, der strafrechtlichen Regelungen zum Schutz der finanziellen Interessen der Europäischen Union aus dem Jahr 1997 und später im Grünbuch der Kommission zum strafrechtlichen Schutz der finanziellen Interessen der Europäischen Gemeinschaft aus dem Jahr 2001 vorgeschlagen.[956] Die künftige EStA wurde dabei immer als eine qualitative Weiterentwicklung von Eurojust vorgestellt.[957]

Der wichtigste gemeinsame Punkt der Vorschläge ist es, dass die EStA als eine unabhängige, dezentralisierte Behörde mit sektorieller Zuständigkeit vorgestellt wird. Bisher war die Einrichtung jedoch nicht von primärrechtlichen

---

954 *Rheinbay*, Die Einrichtung einer Europäischen Staatsanwaltschaft 2014, S. 156 f.

955 *v. Bubnoff*, ZeuS 2002, 185, 187 f.

956 *Delmas-Marty, Mireille* (Hrsg.), Corpus Juris 2000 der strafrechtlichen Regelungen zum Schutz der finanziellen Interessen der Europäischen Union. ec.europa.eu/anti_fraud/green_paper/corpus/de.doc (16.11.2011) sowie Grünbuch zum strafrechtlichen Schutz der finanziellen Interessen der Europäischen Gemeinschaft und zur Schaffung einer Europäischen Staatsanwaltschaft (KOM [2000] 715 endg.).

957 *Frenz*, wistra 2010, 432, 433.

Kompetenzgrundlagen gedeckt. Deswegen sah die ganz herrschende Meinung auf der Basis der alten Rechtslage die Etablierung einer EStA als rechtlich unmöglich an. Der Vertrag von Lissabon ist insofern ein Meilenstein, denn im Art. 86 AEUV wurde die Möglichkeit der Schaffung der EStA ausdrücklich verankert. Schlüsselwort ist hier der Ausdruck „Möglichkeit", denn ipso iure entstand die Behörde mit dem Inkrafttreten des Vertrags nicht. Sie kann eingerichtet werden, wenn der Rat eine entsprechende einstimmige Entscheidung trifft und das EP der Entscheidung des Rates auch zustimmt.[958] Die Hürde ist also hoch, daher war kurzfristig mit der EStA kaum zu rechnen. Die mittelfristige Realisierung war auch fraglich, es hätte die Überwindung vieler politischer Vorbehalte verlangt.

Nichtsdestotrotz wäre die EStA eine wünschenswerte Einrichtung, um die Kriminalität, die sich gegen den finanziellen Interessen der Union richtet, effektiver als bisher zu bekämpfen. Insofern würde die EStA grundsätzlich einen Mehrwert gegenüber der gegenwärtigen Kriminalitätsverhütung und -bekämpfung darstellen. Bei der Analyse, wie umfangreich dieser Mehrwert sein könnte, sind die Einzelheiten des Aufbaus und der Zuständigkeit der EStA entscheidend.[959]

Es gibt jedoch Stimmen in der Literatur, die den Mehrwert einer solchen Einrichtung generell in die Frage stellen. Die Vertreter dieser Ansicht argumentieren damit, dass die bereits existierenden europäischen Instituten (wie OLAF, Eurojust oder Europol) und die Tätigkeit der nationalen Strafverfolgungsbehörden hinreichende Möglichkeit bieten, die Straftaten gegen die Finanzinteressen der Union effektiv zu bekämpfen.[960]

Die EStA nach Art. 86 AEUV wäre eine Organ mit partieller Zuständigkeit, das heißt, sie wäre nur bei solchen Delikten tätig, die sich gegen die finanziellen Interessen der Union richten. Die Zuständigkeit ist allerdings gem. Art. 86 Abs. 4 AEUV erweiterbar, und zwar auf sonstige Delikte der schweren Kriminalität mit grenzüberschreitendem Charakter. Insofern spricht man von einer sog. Passerelle-Regelung bzw. von einer sog. Brückenklausel.[961] Die Möglichkeit für eine so breite Erweiterung der Kompetenzen der EStA überrascht, von den bisherigen

958 Die Einrichtung der EStA ist gem. Art. 86 Abs. 1 UA. 3 auch im Rahmen einer verstärkten Zusammenarbeit möglich.

959 Ähnlich *Radtke*, GA 2004, 1.

960 *Scheuermann*, Das Prinzip der gegenseitigen Anerkennung im geltenden und künftigen Europäischen Strafrecht, S. 105 ff. Verweis darauf bei *Nürnberger*, ZIS 2009, 494, 500.

961 *Frenz*, wistra 2010, 432, 433.

Vorschlägen in der Wissenschaft ist keiner so weit gegangen.[962] Die Problematik näher zu thematisieren wäre jedoch vor ihrer Zeit, denn momentan erscheint eine EStA mit breiter Zuständigkeit bezüglich der schweren grenzüberschreitenden Kriminalität als völlig unrealistisch. Die dazu notwendige, politische Akzeptanz ist gegenwärtig kaum geben und auch mittelfristig ist damit nicht zu rechnen.[963] Darüber hinaus würde diese Entscheidung einen einstimmigen Beschluss der Mitgliedstaaten im Rat voraussetzen.[964]

Das BVerfG hat sich im seinen Urteil mit der Kompetenzerweiterungsmöglichkeit dennoch beschäftigt. Diese Kompetenzerweiterung ist – nach der Auffassung des BVerfG – im Sinne von Art. 23 Abs. 1 GG mit einer Vertragsänderung gleichzustellen.[965] Grund dafür ist, dass die Union kein souveräner Staat ist und sich deswegen keine neuen Kompetenzen zusprechen darf. Dies bleibt das ausschließliche Privileg der der Mitgliedstaaten, denn sie müssen die Herren der Verträge bleiben. Die Zuständigkeitserweiterung bedarf daher einer Zustimmung des Bundestages und des Bundesrates.

(1) Der mögliche Mehrwert der EStA

Wesentlich wichtiger ist die Frage, ob die Einrichtung einer EStA zur Bekämpfung der betrügerischen Handlungen zum Nachteil der Union über einen Mehrwert verfügen würde. Das Problem, dass nämlich die Verfolgung und Bekämpfung von Straftaten gegen die finanziellen Interessen der Union in seiner heutigen Form zu wünschen übrig lässt, ist lange bekannt.

Eine effektive Strafverfolgung hat sowohl materiell rechtliche als auch verfahrensrechtliche Voraussetzungen. Bei der Prüfung des Mehrwerts der EStA müssen beide Seiten analysiert werden.

Auf der Ebene des materiellen Rechtes wurde bereits viel getan. Die entsprechenden Straftatbestände wurden in den Strafgesetzbüchern der Mitgliedstaaten verankert. Die Mitgliedstaaten sind seit dem Mais-Urteil verpflichtet, die finanziellen Interessen der Union zu schützen, und zwar mit den gleichen Maßnahmen, die zum Schutz der nationalen Finanzinteressen angewendet werden. Die entsprechenden Straftatbestände wurden bereits vom europäischen Gesetzgeber

962 An dieser Stelle muss man vor allem an den Corpus Juris und an das Grünbuch denken. Siehe Fn. 830. *Nürnberger*, ZJS 2009, 494, 504.

963 *v. Bubnoff*, ZeuS 2002, 185, 213; *Rheinbay*, Die Einrichtung einer Europäischen Staatsanwaltschaft 2014, S. 120.

964 Vgl. Art. 86 Abs. 4 S. 2 AEUV.

965 BVerfG, 2 BvE 2/08 vom 30.6.2009, Rn. 363 = BVerfGE, 123, 267, 412 f.

durch europäische Rechtsakte harmonisiert.[966] Sie sind jedoch immer noch nicht identisch. Die wichtigste materielle Voraussetzung der effektiven Kriminalitätsbekämpfung in diesem Bereich wäre, dass die Straftatbestände in allen Mitgliedstaaten die gleichen sind und damit ein forum shopping verhindert wird. Insofern wird künftig Art. 325 AEUV eine zentrale Rolle spielen. Art. 325 AEUV eröffnet die Möglichkeit, im Bereich des Finanzinteressenschutzes einheitliche europäische Straftatbestände zu normieren (siehe S. 220 ff.).

Es wurde bereits darauf hingewiesen, dass zwar zwischen Art. 86 und Art. 325 AEUV rechtlich gesehen kein Zusammenhang besteht, das heißt die EStA kann auch ohne das Erlass von einheitlichen Betrügerei-Tatbeständen eingerichtet werden und umgekehrt.[967] Die einheitlichen europäischen Vorschriften im materiellen Recht bringen die Einrichtung der EStA nicht zwangsläufig mit sich. Faktisch sind die zwei Vorschriften dennoch unzertrennlich, soweit der Schutz der finanziellen Interessen der Union in den einzelnen Mitgliedstaaten durch teilweise wesentlich abweichende Tatbeständen erfolgt, könnte eine EStA kaum effektiv arbeiten. Dieser Zusammenhang gilt jedoch auch umgekehrt, die entsprechenden einheitlichen europäischen Tatbestände können kaum zur Effektivität der Bekämpfung der betrügerischen Handlungen beitragen, wenn es keine europäische Behörde (also keine EStA) gibt, die diese Vorschriften einheitlich und effektiv anwendet.[968]

Auf der verfahrensrechtlichen Ebene findet man große Hindernisse auf dem Weg der effektiven Kriminalitätsverfolgung. Die bereits existierenden Tatbestände können nicht hinreichend effektiv angewendet werden, da die eigentlichen Tathandlungensind in den nationalen Strafgesetzbüchern nicht geregelt sind, es handelt sich stets um sog. Blankettstrafgesetze, das heißt, die Einzelheiten der strafbaren Handlungen werden von Rechtsnormen des Unionsrechts festgelegt, in den nationalen Strafgesetzbüchern steht bloß, dass die Verstöße gegen die entsprechenden europarechtlichen Regelungen bestraft werden. Die Blankettstrafgesetze sind sowohl aus rechtlichen, als auch aus faktischen Gründen problematisch (siehe S. 110 f.). Es ist aus verfassungsrechtlicher Sicht fraglich, wie weit Blankettstrafgesetze sich mit dem Bestimmtheitsgrundsatz vereinbaren

966 Übereinkommens über den Schutz der finanziellen Interessen der Europäischen Gemeinschaften vom 26. Juli 1995 (ABl. 1995 C 316/1).

967 A.A. *Böse*, ZIS 2010, 406, 416. Die Einrichtung der EStA wird als Voraussetzung der Anwendung der Strafrechtsetzungskompetenz gem. Art. 325 AEUV dargestellt.

968 Ähnlich *Nürnberger*, ZJS 2009, 494, 503; *Rheinbay*, Die Einrichtung einer Europäischen Staatsanwaltschaft 2014, S. 131; *Tiedemann*, Wirtschaftsstrafrecht BT, § 1, Rn. 37.

lassen, denn die eigentliche strafbare Handlung ist in den nationalen Strafgesetzbüchern nicht geregelt.[969] An dieser Stelle sind jedoch die faktische Bedenken noch wichtiger. Die Mitarbeiter der nationalen Strafverfolgungsbehörden sind regelmäßig nicht in der Lage, die meist komplizierten Vorschriften des Unionsrechts zu überblicken, die den Inhalt der nationalen Verbotsvorschriften ergeben.[970] So ist natürlich eine effektive Anwendung der nationalen Tatbestände kaum möglich. Somit stellen die Blankettgesetze auch ein verfahrensrechtliches Problem dar.

Ein weiteres Problem auf verfahrensrechtlicher Ebene stellt das mangelnde nationale Verfolgungsinteresse dar. Bei den europarechtlichen Betrugstatbeständen geht es primär nicht um die Rechtsgüter und die Interessen des eigenen Staates, sondern um „das Geld von Brüssel". Die Strafverfolgung hat deswegen weder für den Staat, noch für die Mitarbeiter der Strafverfolgungsbehörden Priorität. Darüber hinaus werden bei europäischen Betrügen von der Kommission oft die möglichen Fehler der nationalen Verwaltungsvollzugs thematisiert, unter Umständen mit unangenehmen Folgen für den betroffenen Mitgliedsstaat.[971]

Ein weiteres verfahrensrechtliches Problem besteht daran, dass der europäische Betrug oft über eine grenzüberschreitende Dimension verfügt. Da die europäische Kooperation immer noch zeitaufwendig ist, leiten viele nationale Strafverfolgungsbehörden das Verfahren bei grenzüberschreitenden Sachverhalten nicht Mal ein, um mit den nur begrenzt zur Verfügung stehenden Ressourcen zu sparen.[972] Die Zurückhaltung der nationalen Strafverfolgungsbehörden bei grenzüberschreitenden Sachverhalten ist auch mit den häufig auftretenden europäischen Zuständigkeitskollisionen zu erklären, die gelten aus Zeit- und Kostengründen zu vermeiden, in der Praxis wohl auch um den Preis der Nichtermittlung.[973]

Man muss auch darauf hinweisen, dass der nationale Strafverfolgungsbehörde im Verfahren öfter Erkenntnisse von OLAF verwenden sollte, die aber im Rahmen eines Verwaltungsverfahrens erlangt wurde; es tauch das oft ungeklärte Problem der Beweisverwertbarkeit auf.[974]

Eine weitere Barriere der effektiven Verfolgung der europäischen Betrügerei stellt die Gefahr dar, dass die Kommission infolge der nationalen Strafverfolgung

969 Einzelheiten u.a. *Satzger*, § 9 Rn. 60 ff.
970 *Rheinbay*, Die Einrichtung einer Europäischen Staatsanwaltschaft 2014, S. 73.
971 *Rheinbay*, Die Einrichtung einer Europäischen Staatsanwaltschaft 2014, S. 72.
972 *Rheinbay*, Die Einrichtung einer Europäischen Staatsanwaltschaft 2014, S. 61.
973 *Rheinbay*, Die Einrichtung einer Europäischen Staatsanwaltschaft 2014, S. 62.
974 *Rheinbay*, Die Einrichtung einer Europäischen Staatsanwaltschaft 2014, S. 71 f.

ggf. auch die mitgliedsstaatliche Verwaltung des Subventionsmanagements ins Visier nehmen könnte, um die eventuellen Unregelmäßigkeiten zu sanktionieren.

Darüber hinaus ist zu berücksichtigen, dass die Feststellung der strafrechtlichen Verantwortung in Verbindung mit europäischen Subventionen naturgemäß ein Rückzahlungspflicht mit sich bringt, was letztendlich die gesamten Volkswirtschaft des betroffenen Mitgliedsstaates schwächt.[975]

Wenn man die Aufklärungsquote und die Zahl der Anklageerhebungen bzw. der Verurteilungen anschaut, ist es offensichtlich, dass die gegenwärtige Form der europäischen Betrugsbekämpfung nicht optimal ist.[976]

Die hier aufgezählten, teilweise schwerwiegenden Probleme können von den Mitgliedsstaaten selbst nicht gelöst werden, erstens, weil die Strafverfolgung teils mit mitgliedsstaatlichen Interessen kollidiert, zweitens, weil die notwendigen finanziellen Mittel fehlen und damit auch in der Zukunft nicht zu rechnen ist.[977] So ist die erste Voraussetzung der Subsidiarität, das Vollzugsdefizit bei den Mitgliedsstaaten, erfüllt. Auf der Ebene der Union tauchen die oben erörterten Probleme nicht auf, daher ist damit zu rechnen, dass die Union die Aufgabe der Betrugsbekämpfung besser bewältigen kann, damit ist auch die zweiter Voraussetzung der Subsidiarität gegeben. Die Union konnte bisher nur aufgrund fehlender Strafrechtsetzungskompetenz nicht tätig sein,[978] Art. 86 AEUV und Art. 325 AEUV haben aber nun die Möglichkeit eröffnet, sowohl die materiell rechtlichen (in Form von einheitlichen europäischen Tatbeständen), als auch die verfahrensrechtlichen Schwierigkeiten (in Form einer EStA) im Bereich der europäischen Betrugsbekämpfung zu beseitigen.

Es muss wiederum darauf hingewiesen werden, dass es offen ist, ob die Europäisierung des Allgemeinen Teiles von der Kompetenzgrundlage in Art. 325 AEUV gedeckt ist. Wenn dies nicht der Fall wäre, wäre der EStA mit verschiedenen nationalen Allgemeinen Teilen konfrontiert. Ein solcher Zustand würde die effektive Arbeit der EStA wesentlich erschweren.[979]

(2) Der mögliche Aufbau der EStA

Die Einzelheiten des Aufbaus und der Tätigkeit der künftigen EStA wurden im AEUV nicht festgelegt. Sie sollen gem. Art. 86 Abs. 3 AEUV näher in der Satzung

975 *Rheinbay*, Die Einrichtung einer Europäischen Staatsanwaltschaft 2014, S. 111.

976 OLAF-Bericht 2011: Zwölfter Tätigkeitsbericht des Europäischen Amtes für Betrugsbekämpfung, 1. Januar–31. Dezember 2011, Tabelle 6, Seite 20.

977 *Rheinbay*, Die Einrichtung einer Europäischen Staatsanwaltschaft 2014, S. 126.

978 *Nürnberger*, ZJS 2009, 494, 500; *Radtke*, GA 2004, 1, 9 f.

979 Ähnlich *Grünewald*, JZ 2011, 972, 976.

der künftigen Behörde bzw. in einer Verordnung festlegen werden. Die nähere Zuständigkeitsregelungen, der organisatorische Aufbau, das Verhältnis zu den nationalen Staatsanwaltschaften bzw. zu den Polizeibehörden und die Kollisionsfragen sind also auch nach dem Inkrafttreten des Vertrags von Lissabon offen.

Trotzdem konnte man vermuten, wie die künftige EStA aussehen könnte. Dazu fand man Anhaltspunkte im Grünbuch der Kommission.[980] Dementsprechend soll die EStA von einem weisungsunabhängigen Europäischen Staatsanwalt geleitet werden. Er soll die Arbeit der Abgeordneten Europäischen Staatsanwälte leiten und koordinieren. Die Abgeordneten Europäischen Staatsanwälte sollten ihre Aufgabe weiterhin in den Mitgliedstaaten wahrnehmen, sie sollten die Ermittlungsarbeit – und zwar mit weitgehenden Ermittlungsbefugnissen, die alle Zwangsmaßnahmen mit erfassen, die in den nationalen Rechtsordnungen den Staatsanwälten zustehen – in den Mitgliedstaaten leiten. Nach dem Ermittlungsverfahren könnte der Abgeordnete Europäische Staatsanwalt die Anklage erheben und diese vor dem zuständigen nationalen Gericht vertreten.

Bei der Ermittlungstätigkeit sollte das Recht des Mitgliedstaates maßgebend sein, in dem die Handlung durchgeführt wird. Die Voraussetzungen der Anklageerhebung sollten sich nach dem Recht des Staates richten, in dem die Hauptverhandlung stattfinden soll.

Auch wenn es seit langem keine völlig offene Frage war, wie die EStA aussehen könnte, hat das Jahr 2013 ein wichtiges Ereignis mit sich gebracht: Die Kommission hat einen offiziellen Vorschlag über die Einrichtung der EStA vorgelegt.[981]

Der Vorschlag entspricht erwartungsgemäß weitgehend dem Konzept des Grünbuchs: Die EStA soll dezentral sein.[982] Vom Rat und vom EP soll ein Europäischer Staatsanwalt gewählt[983] und er soll die Arbeit der Abgeordneten Europäischen Staatsanwälte leiten und koordinieren. Die Abgeordnete europäische Staatsanwälte sollen jedoch unmittelbar in den Mitgliedsstaaten tätig sein, also ganz wie die nationalen Staatsanwälte, aber mit der Besonderheit, dass die europäischen Staatsanwälte ausschließlich den Weisungen des Europäischen Staatsanwaltes unterliegen sollen.[984] Die Abgeordnete Europäischen Staatsanwälte sollen

---

980 Ähnlich Mansdörfer, HRRS 2010, 11, 21; Nürnberger, ZIS 2009, 494, 497; Radtke, GA 2004, 1; *Rosenau/Petrus*, in Vedder/v. Heinegg (Hrsg.), EUV/AEUV Kommentar, Art. 86 AEUV, Rn. 5; *Scheuermann*, Das Prinzip der gegenseitigen Anerkennung im geltenden und künftigen Europäischen Strafrecht, S. 113.

981 COM (2013) 534 final v. 17.72013, 2013/0255 (APP).

982 Art. 3 Abs. 1 des Vorschlags.

983 Art. 8 Abs. 1 des Vorschlags.

984 Art. 6 Abs. 5 des Vorschlags.

vom Europäischen Staatsanwalt – anhand einer von den Mitgliedsstaaten vorgelegten Liste – ernannt.[985]

Zur Zuständigkeit der Abgeordneten Europäischen Staatsanwälte sollen nur die Straftaten zum Nachteil der finanziellen Interessen der Union angehören.[986] In diesem Bereich sollen sie aber über jegliche Kompetenzen verfügen, über die die nationalen Staatsanwälte auch verfügen, sowohl was die Ermittlungstätigkeit, als auch was die Anklageerhebung- und Vertretung betrifft.[987] Die Voraussetzungen und Schranken der einzelnen Maßnahmen sollen sich immer nach dem Recht des Landes richten, in dem die Maßnahme durchgeführt wird.[988]

(3) Kritik

Da der Vorschlag der Kommission ganz neu ist, konnten bisher in der Literatur kaum thematisiert werden. Nichtdestotrotz kann man an dieser Stelle einschlägige Meinungen aus dem Schrifttum zitieren, denn der Vorschlag entspricht weitgehend dem Grünbuch und den früheren unverbindlichen Initiativen, die in der Literatur ausführlich thematisiert wurden.

Obwohl die Einrichtung der EStA grundsätzlich weitgehend begrüßt wurde, weil die herrschende Meinung den Mehrwert dieser Einrichtung als nachgewiesen ansehen, es gibt auch Stimmen, die Art und Weise des Aufbaus, wie er im Grünbuch steht, erhebliche Bedenken haben. Im Folgenden sollen diese Bedenken näher thematisiert werden.

Erstens ist es nicht beruhigend, dass der zuständige europäische Staatsanwalt selber, nach sehr vage formulierten Kriterien entscheiden darf, in welchem Mitgliedstaat die Anklage erhoben wird, eine richterliche Überprüfung ist nicht vorgesehen.[989] Der Vorbehalt gegen eine solche Vorschrift ist leicht nachvollziehbar. Eine entsprechende Regelung könnte dazu führen, dass der zuständige Europäische Staatsanwalt das Land aussucht, in dem die Wahrscheinlichkeit der Verurteilung des Angeschuldigten am größten erscheint, es droht also die Gefahr von forum shopping.[990]

---

985 Art. 10 Abs. 1 des Vorschlags.

986 Art. 12 des Vorschlags.

987 Art. 15 ff. des Vorschlags.

988 Art. 25 Abs. 1 des Vorschlags.

989 Art. 27 Abs. 4 des Vorschlags.

990 *Ambos*, § 13, Rn. 27; *Nürnberger*, ZJS 2009, 494, 500 f.; *Rheinbay*, Die Einrichtung einer Europäischen Staatsanwaltschaft 2014, S. 286; *Scheuermann*, Das Prinzip der gegenseitigen Anerkennung im geltenden und künftigen Europäischen Strafrecht, S. 117 ff.

Außerdem muss die drohende Beeinträchtigung des Rechts auf effektive Verteidigung berücksichtigt werden. Wenn nicht bereits am Anfang des Ermittlungsverfahrens festgelegt wird, in welchem Mitgliedsstaat die Anklage erhoben wird, kann der Verteidiger einen effektiven Rechtsschutz kaum garantieren.[991] Deswegen erscheint es als äußerst wünschenswert, dass die Gerichtszuständigkeit in der Hauptverhandlung - nach eindeutigen, objektiven Vorschriften, und nicht etwa nach dem gewöhnlichen Aufenthaltsort des direkten Opfers[992] - bereits am Anfang des Ermittlungsverfahrens festlegen wird.[993] Hierbei wäre die beste Lösung der Ort der Anklageerhebung nach dem Wohnsitz der Angeklagten festzulegen; bei alle anderen Lösungen wäre die effektive Verteidigung erheblich gefährdet.[994]

Das Problem des drohenden forum shopping wäre selbstverständlich noch ernster, wenn es gem. Art. 86 Abs. 4 AEUV zur Erweiterung der Zuständigkeit der EStA käme.[995]

Zweites, es ist ganz klar, dass ohne die europaweite Verkehrsfähigkeit von Beweisen die Handlungsfähigkeit der EStA kaum vorstellbar ist.[996] Dementsprechend wird auch im VO-Vorschlag festgelegt, dass jede Ermittlungsmaßnahme sowie Beweisstücke, die in einem Mitgliedsstaat rechtmäßig durchgeführt sowie erlangt wurden, in alle andere Mitgliedsstaaten als zulässig gelten und zwar ohne jegliche Validierung.[997] Es taucht also wiederum die bereits thematisierten Problematik der gegenseitigen Anerkennung von Beweismitteln auf.

Aus den folgenden - bereits ausführlich thematisierten - Gründen könnte die gegenseitige Anerkennung von Beweismitteln im Strafverfahren problematisch sein: die Kohärenz der nationalen Strafrechtssysteme wird negativ beeinträchtigt, es entsteht ein patchworkartiges Verfahrensrecht[998]; es kann kaum eine

---

991 *Nürnberger*, ZJS 2009, 494, 500 f.

992 Vgl. Art. 27 Abs. 4 lit. d des Vorschlags.

993 *v. Bubnoff*, ZeuS 185, 220; *Nürnberger*, ZJS 2009, 494, 501; *Satzger*, StV 2003, 137, 140.

994 Ähnlich *Rheinbay*, Die Einrichtung einer Europäischen Staatsanwaltschaft 2014, S. 287 f.

995 *Nürnberger*, ZJS 2009, 494, 504.

996 *v. Bubnoff*, ZeuS 185, 219; *Gless*, ZStW 2003, 131; *Nürnberger*, ZJS 2009, 494, 501 f.; *Radtke*, GA 2004, 1, 15 ff.; *Scheuermann*, Das Prinzip der gegenseitigen Anerkennung im geltenden und künftigen Europäischen Strafrecht, S. 139 ff.

997 Art. 30 Abs. 1 des Vorschlags.

998 *Busemann*, ZIS 2010, 552, 555; *Hecker*, § 12 Rn. 63; *Mansdörfer*, HRRS 2010, 11, 21; *Nürnberger*, ZJS 2009, 494, 501; *Rosenau/Petrus*, in Vedder/v. Heinegg (Hrsg.), EUV/AEUV Kommentar, Art. 82 AEUV, Rn. 4; *Schünemann/Roger*, ZIS 2010, 92; *Weigend*, ZStW 2004, 275, 293.

effektive Verteidigung garantiert werden, denn die einzelne Beweise können theoretisch nach den Vorschriften von 28 nationalen Strafprozessordnungen erhoben werden; es könnten solche Beweisstücke in der Hauptverhandlung akzeptiert werden, die nach nationalem Recht gar nicht zulässig wären[999]; es kann in der Hauptverhandlung zur Anwendung von fremden Rechtsordnungen kommen, obwohl die entsprechenden Fachkenntnisse des zuständigen Richters nicht gewährleistet sind[1000]; weil in der Hauptverhandlung die freie Beweiswürdigung herrscht, ist es möglich, dass der zuständige Richter – in Folge des mangelnden Vertrauens – die ausländische Beweise nicht berücksichtigt[1001]; Vorteile, die sich für die Strafverfolgungsbehörden in einem Mitgliedsstaat bieten, könnten vom zuständigen Staatsanwalt ausgenutzt werden, ein forum shopping scheint unvermeidbar zu sein[1002] (siehe S. 138 ff.).

Es gibt grundsätzlich drei Wege, die Probleme in Verbindung mit der gegenseitigen Anerkennung der Beweismittel zu lösen. Die erste Möglichkeit wäre, die nationalen Strafprozessordnungen weitgehend zu harmonisieren. Dafür hat jedoch die Union zurzeit keine Zuständigkeit, und dies ist außerdem politisch nicht erwünscht.[1003] Deswegen könnte als zweite Möglichkeit eine partielle europäische Strafprozessordnung im Betracht kommen, die nur in den Verfahren anwendbar wäre, in den die EStA zuständig ist.[1004] Oder – als dritte Möglichkeit – könnte ein europäischer Rechtsakt zur Harmonisierung der Voraussetzungen der Verwertbarkeit von Beweisen verabschiedet werden (siehe S. 152 ff.).[1005]

---

999 *Leuthauseser-Schnarrenberger*, StraFo 2007, 267, 271; *Suhr*, in Fastenrath/Nowak (Hrsg.), Der Lissabonner Reformvertrag, S. 315; *Zeder*, EuR 2012, 34, 48.

1000 *Heine*, Die Rechtsstellung der Beschuldigten im Rahmen der Europäisierung des Strafverfahrens, S. 158.

1001 *Heine*, Die Rechtsstellung der Beschuldigten im Rahmen der Europäisierung des Strafverfahrens, S. 158.

1002 *Heine*, Die Rechtsstellung der Beschuldigten im Rahmen der Europäisierung des Strafverfahrens, S. 157; *Scheuermann*, Das Prinzip der gegenseitigen Anerkennung im geltenden und künftigen Europäischen Strafrecht, S. 138; *Schünemann*, StV 2003, 116, 121 f; *Kretschmer*, in Vedder/v. Heinegg (Hrsg.), EVV Kommentar, Art. III-270 Rn. 10.

1003 *Nürnberger*, ZJS 2009, 494, 501; *Radtke*, GA 2004, 1, 19; *Satzger*, StV 2003, 137, 142.

1004 *Nürnberger*, ZJS 2009, 494, 501 f.; *Radtke*, GA 2004, 1, 19.

1005 *von Bubnoff*, in Pache (Hrsg.), Die Europäische Union – Ein Raum der Freiheit, der Sicherheit und des Rechts?, S. 118; *Gless*, ZStW 2003, 131, 148; *Hecker*, § 12 Rn. 68; *Nürnberger*, ZJS 2009, 494, 502; *Radtke*, GA 2004, 1, 19 f.

(4) Der nicht ausreichende Rechtsschutz

Es muss letztendlich auf das Problem der Einseitigkeit der Europäisierung im Strafrecht hingewiesen werden, die in Verbindung mit der EStA in der Literatur wiederum auftaucht. Die Union wird nämlich in Art. 86 AEUV berechtigt, eine neue – ziemlich grundrechtsbeeinträchtigende – Einrichtung ins Leben zu rufen. Dazu wurde im Primärrecht die entsprechende Kompetenzgrundlage eingeräumt, ohne jedoch, dass der Rechtsschutz auch nur ansatzweise erwähnt worden wäre.[1006]

Dieser Mangel wird nicht dadurch kompensiert, dass der Beitritt der Union zur EMRK vorgesehen ist, denn die EMRK bietet – wie schon ausgeführt wurde – keinen umfangreichen Schutz. Darüber hinaus sind die Verfahren vor dem EGMR langsam und wenig effektiv (siehe S. 99 ff.).[1007]

Man darf jedoch nicht vergessen, dass ein hinreichender Rechtsschutz mit der verfahrensrechtlichen Harmonisierungskompetenz durch Art. 82 Abs. 2 UA 2 AEUV erreicht werden könnte (siehe S. 172 ff.).[1008] Diese Möglichkeiten sollten vom europäischen Gesetzgeber unbedingt wahrgenommen werden, um die Rechtseinbußen, die mit der Einrichtung der EStA entstehen würden, verhältnismäßig auszugleichen.

Der VO-Vorschlag hat die Grundrechte nicht außer Acht gelassen. Die Einhaltung der strafrechtsrelevanten Grundrechte wird an mehreren Stellen beschworen. Es sind die Grundrechte aufgezählt, die vom europäischen Gesetzgeber als besonders relevant eingestuft sind: So u.a. das Recht auf Dolmetscher, auf Belehrung, auf Rechtsbeistand, auf Unschuldsvermutung, auf Anhörung sowie Anspruch auf Prozesskostenhilfe.[1009] Bei der genauen Ausstattung dieser Rechte sollen aber die nationalen Regelungen zur Anwendung kommen.[1010] Im Vergleich dazu wird der Datenschutz im VO-Vorschlag ausführlich geregelt.[1011]

An dieser Stelle ist es festzuhalten, dass es hier um eine Verordnung handelt, die also in den Mitgliedsstaaten unmittelbar gelten wird. Das heißt, die

---

1006 *Heine*, Die Rechtsstellung der Beschuldigten im Rahmen der Europäisierung des Strafverfahrens, S. 156.

1007 *von Bubnoff*, in Pache (Hrsg.), Die Europäische Union – Ein Raum der Freiheit, der Sicherheit und des Rechts?, S. 117; *Gless*, StV 2010, 400, 406; *Hecker*, § 12 Rn. 60; Leuthauseser-Schnarrenberger, StraFo 2007, 267, 275; *Nürnberger*, ZJS 2009, 494, 502; *Radke*, GA 2004, 1, 20 f.

1008 *Leuthauseser-Schnarrenberger*, StraFo 2007, 267, 271; *Mansdörfer*, HRRS 2010, 11, 22.

1009 Art. 32 ff. des Vorschlags.

1010 Art. 32 Abs. 2 des Vorschlags.

1011 Art. 37 ff. des Vorschlags.

Mitgliedsländer können die in der Verordnung festgelegten Verfahrensrechte nicht auflockern und die gilt in den Ländern auch dann, wenn die Einzelheitsregelungen unglücklicher Weise fehlen.

(5) Lösungsvorschlag

Nach meiner Ansicht gibt es nur eine Möglichkeit die durchaus ernst zu nehmenden Problemen der EStA in Verbindung mit dem Rechtsschutz, mit dem Ort der Anklageerhebung und mit der Verkehrsfähigkeit der Beweise zu lösen; es sollte die Strafgerichtsbarkeit der Union begründet werden. Diese Lösung wäre ohne Zweifel mit erheblichen Souveränitätseinbußen der Mitgliedsstaaten verbunden, dafür könnte sie für ein hohes Maß an Rechtsschutz und Rechtssicherheit sorgen.

Der Vorschlag jeweils einen nationalen Richter mit ausschließlicher Zuständigkeit zu ernennen,[1012] um Rechtsschutz während des Ermittlungsverfahrens bei Betrugsdelikten zu gewährleisten, bringt kaum weiter, da die Interessenkonflikte, die die effektive Tätigkeit der nationalen Strafverfolgungsbehörden hindern, bestünden weiterhin.[1013]

Bezüglich der genauen Konstruktion der europäischen Strafgerichtsbarkeit sind nach meiner Ansicht zwei Möglichkeiten vorstellbar. Entweder könnte man den bestehenden europäischen Gerichten Zuständigkeit einräumen, um nach sekundärrechtlichen Vorgaben über den Ort der Anklageerhebung und über der Verwertbarkeit der ausländischen Beweise zu entscheiden. Man muss aber darauf hinweisen, dass der EuGH bereits überlastet ist, die durchschnittliche Verfahrensdauer beträgt mehr über ein Jahr.[1014] So wäre es sinnvoller ein spezielles europäisches Vorverfahrensgericht zu gründen.[1015] In diesem Fall würde aber die Zuständigkeit für das Strafverfahren weiterhin bei den mitgliedsstaatlichen Gerichten bleiben. Es wäre nach meiner Einschätzung nur eine Halblösung, da das Problem der Waffenungleichheit und des patchworkartigen Verfahrensrechts weiterhin ungelöst bliebe; es wären weiterhin ausländischen Prozesshandlungen, Teilentscheidungen ins inländische Verfahren integriert.

Wesentlich besser wäre die Lösung, nach der ein europäisches Gericht für das ganze Strafverfahren zum Nachteil der finanziellen Interessen der Union

---

1012 Etwa in der einschlägigen Stellungnahme des Deutschen Richterbundes, S. 13.

1013 Ähnlich *Rheinbay*, Die Einrichtung einer Europäischen Staatsanwaltschaft 2014, S. 250 ff.

1014 Pressemitteilung des EuGH, Nr. 13/11, S. 1.

1015 *Rheinbay*, Die Einrichtung einer Europäischen Staatsanwaltschaft 2014, S. 254 ff. sowie 289 f.

Zuständigkeit bekäme und das Verfahren nach einheitlichen europäischen materiell- und verfahrensrechtlichen Vorschriften ablaufen würden. So würde sich nicht nur das Problem des forum shoppings, sondern auch das der Waffengleichheit und das des Grundrechtsschutzes lösen; der Verteidiger sollte sich nur im europäischen und nicht mehr in ggf. 28 nationalen Strafverfahren auskennen sowie es würde zumindest in diesen Strafverfahren einen einheitlichen Rechtschutzstandard herrschen. Man könnte so sogar das Problem der vermuteten Unmotiviertheit der nationalen Justizbehörden bei europäischen Betrüge und die Unterschiede bzgl. der gerichtlichen Strafzumessung aufheben (siehe S. 334 f.).

An diese Stellen sollten sich die Mitgliedsstaaten natürlich die Frage stellen, ob sie den Souveränitäts- oder dem Rechtsschutz einen höheren Wert zumessen.

Es stellt sich natürlich die Frage, ob die Einrichtung der europäischen sektoriellen Strafgerichtsbarkeit von den bestehenden Kompetenzgrundlagen des europäischen Gesetzgebers gedeckt ist. Das wäre nach einigen Ansichten zumindest bezüglich des europäischen Vorverfahrensgerichts der Fall, da in Art. 86 AEUV wird ausdrücklich die Kompetenz eingeräumt, Regelungen zur gerichtlichen Kontrolle der EStA zu schaffen, die genaue Bedeutung der „gerichtlichen Kontrolle" wird dabei nicht definiert, damit lässt sich auch die europäische gerichtliche Kontrolle mit dem Wortlaut vereinbaren. Darüber hinaus ist es zu berücksichtigen, dass Sinn und Zweck der Vorschrift daran besteht einen effektiven Rechtsschutz zu gewährleisten, der nur durch nationale Kontrolle nicht erreichen. Mit dem europäischen Vorverfahrensgericht wäre wohl auch nicht gegen Art. 276 AEUV verstoßen, da es hier nicht um die Tätigkeit der nationalen Strafverfolgungsbehörden, sondern um die Handlungen der EStA geht.[1016]

Wenn aber das europäische Gericht für das ganze Strafverfahren zum Nachteil der finanziellen Interessen der Union zuständig sein sollte, ist eine Kompetenzerweiterung notwendig, da im diesen Fall nicht mehr nur um eine gerichtliche Kontrolle, sondern um die vollständige Durchführung eines Strafverfahrens ginge.[1017]

(6) Verstärkte Zusammenarbeit

Es ist immer wahrscheinlicher, dass die Einrichtung der EStA sich nur in verstärkter Zusammenarbeit realisieren lässt. Dafür spricht, dass mittlerweile mehr als 10 Mitgliedsstaaten Subsidiaritätsbedenken gem. Art. 69 AEUV geäußert

---

1016 *Rheinbay*, Die Einrichtung einer Europäischen Staatsanwaltschaft 2014, S. 225.

1017 *Böse*, in Schwarze (Hrsg.), EU-Kommentar, Art. 86, Rn. 3; *Rheinbay*, Die Einrichtung einer Europäischen Staatsanwaltschaft 2014, S. 256; *Suhr*, in Calliess/Ruffert, EUV/AEUV Kommentar, Art. 86, Rn. 27.

haben.[1018] In Verbindung mit einer solchen Realisierung der EStA tauchen Probleme auf, fraglich ist zuerst, warum die willige Mitgliedsstaaten Souveränitätseinbußen hinnehmen sollten, die mit der Einrichtung der EStA naturgemäß verbunden sind, wenn andere Mitgliedsstaaten die Zusammenarbeit einfach verweigern.[1019] Darüber hinaus ist die Effektivität der EStA ist definitiv gemindert, wenn nicht alle Mitgliedsstaaten kooperieren, vor allem wenn die unwilligen gerade die Länder sind, wo die betrügerischen Handlungen vermutlich besonders oft vorkommen, wie etwa in Rumänien.

Gleichzeitig muss man aber sehen, dass die unterschiedlichen Formen der engeren Kooperation einiger Mitgliedsstaaten über einen psychischen Effekt verfügen, wenn die Zusammenarbeit funktioniert, ist die Teilnahme auch für die am Anfang unwilligen Staaten reizvoll, wie etwa im Fall des Schengen-Raums.[1020]

ee) Sonstige originäre Kompetenzgrundlagen

Neben Art. 325 AEUV werden noch zwei weiteren Vorschriften des AEUV thematisiert, die als mögliche Ermächtigungsgrundlagen für die Setzung von unmittelbarem Strafrecht im Betracht kommen könnten: Art. 33 und Art. 79 Abs. 2 AEUV.

(1) Zusammenarbeit im Zollwesen

Art. 33 AEUV ist der Nachfolger von Art. 135 EGV und regelt die Zusammenarbeit der Mitgliedsstaaten im Zollwesen. Art. 135 EGV war ähnlich konzipiert wie Art. 280 EGV. Dies bedeutet, dass Art. 135 EGV S. 1 die Ermächtigung des europäischen Gesetzgebers zum Erlass von Maßnahmen enthalten hat, um eine effektive Umsetzung der Zollpolitik der Gemeinschaft zu gewährleisten. Diese Ermächtigung war jedoch in Art. 135 S. 2 EGV mit einer Sperrklausel ergänzt. Durch die Sperrklausel sollten die Strafrechtssysteme der Mitgliedsstaaten von den Maßnahmen der Gemeinschaft unberührt blieben. Daher wurde eine Strafrechtsetzungskompetenz der Gemeinschaft – aus ähnlichen Gründen wie bei Art. 280 EGV – mehrheitlich abgelehnt.

Mit dem Vertrag von Lissabon wurde jedoch die Sperrklausel – ähnlich wie bei Art. 325 AEUV – ersatzlos gestrichen. Die historischen Hintergründe von

---

1018 Frankreich, Großbritannien, Irland, Malta, Niederlande, Rumänien, Schweden, Slowenien, Tschechien, Ungarn, Zypern.

1019 Ähnlich Rheinbay, Die Einrichtung einer Europäischen Staatsanwaltschaft 2014, S. 110.

1020 Ähnlich *Rheinbay*, Die Einrichtung einer Europäischen Staatsanwaltschaft 2014, S. 111 f.

Art. 33 AEUV und von Art. 325 AEUV sind also die gleichen. Da bei Art. 325 AEUV die Kompetenz der Union zur Setzung von unmittelbarem Strafrecht eindeutig bejaht wird, kann kein Zweifel bestehen, dass die Union nunmehr auch im Zollwesen berechtigt ist, unmittelbar geltende strafrechtliche Regelungen zu erlassen.[1021]

(2) Gemeinsame Einwanderungspolitik

Weniger eindeutig ist die Lage bei Art. 79 AEUV. In dieser Vorschrift wird die gemeinsame Einwanderungspolitik der Union geregelt. Nach Art. 79 Abs. 2 AEUV dürfen Maßnahmen unternommen werden, um illegale Einwanderer zurückzuführen (lit. c) sowie um den Menschenhandel zu bekämpfen (lit. d).

Die Frage ist, ob unter Maßnahmen auch das Erlass von Verordnungen mit strafrechtlichem Inhalt zu verstehen ist. Die Mehrheit spricht sich gegen das Bestehen einer solchen Unionskompetenz aus. Der Grund dafür ist, dass der Menschenhandel im Katalog von Art. 83 Abs. 1 AEUV ausdrücklich erwähnt wird. Das bedeutet, dass in diesem Bereich die Strafrechtsharmonisierung durch Richtlinien ausdrücklich geregelt und erlaubt ist. Es stellt sich daher die Frage, warum die Harmonisierung ausdrücklich geregelt sein sollte, wenn die Union schon eine unmittelbare Rechtsetzungskompetenz durch Verordnungen besitzen würde.[1022] Von Betrugsbekämpfung ist in Art. 83 Abs. 1 AEUV nicht die Rede, da in diesem Bereich eine originäre Strafrechtsetzungskompetenz besteht. Eine Harmonisierungskompetenz zu verankern wäre also überflüssig.

Art. 83 Abs. 1 AEUV muss also wohl als ein lex specialis zu Art. 79 Abs. 2 AEUV verstanden werden, in dem die Rechtsetzungskompetenz des europäischen Gesetzgebers speziell geregelt wird.

Es muss darüber hinaus berücksichtigt werden, dass die Bekämpfung des Menschenhandels – im Gegensatz zu dem Finanzinteressenschutz – nicht unbedingt den Kernbereich der Union berührt.[1023] Deswegen ist es nicht zwingend, dass ein effektiver Rechtsschutz ohne die gesetzgeberische Tätigkeit des europäischen Gesetzgebers nicht gewährleistet werden kann.

1021 Ähnlich *Rosenau/Petrus*, in Vedder/v. Heinegg (Hrsg.), EUV/AEUV Kommentar, Art. 83, AEUV, Rn. 7; *Satzger*, § 8, Rn. 25; *Suhr*, in Fastenrath/Nowak (Hrsg.), Der Lissabonner Reformvertrag, S. 321.

1022 *Grünwald*, JZ 2011, 972, 974; *Nelles/Tinkl/Lauchstädt*, in Kadelbach (Hrsg.) Europarecht, § 42 Rn. 9; *Mansdörfer*, HRRS 2010, 11, 18; *Rosenau/Petrus*, in Vedder/v. Heinegg (Hrsg.), EUV/AEUV Kommentar, Art. 83, Rn. 7; *Walter*, ZStW 2005, 911, 918 f.

1023 *Mansdörfer*, HRRS 2010, 11, 18.

Außerdem ist die Interessenlage ganz anders, als es bei der Betrugsbekämpfung der Fall ist. Im diesem Bereich haben die Mitgliedsstaaten ein unmittelbares Interesse daran, dass der Menschenhandel effektiv verhütet und bekämpft wird. Es geht also primär nicht nur um die Interessen der Union.

Für eine Strafrechtsetzungskompetenz spricht das zuerst vielleicht verblüffende Argument, dass den europäischen Grundverträgen ein inkonsequenter Aufbau der Kompetenzvorschriften nicht fremd ist. Das heißt, von der Systematik her sollte die Harmonisierungskompetenz durch Richtlinien in Art. 83 Abs. 1 AEUV tatsächlich ein lex specialis sein, sonst wäre der Vertragsaufbau unsystematisch. Der inkonsequente Aufbau wäre jedoch im Europäischen Strafrecht nicht einmalig.[1024] Daher soll die Systematik bei der Auslegung von europarechtlichen Vorschriften nur mit Vorbehalten berücksichtigt werden.

Es muss darüber hinaus berücksichtigt werden, dass bei Art. 79 Abs. 2 AEUV von „Bekämpfung" die Rede ist, und dieser Ausdruck ist der typische Sprachgebrauch der Verträge, wenn es sich um eine unmittelbare Strafrechtskompetenz handelt.[1025] Dementsprechend spricht auch Art. 325 Abs. 1 AEUV von der „Bekämpfung" der Betrügerei.

Nichtdestotrotz halte ich die Argumente, die in Art. 79 Abs. 2 AEUV gegen die unmittelbare Strafrechtskompetenz sprechen überzeugender. Wenn man das Prinzip der begrenzten Einzelermächtigungen ernst nimmt, kann eine unsystematische, uneindeutige Vorschrift nicht als originäre Strafrechtskompetenz dienen.

3. Zusammenfassung

Der Vertrag von Lissabon hat im Bereich der Strafrechtskompetenzen der Union viel Neues gebracht. Die wichtigste Neuerung ist, dass der Raum der Freiheit, der Sicherheit und des Rechts in den einheitlichen rechtlichen Rahmen des Unionsrechts eingeführt wurde. Parallele dazu wurden die strafrechtlichen Zuständigkeiten der Union erweitert. Nichtsdestotrotz würde ich nicht über eine *bahnbrechende* Erweiterung der Kompetenzen sprechen. Es kann hauptsächlich – der eindeutigeren Vertragsauslegung zu liebe – von der Neuregelung der bereits bestehenden Kompetenzen die Rede sein.[1026]

1024 *Satzger*, § 8, Rn. 26.

1025 *Mansdörfer*, HRRS 2010, 11, 18; *Satzger*, § 8, Rn. 26; *Tiedemann*, Wirtschaftsstrafrecht BT, § 1, Rn. 39.

1026 Anders BVerfG, 2 BvE 2/08 vom 30.6.2009, Rn. 352; *Heine*, Die Rechtsstellung der Beschuldigten im Rahmen der Europäisierung des Strafverfahrens, S. 66. Ähnlich *Böse*, ZIS 2010, 76, 82.

So wurde das Prinzip der gegenseitigen Anerkennung das erste Mal im Primärrecht zum Eckstein der Zusammenarbeit erklärt. Das Prinzip ist jedoch keineswegs neu, es wurde im Europäischen Strafrecht bereits seit mindestens zehn Jahren angewendet. An dieser Stelle kann nicht über eine völlig neue Kompetenz die Rede sein, es geht vielmehr darum, dass eine bereits bestehende Zuständigkeit eindeutiger geregelt wurde.

Im AEUV wurde darüber hinaus die Annexkompetenz ausdrücklich verankert. Die Annexkompetenz ist jedoch an sich auch kein Novum, sie wurde von der Judikatur des EuGH seit Jahren als existierend wahrgenommen. Hier handelt es sich wieder um eindeutigere Regelung einer bereits bestehenden Zuständigkeit.

Außerdem wurde die unmittelbare Strafrechtsetzungskompetenz der Union im Bereich des Schutzes der europäischen Finanzinteressen und des Zollwesens ausdrücklich begründet. An dieser Stelle könnte man über eine wesentliche Kompetenzerweiterung sprechen, ich würde aber aus zwei Gründen vorsichtiger formulieren: Erstens, die unmittelbare Strafrechtsetzungskompetenz betrifft einen sehr kleinen, unionsspezifischen Bereich des Strafrechts, die Bekämpfung der europäischen Betrüge. Es handelt sich also um Delikte, die von der Union unzertrennlich sind, ohne die Union gar nicht existieren würden. Über eine bahnbrechende Kompetenzerweiterung der Union könnte nach meiner Ansicht etwa dann die Rede sein, wenn die unmittelbare Strafrechtsetzungskompetenz auch anderen Bereichen des Strafrechts miterfassen würde. Zweitens, die originäre Strafrechtssetzungskompetenz kann auch nicht als ganz neue betrachtet werden, denn sie wurden von einer Mindermeinung auch auf der Basis der alten Rechtslage bejaht. An dieser Tatsache ändert nichts, ob man diese Mindermeinung geteilt oder abgelehnt hat.

Daher behaupte ich, dass der Vertrag *in erster Linie* nicht für neue europäische Strafrechtskompetenzen, sondern für eindeutigere Regelungen und für mehr Rechtssicherheit gesorgt hat.

Die einzige Regelung des AEUV, die ohne Wenn und Aber als Novum beurteilt werden kann, ist die *Möglichkeit* der Einrichtung einer Europäischen Staatsanwaltschaft. Deren tatsächliche Gründung bleibt aber – aus politischen Gründen – kurz- und mittelfristig fraglich. Es muss auch erwähnt werden, dass eine Europäische Staatsanwaltschaft in der Literatur bereits seit Jahren thematisiert wurde und es sogar Überlegungen gab, die EStA auf dem Basis der alten Kompetenzgrundlagen, ausgehend von Eurojust zu begründen. Außerdem wäre die Zuständigkeit der EStA begrenzt, würde einen sehr kleinen, unionsspezifischen Bereich des Strafrechts, die Bekämpfung der europäischen Betrüge umfassen. Über eine Bahnbrechende könnte nach meiner Ansicht dann die Rede sein, wenn die EStA etwa bei allen grenzüberschreitenden Straftaten Zuständigkeit bekäme.

Es ist darüber hinaus festzuhalten, dass im Vertrag von Lissabon die Möglichkeit der Etablierung der europäischen Strafgerichtsbarkeit definitiv nicht verankert ist, nicht einmal sektoriell.

Wenn man diese Umstände berücksichtigt, kann auch in diesem Zusammenhang von einer erheblichen Ausdehnung der strafrechtlichen Kompetenzen der Union kaum die Rede sein.

Wir haben also mit dem Vertrag von Lissabon im Europäischen Strafrecht eindeutigere Regelungen und dadurch mehr Rechtssicherheit. Es muss jedoch berücksichtigt werden, dass gleichzeitig neue Auslegungsprobleme aufgetaucht sind. Sie betreffen vor allem die Reichweite der Harmonisierungskompetenzen in Art. 82 AEUV und in Art. 83 AEUV. Bezüglich der optimalen Auslegung der Vorschriften sind die Leitlinien und Musterbestimmungen für die Rechtsetzung im Strafrecht vom Rat und das *Manifest zur Europäischen Kriminalpolitik* von ECPI bemerkenswert.[1027] Diese sollten beim Erlass von neuen Rechtsakten unbedingt berücksichtigt werden.

Man muss außerdem darauf hinweisen, dass zwar die umstrittenen Rechtsinstrumente – wie die gegenseitige Anerkennung, die unmittelbare Strafrechtsetzungs- und die Annexkompetenz – nunmehr nicht nur durch die Rechtsprechung oder durch das Gewohnheitsrecht, sondern durch das primäre Unionsrecht gelten, die generellen Einwände gegen diese Rechtsinstrumente – die in der Literatur weit verbreitet sind – wurden jedoch nicht aufgehoben.

Obwohl die Union mit dem Inkrafttreten des Vertrags von Lissabon demokratischer geworden ist und künftig mehr Rechtsschutz gewährleistet wird, fehlt es an gegenseitiges Vertrauen zwischen den Mitgliedsstaaten weiterhin. Dies ist auch kein Wunder, wenn wir die neuen „Entwicklungen" in der Politik – und damit verbunden in der Gesetzgebung – in einigen Mitgliedstaaten berücksichtigen. Insofern sollte man vor allem an den Abbau des Rechtsstaates in Ungarn, an die Abschiebung der Roma in Frankreich, an die Flüchtlingslage in Griechenland, an die – für eine Zeit – teilweise wieder eingeführte Grenzkontrolle in Dänemark, an die – währen der Berlusconi-Regierung weit verbreitete – konkret individuelle Gesetzgebung in Italien, oder an die „Eilgesetzgebung" sowie an die Ignorierung der Beschlüsse des Verfassungsgerichts in Rumänien denken. Diese Phänomene sollten von der Union nicht tatenlos hingenommen werden.

1027 Ratsdok. Nr. 16542/2/09 vom 30.11.2009 sowie Forschungsgruppe European Criminal Policy Initiative, ZRP 2010, 137 ff. Dazu Einführung von *Satzger*, ZIS 2009, 691 ff.

Man darf auch nicht außer Acht lassen, dass die neuen Kompetenzregelungen die Souveränitätsvorbehalte der Mitgliedstaaten und die demokratische Legitimation der Union weitgehend ernst nehmen. Insofern muss vor allem das wesentlich erweiterte Mitentscheidungsrecht des EP, das erweiterte Kontrollrecht der nationalen Parlamente, die Notbremsenregelungen und die abgeschlossenen Kataloge bei der Kompetenzregelungen in Art. 82 AUV und in Art. 83 AEUV berücksichtigt werden.

Auch wenn der Vertrag von Lissabon bei Weitem nicht perfekt ist, und an vielen Stellen Korrekturbedarf besteht, hat sich die Situation insgesamt aus Sicht der Demokratie, der Rechtsstaatlichkeit, der Rechtssicherheit und des Rechtsschutzes wesentlich verbessert.

Da der AEUV mehrere Strafrechtskompetenzen – mit teilweise wesentlich abweichenden Anwendungsvoraussetzungen enthält, soll – als Abschluss der Erörterung der gegenwärtigen Rechtslage – die folgende Tabelle für mehr Klarheit sorgen:

Normen	**Art. 82 Abs. 1 UA 2 AEUV**	**Art. 82 Abs. 2 AEUV**	**Art. 83 Abs. 1 AEUV**
Anwendungsbereich	**Prinzip der gegenseitigen Anerkennung** Maßnahmen um die Verwirklichung der gegenseitigen Anerkennung zu fördern.	**Harmonisierung im Strafverfahrensrecht** Harmonisierung im aufgezählten Bereich des Strafverfahrensrechts, soweit es zur gegenseitigen Anerkennung und zur polizeilichen und justiziellen Zusammenarbeit bei Straftaten mit grenzüberschreitendem Charakter erforderlich ist.	**Harmonisierung im materiellen Strafrecht** Harmonisierung in den aufgezählten Bereichen des materiellen Strafrechts.
Anwendbare Rechtsakte	Richtlinie und Verordnung	Richtlinie	Richtlinie
Wird eine unmittelbare straf-rechtliche Kompetenz der Union begründet?	Möglich	Nein	Nein

Normen	Art. 82 Abs. 1 UA 2 AEUV	Art. 82 Abs. 2 AEUV	Art. 83 Abs. 1 AEUV
Kann die Notbremsen-Regelung angewendet werden?	Nein	Ja	Ja
Gab die Kompetenz auch auf Basis der alten Rechtslage?	Ja. Es wurden auch zahlreiche Rechtsakte erlassen. Der wichtigste ist der Rahmenbeschluss über den Europäischen Haftbefehl.[1028]	Ja. Es wurden auch zahlreiche Rechtsakte erlassen. Die wichtigsten sind der Rahmenbeschluss über die Europäische Beweisanordnung und der Rahmenbeschluss über die Stellung des Opfers.[1029]	Ja. Es wurden auch zahlreiche Rechtsakte erlassen. Die wichtigsten sind die Richtlinie über die Geldwäsche[1030] und der Rahmenbeschluss über den Schutz des Euro gegen Geldfälschung.[1031]
Anwendungs-Bereich	**Annexkompetenz** Erlassen von Mindestvorschriften zur Festlegung von Straftaten und Strafen, um die wirksame Durchführung der Unionspolitiken zu gewährleisten.	**Unmittelbare strafrechtliche Kompetenz für Schutz der Finanzinteressen** Erlassen von Maßnahmen um die finanziellen Interessen der Union zu schützen.	**Unmittelbare strafrechtliche Kompetenz im Zollwesen** Erlassen von Maßnahmen um die Zusammenarbeit im Zollwesen auszubauen.
Anwendbare Rechtsakte	Richtlinie	Verordnung	Verordnung
Wird eine unmittelbare straf-rechtliche Kompetenz der Union begründet?	Nein	Ja	Ja

1028 RB 2002/584/JI (ABl 2002 L 190/1).
1029 RB 2008/978/JI (ABl. 2008 L 350/72) und RB 2001/220/JI (ABl. 2001 L 82/1).
1030 RL 91/308 (ABl. 1991 L 166/77).
1031 RB 2001/888 (ABl. 2001 L 329/3).

Normen	Art. 82 Abs. 1 UA 2 AEUV	Art. 82 Abs. 2 AEUV	Art. 83 Abs. 1 AEUV
Kann die Notbremsen-Regelung angewendet werden?	Ja	Nein (nach der m.M. analog)	Nein
Gab die Kompetenz auch auf Basis der alten Rechtslage?	Ja. Nach der entsprechenden Entscheidung des EuGH.[1032] Die Richtlinie über den strafrechtlichen Schutz der Umwelt ist zu berücksichtigen.[1033]	Nein. Die Kompetenz ist in dieser Form neu.	Nein. Die Kompetenz ist in dieser Form neu.

1032 EuGH Rs. 176/03, Umweltrahmenbeschluss, Slg. 2005, I-5285 sowie EuGH Rs. 440/05, Verschmutzung durch Schiffe, Slg. 2007, I-9097.

1033 RL 2008/99 (ABl. 2008 L 328/28).

C. Die Zukunft des Europäischen Strafrechts

Unter echtem Europäischem Strafrecht versteht man ein Strafrechtssystem auf europäischer Ebene, welches mit den mitgliedsstaatlichen Strafrechtssystemen vergleichbar ist. Es muss also die weitgehende Zuständigkeit des europäischen Gesetzgebers mit erfassen, unmittelbar geltende straf- und ggf. strafverfahrensrechtliche Vorschriften zu erlassen.[1034] Ein echtes Europäisches Strafrecht existiert gegenwärtig eindeutig nicht (siehe S. 12 ff.).[1035]

Nachdem die Entstehungs- und Entwicklungsgeschichte sowie die aktuelle Rechtslage des Europäischen Strafrechts dargestellt wurde, sollten auch die Zukunftsperspektiven des Rechtsgebietes thematisiert werden.

In diesem Zusammenhang sollten grundsätzlich zwei Fragen beantwortet werden: Ist das Europäische Strafrecht in seiner gegenwärtigen Form notwendig und rechtmäßig? Wäre eine Erweiterung des Europäischen Strafrechts (also ein EuStGB sowie eine EuStPO) notwendig und rechtmäßig? Mit anderen Worten stellen sich die zwei wichtigsten Zukunftsfrage als die Folgenden: *Kann* das echte Europäische Strafrecht etabliert werden? *Soll* das echte Europäische Strafrecht etabliert werden?

Die erste Frage betrifft die Rechtsmäßigkeit des Europäischen Strafrechts. Bei deren Beantwortung haben die einschlägigen Zuständigkeiten des europäischen Gesetzgebers und die demokratische Legitimation der Union entscheidende Bedeutung.

Die zweite Frage betrifft die Notwendigkeit des Europäischen Strafrechts, sie Frage soll teils aus kriminalpolitischen Aspekten, teils unter Berücksichtigung der Menschenrechte beantwortet werden.

I. Die herrschende Lehre über das Europäische Strafrecht und deren Kritik

Es gibt vielleicht keinen anderen Mitgliedstaat, in dem das Europäische Strafrecht so ausführlich diskutiert wird und in dem die Materie für den „Durchschnittsjuristen" so präsent ist wie Deutschland. Als Gegenbeispiel könnte

---

1034 U.a. *Ambos*, § 9, Rn. 4.

1035 U.a. *Albrecht/Braum*, KritV 1998, 460, 465; *Ambos*, § 9, Rn. 13 f.; *Eisele*, JA 2000, 896, 897; *Mylonopulos*, ZStW 2011, 633, 334; *Rosenau*, ZIS 2008, 9; *Satzger*, Europäisierung, S. 58; *Sieber*, ZStW 2009, 1.

Ungarn genannt werden, wo renommierte Juristen mit dem Ausdruck „Europäisches Strafrecht" kaum etwas anfangen können und sie überrascht wären, wenn sie erfahren würden, wie viel ungarische strafrechtliche Vorschriften von Brüssel erheblich beeinflusst wurden. Ein wissenschaftlicher Aufsatz in diesem Bereich hat in Ungarn Seltenheitswert.

Die lebendige Diskussion in Deutschland ist gut und notwendig, denn das Thema ist wichtig; das Europäische Strafrecht ist im tagtäglichen Leben stärker präsent, sein Einfluss auf das nationale Recht ist größer, als viele denken würden. Dies gilt unabhängig davon, dass gegenwärtig kein echtes Europäisches Strafrecht existiert.[1036]

Die Grundeinstellung der deutschen Rechtswissenschaftler zum Europäischen Strafrecht ist – abgesehen von wenigen Ausnahmen – ziemlich klar: Sie stehen dem Europäischen Strafrecht mehrheitlich skeptisch gegenüber.[1037] In der Literatur wird kritisiert, dass beim Europäischen Strafrecht die Gewährleistung der Sicherheit eindeutig im Mittelpunkt steht und die Freiheit der Unionsbürger unverhältnismäßig eingeschränkt wird. Zur Begründung dieser Ansicht werden regelmäßig die folgenden Beispiele gebracht: Die fragwürdigen Instrumente der polizeilichen und justiziellen Zusammenarbeit (wie Europäische Beweisanordnung[1038], Europäische Ermittlungsanordnung[1039], Europäischer Haftbefehl[1040]); die sich immer mehr verbreitende Anwendung des Prinzips der gegenseitigen Anerkennung; die zu weit festgelegten, nicht hinreichend bestimmten Harmonisierungskompetenzen des europäischen Gesetzgebers.

Das Europäische Strafrecht wird oft als eine große Bedrohung wahrgenommen, welches die deutsche bzw. die nationale Rechtsstaatlichkeit sowie die Menschenrechte gefährdet. Daher ist die Kritik teilweise sehr stark formuliert, vor allem bei *Schünemann* sind krasse Aussagen zu finden, es ist bei ihm von einem „gigantischen Demokratie-Defizit"[1041] der Union oder von einem „inquisitorischen

---

1036 Ähnlich *Heine*, Die Rechtsstellung der Beschuldigten im Rahmen der Europäisierung des Strafverfahrens, S. 30 f.

1037 Ähnlich *Hassemer*, KritV 1999, 133; *Zieschang*, in: Hohloch, Gerhard (Hrsg.), Wege zum Europäischen Recht, S. 49.

1038 RB 2008/978/JI, ABl. 2008 L 350/72.

1039 Ratsdok. 11735/11 vom 17. Juni 2011.

1040 Europäische Beweisanordnung (RB 2008/978/JI, ABl. 2008 L 350/72), Europäische Ermittlungsanordnung (Initiative 2010/C 165/02, ABl. 2010 C 165/22), Europäischer Haftbefehl (RB 2002/584/JI, ABl. 2002 L 190/1).

1041 *Schünemann*, GA 2004, 193, 200.

Overkill"[1042] die Rede, die nationalen Parlamente werden in Verbindung mit den Richtlinien als „Brüsseler Lakaien" bezeichnet,[1043] die Europäisierung des Strafrechts wird als der „Weg zu einem europäischen Sicherheitsstaat" gesehen,[1044] es wird sogar ein europäischer „Polizeistaat" prophezeit.[1045]

Die Grundeinstellung, dass es beim Europäischen Strafrecht um einen Kampf gegen einen antiliberalen europäischen Gesetzgeber geht, welcher die Effektivität der Strafverfolgung um jeden Preis maximieren will, wenn es notwendig erscheint, auch um den Preis eines Abbaus der Menschenreche, wird in dieser Arbeit abgelehnt,[1046] denn die Geschichte der europäischen Integration ist die Geschichte der Erweiterung der Rechte der europäischen Bürger. In diesem Zusammenhang soll vor allem auf die Grundfreiheiten der Union hingewiesen werden: freierer Verkehr von Waren, Dienstleistungen, Personen sowie von Arbeitskraft.

Die Wachsamkeit ist jedoch immer angebracht, weil die strafrechtliche Gesetzgebung des europäischen Gesetzgebers tatsächlich einige rechtsstaatliche Mängel aufweist:

- Der Rechtsschutz ist teilweise nicht oder nicht hinreichend gewährleistet, in vielen Rechtsakten (Bsp.: Rahmenbeschluss über den Europäischen Haftbefehl) wird er einfach den Mitgliedstaaten überlassen, obwohl allgemein bekannt ist, dass in den Mitgliedstaaten kein gleichwertiger Rechtsschutzstandard herrscht.
- Die Waffengleichheit im Strafverfahren, in dem die Behörden von mehreren Mitgliedstaaten beteiligt sind, ist nicht gewährleistet; die Idee eine Europäische Verteidigungsagentur, einen sog. Eurodefensor zu schaffen, wurde vom europäischen Gesetzgeber kaum beachtet.[1047]
- Der Datenschutz ist auf europäischer Ebene – zumindest im Hinblick auf den hohen deutschen und nordeuropäischen Standard – nicht hinreichend

---

1042 *Schünemann*, StV 2003, 116, 118.

1043 *Schünemann*, GA 2004, 193, 206; ZIS 2010, 735, 737.

1044 *Schünemann*, ZIS 2007, 528.

1045 *Schünemann*, ZIS 2007, 528.

1046 Ähnlich *Amelung* an der Außerordentlichen Strafrechtslehrtagung am 7. und 8. November 2003 in Dresden, im Bericht von *Kreß*, ZStW 2004, 445.

1047 *Schünemann*, ZStW 2004, 376, 388 ff. Unterstützend: *Nester*, ZStW 2004, 332, 351 f. Teilweise unterstützend: *Vogel*, ZStW 2004, 400, 414 ff.; *Wasmeier*, ZStW 2004, 320, 324.

gewährleistet; das Problem betrifft vor allem die europäischen Datenaustausch- und Verarbeitungsstellen, wie Eurojust, Europol und EJN.[1048]

- Es fehlt das notwendige Vertrauen in die mitgliedsstaatlichen Rechtsordnungen.
- Das gegenwärtige Niveau der demokratischen Legitimation der Union setzt klare Grenzen bei der Erweiterung der strafrechtlichen Kompetenzen des europäischen Gesetzgebers. Diese Grenzen sind aber im AEUV ziemlich klar festgelegt.
- Die europäische Betrugsbekämpfung ist einseitig, es fehlt weiterhin ein europäisches Amtsträgerstrafrecht.[1049] Die strafrechtliche Verantwortung der Europol-Bediensteten ist weiterhin ungeklärt.[1050]

Die Erweiterung der strafrechtlichen Kompetenzen der Union setzt auf jeden Fall eine beruhigende Lösung der oben aufgezählten Probleme voraus, vor allem muss die demokratische Legitimation der Union verbessert werden.

Es darf aber nicht außer Acht gelassen werden, dass die strafrechtsrelevante europäische Gesetzgebung nicht ausschließlich die Maximierung der Effektivität der Kriminalitätsbekämpfung im Auge hat, es wurden auch Entscheidungen getroffen, um die Rechte der Einzelnen im Strafverfahren zu stärken. Insofern muss vor allem das Prinzip des „ne bis in idem" und die damit verbundene Rechtsprechung des EuGH berücksichtigt werden.[1051] Die Tätigkeit des EuGH ist nicht nur dadurch gekennzeichnet, dass die Zuständigkeiten der Union oft möglichst weit ausgelegt werden, wie es in der Literatur dem Gericht ständig vorgeworfen wird, es ging zum Beispiel beim berühmten Pupino-Urteil in erster Linie auch um die Rechte der Beteiligten im Strafverfahren bzw. um den Opferschutz.

Darüber hinaus wurden mehrere Rechtsakte über die Rechte der Angeschuldigten und über die Rechte der Opfer im Strafverfahren verabschiedet.[1052] Insofern

---

1048 *Rosenau/Petrus*, in Vedder/v. Heinegg (Hrsg.), EUV/AEUV Kommentar, Art. 86, Rn. 12 f.

1049 Schünemann, ZStW 2004, 376, 377 ff.

1050 *Rosenau/Petrus*, in Vedder/v. Heinegg (Hrsg.), EUV/AEUV Kommentar, Art. 88, Rn. 15; Schünemann, ZStW 2004, 376, 377 f.

1051 Ähnlich *Nestler*, ZStW 2004, 332 f. Einschlägige Entscheidungen: Gözütok/Brügge, EuGH, Urteil, Rs C-187/01; Miraglia, EuGH, Urteil, Rs. 469/03; van Straaten, EuGH, Urteil, Rs. 150/05; van Esbroeck, EuGH, Urteil, Rs. 436/04; Kraaijenbrik, EuGH, Urteil Rs. 376/05.

1052 Rahmenbeschluss über die Stellung des Opfers (RB 2001/220/JI, ABl. 2001 L 82/1. Im diesem Bereich ist eine umfassende Neuregelung bereits geplant. Dazu: KOM (2011) 275 endg.); Richtlinie über die Entschädigung des Opfers (RL 2004/80, hat der europäische Gesetzgeber dazu beigetragen, dass das Opfer im Strafverfahren als Rechtssubjekt überhaupt wahrgenommen wird. Dies galt nämlich in vielen Mitgliedsstaaten vor wenigen Jahren noch nicht als selbstverständlich.

II. Strafrecht im Spannungsfeld der Freiheit und der Sicherheit

Das Strafrecht allgemein und so auch das Europäische Strafrecht ist aus rechtsstaatlicher Sicht eine schwere Materie, es steht im Spannungsfeld zwischen der Freiheit und der Sicherheit.[1053] Die Union möchte einerseits ihren Bürgern mehr Freiheit gewährleisten, wie es bereits bei der Zielsetzung der Union festgelegt wurde.[1054] Der Wunsch nach mehr Freiheit ist im Unionsrecht mittlerweile mehr als eine bloße Erklärung, sie ist in der Form der Freizügigkeit und des gemeinsamen Binnenmarktes für jedermann tagtägliche Realität geworden. Anderseits möchte die Union auch für mehr Sicherheit in Europa sorgen, nicht zuletzt, weil durch die Erweiterung der Freiheit der Unionsbürger Sicherheitslücken entstanden sind, die geschlossen werden müssen. Das wichtigste Mittel, um mehr Sicherheit zu gewährleisten, ist der Ausbau sowie die Verstärkung der strafrechtlichen Zusammenarbeit der nationalen Strafverfolgungs- und Justizbehörden. Diese Zusammenarbeit führt notwendigerweise zu gewissen Freiheitseinbußen der Unionsbürger. So entstand das Spannungsfeld zwischen Freiheit und Sicherheit.

Historisch gesehen hat die Integration mit der Erweiterung der Rechte und der Freiheit der Unionsbürger begonnen. Es kann und darf jedoch nicht geleugnet werden, dass der europäische Gesetzgeber mit erheblichen strafrechtlichen Kompetenzen ausgerüstet wurde, die überwiegend zur Verstärkung der Sicherheit und dadurch zur Einschränkung der Rechte der Einzelnen verwendet wurden.[1055]

An dieser Stelle stellt sich natürlich die Frage, ob sich die strafrechtsrelevante Tätigkeit des europäischen Gesetzgebers mit der Schließung der Sicherheitslücken tatsächlich begründen lässt oder, ob sie nicht etwa ein Selbstzweck ist. Die

---

ABl. 2004 L 261/15); Richtlinie über das Recht auf Dolmetschleistungen und Übersetzungen im Strafverfahren (RL 2010/64, ABl. 2010 L 280/1); Richtlinie über das Recht auf Belehrung und Unterrichtung in Strafverfahren (RL 2012/13, Abl. 2012 L 142/1).

1053 Ähnlich *Rosenau/Petrus*, in Vedder/v. Heinegg (Hrsg.), EUV/AEUV Kommentar, Art. 67, Rn. 5; *Satzger*, Manifest zur Europäischen Kriminalpolitik, ZRP 2010, 137 f.; *Sieber*, ZStW 2009, 1, 2.

1054 Vgl. Art. 3 EUV.

1055 *Nestler*, ZStW 2004, 332 f.

Frage ist grundlegend, denn eine strafrechtliche Regelung muss immer ein legitimes Ziel verfolgen, sie darf niemals Selbstzweck sein.[1056] Darüber hinaus darf das Strafrecht auch nicht ein bloßes Mittel sein, um etwa Brüsseler Verwaltungsinteressen effektiver zur Geltung zu bringen.[1057]

Die Harmonisierung und der Verbesserung der justiziellen und polizeilichen Zusammenarbeit sind keine Selbstzwecke, sie sind aus kriminalpolitischer Sicht notwendig, sie stehen im engen Zusammenhang mit der europäischen Freizügigkeit und mit dem europäischen Binnenmarkt, wie es bereits bei der Entstehungsgeschichte des Europäischen Strafrechts erörtert wurde.[1058] Damit ist die Notwendigkeit der Europäisierung im Bereich des Strafrechts eindeutig gegeben (siehe S. 1 ff.).[1059] Die eigentliche Frage ist, ob das Maß der Kriminalisierung in Verbindung mit dem Europäischen Strafrecht gerechtfertigt ist. Es muss hierfür vom europäischen Gesetzgeber jederzeit garantiert werden, dass zwischen den zwei im Spannungsfeld stehenden Zielen der Union, also zwischen der Gewährleistung der Freiheit und der Gewährleistung der Sicherheit ein Gleichgewicht herrscht.[1060]

Diese Aufgabe ist nicht leicht zu bewältigen, sie ist aber auf keinen Fall unionsrechtsspezifisch, damit müssen auch die nationalen Gesetzgeber kontinuierlich kämpfen. Die Tendenz zum Sicherheitsstrafrecht wird nicht nur im Zusammenhang mit dem Europäischen Strafrecht beklagt, viele erkennen auch im deutschen Strafrecht einen ähnlichen Prozess, das Verhältnis zwischen Freiheit und Sicherheit sei aber in Deutschland nach der überwiegenden Meinung noch in Ordnung.[1061]

Es muss stets mitberücksichtigt werden, dass strafrechtliche Maßnahmen zwar spektakulär sind, sie jedoch nur begrenzt geeignet sind, gesellschaftliche Probleme zu lösen, kriminalpolitische Überlegungen können zur Schaffung von

---

1056 *Satzger*, Manifest zur Europäischen Kriminalpolitik, ZRP 2010, 137, 138; *Schünemann*, ZIS 2007, 528.

1057 *Weigend*, in FS Sootak, S. 262.

1058 Ähnlich *Nestler*, ZStW 2004, 332, 334.

1059 Ähnlich *Heine*, Die Rechtsstellung der Beschuldigten im Rahmen der Europäisierung des Strafverfahrens, S. 51. A.A. *Braum*. ZIS 2009, 418 ff.; *ders.* JZ 2000, 493 ff.

1060 Ähnlich *Satzger*, Manifest zur Europäischen Kriminalpolitik, ZRP 2010, 137, 138; *Rosenau/Petrus*, in Vedder/v. Heinegg (Hrsg.), EUV/AEUV Kommentar, Art. 67, Rn. 5.

1061 *Heine*, Die Rechtsstellung der Beschuldigten im Rahmen der Europäisierung des Strafverfahrens, S. 48.

mehr Strafrecht führen, die zunehmende Zahl der Straftatbestände sorgt jedoch nicht unbedingt für ein besseres Strafrecht und für mehr Sicherheit.[1062]

Es wird teilweise behauptet, dass die Effektivität nicht der *alleinige Zweck* des Strafverfahrens sein darf.[1063] Es ist zwar in einem Rechtsstaat selbstverständlich, dass die Rechte der Einzelnen in einem hinreichenden Maß berücksichtigt werden müssen und im Strafverfahren das Prinzip der Waffengleichheit immer zur Geltung kommen soll, sie müssen mit der Effektivität der Strafverfolgung in praktischer Konkordanz stehen. Nichtdestotrotz bleibt der Hauptzweck und gleichzeitig alleiniger *Zweck* des Strafverfahrens die effektive Aufklärung der Straftaten, denn erstens, ohne die Aufklärungsinteresse würde die Strafverfolgung gar nicht stattfinden, zweitens ohne Aufklärung entfaltet das Strafrecht keine präventiven Wirkungen.

Um eine praktische Konkordanz zwischen der Gewährleistung der Freiheit und der Sicherheit herzustellen, sind ein gut konzipiertes, kohärentes Strafrechtssystem und die permanente Überprüfung des Systems notwendig. Auf europäischer Ebene lässt beides zu wünschen übrig,[1064] die Europäisierung des Strafrechts war bisher oft von aktuellen politischen Interessen und Aktionismus gekennzeichnet und hat auf tagesaktuelle Ereignisse reagiert, statt ein langfristiges Ziel kohärent zu verfolgen.[1065]

Das Fehlen des kohärenten europäischen Strafrechtssystems ist besonders problematisch, denn es lässt sich nur in einem solchen System beurteilen, ob sowohl die Freiheit, als auch die Sicherheit im optimalen Maß gefördert werden.[1066] Aus dieser Sicht wäre es wünschenswert, wenn die Europäisierung künftig planmäßiger und kohärenter erfolgen würde, als dies bisher der Fall war. Dazu ruft auch das bemerkenswerte *Manifest zur Europäischen Kriminalpolitik von ECPI* auf.[1067]

Im *Manifest zur Europäischen Kriminalpolitik* wurde von den teilnehmenden Wissenschaftlern die Grundprämissen eines demokratischen Strafrechtssystems

---

1062 *Albrecht/Braum*, KritV 1998, 460, 464.

1063 U.a. *Heine*, Die Rechtsstellung der Beschuldigten im Rahmen der Europäisierung des Strafverfahrens, S. 82. Mit Verweis auf *Satzger* (StV 2003, 137, 142).

1064 *Heger*, Recht und Politik 2012, 88, 94; *Satzger*, Manifest zur Europäischen Kriminalpolitik, ZRP 2010, 137, 138. Ferner *Hecker*, JA 2002, 723, 729; *Weigend*, in FS Sootak, S. 262.

1065 *Heger*, Recht und Politik 2012, 88, 94.

1066 *Mylonopoulos*, ZStW 2011, 633, 634 f.

1067 Forschungsgruppe European Criminal Policy Initiative, ZRP 2010, 137 ff. Dazu Einführung von *Satzger*, ZIS 2009, 691 ff.

festgelegt, deren Einhaltung sollte bei allen europäischen Rechtsaktinitiativen akribisch geprüft werden.

Die Grundsätze des demokratischen Strafrechts sind – nach der Auffassung von ECPI – die Folgenden: Verhältnismäßigkeit der europäischen Rechtssetzung, Erfordernis eines legitimen Schutzzwecks, ultima ratio Charakter des Strafrechts, Wahrung des Schuldprinzips, Wahrung des Gesetzlichkeitsprinzips, Wahrung des Subsidiaritätsprinzips sowie Wahrung der Kohärenz.[1068]

Das Manifest zeigt mittlerweile Wirkung, der europäische Gesetzgeber hat im Stockholmer Programm in Verbindung mit dem Europäischen Strafrecht ähnliche Grundsätze festgelegt: Es muss ein Balance zwischen der Wahrung der Freiheit und der Gewährleistung der Sicherheit herrschen; Verhältnismäßigkeit, Subsidiarität und Kohärenz müssen noch intensiver berücksichtigt werden; der „ultima ratio" Charakter des Strafrechts darf bei keinem Rechtsakt unberücksichtigt bleiben.[1069] Im Einklang mit dem Stockholmer Programm wurde vom Rat eine Strategie mit dem Titel „Hin zu einem Europäischen Sicherheitsmodell" vorgeschlagen[1070] und von der Kommission ein Arbeitsprogramm zur Umsetzung des Stockholmer Programms verabschiedet[1071].

III. Die Zukunftsmodelle des Europäischen Strafrechts

Wie sich das Europäische Strafrecht weiterentwickeln wird, ist völlig offen. Eins ist jedoch sicher, irgendeine Form der strafrechtlichen sowie polizeilichen Zusammenarbeit ist in Europa unumgänglich, denn die Union bildet längst einen einheitlichen kriminalgeographischen Raum,[1072] für die Strafverfolgungsbehörden gelten jedoch überwiegend immer noch die alten Grenzen.[1073] Dies wird nicht einmal von den größten Kritikern des Europäischen Strafrechts in

1068 *Satzger*, Manifest zur Europäischen Kriminalpolitik, ZRP 2010, 137, 138 ff.

1069 Stockholmer Programm für den Zeitraum 2010–2015, Rat Dok. 17024/09, ABl. 2010 C 115/1.

1070 Ratsdok. 5842/10 vom 25./26.2.2010.

1071 KOM(2010) 171 endg. v. 20.4.2010.

1072 Ähnlich *Geiger*, Auswirkungen europäischer Strafrechtsharmonisierung auf nationaler Ebene, S. 33; *Heine*, Die Rechtsstellung der Beschuldigten im Rahmen der Europäisierung des Strafverfahrens, S. 27; Zacher, in Sieber, Europäische Einigung, S. 76.

1073 *Heine*, Die Rechtsstellung der Beschuldigten im Rahmen der Europäisierung des Strafverfahrens, S. 27.

Frage gestellt, die Notwendigkeit der Kooperation wird zum Beispiel auch von *Schünemann* zugegeben.[1074]

Die Basis der Kooperation könnte durch die gemeinsamen Wurzeln der europäischen Rechtsordnungen gewährleistet sein.[1075] Diese gemeinsame Grundlage stellen etwa das Römische Recht, der Geist der Aufklärung sowie die Menschenrechte dar, deren Achtung in den Grundverträgen der Union konsequent beschworen wird.[1076] Diese gemeinsamen Wurzeln sind jedoch dadurch relativiert, dass die Entwicklung der Menschenrechte, der Rechtsstaatlichkeit und der Rechtsphilosophie in den letzten 100 Jahren in den Mitgliedstaaten teilweise ganz anders abgelaufen ist. Die eingeschränkte Bedeutung der gemeinsamen Wurzel der europäischen Rechtssysteme lässt sich auch dadurch erkennen, dass sie nicht ausreichen, um ein hinreichendes Maß an gegenseitigem Vertrauen zu bejahen.[1077]

Es sind in der Zukunft mehrere Konzeptionen der strafrechtlichen Zusammenarbeit vorstellbar. *Sieber* unterschiedet insofern in sehr anschaulicher Weise zwischen drei Modellen: das Kooperationsmodell, das supranationale Modell und das Mischmodell.[1078]

Das Kooperationsmodell bedeutet, dass das Europäische Strafrecht auf der Ebene der zwischenstaatlichen Zusammenarbeit bleibt; die grenzüberschreitende Kooperation soll mit Hilfe der internationalen Rechtshilfe und des Prinzips der gegenseitigen Anerkennung erfolgen.[1079] Der Vorteil des Konzepts besteht im weitgehenden Schutz der nationalen Souveränität, die Nachteile ergeben sich dadurch, dass die gegenseitige Anerkennung ohne ein Mindestmaß an Harmonisierung nur in beschränktem Maß funktionsfähig ist.

Das supranationale Modell würde ein komplett vereinheitlichtes Straf- und Strafverfahrensrecht auf europäischer Ebene bedeuten;[1080] dieses Modell wäre mit großer Wahrscheinlichkeit geeignet, eine effektive grenzüberschreitende Strafverfolgung zu ermöglichen und Zuständigkeitskonflikte zu beseitigen. Den Nachteil des Konzepts stellt die extrem tiefgreifende Beeinträchtigung

---

1074 *Schünemann*, ZIS 2007, 528.

1075 *Heine*, Die Rechtsstellung der Beschuldigten im Rahmen der Europäisierung des Strafverfahrens, S. 52 u. 83.

1076 Vgl. Art. 2 EUV.

1077 *Heine*, Die Rechtsstellung der Beschuldigten im Rahmen der Europäisierung des Strafverfahrens, S. 83.

1078 *Sieber*, ZStW 2009, 1, 16 ff.

1079 *Sieber*, ZStW 2009, 1, 17 f.

1080 *Sieber*, ZStW 2009, 1, 22.

der nationalen Souveränität dar. Es ist klar, dass die Union derzeit keine Kompetenz besitzt, das supranationale Modell zu etablieren. Die hinreichende Erweiterung der Zuständigkeiten des europäischen Gesetzgebers wäre rechtlich vielleicht möglich. Es ist aber fraglich, ob ein solches Modell sich jemals mit dem Prinzip der Subsidiarität vereinbaren lässt.[1081] Die politische Realisierung erscheint zurzeit auf jeden Fall als ziemlich unwahrscheinlich.

Das Mischmodell bedeutet, dass sowohl europäisierte Regelungen als auch nationale Vorschriften nebeneinander existieren würden; diese Parallele von europäischen und nationalen Regelungen würde auch die institutionellen Ebenen bestimmen.[1082] Ein vergleichbares System existiert in den Vereinigten Staaten, in den man zwischen Bundesstrafrecht und Länderstrafrecht sowie Strafverfolgungs- und Justizbehörden des Bundes und der Länder unterscheidet. Dieses Konzept könnte geeignet sein, die Vorteile des Kooperationsmodells und des supranationalen Modells weitgehend zu summieren und gleichzeitig ihre Nachteile zu reduzieren. Mit einer gewissen Harmonisierung wäre die Grundlage der gegenseitigen Anerkennung gegeben und die nationale Souveränität wäre dennoch nicht überstrapaziert, denn das Europäische Strafrecht würde das nationale Strafrecht nicht vollständig ablösen. In Verbindung mit dem Mischmodell sollte natürlich die Frage diskutiert werden, in welchen Bereichen wie viel Zuständigkeit dem europäischen Gesetzgeber übertragen werden sollte.[1083]

IV. Die Rechtmäßigkeit des Europäischen Strafrechts

Bei der Analyse der Zukunftsperspektiven des Europäischen Strafrechts spielt die Problematik der demokratischen Legitimation eine zentrale Rolle. Es muss zuerst geklärt werden, ob die Union in ihrer gegenwärtigen Form und mit ihren gegenwärtigen Zuständigkeiten hinreichend demokratisch legitimiert ist. Falls dies nicht der Fall wäre, käme eine strafrechtliche Kompetenzerweiterung – ohne den Umbau der Union – gar nicht in Betracht. Im Weiteren auch wenn angesichts der gegenwärtigen Kompetenzen der aktuelle Stand der Demokratie der europäischen Zusammenarbeit als angemessen beurteilt wird, muss geklärt werden, ob das derzeitige Legitimationsniveau weitere Kompetenzerweiterungen der Union zulässt oder ob dies ohne strukturelle Reformen nicht mehr möglich sei.

Bei der Gründung der europäischen Integration hat die demokratische Legitimation keine nennenswerte Rolle gespielt. Erst in den ’80ern rückte die Frage

---

1081 *Sieber*, ZStW 2009, 1, 44 ff.
1082 *Sieber*, ZStW 2009, 1, 23.
1083 *Sieber*, ZStW 2009, 1, 65.

immer mehr in den Mittelpunkt, als die Tätigkeit der Gemeinschaft immer mehr über eine bloße wirtschaftliche Zusammenarbeit hinausging, insofern gilt die Einheitliche Europäische Akte als wichtiger Meilenstein.[1084]

Je mehr Zuständigkeiten der europäischen Gesetzgeber in sensiblen Lebensbereichen bekommt, desto wichtiger wird die Frage, ob diese Rechtsakte bzw. die Tätigkeit der europäischen Organe hinreichend demokratisch legitimiert sind. Dementsprechend schenkt die Tatsache, dass es an dieser Stelle nicht nur um irgendwelche, sondern um die strafrechtlichen Zuständigkeiten geht, der Problematik der demokratischen Legitimation eine besonders große Bedeutung, denn durch strafrechtliche Regelungen bzw. Maßnahmen können die Grundfreiheiten der Einzelnen besonders stark beeinträchtigt sein, das Strafrecht stellt den intensivsten Eingriff in Rechte der Bürger dar, die einem Staat überhaupt zur Verfügung steht. Die strafrechtlichen Regelungen berechtigen die Staatsorgane die persönliche Freiheit der Bürger wegzunehmen bzw. einzuschränken.[1085] Deswegen spielt die Frage, ob die Vorschriften bzw. die Tätigkeit des europäischen Gesetzgebers demokratisch hinreichend legitimiert sind, eine besonders große Rolle, die nicht überschätzt werden kann.

Angesichts des erheblichen grundrechtsbeeinträchtigenden Charakters des Strafrechts sind im deutschen Grundgesetz – und in den anderen mitgliedsstaatlichen Verfassungen[1086] – strikte Anforderungen an strafrechtliche Rechtsnormen festgelegt. So müssen die strafrechtlichen Regelungen vor allem dem Grundsatz von „nulla poena sine lege (parlamentaria)“ entsprechen.

Die zentrale Rolle der demokratischen Legitimation beim Strafrecht darf nicht dadurch geschwächt werden, dass das Strafrecht nur als bloßes Mittel wahrgenommen wird, welches unter Umständen besonders geeignet ist, die Ziele der Union zu erreichen.[1087]

Bevor man die – aus der Sicht der demokratischen Legitimation wichtigen – Umstände der europäischen Gesetzgebung analysieren kann, sollte die Frage geklärt werden, was überhaupt unter Demokratie bzw. unter demokratischer Legitimation zu verstehen ist. Diese Fragen haben in einem Rechtsstaat eine

---

1084 ABl. L 169 vom 29.6.1987.

1085 Ähnlich *Braum*, ZIS 2009, 418; *Dannecker*, JöR 2004, 127, 129 f; *Fromm*, EG Rechtssetzungskompetenz im Kriminalstrafrecht. S. 71; *Musil*, NStZ 2000, 68, 69; *Rosenau*, ZIS 2008, 9, 18; *Schünemann*, ZIS 2009, 393, 395; *Sieber*, ZStW 2009, 1, 52; *Weber*, EuR 2008, 88, 89.

1086 *Musil*, NStZ 2000, 68, 69 f.

1087 *Albrecht/Braum*, KritV 1998, 460, 476.

grundlegende Bedeutung, dementsprechend werden sie in der Rechtswissenschaft ausführlich thematisiert. Da jedoch der Inhalt des Demokratie-Begriffes nicht zum Kernbereich dieser Arbeit gehört, wird an dieser Stelle auf einer nähere Analyse verzichtet. Als Ausgangspunkt wird die Definition der Demokratie – im Einklang mit der herrschenden Meinung, ganz vereinfacht – als die Folgende festgelegt: Das Volk ist der primäre Träger der Staatsgewalt.[1088] Demzufolge ist das Rechtsetzungsverfahren als hinreichend demokratisch legitimiert zu betrachten, wenn die gesetzgeberischen Entscheidungen in einem nach rechtsstaatlichen Maßstäben festgelegten Verfahren getroffen werden und die Entscheidungen des Gesetzgebers, die die Lebensverhältnisse der Einzelnen grundlegend beeinflussen, auf das Volk, also auf den Souverän zurückzuführen sind.

Wenn die demokratische Legitimation der europäischen Integration analysiert wird, muss unbedingt berücksichtigt werden, dass die Union keinen Staat, sondern einen Staatsverbbund sui generis darstellt.[1089]

Aus der einen Seite ist es eindeutig, dass die Union kein Bundesstaat ist, sie verfügt in vielen Politikbereichen über keine Zuständigkeit und eine Kompetenz-Kompetenz der Union wird strikt aberkannt.[1090] Deswegen sollten bei der Prüfung der demokratischen Legitimation nicht die gleichen Maßstäbe gelten, wie bei eigenständigen Staaten.[1091]

Aus der anderen Seite kann nicht übersehen werden, dass die Union in zahlreichen Lebensbereichen als wichtiger Normgeber gilt, sie hat wesentlich mehr Kompetenzen als eine herkömmliche internationale Organisation. Deswegen kann die klassische Theorie über die demokratische Legitimation von internationalen Organisationen in Verbindung mit der Union nicht angewendet werden.[1092]

Da die Union eine einzigartige Rechtskonstruktion ist, muss die Vermittlung der demokratischen Legitimation notwendiger Weise auf europäischer Ebene

---

1088 *Ruffert*, in: Callies/Ruffert, EVV, Kommentar der Grundbestimmungen, Rn. 1.

1089 *Schwarze*, EuR 2010, 108, 109.

1090 Eine Kompetenz-Kompetenz würde bedeuten, dass die Union Kompetenz bekommt, weitere Kompetenzen zu begründen. Es muss der Union strikt untersagt bleiben. BVerfG, Urt. v. 30.6.2009 – 2 BvE 2/08, Rn. 233 ff. Zustimmend in der Literatur: U.a. *Ambos/Rackow*, ZIS 2009, 397, 404 f.; *Schünemann*, ZIS 2009, 393 ff.; *Spemann*, StraFo 2009, 499, 504 f.

1091 *Kirsch*, Demokratie und Legitimation in der Europäischen Union, S. 37.

1092 Diese besteht darin, dass diese Organisationen von seinen Mitgliedstaaten abhängig sind. So können sie durch den Mitgliedstaaten legitimiert werden (*Oppermann/ Classen/Nettesheim*, Europarecht, § 15 Rn. 2).

auch speziell sein. Sie zeichnet sich vor allem dadurch aus, dass an der Vermittlung der Legitimation andere sowie mehrere Organen beteiligt sind, als es auf nationaler Ebene der Fall ist: die Kommission, der Rat, das Europäische Parlament und die nationale Parlamente. Die Tatsache, dass die Legitimation auf europäischer Ebene anders erfolgt als bei den Mitgliedsstaaten, muss nicht automatisch bedeuten, dass die Legitimation der Union eine schlechtere Qualität hätte.

Die zentrale Bedeutung der demokratischen Legitimation ist auch den Müttern und Vätern der überarbeiteten Grundverträge bewusst. So wird die Union gem. Art. 10 EUV als eine repräsentative Demokratie charakterisiert. Fraglich ist, ob diese programmatische Festlegung sich bei der praktischen Tätigkeit der einzelnen europäischen Organe sowie im europäischen Rechtsetzungsverfahren hinreichend widerspiegelt.

1. Das Europäische Parlament

Nach mitgliedsstaatlichen Maßstäben sollte das Europäische Parlament (EP)[1093] das zentrale Organ der Rechtsetzung sein. Dies ist auf europäischer Ebene eindeutig nicht der Fall. Wenn man jedoch die Zuständigkeiten der Parlamentarischen Versammlung in den 60er Jahren mit den gegenwärtigen Befugnissen des EP vergleicht, sind beeindruckende Unterschiede festzustellen, es hat ein erheblicher Kompetenzenzuwachs stattgefunden. Insofern gilt der Vertrag von Lissabon als wichtiger Meilenstein: Das ordentliche Gesetzgebungsverfahren ist Normalfall geworden, das EP hat ein Haushaltsrecht bekommen, das Kontrollrecht des EP wurde erweitert.[1094] Es gibt aber gewichtige Umstände, die die Gleichstellung des EP mit den nationalen Parlamenten verhindern:

- Die EP-Abgeordneten haben weiterhin kein Initiativrecht, dieses wird weiterhin ausschließlich von der Kommission ausgeübt. Dadurch wollen die

1093 Vgl. Art. 14 EUV sowie Art. 223 ff. AEUV.

1094 Vgl. Art. 289 AEUV (ordentliches Gesetzgebungsverfahren); Art. 310 Abs. 1 UA. 2 AEUV i.V.m. Art. 314 AEUV (Haushaltsrecht); Art. 14 Abs. 1 S. 2 EUV (Kontrollrecht). Es gibt jedoch einige Politikbereiche, in denen ein besonderes Rechtsetzungsverfahren gilt, in denen das EP lediglich angehört wird. Auch im Haushaltsrecht finden Sonderregelungen Anwendung, die aus rechtsstaatlicher Sicht besonders bedenklich sind, denn das Haushaltsrecht gilt als wichtigstes Recht eines Parlaments.

Mitgliedstaaten vermutlich den Kontrollverlust über die europäische Rechtssetzung verhindern,[1095] so fehlt jedoch dem EP bzw. den EP-Abgeordneten eine zentrale parlamentarische Befugnis.[1096]

- Bei der Wahl der Kommission kann das EP dem Vorschlag des Rates über den Kommissionspräsident lediglich zustimmen oder ablehnen, Kandidaten können jedoch von den Parlamentariern oder von den Fraktionen nicht aufgestellt werden.
- Auf die Zusammensetzung des Rates hat das EP keinerlei Einfluss.
- Es existieren weiterhin keine europäischen Parteien, von den Bürgern werden bei den Europawahlen nationale Parteien gewählt, die sich im EP einem Parteiverbund frei anschließen können.
- Es existiert im EP weiterhin keine klassische Regierungs-Oppositions-Verteilung.[1097]

Auch wenn in den letzten Jahren/Jahrzehnten ein erheblicher Kompetenzzuwachs des europäischen Volksvertretungsorgans stattgefunden hat, bleiben die Zuständigkeiten des EP hinter denen der nationalen Parlamente eindeutig zurück. Nichtsdestotrotz spielt das europäische Volksvertretungsorgan eine zentrale Rolle bei der demokratischen Legitimation der Union, denn das EP ist das einzige unmittelbar demokratisch legitimierte Organ auf europäischer Eben.[1098] Die Mütter und Väter der Reformverträge sind dementsprechend seit Jahrzehnten daran bemüht, die Kompetenzen des EP zu erweitern und damit die Union zu demokratisieren.

Bedauerlicher Weise hat das BVerfG in seinem Lissabon-Urteil den Kompetenzenzuwachs des EP nicht honoriert. Dem gesamteuropäischen Volksvertretungsorgan wurde lediglich eine ergänzende Funktion bei der demokratischen Legitimation zugesprochen.[1099] Mit dieser Ansicht stehen die deutschen Verfassungsrichter jedoch nicht alleine, viele in der Literatur haben bezüglich der Wahl, der Zusammensetzung und der Zuständigkeiten des EP erheblichen Bedenken.[1100]

1095 Ähnlich *Oppermann/Classen/Nettesheim*, Europarecht, § 5 Rn. 44.

1096 *Schroeder*, Grundkurs Europarecht, § 3, Rn. 16.

1097 BVerfG, Urt. v. 30.6.2009 – 2 BvE 2/08, Rn. 280 = BVerfGE, 123, 267, 371 f.

1098 *Böse*, ZIS 2010, 76, 83.

1099 BVerfG, Urt. v. 30.6.2009 – 2 BvE 2/08, Rn. 274 = BVerfGE, 123, 267, 370. Ähnlich *Selmayr*, ZeuS 2009, 637, 647 ff.

1100 U.a. *Meyer*, Demokratieprinzip und europäisches Strafrecht, S. 17 f.

a) *Grundsätze der Wahlgleichheit*

Das BVerfG hat in seinem Urteil vor allem bemängelt, dass die Grundsätze der Wahlgleichheit sowie die der Erfolgschancengleichheit bei den Europawahlen nicht gewährleistet werden.[1101] Grund dafür ist, dass für die einzelnen Mitgliedsstaaten bei der Zusammensetzung des EP Abgeordneten-Kontingenten festgelegt wurden. Bei den Wahlen wird in den Mitgliedsstaaten darüber abgestimmt, welche nationalen Parteien wie viel Mandate vom mitgliedsstaatlichen Kontingent bekommen. Bei der Festlegung der Größe der nationalen Kontingente hat das Prinzip der degressiven Proportionalität eine zentrale Rolle gespielt, so sind die kleineren Mitgliedsstaaten über-, die größere Mitgliedsstaaten erheblich unterrepräsentiert.[1102] Deswegen spiegelt die Mehrheit der abgegebenen Stimmen nicht unbedingt den Mehrheitswillen der Unionsbürger wieder.[1103]

Es wird zwar auch vom BVerfG anerkannt, dass der Grundsatz der Wahlgleichheit lückenlos nur bei einem strengen Verhältnismäßigkeitswahlsystem gewährleistet wird und dieses System ohne jegliche Auflockerung nur in wenigen Ländern der Welt angewendet wird. Es gebe aber andere Grundsätze, wie die Zählwert- und die Erfolgschancengleichheit, die unter allen Umständen garantiert werden müssen, und zwar unabhängig davon, ob das Mehrheitssystem, das Verhältnissystem oder sonst ein spezielles Wahlsystem angewendet wird. Dies sei aber beim Kontingentsystem der Europawahl nicht der Fall.[1104] Bei der EP-Wahl würden die Unionsbürger ungleich behandelt. Ob dies tatsächlich der Fall ist, bedarf einer ausführlicheren Analyse.

Wenn die Problematik der Wahlgleichheit auf europäischer Ebene thematisiert wird, sollte Art. 3 des EMRK-Zusatzprotokolls eine maßgebende Rechtsquelle sein.[1105] Durch diese Vorschrift werden die wichtigsten Wahlgrundsätze für die europäischen Bürger gewährleistet: Die Wahlen müssen frei und geheim sein, sie müssen die freie Meinungsäußerung des Volkes bei der Zusammensetzung der gesetzgebenden Körperschaften sichern. Diese Regelungen sollten

1101 BVerfG, Urt. v. 30.6.2009 – 2 BvE 2/08, Rn. 279 ff. = BVerfGE, 123, 267, 371 ff.

1102 Nach dem häufig zitierten Beispiel vertritt ein Abgeordnete aus Malta 67.000 Bürger, im Vergleich dazu ein französischer oder ein deutscher ca. 860.000.

1103 BVerfG, Urt. v. 30.6.2009 – 2 BvE 2/08, Rn. 281 = BVerfGE, 123, 267, 372.

1104 BVerfG, Urt. v. 30.6.2009 – 2 BvE 2/08, Rn. 281 = BVerfGE, 123, 267, 372.

1105 *Frenz*, EWS 2009, 441. Übereinkommen vom 20. März 1952 über Maßnahmen zur kollektiven Gewährleistung gewisser Rechte und Freiheiten, die in Abschnitt I der am 4. November 1950 in Rom unterzeichneten Konvention zum Schutz der Menschenrechte und Grundfreiheiten (im Folgenden als „Konvention“ bezeichnet) noch nicht enthalten sind. Ratifiziert von Deutschland am 13.2.1957.

bei allen Parlamentswahlen Anwendung finden, die in den Vertragsstaaten stattfinden. Die Konvention lässt jedoch den Staaten einen breiten Spielraum, um eigene Wahlrechtssysteme zu erarbeiten, die den nationalen Besonderheiten und den nationalen Traditionen Rechnung tragen.

Es wird daher in erster Linie nur verlangt, dass die Wahlen frei und geheim sein müssen. Darüber hinaus wird im Protokoll ausdrücklich lediglich die Stimmengleichheit erwähnt. Die Stimmengleichheit bedeutet aber nur, dass allen Wahlberechtigten die gleiche Zahl an Stimmen zur Verfügung stehen muss. In Sinne der Stimmengleichheit muss sich jedoch nicht jede Stimme im Wahlergebnis – in Form der gleichmäßigen Bestimmung der Gewählten – widerspiegeln. Die Stimmengleichheit wird bei der EP-Wahl dadurch gewährleistet, dass jeder Bürger die gleiche Zahl an Stimmen bekommt (Das bedeutet in der Regel eine Stimme). Daher entspricht also die EP-Wahl den Maßstäben der EMRK.[1106]

Die Rechtsprechung des EGMR hat auch bestätigt, dass unter Stimmengleichheit nur die Zahlenwertgleichheit zu subsumieren sei. Dadurch wird die Gleichbehandlung der Bürger in einem hinreichenden Maß gewährleistet. Bezüglich der Erfolgsgleichheit lässt die Rechtsprechung des EGMR Ausnahmen zu.[1107]

Man darf auch nicht vergessen, dass es auch auf nationaler Ebene mehrere Beispiele für die Beeinträchtigung der Erfolgsgleichheit gibt, wie die 5% – Hürde, die Überhangsmandate oder ein reines Mehrheitswahlrechtssystem.[1108]

Nach einigen Meinungen sei dennoch die Wahlungleichheit bei der Wahl des EP aus demokratischer Sicht ein so schweres Problem, dass es sich nicht rechtfertigen lasse. Es wurde insofern darauf hingewiesen, dass ein deutscher EP-Abgeordneter ca. 857.000 Bürger, ein dänischer ca. 421.000 Bürger und im Vergleich dazu ein Luxemburger lediglich ca. 67.000 Bürger vertritt.[1109]

1106 *Frenz*, EWS 2009, 441 f.

1107 EGMR, Urteil vom 2. März 1987, Nr. 9267/81, Mathieu-Mohin und Clerfayt/Belgien, Rn. 54; Urteil vom 7. Februar 2008, Nr. 39424/02, Kovach/Ukraine, Rn. 49; zur Anwendung des Art. 3 Zusatzprotokoll auf das Europäische Parlament als „gesetzgebende Körperschaft“: EGMR, Urteil vom 18. Februar 1999, Nr. 24833/94, Matthews/Vereinigtes Königreich, Rn. 40.

1108 *Classen*, JZ 2009, 881, 882; *Lenz*, FAZ vom 8.8.2009, S. 7.; *Wiederin*, ÖJZ 2010, 398, 403. Verweis auf BVerfG, Urt. v. 30.6.2009 – 2 BvE 2/08, Rn. 261 f., BVerfGE, 123, 267, 363 f.

1109 *Ambos/Rackow*, ZIS 2009, 397. Ein ähnliches Beispiel wurde auch vom BVerfG gebracht: BVerfG, Urt. v. 30.6.2009 – 2 BvE 2/08, Rn. 285, BVerfGE, 123, 267, 374 f.

In Verbindung mit der Wahl(un)gleichheit wird in der Literatur jedoch darauf aufmerksam gemacht, dass das gleiche Problem auch in den Bundesstaaten festzustellen ist, denn in den Länderkammern sind die kleineren Bundesländer immer überrepräsentiert. Als Beispiel werden am häufigsten die USA, die Schweiz und Deutschland gebracht.[1110] In der Schweiz und in den Vereinigten Staaten sind in den Länderkammern alle Kantonen/Mitgliedsstaaten in gleichem Maß vertreten, unabhängig von der Bevölkerungszahl.[1111] Auch im deutschen Bundesrat ist man mit der Überrepräsentierung der kleineren Bundesländer konfrontiert.[1112]

Das BVerfG thematisiert diesen Widerspruch selber und verweist darauf, dass solche Ungleichheiten nur bei der Zusammensetzung der zweiten Kammer der Parlamente toleriert werden.[1113] Dieses Argument ist wenig überzeugend, wenn man berücksichtigt, dass die Länderkammern (zum Beispiel der Bundesrat) in den nationalen Gesetzgebungsverfahren eine nicht unerhebliche Rolle spielen, dennoch behauptet niemand, dass ihre Mitwirkung in der nationalen Gesetzgebung nicht hinreichend demokratisch legitimiert sei.[1114] Darüber hinaus wird die Wahlgleichheit in einigen Bundesstaaten auch bei der Wahl der ersten Kammern relativiert: In der Verfassung der Schweiz und der der Vereinigten Staaten ist zum Beispiel festgelegt, dass jeder Mitgliedstaat auch in der ersten Kammer mit mindesten einem Abgeordneten vertreten sein muss.[1115]

Eine gewisse Ungleichbehandlung der Wahlberechtigten ist also keinesfalls ein unionsspezifisches Phänomen, sie ist auch in demokratischen Staaten festzustellen, auf nationaler Ebene, bei Bundesstaaten tritt das Prinzip der Wahlgleichheit stets hinter dem Prinzip der Gleichheit der Bundesländer zurück.[1116] Dennoch muss das Problem ernst genommen werden.

Das Problem, das durch die Unterrepräsentierung der Bürger der größeren Mitgliedsstaaten entsteht, könnte natürlich sehr einfach dadurch gelöst werden,

---

1110 U.a. *Böse*, ZIS 2010, 76, 84.

1111 *Böse*, ZIS 2010, 76, 84.

1112 Bsp.: Bremen mit ca. 660.000 Einwohnern verfügt im Bundesrat über 3 Stimmen, Nordrhein-Westfalen mit ca. 18.000.000 Einwohnern verfügt über 6 Stimmen. Das Verhältnis ist also noch ein bisschen schlechter als es beim EP der Fall ist.

1113 BVerfG, Urt. v. 30.6.2009 – 2 BvE 2/08, Rn. 286 = BVerfGE, 123, 267, 375.

1114 *Böse*, ZIS 2010, 76, 84; *Halberstam/Möllers*, German Law Journal 2010, 1241, 1248. Ferner *Frenz*, EWS 2009, 441, 442.

1115 *Böse*, ZIS 2010, 76, 84. Verweis auf Art. I § 2 S. 3 Verfassung der USA bzw. Art. 149 Abs. 4 Verfassung der Schweiz.

1116 Ähnlich *Selmayr*, ZeuS 2009, 637, 652.

dass die Kontingente der größeren Mitgliedsstaaten erhöht werden. Die Erhöhung der Sitzzahl der größeren Mitgliedsstaaten stellt jedoch keine tragbare Lösung dar denn durch die Erhöhung würde die Zahl der Abgeordneten in einem solchen Maß zunehmen, dass die Arbeitsfähigkeit des EP in ernster Gefahr wäre.[1117] Wenn man Luxemburg oder Malta als Maßstab nehmen würde, dann sollte auch in den größeren Mitgliedsstaaten ein Abgeordneter ca. 67.000 Bürger repräsentieren. Wenn man berücksichtigt, dass die Union ca. 494 Millionen Bürger hat, würde sich eine Abgeordnetenzahl von 7400 ergeben. Es bedarf keiner weiteren Erklärung, dass ein Parlament mit 7400 Abgeordneten funktionsunfähig ist.[1118]

Theoretisch existiert auch eine andere Lösung: Man könnte die größeren Mitgliedsstaaten, also zum Beispiel Deutschland als Maßstab nehmen. Diese Lösung ist aber ebenfalls untauglich, denn in Deutschland werden 860.000 Bürger von einem Abgeordneten vertreten. In drei Mitgliedsstaaten erreicht jedoch die Gesamteinwohnerzahl nicht die 860.000.[1119] Diese drei Staaten würden also ohne europäische Volksvertretung bleiben. Dieser Weg scheidet somit ebenfalls aus.

Die dritte mögliche Lösung wäre, dass man einen Mittelweg finden würde. Ein Abgeordneter würde zum Beispiel ca. 400.000 Bürger repräsentieren. In diesem Fall würden sich jedoch die Schwachstellen des ersten und des zweiten Lösungsvorschlags addieren: Man bräuchte ein Parlament mit ca. 1300 Abgeordneten. Ein so großes – demokratischeres – Parlament existiert nirgendwo auf der Welt. Darüber hinaus wären die Bürger der fünf kleinsten Mitgliedsstaaten mit nur 1 bis 5 Abgeordneten vertreten.[1120] Es ist klar, dass so wenige Abgeordnete unmöglich die politische und weltanschauliche Vielfalt der Bevölkerung widerspiegeln können. Das Problem wird besonders anschaulich, wenn man berücksichtigt, dass bei 5 Abgeordneten jedes Mandat 20% der Wählerstimmen benötigen würde, bei zwei Abgeordneten würden sogar 50% der Stimmen benötigt werden.[1121]

1117 *Nowak*, Europarecht nach Lissabon, S. 102.

1118 Zum Vergleich: Das indische Parlament hat – bei einer Bevölkerungszahl von 1,2 Mrd. – 552 Mitglieder. Der chinesische Nationale Volkskongress hat – bei einer Bevölkerungszahl von 1,4 Mrd. – 3000 Mitglieder. Damit ist er das größte Parlament der Welt. In diesem Organ finden jedoch wohlbekannt keine demokratischen Diskussionen statt.

1119 Luxemburg 480.000, Malta 402.000, Zypern 855.000.

1120 Luxemburg 1 Abgeordneter, Malta 1 Abgeordneter, Zypern 2 Abgeordnete, Estland 3 Abgeordnete, Lettland 5 Abgeordnete, Slowenien 5 Abgeordnete.

1121 Dies wird auch als natürliche Hürde oder auch als natürliches Quorum bezeichnet und bedeutet Folgendes: Je weniger Mandate auf eine Land entfallen, desto

Wenn jedoch die Volksvertreter von vorne herein rein nicht in der Lage sind, die Bevölkerung in einem hinreichenden Maß zu repräsentieren, kann von einer geeigneten Akzeptanz und einer demokratischen Legitimation nicht die Rede sein.

Einige Autoren sehen die Ungleichheit bei der Sitzaufteilung des EP als eine unausweichliche Folge der sui generis Konzeption der Union.[1122]

Als echte Alternative könnte man das ganze Kontingentsystem auflösen. In diesem Fall sollten die europäischen Parteien gesamteuropäische Listen aufstellen und die Unionsbürger könnten in allen Mitgliedsstaaten zwischen den gleichen Listen bzw. Kandidaten wählen, so könnte ein Parlament ohne nennenswerte Wahlungleichheit entstehen. Eine solche Lösung würde natürlich auch nicht bedeuten, dass alle europäischen Nationen verhältnismäßig repräsentiert wären. Es wäre aber auch nicht mehr wichtig, denn mit den gesamteuropäischen Listen würde man die Zusammensetzung des EP von der Nationalität der einzelnen Abgeordneten völlig abkoppeln. Eine Abkehr von der Berücksichtigung der Staatsangehörigkeit der Abgeordneten stellt – aus meiner Sicht – kein Problem dar. Ich bin mir sicher, dass sich zum Beispiel ein deutscher Sozialdemokrat von den französischen sozialdemokratischen Abgeordneten besser vertreten fühlt, als von den deutschen Liberalen. Diese Lösung setzt jedoch die grundlegende Reform der Europawahlen voraus.

Die Tatsache, dass das EP sich praktisch aus nationalen Kontingenten zusammensetzt, begründe nach der Meinung des BVerfG auch ein anderes Problem. Das EP funktioniere nicht als ein Repräsentationsorgan eines souveränen, einheitlichen, europäischen Volkes,[1123] es sei vielmehr die Vertretung der Völker der Mitgliedsstaaten.[1124] Daher sei es sachgerecht, wenn das Wahlrecht auf europäischer Ebene gar nicht an der Unionsbürgerschaft, sondern an der Staatsbürgerschaft in den Mitgliedsstaaten anknüpft.[1125] Damit liege hier jedoch ein Wertungswiderspruch vor,[1126] denn die Nichtdiskriminierung auf Grund der Staatsangehörigkeit sei ein wesentlicher Bestandteil des Unionsrechts, bei den Europawahlen bekomme jedoch ausgerechnet die Staatsbürgerschaft eine entscheidende Rolle: Wenn

---

mehr Stimmen muss ein Kandidat bekommen, um wenigstens ein Vollmandat zu erhalten.

1122 *Frenz*, Europarecht, Rn. 471.

1123 BVerfG, Urt. v. 30.6.2009 – 2 BvE 2/08, Rn. 280 = BVerfGE, 123, 267, 371 f. *Ambos/Rackow*, ZIS 2009, 397.

1124 BVerfG, Urt. v. 30.6.2009 – 2 BvE 2/08, Rn. 284, BVerfGE, 123, 267, 373 f.

1125 BVerfG, Urt. v. 30.6.2009 – 2 BvE 2/08, Rn. 287, BVerfGE, 123, 267, 376.

1126 BVerfG, Urt. v. 30.6.2009 – 2 BvE 2/08, Rn. 287, BVerfGE, 123, 267, 376.

jemand die luxemburgische Staatsangehörigkeit habe, wird er „besser" vertreten, als derjenige, der die deutsche Staatsbürgerschaft besitze. Dieser Widerspruch soll dafür sprechen, dass die Legitimation auch nach der Meinung der Herren der Verträge ohne die mitgliedsstaatliche Vermittlung nicht möglich sei.

Die Heranziehung des Gleichbehandlungsgrundsatzes der Unionsbürger halte ich in diesem Zusammenhang fragwürdig, denn das Wahlrecht bei den Europawahlen wird allen Bürgern der Union gewährleistet, insofern kann von einer Ungleichbehandlung nicht die Rede sein. In welchem Mitgliedsstaat ein Unionsbürger abstimmen darf, entscheidet sich nicht nach der Staatsangehörigkeit, sondern nach dem Wohnsitz, d.h. wenn ein deutscher Staatsbürger in Luxemburg lebt, kann er die Zusammensetzung des luxemburgischen Kontingents beeinflussen, so wird seine Stimme überrepräsentiert, obwohl er ein Deutscher ist. Bei der Frage der (Un)Gleichbehandlung spielt also nicht die Staatsangehörigkeit, sondern der Wohnsitz eine Rolle.

Es ist jedoch nicht abzustreiten, dass die nationale Staatsangehörigkeit eine vermittelnde Rolle spielt und dass sie in den meisten Fällen die Erfolgsgleichheit beeinflusst. Es ist insofern wiederum belegt, dass eine Reform des europäischen Wahlrechts mit einer Einführung von einheitlichen europäischen Wahllisten wünschenswert wäre.

b) Die (fehlende) paneuropäische Öffentlichkeit

Im Weiteren wird im Lissabon-Urteil bemängelt, dass es an einer paneuropäischen Öffentlichkeit fehle. Deswegen könne von einer demokratischen Meinungsbildung auf europäischer Ebene – und zwar unabhängig von der Art und Weise der Wahl des EP – nicht die Rede sein.[1127]

Es kann tatsächlich nicht übersehen werden, dass ein Durchschnittsbürger in Europa wenig Vorstellung von der Tätigkeit des EP hat. Darüber hinaus werden die Europawahlen meistens nicht von europäischen Themen beherrscht, die künftige Ausrichtung der Politik der Union wird kaum thematisiert.[1128] Die Wahlbeteiligung bei der Wahl des EP fällt außerdem ziemlich niedrig aus.

Eine paneuropäische Öffentlichkeit und Meinungsbildung wäre aus politischer und gesellschaftlicher Sicht tatsächlich wünschenswert.[1129] Die öffentliche Meinungsbildung ist jedoch keine rechtliche Voraussetzung der demokratischen

1127 BVerfG, Urt. v. 30.6.2009 – 2 BvE 2/08, Rn. 250 f., BVerfGE, 123, 267, 358 f.
1128 Ähnlich *Meyer*, Demokratieprinzip und Europäisches Strafrecht, S. 18.
1129 Ähnlich *Böse*, ZIS 2010, 76, 84.

Staatlichkeit, es gibt auch viele demokratische Staaten, in denen Politikverdrossenheit herrscht und die Wahlbeteiligung traditionell niedrig ausfällt. Trotzdem behauptet niemand, dass ein Parlament, welches zum Beispiel nur von 40% der Wahlberechtigten gewählt wurde, demokratisch nicht hinreichend legitimiert sei.[1130] Rechtliche Voraussetzung ist daher nicht die *tatsächliche* Beteiligung der Mehrheit der Bevölkerung an der öffentlichen Meinungsbildung, sondern es muss vielmehr die *Möglichkeit* der Beteiligung an der öffentlichen Meinungsbildung verlangt werden, es muss zum Beispiel die Pluralität der Presse gewährleistet werden. Dies kann auf europäischer Ebene generell nicht in Frage gestellt werden, auch wenn insofern in einigen Mitgliedstaaten Probleme herrschen.[1131]

Historische Beispiele sprechen auch dafür, dass Staatsvölker bzw. Nationen sich nach der Staatsgründung, als deren Folge entwickelt haben.[1132]

c) Die nationalen Parlamente und die Zivilgesellschaft

Die Tatsache, dass die nationalen Parlamente in die Arbeit des EP ausdrücklich einbezogen werden, kann – nach der Meinung des BVerfG – an sich den Mangel bzgl. der ungleichen Zusammensetzung des EP nicht kompensieren.[1133] Die verschiedenen neuen Instrumente des Vertrags von Lissabon, die die bessere Einbeziehung der Bürger und der zivilgesellschaftlichen Organisationen bezwecken, könnten dies ebenfalls nicht tun,[1134] sie seien zwar äußerst begrüßenswert, könnten jedoch nicht als Zentrum der demokratischen Legitimation wahrgenommen werden.

d) Die Herabwürdigung des EP

Die Meinung des BVerfG, dass die Zusammensetzung sowie die Zuständigkeiten des EP problematisch seien, und deswegen das europäische Volksvertretungsorgan nur eine ergänzende Funktion bei der demokratischen Legitimation der Union

---

1130 Ähnlich *Böse*, ZIS 2010, 76, 84.

1131 An dieser Stelle muss vor allem an der Polemik rund um das ungarische Mediengesetz hingewiesen werden. Einzelheiten: *Petrus*, der Hausjurist (ISSN: 2190–1570), S. 27 ff.

1132 Ähnlich Böse, ZIS 2010, 76, 85. Beispiele dafür: Italien, Deutschland, USA.

1133 BVerfG, Urt. v. 30.6.2009 – 2 BvE 2/08, Rn. 293, BVerfGE, 123, 267, 379.

1134 BVerfG, Urt. v. 30.6.2009 – 2 BvE 2/08, Rn. 295 = BVerfGE, 123, 267, 379 f. Beispiel für die Bürgerbeteiligung in der Union: das Petitionsrecht gem. Art. 44 ChGR, Institut des Europäischen Bürgerbeauftragten gem. Art. 228 Abs. 1 S. 1 AEUV, die Europäische Bürgerinitiative gem. Art. 11 Abs. 4 EUV i.V.m. Art. 24 AEUV.

bekomme, wurde in der Literatur teilweise – angesichts der Verfassungsmäßigkeit des Vertrags von Lissabon – mit Unverständnis aufgenommen, die Entscheidung des Gerichts wurde als inkonsequent bezeichnet. Wenn man berücksichtige, dass die Union in vielen Lebensbereichen staatliche Kernaufgabe wahrnehme und die Zuständigkeiten mit dem Vertrag von Lissabon erweitert wurden, könne der Vertrag nicht als verfassungskonform erklärt werden, wenn gleichzeitig dem EP bei der demokratischen Legitimation nur eine bloße ergänzende Bedeutung zugeschrieben wird und die Union nur deswegen für demokratisch gehalten wird, weil sie keinen Staat in eigentlicher Sinne darstelle.[1135] Wenn man den Aufbau, die Ausgestaltung und die Zusammensetzung der europäischen Organe nicht für geeignet halte, um die Tätigkeit der Union hinreichend demokratisch zu legitimieren, dann solle man konsequenterweise einen Vertrag nicht billigen, in dem die Union von den Mitgliedsstaaten noch mehr Zuständigkeiten übernommen habe.[1136] Die andere Möglichkeit wäre, dass man seine Meinung bezüglich der demokratischen Ausstattung der europäischen Organe überdenkt.

Die Herabwürdigung der Legitimationsfunktion des EP hat auch eine politische Konsequenz, die nicht zu unterschätzen ist.[1137] Die deutsche Europapolitik hat sich traditionell dafür stark gemacht, die Rolle des EP zu stärken und dadurch die europäischen Volksvertreter in den Mittelpunkt der Legitimation zu drücken. Diese Ansicht mag selbstverständlich zu scheinen, ist es aber nicht. Die französische Europapolitik zum Beispiel wollte immer den Rat (also die nationale Regierungsvertretung) als Keimzelle der Union etablieren.[1138] Wenn das deutsche Verfassungsgericht behauptet, dass das EP strukturell fehlerhaft konstruiert sei, und daher könne das europäische Volksvertretungsorgan nicht der Hauptakteur der demokratischen Legitimation sein, dann ist der Boden der deutschen Argumentation entzogen. Es ist vor allem deswegen schädlich, weil eine demokratische europäische Integration dauerhaft nicht auf die Regierungskooperation und damit auf gouvernale Rechtssetzung gebaut werden kann. Jüngst – vor allem bei der Bewältigung der Schuldenkriese – lässt sich leider auch aus der deutschen Seite die Tendenz erkennen, dass die Regierungskooperation der Hauptakteur der Europapolitik wird. Damit wollen die nationalen – und so auch die deutschen – Politiker vermutlich ein Machtverlust an Brüssel vermeiden. Solche Tendenzen fördern natürlich die Demokratisierung der Union nicht.

1135 *Meyer*, NStZ 2009, 657, 661.
1136 *Meyer*, NStZ 2009, 657, 661.
1137 *Selmayr*, ZeuS 2009, 637, 655 f.
1138 *Selmayr*, ZeuS 2009, 637, 655.

e) *Nulla poena sine lege (parlamentaria)*

Da die Bedeutung des Grundsatzes „nulla poena sine lege (parlamentaria)" ziemlich groß ist, wäre es an dieser Stelle sinnvoll, einen europäischen Rechtsvergleich durchzuführen.

Art. 7 Abs. 1 EMRK enthält „lediglich", dass niemand wegen einer Handlung oder Unterlassung verurteilt werden darf, die zur Zeit ihrer Begehung nach innerstaatlichem oder internationalem *Recht* nicht strafbar war. Der Grundsatz „nulla poena sine lege" ist also in der EMRK verankert, jedoch ohne Parlamentsvorbehalt.[1139] Auch in der Rechtsprechung des EGMR und des EuGH ist der Grundsatz im deutschen Vergleich schwach ausgeprägt.[1140] In Art. 49 Abs. 1 ChGR wird auch kein Parlamentsvorbehalt verankert,[1141] es wird nur festgelegt, dass es entweder eine nationale oder eine internationale Vorschrift als Strafbarkeitsvoraussetzung vorliegen soll.

Auch in den meisten Mitgliedstaaten wird der Parlamentsvorbehalt nicht so ernst genommen, wie es in Deutschland der Fall ist. In den meisten Ländern geht es nur darum, dass die Strafbarkeit vor dem Zeitpunkt der Handlung festgelegt werden muss und dass die Volksvertreter im Strafrecht über eine qualifizierte Einflussmöglichkeit verfügen müssen. Davon, dass strafrechtliche Regelungen ausschließlich vom Parlament verabschiedet werden können, ist in den meisten Länder nicht die Rede.[1142]

Nun eine gewisse parlamentarische Einflussmöglichkeit ist auch auf europäischer Ebene gewährleistet: die strafrechtlichen Regelungen werden vom EP mitbestimmt; die Regierungsvertreter, die auch zustimmen müssen, sind von den nationalen Parlamenten gewählt; in der Regel (wenn es um Richtlinien geht) müssen die nationalen Volksvertreter die europäischen Vorgaben umsetzen.[1143]

1139 *Geiger*, Auswirkungen europäischer Strafrechtsharmonisierung auf nationaler Ebene, S. 56; *Heine*, Die Rechtsstellung der Beschuldigten im Rahmen der Europäisierung des Strafverfahrens, S. 43.

1140 *Geiger*, Auswirkungen europäischer Strafrechtsharmonisierung auf nationaler Ebene, S. 56.

1141 *Esser*, in Meyer, Kommentar zur Charta der Grundrechte, Art. 49, Rn. 12 ff.; *Heine*, Die Rechtsstellung der Beschuldigten im Rahmen der Europäisierung des Strafverfahrens, S. 175.

1142 *Geiger*, Auswirkungen europäischer Strafrechtsharmonisierung auf nationaler Ebene, S. 57.

1143 *Geiger*, Auswirkungen europäischer Strafrechtsharmonisierung auf nationaler Ebene, S. 57.

Nichtdestotrotz wird in der Literatur an vielen Stellen die Meinung vertreten, dass die strafrechtliche Harmonisierung durch Richtlinien gegen das Prinzip „nulla poena sine lege (parlamentaria)" verstoße.[1144] Diese Meinung wird darauf gestützt, dass die europäische Gesetzgebung zum Parlamentsvorbehalt nur dann gerecht sein könne, wenn die Parlamente eine hinreichende Einflussmöglichkeit haben. Den hinreichenden Einfluss könnten entweder das EP oder die nationalen Parlamente ausüben. Das Mitentscheidungsrecht des EP reiche mit Sicherheit nicht aus, da weder die Wahl, noch die Zusammensetzung des EP entspreche der demokratischen Voraussetzungen, daher gelte das EP nicht als mit den nationalen Parlamenten gleichwertige Volksvertretungsorgan. Die nationale Parlamente (also in Deutschland der Bundestag und der Bundesrat) haben aus mehreren Gründen auch keine hinreichende Einflussmöglichkeit: bei der Erarbeitung der Richtlinien haben sie überhaupt keine Mitwirkungsmöglichkeit, sie werden nicht einmal offiziell über die Vorschläge informiert; die Richtlinien enthalten detaillierte Vorgaben, daher könne über einen Umsetzungsspielraum kaum die Rede sein[1145]; die Möglichkeit der Verweigerung der Umsetzung gelte als theoretisch; die Richtlinien betreffen dennoch oft den Kernbereich der privaten Lebensführung.[1146]

Es kann nach einer anderen Ansicht generell in Frage gestellt werden, ob der Grundsatz „nulla poena sine lege (parlamentaria)" auch bezüglich der europäischen Rechtssetzung gilt, oder nur die Mitgliedsstaaten bindet.[1147] Bei der Frage, ob die europäische Strafrechtssetzung verfassungsgemäß sei, müsse vielmehr die Frage geklärt werden, ob die Übergabe der entsprechenden Kompetenzen mit dem Grundgesetz im Einklang sei. Insofern spiele Art. 23 Abs. 1 und Art. 79 Abs. 3 GG eine entscheidende Rolle.

In Art. 23 Abs. 1 wird festgelegt, wie und in welchem Umfang die Übergabe der Zuständigkeiten an die Union erfolgen soll. In Art. 23 Abs. 1 GG wurde die Übergabe der Strafrechtssetzung weder untersagt, noch speziell geregelt. Es bleibe jedoch fraglich, ob durch diese Kompetenzübertragung der Kernbereich des Demokratie- und des Rechtsstaatsprinzips beeinträchtigt wird. Dies

1144 U.a. *Geiger*, Auswirkungen europäischer Strafrechtsharmonisierung auf nationaler Ebene, S. 221 ff.; Schünemann, ZIS 2010, 735, 737.

1145 Im diesen Zusammenhang spricht *Schünemann* darüber, dass die nationalen Volksvertreter „Lakaien von Brüssel" seine (ZIS 2010, 735, 737).

1146 *Geiger*, Auswirkungen europäischer Strafrechtsharmonisierung auf nationaler Ebene, S. 221 ff.

1147 *Musil*, NStZ 2000, 68, 70.

sei aber nicht der Fall, denn die Quantität der Kompetenzübergabe ist nicht so weitgehend, dass es die oben genannten Grundsätze gefährden könne.[1148]

2. Der Rat

Der Rat ist ein unionsspezifisches Phänomen,[1149] er ist mit nationalstaatlichen Institutionen nicht vergleichbar, die Existenz des Rates hat mit der sui generis Rechtsnatur der Union zu tun. Der Rat ist die Zusammensetzung der Fachminister der 27 Mitgliedstaaten.[1150] Er ist also letztendlich die Interessenvertretung der Mitgliedstaaten im europäischen Rechtsetzungsverfahren.[1151]

Bis zum Inkrafttreten des Vertrags von Lissabon war der Rat eindeutig der wichtigste Akteur im europäischen Rechtsetzungsverfahren. Seine Dominanz wurde zwar im Reformvertrag relativiert, es gilt jedoch weiterhin die Kernregel: Ohne die Zustimmung des Rates kann keine europäische Norm in die Kraft treten,[1152] der Rat bewahrt sich damit weiterhin seine zentrale politische Stellung im europäischen Entscheidungsprozess.[1153] Diese Stellung trägt dem Souveränitätsschutz der Mitgliedstaaten Rechnung, sie haben zwar in den Grundverträgen der Union zahlreiche Kompetenzen übergeben, auf eine ultimative Kontrolle der Tätigkeit der europäischen Einrichtungen wollten sie jedoch nicht verzichten.

Im Lissabon-Urteil des BVerfG wird dem Rat eine wichtige Repräsentationsaufgabe zugesprochen. Im Rat sind – nach der Meinung des BVerfG – die in den Staaten organisierten Völker des Kontinents repräsentiert, so könne diese Einrichtung die Vertretung des nicht existierenden europäischen Volkes im EP ersetzen.[1154]

1148 *Musil*, NStZ 2000, 68, 70.

1149 Rat der Europäischen Union vgl. Art. 16 EUV sowie Art. 237 ff. AEUV (zu unterscheiden ist der Europäische Rat, die Zusammensetzung der Staats- und Regierungschefs der Mitgliedstaaten gem. Art. 15 EUV).

1150 Vgl. Art. 16 Abs. 2 EUV.

1151 U.a. *Husen*, Professionelle Lobby/Public-affairs, Diplomarbeit, S. 23 f., *Schwarzer/Ortmann*, Spieltheoretische Analyse der Machtverhältnisse im Rat der Europäischen Union, Forschungsbericht der Beuth Hochschule für Technik Berlin 2008/2009, S. 48.

1152 Vgl. Art. 289 Abs. 1 S. 1 AEUV.

1153 Ähnlich *Mross*, Bürgerbeteiligung am Rechtsetzungsprozess in der Europäischen Union, Dissertation, S. 151.

1154 BVerfG, Urt. v. 30.6.2009 – 2 BvE 2/08, Rn. 286 = BVerfGE, 123, 267, 375.

Diese Erklärung ist im Einklang damit, dass der Entscheidungsprozess im Rat auch über solche Elemente verfügt, bei denen nicht nur die Zahl der Mitgliedsstaaten, sondern unmittelbar die Zahl der Unionsbürger berücksichtigt werden, so ist im Abstimmungsverfahren (sog. doppelte-qualifizierte Mehrheit) auch die Zahl der Unionsbürger entscheidend, die von den zustimmenden Ratsmitgliedern repräsentiert werden.[1155] Es bedeutet ganz konkret, dass bei vielen Entscheidungen mindestens 55% der Mitgliedsstaaten zustimmen müssen, die mindestens 65% der Unionsbürger repräsentieren. Dabei bekommt ein Bürger aus Deutschland oder aus Frankreich das gleiche Gewicht wie ein Bürger aus Malta oder aus Luxemburg. Die Überrepräsentierung der kleineren Mitgliedsstaaten wurde insofern aufgehoben, alle Unionsbürger sind gleichwertig.

Das größte Problem, welches im Zusammenhang mit dem Rat thematisiert wird, ist die Relativierung der Gewaltenteilung. Der Rat – als Zusammensetzung der Regierungsmitglieder der Mitgliedsstaaten – ist vom Aufbau her ein rein exekutives Organ, auf europäischer Ebene nimmt er jedoch legislative Aufgabe war. Eine so intensive Vermischung von Exekutive und Legislative wäre auf nationaler Ebene kaum vorstellbar und tolerierbar.[1156]

Um dieses schwerwiegende Problem zu lösen, wird seit langem die Umwandlung des Rates zu einer zweiten Kammer des EP vorgeschlagen.[1157] Darüber, wie diese zweite „Rat-Kammer“ aussehen sollte, herrscht in der Literatur allerdings Uneinigkeit.

Das einfachste wäre, wenn der Rat mit praktisch unveränderter Zusammensetzung und gleichen Zuständigkeiten künftig einfach als eine zweite Kammer des EP agieren würde,[1158] so könnten die Mitgliedstaaten bzw. deren Regierungen ihre Kontrolle über die gesetzgeberische Tätigkeit der Union behalten, trotzdem wäre symbolisch viel für die bessere demokratische Legitimation getan. So

---

1155 BVerfG, Urt. v. 30.6.2009 – 2 BvE 2/08, Rn. 291 = BVerfGE, 123, 267, 378.

1156 U.a. *Fromm*, EG Rechtssetzungskompetenz im Kriminalstrafrecht. S. 72; *Meyer*, Demokratieprinzip und europäisches Strafrecht, S. 16; *Rosenau*, ZIS 2008, 9, 18.

1157 U.a. *Benz*, in: Katenhusen/Lamping (Hrsg.), Demokratien in Europa, S. 165 ff.; *Congleton*, in: Holler/Kliemt/Schmidtchen/Streit (Hrsg.), European Govermance, S. 4 ff.; *Erlei*, Neue Institutenökonomik, S. 532 ff.; *Gerken/Märkt/Schick/Renner*, Eine freiheitliche supranationale Föderation. Zur Aufgabenverteilung in Europa, S. 283 ff.; *Schneider*, in: Cassel (Hrsg.), Europäische Integration als ordnungspolitische Theorie, S. 14 ff.; *Sone*, Slovenska politologicka revue, 2005/4, 1 ff.

1158 *Congleton*, in: Holler/Kliemt/Schmidtchen/Streit (Hrsg.), European Govermance, S. 4; *Erlei*, Neue Institutenökonomik, S. 532; *Schneider*, in: Cassel (Hrsg.), Europäische Integration als ordnungspolitische Theorie, S. 14.

bliebe aber das entscheidende inhaltliche Problem, dass Exekutive und Legislative auf europäischer Ebene vermischt sind, ungelöst.[1159]

Eine inhaltliche Veränderung könnte entstehen, wenn die Zusammensetzung des Rates, als zweite Kammer des EP, modifiziert wäre. So könnte sich diese neue zweite Kammer entweder aus den Vertretern der nationalen Parlamente zusammensetzen,[1160] oder sie könnte auch direkt vom Volke gewählt werden[1161]. Bei beiden Lösungen sollte jedoch die gegenwärtige nationale Stimmenverteilung gewahrt bleiben. So könnte man weiterhin den föderalen Charakter des Rates und dadurch die nationale Kontrolle über die europäische Gesetzgebung schützen. Mit dieser Lösung würden jedoch die nationalen Regierungen einen totalen Kontrollverlust über die europäischen Angelegenheiten erleiden. Wenn man berücksichtigt, dass sie gegenwärtig die Europapolitik bestimmen, scheint dies kurz und mittelfristig als politisch äußerst unrealistisch.[1162] Nicht zuletzt deswegen, weil gegenwärtig niemand geeignet zu sein scheint, die politische Gestaltungsrolle der führenden mitgliedsstaatlichen Regierungschefs übernehmen zu können.

Als weiteres Problem ist zu erwähnen, dass der Rat auf europäischer Ebene keinerlei Kontrolle unterliegt,[1163] seine Tätigkeit wird weder rechtlich noch politisch kontrolliert. Parallel dazu unterliegen die Mitglieder des Rates weder rechtlicher noch politischer Verantwortung, man kann höchstens von einer mittelbaren politischen Kontrolle auf nationaler Ebene sprechen, denn die Ratsmitglieder sind in den Mitgliedstaaten Regierungsmitglieder, somit unterliegen sie der politischen Kontrolle der nationalen Parlamente. Diese Kontrolle ist jedoch in Verbindung mit den europäischen Angelegenheiten sehr theoretisch. Es wäre schwer vorstellbar, dass ein Mitglied in einer nationalen Regierung nur wegen seiner Tätigkeit im Rat zur politischen Verantwortung gezogen wird.

Es wird zwar äußerst selten thematisiert, aber – nach einigen Stimmen in der Literatur – solle man insofern nicht übersehen, dass die Regierungskontrolle durch den Rat auch eine Garantiefunktion erfülle. Das EP wird zwar unmittelbar von den europäischen Bürgern gewählt, dennoch unterliege es nur einer begrenzten öffentlichen Kontrolle. Grund dafür sei, dass sich die Öffentlichkeit

---

1159 Ähnlich *Gerken/Märkt/Schick/Renner*, Eine freiheitliche supranationale Föderation. Zur Aufgabenverteilung in Europa, S. 283.

1160 *Sone*, Slovenska politologicka revue, 2005/4, 1, 12 f.

1161 *Erlei*, Neue Institutenökonomik, S. 535; *Gerken/Märkt/Schick/Renner*, Eine freiheitliche supranationale Föderation. Zur Aufgabenverteilung in Europa, S. 284.

1162 Ähnlich *Sone*, Slovenska politologicka revue, 2005/4, 1, 12 f.

1163 *Meyer*, Demokratieprinzip und europäisches Strafrecht, S. 17.

kaum für europäische Themen interessiere. Daher könnten das EP und dessen Abgeordneten leicht organisierten Lobbygruppen ausgeliefert sein. Ein erheblicher Kompetenzzuwachs mit mangelnder öffentlicher Kontrolle könne daher gefährlich sein.[1164]

In Verbindung mit der gesetzgeberischen Tätigkeit des Rates ist ein wichtiges Novum des Vertrags von Lissabon, dass die Sitzungen mit legislativen Entscheidungen öffentlich sein müssen.[1165] Damit wurde ein seit Jahren thematisiertes Problem gelöst.[1166] Es ist klar, dass von einer demokratischen Legitimation des Gesetzgebers nur dann die Rede sein kann, wenn seine gesetzgeberischen Entscheidungen öffentlich getroffen werden.

3. Die Kommission

Die Kommission[1167] fungiert praktisch wie eine europäische Regierung, sie wird daher regelmäßig als die Regierung der Union bezeichnet.[1168] Diese Bezeichnung ist zutreffend, denn die Kommission ist für die Ausarbeitung und Vollstreckung der europäischen Rechtsakte zuständig. Wichtige Besonderheit des Unionsrechts ist, dass die Kommission im Rechtsetzungsverfahren über ein alleiniges Initiativrecht verfügt.[1169]

Nach der Auffassung des BVerfG erfüllt die Kommission nicht die rechtsstaatlichen Voraussetzungen, die an eine nationale Regierung gestellt werden. Grund dafür ist, dass die Bildung der Kommission nicht auf den Mehrheitswillen der europäischen Bürger zurückzuführen sei,[1170] denn sie wird vom Rat und vom EP gewählt.

Das Problem in Verbindung mit der Wahl der Kommission wird noch deutlicher, wenn man berücksichtigt, dass es für die Unionsbürger bei der Wahl der

1164 *Erlei*, Neue Institutenökonomik, S. 532.

1165 Vgl. Art. 16 Abs. 8 S. 1 EUV.

1166 *Meyer*, Demokratieprinzip und europäisches Strafrecht, S. 20.

1167 Europäische Kommission vgl. Art. 17 EUV sowie Art. 244 ff. AEUV.

1168 BVerfG, Urt. v. 30.6.2009 – 2 BvE 2/08, Rn. 297 = BVerfGE, 123, 267, 380.

1169 Vgl. Art. 294 Abs. 2 AEUV. Es gibt jedoch einige Ausnahmen: Gem. Art. 76 AEUV sind im Rahmen des Raums der Freiheit, der Sicherheit und des Rechts ein Quorum der Mitgliedstaaten berechtigt, Rechtsakte zu initiieren. Diese spezielle Vorschrift trägt den besonderen mitgliedstaatlichen Souveränitätseinbußen im Europäischen Strafrecht Rechnung. Darüber hinaus kann das EP gem. Art. 225 AEUV die Kommission auffordern, in einem europäischen Thema einen Rechtsakt zu initiieren.

1170 BVerfG, Urt. v. 30.6.2009 – 2 BvE 2/08, Rn. 280 = BVerfGE, 123, 267, 371 f.

einen oder der anderen Partei gar nicht bekannt ist, wessen Präsidentschaftskandidatur dadurch gestärkt wird. Im Zweifel sind die Kandidaten zum Zeitpunkt der Europawahl nicht einmal bekannt.[1171] Darüber hinaus wird der Präsident der Kommission nicht ausschließlich vom EP gewählt und abgewählt, der Rat verfügt über ein Mitentscheidungsrecht. Bis die Kommission bzw. deren Präsident nicht ausschließlich von einem Volksvertretungsorgan gewählt wird, kann die Kommission nicht als echte Regierung betrachtet werden.[1172] Es kann trotzdem nicht in Frage gestellt werden, dass das EP ein unausweichliches Organ bei der Wahl des Präsidenten der Kommission ist. Ohne die Zustimmung der europäischen Volksvertreter kann niemand zum Kommissionspräsident gewählt werden. Der Kommissionspräsident ist – nach einigen Meinungen – sogar doppelt legitimiert, denn er müsse sowohl vom Rat, als auch vom EP gewählt werden.[1173]

Im Hinblick auf die demokratische Legitimation hätte die bevorstehende Verkleinerung der Kommission interessant sein können. Ab 2014 hätte die Zahl der Kommissionsmitglieder verringert werden müssen, damit wäre nicht jeder Mitgliedsstaat vertreten gewesen.[1174] Diese Regelung hätte der Effizienz Rechnung tragen. Gleichzeitig hätte man jedoch den nicht vertretenen Ländern eine Legitimationsquelle genommen.[1175] Die Regelung wurde aber letztendlich abgeschafft. Es muss außerdem berücksichtigt werden, dass es nicht zur Funktion der Kommission gehört, die Vertretung der nationalen Interessen zu ermöglichen, die Kommissare müssen bei der Ausübung ihrer Tätigkeit strikt die europäischen und nicht die nationalen Interessen verfolgen.

4. Die nationalen Parlamente

Am europäischen Rechtsetzungsverfahren nehmen also andere bzw. mehrere Institutionen teil, als dies bei der nationalen Gesetzgebung der Fall ist. Der institutionellen Aufbau und die Aufgaben der einzelnen Akteure weichen dabei von den mitgliedsstaatlichen Mustern wesentlich ab. Möglicherweise weil die Mütter und Väter der Verträge das Niveau der demokratischen Legitimation, welches den europäischen Organen vermittelt wird, selber als nicht hinreichend

---

1171 Es gibt auch nationales Beispiel dafür, dass vor der Wahl keinen Ministerpräsident-Kandidaten nominiert wurden. In Ungarn bei den Wahlen in 1990 und in 1994 haben die Parteien den Wahlkampf ohne einen offiziellen oder inoffiziellen Regierungschef-Kandidat geführt. Trotzdem waren die Wahlen hinreichend demokratisch.

1172 BVerfG, Urt. v. 30.6.2009 – 2 BvE 2/08, Rn. 297 = BVerfGE, 123, 267, 380 f.

1173 *Franz*, Europarecht, Rn. 594.

1174 Vgl. Art. 17 Abs. 5 EUV.

1175 *Nowak*, Europarecht nach Lissabon, S. 102.

eingestuft haben, bekommt im europäischen Rechtsetzungsverfahren auch ein nationales Organ eine wichtige Funktion, dessen demokratische Legitimation besonders stark ist: So setzt der Vertrag von Lissabon bei der demokratischen Legitimation auch auf die nationalen Parlamente.[1176]

Nach der Meinung des BVerfG ist die Teilnahme der nationalen Parlamente am europäischen Rechtsetzungsverfahren ein Beweis dafür, dass die europäischen Organe nicht in der Lage sind, den Grad der demokratischen Legitimation zu gewährleisten, welcher bei einem Staat notwendig wäre. Trotzdem ist die Union hinreichend demokratisch legitimiert bzw. wird das Wahlrecht aus Art. 38 Abs. 1 GG nicht verletzt.[1177] Dieses Ergebnis ist im Sinne des Urteils des BverfG der Mitwirkung der nationalen Parlamente zu verdanken. Dabei müssen die folgenden Erwägungen des BVerfG berücksichtigt werden:

- Die Union sei weiterhin nicht als ein Bundesstaat wahrzunehmen, deswegen müssten ihr gegenüber nicht die Anforderungen einer staatlichen demokratischen Legitimation gestellt werden.[1178] Solche Voraussetzungen seien übrigens von der Union auch nach dem Inkrafttreten des Vertrags von Lissabon nicht erfüllt.[1179]
- Da Deutschland weiterhin ein souveräner Staat bleibe, könne das deutsche Volksvertretungsorgan im Mittelpunkt der demokratischen Legitimation der Union bleiben und gleichzeitig der Union das hinreichende Maß an demokratischer Legitimation vermitteln.[1180]

Da das Kontingentensystem und dadurch die Staatsangehörigkeit der Amtsträger bei allen europäischen Organen eine zentrale Rolle spielt, haben wir es auf europäischer Ebene – nach der Meinung des BVerfG – mit einer Überföderalisierung zu tun,[1181] im europäischen Rechtsetzungsverfahren wird letztendlich weiterhin das völkerrechtliche Prinzip der Staatengleichheit in den Mittelpunkt gestellt. Die Unionsbürger an sich werden als politische Subjekte weiterhin nicht wahrgenommen, nur als Staatsangehörige der einzelnen Mitgliedsstaaten. Deswegen könne die Union ohne die Vermittlung der Mitgliedstaaten von vorne herein keine hinreichende demokratische Legitimation vermitteln.[1182]

1176 *Böse*, ZIS 2010, 76, 82.
1177 BVerfG, Urt. v. 30.6.2009 – 2 BvE 2/08, Rn. 274 = BVerfGE, 123, 267, 370.
1178 BVerfG, Urt. v. 30.6.2009 – 2 BvE 2/08, Rn. 277 = BVerfGE, 123, 267, 370 f.
1179 BVerfG, Urt. v. 30.6.2009 – 2 BvE 2/08, Rn. 289 = BVerfGE, 123, 267, 377.
1180 BVerfG, Urt. v. 30.6.2009 – 2 BvE 2/08, Rn. 277 = BVerfGE, 123, 267, 370 f.
1181 BVerfG, Urt. v. 30.6.2009 – 2 BvE 2/08, Rn. 290 = BVerfGE, 123, 267, 377 f.
1182 BVerfG, Urt. v. 30.6.2009 – 2 BvE 2/08, Rn. 292 = BVerfGE, 123, 267, 378 f.

Indem das BVerfG dem EP bei der demokratischen Legitimation eine bloße ergänzende Funktion zuschreibt und gleichzeitig die nationale Parlamente zu tragenden Organen der Legitimation erklärt, treibt das Gericht ein gefährliches Spiel. Die europäischen und die nationalen Volksvertreter werden gegeneinander ausgespielt. Die nationalen Parlamente werden daran interessiert sein, die Union bzw. das EP – durch weitere Reformverträge – nicht weiter zu demokratisieren, denn dadurch würde sie ihre eigene Rolle in europäischen Angelegenheiten selber überflüssig machen.[1183]

Auch im Europäischen Strafrecht bekommen die nationalen Parlamente eine wichtige Funktion. Die mit der Wahlungleichheit verbundenen Mängel bei den Europawahlen können dadurch kompensiert werden, dass die strafrechtliche Harmonisierung durch Richtlinien erfolgen muss. Die Richtlinien müssen von den nationalen Gesetzgebungsorganen umgesetzt werden, diese werden also auch durch die nationalen Parlamente legitimiert. Deswegen kann die Kompetenzausübung im Europäischen Strafrecht auf den ersten Blick kaum wegen mangelnder demokratischer Legitimation gerügt werden.[1184]

Es gibt jedoch in Verbindung mit dem nationalen Umsetzungsspielraum erhebliche Probleme. Die Problemstellung ist wichtig, wenn es nachgewiesen wird, dass die nationalen Parlamente keinen tatsächlichen Umsetzungsspielraum haben und die Zustimmung eine bloße Formalie ist, könnte das Gesetzlichkeitsprinzip und dadurch das Demokratieprinzip entleert werden.[1185]

Die Auffassung, dass durch die nationale Umsetzung die Richtlinie auch von den nationalen Parlamenten legitimiert wird, wurde vom BVerfG in der Europäischen Haftbefehl-Entscheidung noch ohne Vorbehalt vertreten, im Lissabon-Urteil taucht jedoch dieses Argument nicht mehr auf, und es wird der nicht hinreichende Umsetzungsspielraum bemängelt. Diese Wende wurde in der Literatur teilweise begrüßt, weil viele die Meinung vertreten haben, dass die nationalen Volksvertreter keinen nennenswerten Umsetzungsspielraum haben. Deswegen können sie auch nicht legitimieren.[1186]

Es muss berücksichtigt werden, dass die Richtlinien oft sehr detaillierte Regelungen enthalten, die bei der Umsetzung die Berücksichtigung nationaler

---

1183 *Böse*, ZIS 2010, 76, 83.

1184 *Ambos*, § 11, Rn. 12.

1185 *Geiger*, Auswirkungen europäischer Strafrechtsharmonisierung auf nationaler Ebene, S. 43.

1186 *Böse*, ZIS 2010, 76, 82 f.; *Geiger*, Auswirkungen europäischer Strafrechtsharmonisierung auf nationaler Ebene, S. 47 f.; *Meyer*, NStZ 2009, 657, 661. Ferner: *Musil*, NStZ 2000, 68, 70; *Mylonopoulos*, ZStW 2011, 633, 645; *Rosenau*, ZIS 2008, 9, 18.

Besonderheiten kaum zulassen. Eine bloße, nicht ergebnisoffene Zustimmung legitimiert jedoch nicht. Es wird darüber hinaus auch darauf hingewiesen, dass die Legitimationsfunktion der nationalen Parlamente mit dem Vertrag von Lissabon sowieso kleiner geworden ist, denn sie müssen ggf. auch solche Richtlinien umsetzen, denen im Rat vom nationalen Vertreter nicht zugestimmt wurde.[1187] Die Lage wird dadurch noch komplizierter, dass der EuGH die Umsetzungspflicht der Mitgliedsstaaten bereits am Anfang der '90er Jahren bejaht hat.[1188]

Die Bedenken gegen die Legitimationsfunktion der nationalen Umsetzung sind auf jedem Fall ernst zu nehmen. Es muss jedoch auch berücksichtigt werden, dass die Richtlinie ohne die Umsetzung eines Mitgliedsstaates in diesem Mitgliedsstaat nicht in Kraft treten kann. Die Kommission kann zwar wegen der Nichtumsetzung vor dem EuGH ein Vertragsverletzungsverfahren einleiten und am Ende des Verfahrens kann der EuGH eine Geldstrafe verhängen. Zwei Besonderheiten dürfen jedoch nicht unberücksichtigt bleiben: Erstens, können bis ein Verfahren eingeleitet und ein Urteil getroffen wird, Jahre vergehen.[1189] Zweites, ist der EuGH nicht berechtigt die Richtlinie im betroffenen Mitgliedsstaat mit seinem Urteil in Kraft treten zu lassen, die diesbezügliche Entscheidung der nationalen Volksvertreter ist unentbehrlich; die nationale Umsetzung bzw. Nichtumsetzung hat Sperrwirkung, sie ist daher nicht zu unterschätzen. So ist die Zustimmung der nationalen Parlamente doch keine rein formelle Sache, sie muss ernst genommen werden.

5. Stellungnahme

Bis zum Inkrafttreten des Vertrags von Maastricht wurde überwiegend die Meinung vertreten, dass die Gemeinschaft nur durch die Mitgliedsstaaten legitimiert wird. Dies war in dieser Zeit – angesichts der damaligen Kompetenzen der Gemeinschaft – relativ unproblematisch. Mit der zunehmenden Kompetenzerweiterung der Integration sind in der Wissenschaft die Stimmen immer lauter

1187 *Böse*, ZIS 2010, 76, 83; *Dannecker*, Jura 2006, 95, 99.

1188 Urteil des EuGH v. 19.11.1991, „Francovich", C-6/90, Slg. 1991 I-5357 ff.

1189 Das beste Beispiel dafür ist die Richtlinie über die Vorratsdatenspeicherung (RL 2002/58/EG, ABl. 2002 L 105/54), die von Deutschland immer noch nicht in vollem Umfang umgesetzt wurde. Die RL trat 03.06.2006 in Kraft. Die Umsetzungsfrist ist am 15.09.2007 abgelaufen. Ein Vertragsverletzungsverfahren wurde erst am 31.05.2012 eingeleitet. Also erst nach 5 Jahren nach dem Ablauf der Umsetzungsfrist. Mit einem Urteil ist in der näheren Zukunft nicht zu rechnen.

geworden, dass eine mittelbare Legitimation nicht ausreicht, die Union sollte zumindest teilweise unmittelbar demokratisch legitimiert sein.[1190]

In dieser Hinsicht wurde in den letzten Jahren, vor allem mit der Verabschiedung des Vertrags von Lissabon, viel getan:

- Das EP wird unmittelbar von den Unionsbürgern gewählt.
- Die Zuständigkeiten des EP sind wesentlich erweitert worden. Das ordentliche Gesetzgebungsverfahren, in dem das EP Mitentscheidungsrecht hat, ist der Normalfall geworden; dies gilt nunmehr auch im Bereich des Strafrechts.
- Die nationalen Parlamente sind in das europäische Gesetzgebungsverfahren einbezogen worden.
- Die Ratssitzungen sind öffentlich.
- Bei der Wahl der Kommission verfügt das EP über ein Mitentscheidungsrecht.

Mit dem Vertrag von Lissabon wurden also im Europarecht strukturelle Veränderungen vorgenommen und zwar entsprechend der Forderungen der deutschen Rechtswissenschaft.[1191] Daher ist es besonders bedauerlich, dass die demokratisierende Wirkung des Vertrages teilweise nicht die angemessene Würdigung erhalten hat. Diese Aussage trifft nach meinem Erachten auch das BVerfG, vor allem in Verbindung mit der Herabwürdigung des EP.

Die demokratische Legitimation bzw. deren Mängel sind im Bereich des Strafrechts besonders relevant, denn es geht im Strafrecht um erhebliche Freiheitseinschränkungen. Nach meiner Ansicht wurde jedoch die demokratische Legitimation hinsichtlich des Strafrechts mit der Übertragung von strafrechtlichen Kompetenzen auf die europäische Ebene nicht beseitigt bzw. relativiert, sie wurde vielmehr auf eine andere Grundlage gestellt. Dafür sprechen die folgenden Argumente:

- Es wurde keines Falles die ganze staatliche Strafgewalt auf die europäische Ebene übertragen, der Umfang der strafrechtlichen Kompetenzen, die der europäische Gesetzgeber bekommen hat ist durchaus überschaubar.[1192]
- Die Übertragung der Kompetenzen ist aus deutscher Sicht verfassungsmäßig, denn das Grundgesetz enthält keine besonderen Reglungen bzgl. der Übergabe strafrechtlicher Kompetenzen auf die europäische Ebene, wie bei allen anderen Kompetenzübertragungen ist Art. 23 Abs. 1 GG anzuwenden. Insofern ist eine spezielle Stellung des Strafrechts nicht gegeben.

1190 *Meyer*, Demokratieprinzip und europäisches Strafrecht, S. 15.
1191 *Selmayr*, ZeuS 2009, 637, 639.
1192 Ähnlich *Musil*, NStZ 2000, 68, 70.

- Die europäischen Organe – mit Hilfe der nationalen Parlamente – sind in der Lage, ein hinreichendes Maß an demokratischer Legitimation zu gewährleisten. Die Gestaltung der Legitimation ist zwar anders als auf der nationalen Ebene und es gibt auch einige Probleme, die jedoch mittelfristig zu lösen sind, dafür findet die Kompetenzübertragung gegenwärtig nur im begrenzten Umfang statt, daher sind die Schwachstellen bei der demokratischen Legitimation der Union zu akzeptieren.
- Die strafrechtlichen Harmonisierungskompetenzen der Union können nur durch den Erlass von Richtlinien ausgeübt werden. Die Richtlinien können in den Mitgliedsstaaten erst dann in Kraft treten, wenn sie von den nationalen Parlamenten ratifiziert wurden, der Umsetzungsspielraum der nationalen Volksvertreter ist zwar teilweise sehr begrenzt, dafür verfügt die nationale Umsetzung aber über eine Sperrwirkung.

  Darüber hinaus sind die Kompetenzausübungsregelungen im AEUV mit Garantieregelungen versehen.
- Die kriminalpolitische Notwendigkeit der Europäisierung des Strafrechts ist nachgewiesen,[1193] die zunehmende grenzüberschreitende Kriminalität und die Zunahme von Sachverhalten mit ausländischem Element lassen sich nur in europäischer Zusammenarbeit bewältigen. Die Kooperation kann aber ab einem gewissen Grad ohne Harmonisierung nicht vorangetrieben werden.

Da auch die europäische Rechtssetzung demokratisch legitimiert ist, verstößt die europäische strafrechtliche Gesetzgebung in ihrer gegenwärtigen Form und im gegenwärtigen Umfang nicht gegen das Prinzip nulla poena sine lege (parlamentaria).[1194] Es kann trotzdem die Meinung vertreten werden, dass eine strafrechtliche Kompetenz der Union untersagt werden muss, und zwar unabhängig von dem Niveau der demokratischen Legitimation. Das schwerwiegendste Argument dafür ist, dass das Strafrecht traditionell zur staatlichen Souveränität gehöre und mit den nationalen Traditionen stark verbunden sei. Diese Meinung ist natürlich legitim, sie basiert jedoch viel mehr auf politischen und weltanschaulichen Überlegungen als auf rechtlichen Gründen.[1195]

Da aber die demokratische Legitimation gegenwärtig Schwachstelle hat, würde eine erhebliche Erweiterung der strafrechtlichen Kompetenzen des europäischen

1193 A.A. *Braum*. ZIS 2009, 418 ff.; *ders*. JZ 2000, 493 ff.

1194 U.a. *Ambos*, § 11, Rn. 4; *Fromm*, EG Rechtssetzungskompetenz im Kriminalstrafrecht. S. 72.

1195 Ähnlich *Sieber*, Einheitliches europäisches StGB als Ziel des Strafrechtsvergleichung?, in: Gedächtnisschrift für Schlüchter, S. 109 f.

Gesetzgebers auf jeden Fall eine weitgehende Korrektur der demokratischen Legitimation voraussetzen. In der Literatur sind mittlerweile zahlreiche Vorschläge zu finden, wie man die Union umstrukturieren sollte, um die demokratische Legitimation auf ein wesentlich höheres Niveau zu stellen. Einige von diesen wurden bereits in dieser Arbeit thematisiert. Jetzt erfolgt daher nur eine Zusammenfassung:

- Der Rat sollte grundlegend umstrukturiert werden. Der Föderalismus in Europa muss jedoch weiterhin auch institutionell Ausdruck finden. Der Rat könnte daher seine Tätigkeit als eine zweite Kammer des EP ausüben.
- Das EP sollte über alle Rechte verfügen, die traditionell einem Parlament zustehen, d.h. Initiativrecht für die Abgeordneten im Gesetzgebungsverfahren, umfassendes Haushaltsrecht, Recht die Exekutive zu wählen und abzuwählen. Zu den Europawahlen sollten einheitliche europäische Parteilisten aufgestellt werden, um die Ungleichbehandlung der Bürger der einzelnen Mitgliedsstaaten zu beseitigen und um den Zusammenhang zwischen der abgegebenen Stimme und der Zusammensetzung der Exekutive (also der Kommission) zu verdeutlichen.[1196]
- Der Ratspräsident sollte unmittelbar vom europäischen Volke gewählt werden, so könnte er ein legitimer Vertreter der europäischen Völker sein, mit hinreichendem politischem Gewicht. In dieser Weise könnte er die politische Gestaltungsrolle der mitgliedsstaatlichen Regierungschefs übernehmen.

V. Notwendigkeit des echten Europäischen Strafrechts

Es scheint ziemlich eindeutig zu sein, dass die polizeiliche und justizielle Zusammenarbeit der Mitgliedsstaaten aus kriminalpolitischer Sicht unentbehrlich ist. Die Gründe dafür wurden bereits in der Einleitung der Arbeit – als Entstehungsgründe des Europäischen Strafrechts – ausführlich thematisiert. Daher soll an dieser Stelle nur eine kurze Zusammenfassung der Entstehungsgründe erfolgen: Es entstand eine enge wirtschaftliche Zusammenarbeit der Mitgliedstaaten, die immer intensiver wurde, die Union bildet längst einen einheitlichen Binnenmarkt; die Binnengrenzen wurden abgeschafft; neue, europäische Rechtsgüter wurden etabliert, die schutzbedürftig sind. Aus den vorhin aufgezählten Gründen folgt, dass die Strafverfolgungs- und Justizbehörden immer öfter mit Sachverhalten mit ausländischem Element zu tun haben, die polizeiliche und justizielle Zusammenarbeit ist also unerlässlich.

1196 Insofern ist es begrüßenswert, dass in der Europawahl '14 alle größere Parteiengruppen mit paneuropäischen Spitzenkandidaten angetreten sind.

Die intensive Zusammenarbeit reicht jedoch bei weitem nicht aus, alle kriminalpolitischen Probleme des europäischen Rechtsraums zu lösen.[1197] Die intensive Zusammenarbeit setzt ein zumindest vergleichbares Rechtssystem der teilnehmenden Länder voraus. Sonst würde das notwendige Vertrauen in die fremden Rechtsordnungen fehlen. Die Europäisierung des Strafrechts muss daher auch die Rechtsharmonisierung und ggf. auch die Rechtsvereinheitlichung beinhalten.

Das Europäische Strafrecht ist also aus kriminalpolitischer Sicht unerlässlich, es muss daher weiterhin in irgendeiner Form aufrechterhalten werden. Das bedeutet natürlich nicht, dass das Europäische Strafrecht in seiner gegenwärtigen Form unantastbar wäre, Korrekturen – vor allem in Hinblick auf den Rechtsschutz – sind teilweise wünschenswert. Die sind aber durchaus möglich, wenn man berücksichtigt, dass das Europäische Strafrecht kein „Fertigprodukt" ist, es ist seit seiner Entstehung im ständigen Wandel.[1198]

Im Weiteren soll bei der Beurteilung der Notwendigkeit eines echten Europäischen Strafrechts zwischen dem materiellen Recht und dem Verfahrensrecht unterschieden werden.

1. Die Notwendigkeit eines echten Europäischen Strafverfahrensrechts

a) Vorteile eines echten Europäischen Strafverfahrensrechts

Das Europäische Strafrecht wird aus den unterschiedlichen Sichtweise der Mitgliedsnationen wesentlich abweichend gewürdigt. Es gibt insofern einige interessante Aspekte, die in der deutschen Literatur kaum thematisiert werden.

Dieser grundlegende Wertungsunterschied ist auf die wesentlich unterschiedliche historische Entwicklung in West- und in Mittel-Ost-Europa zurückzuführen. Auf dem westlichen Teil des Kontinents herrscht mittlerweile seit mehr als 65 Jahren Demokratie. Die Grundrechte und die rechtsstaatlichen Standards sind daher im Rechtssystem der westeuropäischen Länder und – was noch wichtiger ist – in den westeuropäischen Gesellschaften tief verankert, sie gelten als Selbstverständlichkeit. Es herrscht – vor allem in den deutschsprachigen und in den nordeuropäischen Ländern – ein hohes Rechtsschutzniveau und es wird von der Zivilgesellschaft sofort verteidigt, wenn es in irgendeiner Weise in Gefahr geraten könnte.

1197 Ähnlich *Sieber*, Einheitliches europäisches StGB als Ziel der Strafrechtsvergleichung?, in: Gedächtnisschrift für Schlüchter, S. 111.

1198 Ähnlich *Heine*, Die Rechtsstellung der Beschuldigten im Rahmen der Europäisierung des Strafverfahrens, S. 29.

In den postsozialistischen Staaten ist die Situation wesentlich abweichend. Die Demokratie ist – mit historischem Maßstab gemessen – sehr jung, kaum mehr als 20 Jahre alt. De lege gibt es zwar mittlerweile kaum Unterschiede zwischen West- und Mittel-Ost-Europa, die Grundrechte sind in Gesetzen der postsozialistischen Staaten genauso verankert, wie es in den westeuropäischen Länder der Fall ist. De faco ist jedoch die Situation in Mittel-Ost-Europa erheblich schlechter.

Das Problem besteht darin, dass die Demokratie und die Rechtsstaatlichkeit in den mittel-ost-europäischen Gesellschaften nicht tief genug verwurzelt ist, die Demokratie kann daher relativ leicht in Gefahr geraten. Die Zivilgesellschaft bewegt sich wesentlich langsamer und in erheblich kleinerem Ausmaß, wenn es darum geht, die rechtsstaatlichen Institutionen und die Grundrechte zu verteidigen. Das aktuellste Beispiel dafür ist Ungarn: Die Regierungspartei mit ihrer 2/3 Mehrheit verabschiedet Gesetze, die zu massiven Einschränkungen der Grundrechte (Pressefreiheit[1199], Religionsfreiheit[1200], Wahlgleichheit[1201] usw.) und zum Abbau der rechtsstaatlichen Kontrollorgane (Verfassungsgericht, Datenschutzbeauftragte, Rechnungshof usw.)[1202] führen, ähnliche Tendenzen waren im vergangenen Jahrzehnt zwar in geringerem Ausmaß, aber auch in Polen und in der Slowakei zu beobachten, neulich kamen auch Hiobsbotschaften aus Rumänien. Solche Ereignisse wären in West-Europa unvorstellbar. Es wäre bereits äußerst unwahrscheinlich, dass eine Partei zu einer 2/3 Mehrheit kommt, denn es wird von der überwiegenden Mehrheit der Bürger erkannt, dass ein solch gewaltiges Machtmonopol äußerst gefährlich ist. Auch wenn es einer Partei dennoch gelingen würde, die 2/3 Mehrheit zu erreichen, bliebe ein so massiver Abbau der Rechtsstaatlichkeit wie in Ungarn unvorstellbar, die Zivilgesellschaft würde solche Veränderungen nicht akzeptieren und aktiv dagegen auftreten.

Die Unterschiede zwischen West- und Mittel-Ost-Europa haben damit zu tun, dass die Demokratie und die Rechtsstaatlichkeit in den westeuropäischen Gesellschaften wesentlich tiefer wurzeln. Dies ist darauf zurückzuführen, dass in West-Europa bereits mehrere Generationen in Demokratie aufgewachsen

---

1199 Näher *Petrus*, der Hausjurist 2011/1 (ISSN: 2190-1570), S. 27 ff.

1200 Näher unter http://tasz.hu/node/4165 (eng. 11.09.2014).

1201 Näher unter http://hungarianvoice.wordpress.com/2011/12/25/neues-wahlgesetz-fragen-und-antworten/ (deu. 11.09.2014).

1202 Das Ergebnis der Untersuchung des EP über den Zustand der Menschenrechte und der rechtsstaatlichen Institutionen in Ungarn v. 3.7.2013, sog. Tavares-Report, 2012/2130 (INI), eng.

sind, die Gewährleistung der Grundrechte gilt daher als selbstverständlich, sie werden nicht mehr in Frage gestellt, die politische Klasse, zumindest die etablierten Parteien, verfügen insofern über eine Selbstkontrolle, zudem würde der gesellschaftliche Widerstand eine erhebliche Einschränkung unmöglich machen.

Der Unterschied zwischen West- und Mittel-Ost-Europa kann am Beispiel der Vorratsdatenspeicherung sehr gut veranschaulicht werden. Dies ist in Deutschland das vielleicht am meist diskutierte Thema in Verbindung mit dem Europäischen Strafrecht, es wurde in Zeitungen, in Fernseh- und Radiosendungen und natürlich im Internet thematisiert, die Alarmglocken wurden geschlagen, viele sahen den Rechtsstaat in Gefahr. Das Thema ist ohne Zweifel wichtig, trotzdem gibt es zum Beispiel in Ungarn praktisch keinen Mensch, der je von dem Thema gehört hätte, obwohl das Implementierungsgesetz des entsprechenden Rahmenbeschlusses längst verabschiedet ist (Es ist davon auszugehen, dass die Lage in anderen mittel-ost-europäischen Mitgliedsstaaten auch nicht besser ist). Grund für das Desinteresse ist, dass es wesentlich grundlegendere Probleme zu thematisieren gibt. Wenn die Pressefreiheit oder die Unabhängigkeit der Gerichte in Gefahr ist, scheint die Vorratsdatenspeicherung nicht mehr so wichtig zu sein.

Das Europäische Strafrecht ist also aus mittel-ost-europäischer Sicht keine Bedrohung, sondern vielmehr eine Chance, durch die europäische Gesetzgebung könnten die grundlegende Rechte – auch im Bereich des Strafrechts – gefestigt werden, die auf nationaler Ebene nicht mehr relativiert werden könnten, und zwar unabhängig davon, was für eine Regierung und mit welcher Mehrheit an der Macht ist. Die Verankerung der strafrechtlichen Grundrechte sollte daher nicht nur eine Möglichkeit des Europäischen Strafrechts, sondern dessen Hauptaufgabe sein.

Die Frage besteht darin, ob das Europäische Strafrecht in der Lage ist, die grundlegenden Menschenrechte im Strafverfahren zu gewährleisten. Eine entsprechende Kompetenz ist nunmehr im Primärrecht verankert, Art. 82 Abs. 2 AEUV eröffnet die Möglichkeit, das nationale Strafverfahrensrecht zu harmonisieren. Dabei ist die Anwendung von Mindeststandards als Leitlinie festgelegt.

Fraglich ist, wie hoch das Schutzniveau sein sollte. Die ganze Europäisierung würde aus west-europäischer Sicht eigentlich nur dann ein Sinn ergeben, wenn das Schutzniveau den bestehenden Standard übertreffen oder diesen zumindest erreichen würde. Als Problem taucht diesmal auch eine Süd-Nord-Ungleichheit auf. Das Schutzniveau in nordeuropäischen Mitgliedstaaten ist traditionell wesentlich höher als es in Süd-Europa der Fall ist. Die Südländer sehen mit der eventuellen Einführung der nordeuropäischen Standards die effektive Strafverfolgung in Gefahr.[1203] Das Problem ist jedoch durchaus lösbar, da Art. 82 Abs. 2 S. 1 AEUV als Instrument der Harmonisierung von Mindestvorschriften spricht, d.h. das höhere Schutzniveau wird durch die unionsrechtlichen Vorgaben nicht berührt. In Art. 82 Abs. 2 S. 2 AEUV ist sogar ausdrücklich verankert, dass die nationalen Traditionen berücksichtigt werden müssen.

Die Harmonisierung mit niedrigen Schutzstandards würde natürlich in den nord-europäischen Ländern (möglicherweise auch in Deutschland) ins Leere laufen, denn in diesen Mitgliedsstaaten ist der Rechtsschutzstandard traditionell hoch. Ein solches Ergebnis wird jedoch für viele deutsche Wissenschaftler nicht akzeptiert, die Richtlinien werden in der deutschen Wissenschaft gerade deswegen kritisiert, weil das festgelegte Schutzniveau hinter dem Standard der weseteuropäischen Länder wesentlich zurückbleibt.[1204] Dass aus westeuropäischer Sicht insofern ein Problem besteht, ist eine unumstrittene Tatsache. Trotzdem wäre eine Richtlinie, die aus westeuropäischem Blickwinkel kein als zu hohes Schutzniveau gewährleistet, für andere Länder, wie zum Beispiel Ungarn, eine wichtige Errungenschaft des Europäischen Strafrechts.

Ein Beispiel zur Veranschaulichung: In Ungarn hat im Sommer 2011 das Parlament eine Modifizierung der Strafprozessordnung verabschiedet: Demzufolge durfte die Staatsanwaltschaft bei bestimmten Straftaten die festgenommene Person 120 Stunden lang in Gewahrsam halten, und zwar ohne richterliche Überprüfung und Anordnung. In den ersten 48 Stunden des Gewahrsams durfte die festgenommene Person nicht einmal mit ihrem Verteidiger Kontakt aufnehmen.[1205] Das geschwächte ungarische Verfassungsgericht hat zwar eine halbes Jahr später – überraschender Weise – die Regelung als verfassungswidrig erklärt, sie gilt also nicht mehr,[1206] sie zeigt aber, dass der ungarische Gesetzgeber bei seiner Tätigkeit zurzeit nicht einmal die grundlegendsten Menschenrechte

---

1203 Bsp.: Nach italienischer Ansicht wäre ein effektiver Kampf gegen die Maffia mit deutschen Abhörregelungen kaum möglich. Da die italienische Strafverfolgungsbehörden den sog. Großen Lauschangriff in breitem – nach deutschem Recht mit Sicherheit unzulässigem – Umfang erfolgreich anwenden, um Maffia-Angehörigen strafrechtlich verfolgen zu können.

1204 Ein Beispiel dazu: Gemeinsame Erklärung der Strafverteidigervereinigungen (Deutschland), des Forum Strafverteidigung (Schweiz), der Vereinigung Österreichischer StrafverteidigerInnen sowie der Niederlande Verneigung van Strafrechtadvocaten zum Richtlinienvorschlag des Europäischen Rates zum Recht auf Rechtsbeistand.

1205 Vgl. § 554/H ung. StPO (1998. évi XIX. törvény a büntetőeljárásról).

1206 1149/C/2011. AB határozat.

berücksichtigt. Eine entsprechende europäische Richtlinie mit Mindestvorschriften wäre eine Garantie, dass in Ungarn künftig solche Vorschriften nicht mehr verabschiedet werden können. Eine Richtlinie mit entsprechendem Inhalt wäre aus deutscher Sicht überflüssig, denn sie würde möglicherweise nur solche Vorschriften enthalten, die für den deutschen als banal gelten und seit der Gründung der Bundesrepublik gewährleistet sind. Der aktuelle Entwurf der entsprechenden Richtlinie über den Rechtsbeistand lässt den Mitgliedsstaaten Abweichungen zu, die in Deutschland als viel zu weitgehend heftig kritisiert werden. Eine solche elementare Verletzung der Beschuldigtenrechte, wie es in Ungarn ein halbes Jahr lang galt, wäre jedoch von den zulässigen Abweichungen mit Sicherheit nicht gedeckt, die Richtlinie würde also in Ungarn die Rechtsstaatlichkeit eindeutig fördern.

Als zweites Beispiel könnte erwähnt werden, dass wiederum in Ungarn die Aufhebung des strafrechtlichen Rückwirkungsverbots von führenden Politikern der Regierungspartei ernsthaft thematisiert wurde.[1207] Das Thema ist aktuell zwar vom Tisch, es gibt jedoch keine Garantie, dass dies auch künftig so bleibt.

Es stellt sich die Frage, ob die Aufgabe des europäischen Gesetzgebers darin besteht, für Länder, in denen das Schutzniveau sowieso vergleichbar hoch ist, für noch höhere Standards zu sorgen. Oder, ob der europäische Gesetzgeber sich viel mehr darum bemühen sollte, für Länder, die zur Union gehören, aber in denen die Grundrechte nicht so stark verwurzelt sind, einen stabilen Rechtsschutzstandard zu gewährleisten.

Es wäre natürlich gut, wenn der europäische Gesetzgeber für hohe Standards sorgen würde, welche das Rechtsschutzniveau in allen Mitgliedstaaten erhöhen, aber nach meiner Meinung sollte die primäre Aufgabe des Europäisches Strafrechts darin bestehen, in allen, also auch in den mittel-ost-europäischen Mitgliedsstaaten, einen Standard zu garantieren, der möglicherweise das bestehende deutsche oder nord-europäische Niveau nicht erreicht, sich aber an dieses zumindest annähert.

Das Europäische Strafrecht ist mit der Anwendung von Mindestvorschriften gem. Art. 82 Abs. 2 AEUV in der Lage, die grundlegenden Rechte im Strafverfahren zu gewährleistet. Dies untermauert – zumindest aus mittel-ost-europäischer Sicht – die Notwendigkeit der Harmonisierung des nationalen Strafverfahrensrechts, auch in wesentlich größerem Umfang, als es bisher betrieben wurde.

1207 Dazu gab es keine offizielle Initiativen, nur Meinungsäußerungen in Interviews. Bsp. auf Ungarisch.: http://www.pecsma.hu/uncategorized/nyilvanossagra-hoztak-az-orszaggyules-2002–2010-kozotti-allamadossag-novekedes-okait-vizsgalo-albizottsag-jelenteset/ (ung., 08.07.2014).

Bei der Europäisierung des Strafverfahrensrechts geht es nur um Mindestvorschriften. Wie schon der Name sagt, soll nur das europäische rechtsstaatliche Minimum festgelegt werden, einen maximalen Schutz zu gewährleisten, kann dabei nicht angestrebt werden, denn dies wäre angesichts der wesentlich abweichenden Grundauffassungen der Mitgliedsstaaten kaum durchsetzbar. Die Wissenschaft in West-Europa sollte sich damit zufrieden geben, dass gerade eben weil die Harmonisierung durch Mindestvorschriften erfolgt, die höheren nordeuropäischen Schutzniveaus nicht in Gefahr sind.

b) Die Grenzen des Europäischen Strafverfahrensrechts i.e.S.

Im Bereich des Verfahrensrechts sollte die Europäisierung bei der Etablierung von Mindeststandards grundsätzlich stehen bleiben. Im Verfahrensrecht sollte eine umfangreiche Vereinheitlichung kein Ziel sein, denn die viel thematisierten nationalen Traditionen – deren Rolle im materiellen Strafrecht überbewertet zu sein scheint – sind im Verfahrensrecht sehr präsent.[1208] Bei den meisten Tatbeständen des materiellen Strafrechts bestehen keine prinzipiellen Unterschiede zwischen den europäischen Ländern, die Tötung, oder die körperliche Misshandlung eines anderen Menschen, die Wegnahme einer fremden Sache, die Zerstörung einer fremden Sache usw. stehen überall unter Strafe, insofern herrscht grenzübergreifende Einigkeit, auch wenn die Einzelheiten teilweise von Land zu Land abweichend beurteilt werden.

Im Vergleich dazu existieren im Strafverfahrensrecht grundlegende Unterschiede, die kaum zu überbrücken scheinen. Einige Beispiele dazu: In Deutschland, in Österreich, in Ungarn und in vielen anderen Mitgliedstaaten sind die Staatsanwaltschaften hierarchisierte Behörden, in denen die Staatsanwälte weisungsgebunden sind. Im Gegensatz dazu sind in Italien die Staatsanwälte unabhängig, sie sind nur dem Gesetz und ihrem Gewissen unterworfen. In Deutschland nimmt das Opfer einer Straftat im Strafverfahren öfter als Nebenkläger Teil. In der ungarischen StPO ist ein vergleichbares Rechtsinstrument nicht vorgesehen. In der ungarischen StPO wird jedoch die sog. stellvertretende Klage geregelt, diese bedeutet, dass das Opfer einer Straftat ggf. Rechtsanspruch auf eine Hauptverhandlung hat, auch wenn der Staatsanwaltschaft keine Anklage erhoben hat. In einem solchen Verfahren wird die Anklage vor dem Gericht ausschließlich vom Opfer bzw. von seinem Anwalt vertreten.[1209] In der

1208 Ähnlich *Hecker*, JA 2002, 723, 729.

1209 Vgl. § 53 ung. StPO (1998. évi XIX. törvény a büntetőeljárásról).

deutschen StPO ist das gleiche Verhaften nicht vorgesehen.[1210] Ein weiteres gutes Beispiel ist die Anwendung des Unmittelbarkeitsprinzips. In Deutschland wird dem Prinzip in der Hauptverhandlung ein hohes Gewicht beigemessen. In anderen europäischen Ländern, wie etwa in Ungarn, gilt zwar prinzipiell die Unmittelbarkeit der Beweisaufnahme in der Hauptverhandlung, Ausnahmen sind jedoch durchaus vorstellbar, so kann zum Beispiel ein polizeiliches Vernehmungsprotokoll vor Gericht in vielen Fällen verlesen werden.

Ein weiterer prinzipieller Unterschied entsteht dadurch, dass die Strafprozessordnung traditionell im Spannungsfeld zwischen der Effektivität der Strafverfolgung und dem Schutz des Beschuldigten steht. Es ist klar, dass zwischen den zwei Positionen ein Optimum an Ausgeglichenheit herrschen sollte. Wie dieses Optimum aussehen sollte, wird jedoch von Land zu Land anders beurteilt. In Deutschland und in Nord-Europa stehen die Beschuldigtenrechte wesentlich mehr im Vordergrund, als dies zum Beispiel in Italien der Fall ist. Im Schrifttum ist von italienischen Autoren (vor allem von Staatsanwälten) regelmäßig zu lesen, dass in Italien mit den deutschen verfahrensrechtlichen Regelungen ein effektiver Kampf gegen die organisierte Kriminalität kaum möglich wäre. Nur ein Beispiel dafür: Die typische Methode der polizeilichen Verfolgung von Mafiosi ist in Italien der „Große Lauschangriff" und zwar auch ohne konkreten Verdacht auf eine besonders schwere Straftat. Diese Vorgehensweise ist von der italienischen StPO gedeckt, ähnliche Regelungen wurden in Deutschland als verfassungswidrig erklärt.[1211]

Die weitgehende Vereinheitlichung der Verfahrensvorschriften ist im Hinblick auf die Rechtssicherheit auch nicht notwendig, hier taugt das Argument nicht, dass es die Rechtssicherheit für die Unionsbürger erheblich fördern würde, wenn sie sich darauf verlassen könnten, dass im europäischen Ausland die gleichen Regelungen herrschen, wie im eigenen Land. Grund dafür ist, dass die Einzelheiten des Strafverfahrens (zum Beispiel: genaue Zuständigkeit, genauer Verfahrensablauf) dem Durchschnittsbürger weitgehend unbekannt sind.

Da im Strafverfahrensrecht so viele und teilweise prinzipielle nationale Unterschiede bestehen, ist die Vereinheitlichung der mitgliedsstaatlichen StPO nur bedingt möglich und erwünscht, daher sollte eine künftige EuStPO vor allem Mindeststandards bzgl. der Beschuldigtenrechte enthalten.

1210 In Deutschland existiert aber das Klageerzwingungsverfahren nach § 172 StPO. Hier kann ein Gericht feststellen, dass das Opfer einen Rechtsanspruch auf Klageerhebung hat (§ 175 StPO). Bei Bagatelldelikten gibt es das Privatklageverfahren nach §§ 374 ff StPO.

1211 BVerfGE 109, 279. 1 BvR 2378/98, 1 BvR 1084/99.

2. Notwendigkeit des echten materiellen Europäischen Strafrechts

a) *Strafrechtliche Mindestvorschriften*

Die Argumente, die – vor allem aus mittel-ost-europäischer Sicht – für die Anwendung und für die Erweiterung der Unionskompetenzen im Bereich des Strafverfahrensrechts sprechen, sind im Bereich des materiellen Strafrechts nicht anwendbar. Grund dafür ist, dass das materielle Recht gem. Art. 83 Abs. 1 AEUV durch Mindestvorschriften harmonisiert werden soll. Insofern besteht kein Unterschied zwischen Art. 82 und Art. 83 AEUV; die Anwendung von Mindestvorschriften hat jedoch im materiellen und im Verfahrensrecht eine unterschiedliche Wirkung. Auf Grund von Art. 83 AEUV kann der europäische Gesetzgeber festlegen, bei der Erfüllung welcher Tatbestandsmerkmale eine Handlung unbedingt als strafbar erklärt werden muss, es steht jedoch den Mitgliedstaaten frei, die Strafbarkeit an die Erfüllung von weniger Tatbestandsmerkmalen zu knüpfen, als es im Unionsrecht vorgeschrieben wurde.

Diese Besonderheit der Harmonisierung des materiellen Strafrechts stellt einen wichtigen Kritikpunkt gegenüber dem Europäischen Strafrecht dar. Es wird nämlich in der Literatur vorgeworfen, dass das Europäische Strafrecht einen einseitigen punitiven Charakter habe,[1212] die Tätigkeit des europäischen Gesetzgebers führe immer zur Erweiterung des Kreises der strafbaren Handlungen, und die Grenze der Strafbarkeit werde gesenkt[1213], die Rechtsstellung der Einzelnen wird immer schwächer.[1214] Diese Meinung kann kaum widerlegt werden. Es muss jedoch auch berücksichtigt werden, dass die Pönalisierung keine Besonderheit des Europäischen Strafrechts darstellt, sie charakterisiert alle nationalen Strafrechtssysteme, ein Beispiel auf Depönalisierung des nationalen Gesetzgebers zu finden, ist keine leichte Aufgabe.[1215] Man könnte sogar vermuten, dass die Verlagerung strafrechtlicher Kompetenzen auf die europäische Ebene insofern eine politisch sehr gut überlegte Entscheidung der mitgliedsstaatlichen Regierungen ist, die Pönalisierung ist nämlich – vor allem in den westeuropäischen Mitgliedstaaten – oft unpopulär, deswegen könnte es für die nationalen Politiker

1212 *Satzger*, Manifest zur Europäischen Kriminalpolitik, ZRP 2010, 137 f.; *Schünemann*, ZIS 2007, 528, 530.

1213 *Braum*, JZ 2000, 493, 497; *Gless*, StV 2010, 400, 405; *Hecken*, § 9, Rn. 42; *Hefendehl*, ZIS 2006, 229, 232; *Heger*, ZIS 2009, 406, 415; *Rosenau/Petrus*, in Vedder/v. Heinegg (Hrsg.), EUV/AEUV Kommentar, Art. 83 AEUV, Rn. 15.

1214 *Heine*, Die Rechtsstellung der Beschuldigten im Rahmen der Europäisierung des Strafverfahrens, S. 29.

1215 Ferner *Albrecht/Braum*, KritV 1998, 460, 481.

durchaus günstig sein, wenn sie bei der Erweiterung des Kreises der strafbaren Handlungen die Verantwortung auf Brüssel schieben können, auch wenn sie das gleiche Verhalten auch ohne die Mitwirkung der Union gern als strafbar erklärt hätten.[1216]

b) Materielles Strafrecht und die nationalen Traditionen

Ziel der Harmonisierung im Bereich des materiellen Strafrechts ist es, einen einheitlichen Rechtsraum zu schaffen, künftig vielleicht auch ein EuStGB, also ein echtes Europäisches Strafrecht zu etablieren. Es muss an dieser Stelle wieder festgehalten werden, dass die Schaffung eines Europäischen Strafrechts im engeren Sinne zurzeit rechtlich unmöglich ist. Es fehlen der Union die dazu notwendigen Kompetenzen: Über eine originelle Strafrechtskompetenz verfügt die Union nur im Bereich der Betrugsbekämpfung sowie im Zollwesen. Die strafrechtlichen Kompetenzen des europäischen Gesetzgebers in weiteren Teilen des Strafrechts sind „nur" Harmonisierungskompetenzen, sie ist jedoch nicht geeignet, ein EuStGB zu etablieren, denn die Rechtsangleichung durch Richtlinien setzt stets ein Umsetzungsspielraum voraus.[1217] Es ist außerdem fraglich, ob die notwendige Kompetenzerweiterung überhaupt möglich wäre, denn dazu sollte auf der Ebene der demokratischen Legitimation erhebliche Korrekturen vorgenommen werden. Auch wenn dies geschehen würde, bliebe immer noch fraglich, ob sich eine umfassende strafrechtliche Kompetenz der Union mit den allgemeinen Grundsätzen der Kompetenzauslegung des Unionsrecht vereinbaren lässt. Insofern muss vor allem auf den Grundsatz der Subsidiarität hingewiesen werden.

An dieser Stelle wird jedoch nicht die rechtliche Möglichkeit, sondern die Notwendigkeit diskutiert, die keine Kompetenzfrage, sondern vielmehr eine kriminalpolitische Frage ist. Dementsprechend gilt es zu beantworten, ob ein echtes Europäisches Strafrecht einen Mehrwert gegenüber den 28 nationalen Strafrechtsordnungen mit sich bringen würde.

Es könnte eindeutig gegen ein echtes Europäisches Strafrecht sprechen, dass das Strafrecht und der Kreis der strafbaren Handlungen mit den nationalen Traditionen der Mitgliedsstaaten eng verbunden sind.[1218] Solche „nationale"

1216 Ferner Albrecht/Braum/Frankenberg/Günther/Naucke/Simitis, KritV 2001, 279, 286.

1217 *Heine*, Die Rechtsstellung der Beschuldigten im Rahmen der Europäisierung des Strafverfahrens, S. 53 ff.

1218 *Böse*, ZIS 2010, 76, 82; *Eisel*, JZ 2001, 1160, 1163; *Hecker*, § 8, Rn. 55; *Satzger*, Europäisierung des Strafrechts, S. 31; *Satzger*, § 9, Rn. 9.

Traditionen sind – nach der herrschenden Meinung – auf europäischer Ebene nur schwer zu finden, sie liegen eindeutig nur bei solchen Straftaten vor, deren Strafbarkeit auf dem Völkerrecht beruht.[1219] So wäre der Anwendungsbereich der materiellen Europäisierung äußerst beschränkt.

Man könnte jedoch die Meinung vertreten, dass die Bedeutung der nationalen Traditionen in der Literatur überbewertet wird.[1220] In der Praxis sind insofern die Unterschiede zwischen den Mitgliedstaaten wesentlich kleiner, als es oft behauptet wird. Klare Unterschiede aufgrund der nationalen Traditionen bestehen nur bei wenigen Straftaten. Bei einigen Delikten ist diese Verbundenheit bereits auf den ersten Blick ganz klar, wie zum Beispiel beim Schwangerschaftsabbruch oder bei der Sterbehilfe. Die Strafbarkeit solcher Handlungen ist von der Geschichte eines Landes oder von der religiösen Einstellung der Bevölkerung schwer trennbar; es ist eindeutig länderspezifisch, wie die Abwägung zwischen dem Selbstbestimmungsrecht der schwangeren Frau und dem Lebensrecht der Leibesfrucht erfolgt und wie weit der Anwendungsbereich des Rechts auf Leben festgelegt wird.

Es gibt andere Delikte, bei denen die Verbundenheit mit den nationalen Traditionen auch besteht, sie sind aber auf dem ersten Blick vielleicht nicht zu erkennen. Als Beispiel könnten die Beleidigung, die Volksverhetzung oder die Umweltstraftaten gebracht werden.[1221] Es ist nachvollziehbar, dass die Frage, wie unantastbar die Meinungsfreiheit angesehen wird, mit der Geschichte eines Landes eng zusammen hängt. So sehen sich viele Staaten in Europa – aus historischem Grund – verpflichtet, die Leugnung des Holocaust unter Strafe zu stellen, andere Länder stufen die möglichst uneingeschränkte Meinungsfreiheit als höherrangiges Rechtsgut ein. Im Umweltstrafrecht hängt der Kreis der strafbaren umweltschädlichen Handlungen mit dem Umweltbewusstsein der Bürger eines Landes eng zusammen. Dieses ist zum Beispiel in Deutschland oder in Schweden mit Sicherheit wesentlich höher als in Ungarn, in Italien oder in Bulgarien. Beim Umweltstrafrecht muss jedoch auch ein anderer Aspekt berücksichtigt werden. Die Natur und damit die Wirkung der umweltschädlichen Handlungen kennen – wohl bekannt – keine Landesgrenzen, die Umweltverschmutzung kann daher effektiv nur grenzüberschreitend bekämpft oder noch

1219 *Rosenau*, ZIS 2008, 9, 19.

1220 Ähnlich *Heger*, Recht und Politik 2012, 88, 89; *Sieber*, Einheitliches europäisches StGB als Ziel des Strafrechtsvergleichung?, in: Gedächtnisschrift für Schlüchter, S. 110.

1221 *Kubiciel*, GA 2010, 99, 112.

besser ihr vorgebeugt werden. In diesem Bereich wäre also eine Europäisierung dringend notwendig, trotz wesentlich abweichender nationaler Traditionen.

Da bestimmte – aber nicht zahlreiche – Straftaten mit den Traditionen eines Landes eng zusammenhängen, wird von niemand ernsthaft in Frage gestellt, dass die Strafbarkeit von Handlungen in einigen Lebensbereichen auch künftig vom nationalen Gesetzgeber festgelegt werden muss.

Bei der Mehrheit der Straftaten spielen die nationalen Traditionen jedoch eine eher untergeordnete Rolle.[1222] Die Straftaten im Kernbereich des Strafrechts – wie Diebstahl, Betrug, Totschlag, Mord, Körperverletzung usw. – werden in allen Mitgliedstaaten verfolgt, daher spricht die Berücksichtigung der nationalen Traditionen bei den meisten Straftaten nicht gegen eine Harmonisierung.

Es ist klar, dass zum Beispiel die Tatbestandsmerkmale des Betrugs in Deutschland und in Frankreich unterschiedlich sind, In Frankreich und auch in anderen Mitgliedstaaten wird ein Vermögensschaden nicht verlangt. Ein zweites Beispiel könnte der Mord sein, die Mordmerkmale sind nicht in allen Mitgliedsstaaten identisch. Diese Unterschiede mögen für Juristen bzw. Strafrechtswissenschaftler eine erhebliche Rolle spielen und daher mögen sie den Unterschied als systemrelevant einstufen, sie hängen mit Sicherheit mit den *Rechts*traditionen des jeweiligen Mitgliedstaates eng zusammen. Diese Unterschiede haben allerdings mit der Geschichte, mit der religiösen Einstellung oder mit der Kultur eines Volkes kaum etwas zu tun, dies zeigt sich auch dadurch, dass diese Besonderheiten dem Durchschnittsbürger im Zweifel nicht bekannt sind. Umgangssprachlich wird in allen Mitgliedstaaten unter Betrug das gleiche verstanden, dass nämlich der Täter das Opfer getäuscht hat, um sich zu bereichern und es besteht europaweite Einigkeit, dass solche Verhaltensweisen strafrechtlich verfolgt werden müssen. Beim Mord geht ein Durchschnittsbürger in Deutschland regelmäßig davon aus, dass der Tatbestand dadurch gekennzeichnet ist, dass der Täter seine Tat vorher geplant hat, die Mordmerkmale, die im deutschen StGB aufgezählt sind, haben also in der deutschen Gesellschaft kaum eine starke Verwurzelung.

Die mitgliedsstaatlichen Traditionen stehen also nach meiner Ansicht – abgesehen von wenigen Straftaten – einer weitgehenden Harmonisierung nicht entgegen.

1222 Ähnlich *Böse*, ZIS 2010, 76, 81; *Fuchs*, ZStW 2004, 368, 370.

c) EuStGB als Garantie für mehr Rechtssicherheit

Fraglich ist, ob die umfassende Harmonisierung des materiellen Strafrechts einen Mehrwert mit sich bringen würde. Wenn dies nicht der Fall wäre, sollte die Harmonisierung als nicht erforderlich abgelehnt werden.

Als eindeutig positive Wirkung der Vereinheitlichung könnte die Stützung der Rechtssicherheit erwähnt werden.[1223] Da es infolge der Vereinheitlichung für die Unionsbürger eindeutiger bzw. besser erkundbar wäre, welche Handlungen im europäischen Rechtsraum erlaubt sind und welche strafrechtlich verfolgt werden. Wenn man berücksichtigt, dass in Europa immer mehr Straftaten grenzüberschreitenden Charakter aufweisen, ist dieser positive Effekt der Harmonisierung als erheblich zu betrachten. So könnte ein französischer Staatsbürger ruhig davon ausgehen, wenn eine Handlung in seiner vertrauten Umgebung, also in Frankreich nicht strafbar ist, dann wird er in Polen wegen der gleichen Handlung auch nicht bestraft. Es würde mit der Harmonisierung also eine grenzüberschreitende Rechtssicherheit geschaffen.

Man darf jedoch nicht vergessen, dass nationale Unterschiede auch mit Hilfe der Harmonisierung nicht vollständig aufgehoben werden können, denn auf der Ebene der Rechtsprechung würden die Unterschiede auf jeden Fall bleiben.

Ein weiterer Aspekt, welcher für die weitgehende Harmonisierung des materiellen Strafrechts sprechen könnte, kommt aus der Wirtschaft. Die Union funktioniert weitgehend als ein einheitlicher Wirtschaftsraum, es gibt einen europäischen Binnenmarkt. Abweichende Strafrechtsvorschriften könnten zur massiven Wettbewerbsverzerrungen und zu forum shopping führen. Die besten Beispiele dafür sind das Glücksspiel oder das Umweltstrafrecht.[1224] Daher würde die weitgehende Harmonisierung des Wirtschaftsstrafrechts den europäischen Binnenmarkt fördern.

d) Reichweite eines künftigen EuStGB

Man kann mit Sicherheit davon ausgehen, dass die Entstehung eines einheitlichen europäischen StGB – wenn überhaupt – schrittweise erfolgen wird,[1225] es

---

1223 In Verbindung mit der europäischen Betrugsbekämpfung *Rheinbay*, Die Einrichtung einer Europäischen Staatsanwaltschaft 2014, S. 159.

1224 *Albrecht/Braum*, KritV 1998, 460, 470.

1225 Ähnlich *Sieber*, Einheitliches europäisches StGB als Ziel des Strafrechtsvergleichung?, in: Gedächtnisschrift für Schlüchter, S. 115. Ferner *Heine*, Die Rechtsstellung der Beschuldigten im Rahmen der Europäisierung des Strafverfahrens, S. 84.

gibt nämlich Teilbereiche des Strafrechts, die sich wesentlich leichter vereinheitlichen lassen und in dem der Mehrwert der Europäisierung wesentlich größer ist.

An der ersten Stelle der Vereinheitlichung könnte das Wirtschaftsstrafrecht stehen,[1226] denn in den Volkswirtschaften der Mitgliedsstaaten ist die grenzüberschreitende Tätigkeit fast Normalfall geworden, und zwar nicht nur bei den großen, sondern auch bei den kleinen und mittelständischen Unternehmen. Im Wirtschaftsbereich würden von einem einheitlichen materiellen Strafrecht sowohl die Unternehmen als auch die Mitgliedstaaten profitieren. Für die Unternehmen würde mehr Rechtssicherheit entstehen, denn sie könnten sich darauf verlassen, dass in jedem Mitgliedsstaat die gleichen Handlungen strafbar bzw. erlaubt sind. Ein einheitliches europäisches StGB würde also letztendlich die grenzüberschreitenden wirtschaftlichen Tätigkeiten vereinfachen und dadurch fördern. Vorteile würden jedoch auf der Seite der Mitgliedsstaaten bzw. der Strafverfolgungsbehörden entstehen, denn es ist allgemein bekannt, dass viele kreative Geschäftsleute die abweichenden nationalen strafrechtlichen Regelungen ausnutzen,[1227] um das Problem zu veranschaulichen reicht es bereits, auf solche Begriffe wie Schwangerschaftsabbruch-Tourismus[1228], Sterbehilfe-Tourismus[1229], Serververmietung im europäischen Ausland, Call Center im europäischen Ausland usw. hinzuweisen. Es könnte also zahlreichen Straftaten vorgebeugt werden. Eine effektive Kriminalitätsverhütung ist immer wesentlich sinnvoller und wünschenswerter, als die effektivste Zusammenarbeit der Strafverfolgungsbehörden. Da bei vielen, von der oben aufzählten Kriminalitätsarten die Opfer typischerweise die Verbraucher sind, würde die effektive Verhütung dieser Handlungen in deren unmittelbarem Interesse stehen.

Neben den Wirtschaftsstraftaten wäre die alsbaldige Europäisierung des Urheberstrafrechts, des Lebensmittelstrafrechts und der Cyber-Kriminalität erforderlich,[1230] denn in diesen Bereichen tauchen besonders häufig Sachverhalte mit ausländischen Elementen auf.

Ein einschlägiges Konzept der Kommission stuft die Europäisierung in den folgenden Bereichen des materiellen Strafrechts als besonders wünschenswert

1226 Ähnlich *Hecker*, JA 2002, 723, 729; *Sieber*, Einheitliches europäisches StGB als Ziel des Strafrechtsvergleichung?, in: Gedächtnisschrift für Schlüchter, S. 115.

1227 Ähnlich *Hecker*, JA 2002, 723, 729 f.

1228 Näher unter http://www.gynmed.at/sites/default/files/pro-familia-magazin-03_2011_fiala.pdf (11.09.2014).

1229 Bsp.: Sterbehilfevereine in der Schweiz, wie EXIT oder Dignitas.

1230 Ähnlich *Kubiciel*, GA 2010, 99, 113; *Sieber*, Einheitliches europäisches StGB als Ziel des Strafrechtsvergleichung?, in: Gedächtnisschrift für Schlüchter, S. 115.

ein: Euro-Fälschung, Finanzinteressenschutz der Union, Straßenverkehr, Datenschutz, Umweltschutz, Finanzmarktregulierung, Korruptionsbekämpfung und Zollwesen.[1231] In diesen Bereichen würde wahrscheinlich die Vereinheitlichung ziemlich früh, am Anfang des Prozesses erfolgen.

Die Vereinheitlichung von solchen traditionellen Straftaten, die relativ selten über eine grenzüberschreitende Dimension verfügen, wie die Körperverletzung, der Totschlag, die Sachbeschädigung usw. könnte später, am Ende des gesamten Prozesses erfolgen.

3. Europäische Betrugsbekämpfung

Ein Kriminalitätsbereich soll an dieser Stelle getrennt thematisiert werden, nämlich die Straftaten zum Schutz der finanziellen Interessen der Union, da es hier primär um europäische und nicht um mitgliedsstaatliche Interessen geht, wird dieser Bereich auch in den europäischen Grundverträgen speziell geregelt.

Das materielle Recht der Mitgliedstaaten enthält seit mindestens 10 Jahren die entsprechenden Tatbestände, sie sind jedoch nicht überall die gleichen und damit bleibt ein forum shopping möglich. Art. 325 AEUV eröffnet jedoch die Möglichkeit, im Bereich des Finanzinteressenschutzes einheitliche europäische Straftatbestände zu normieren, im diesem Teilbereich ist also ein EuStGB auch bereits in der näheren Zukunft möglich.

Es ist jedoch umstritten, ob die Europäisierung des Allgemeinen Teiles von der Kompetenzgrundlage in Art. 325 AEUV gedeckt ist. Wenn dies nicht der Fall wäre, wäre der EStA mit verschiedenen nationalen Allgemeinen Teilen konfrontiert. Ein solcher Zustand würde die effektive Arbeit der EStA wesentlich erschweren.[1232] Daraus ergibt sich die Notwendigkeit eines EuStGB mit Allgemeinem und Besonderem Teil auf diesem Gebiet in besonderer Weise.

In diesem Bereich bringt jedoch die Harmonisierung des materiellen Rechts an sich nicht viel, denn sie hängt besonders stark mit der Harmonisierung des Verfahrensrechts und mit der Institutionalisierung zusammen. Die einheitlichen europäischen Tatbestände können kaum zur Effektivität der Bekämpfung der betrügerischen Handlungen beitragen, wenn keine europäische Behörde (also keine EStA) existiert, die diese Vorschriften einheitlich und effektiv anwendet.[1233] Die Lösung der Problematik ist jedoch bereits vorhanden, Art. 86 AEUV

1231 KOM (2011) 573 endg. v. 20.9.2011.

1232 Ähnlich *Grünewald*, JZ 2011, 972, 976.

1233 Ähnlich *Nürnberger*, ZJS 2009, 494, 503; *Tiedemann*, Wirtschaftsstrafrecht BT, § 1, Rn. 37.

hat die Einrichtung der EStA ermöglicht. Im diesen Bereich ist also mittelfristig mit einer institutionellen Europäisierung zu rechnen. Wenn jedoch die Anklagebehörde gesamteuropäisch ist, ist im diesen Bereich die Etablierung einer EuStPO zu befürworten, denn die EStA könnte kaum eine effektivere Arbeit leisten, wenn die Mitarbeiter die Regelungen von 28 nationalen Strafprozessordnungen berücksichtigen müssten, es sollte also eine EuStPO mit detaillierten Verfahrensvorschriften etabliert werden.

Das materielle Strafrecht, das Strafverfahrensrecht und die Institutionalisierung hängen also in diesem Bereich besonders eng miteinander zusammen. Bei den Straftatbeständen zu Lasten der finanziellen Interessen der Union ist also die Entstehung eines echten Europäischen Strafrechts zu befürworten und es ist damit auch mittelfristig zu rechnen.

VI. Entstehungsvoraussetzungen des echten Europäischen Strafrechts

Auch wenn die Notwendigkeit eines echten Europäischen Strafrechts größtenteils bejaht wird, sind noch nicht alle Hindernisse aus dem Weg geräumt, denn es gibt einige Voraussetzungen, die vor der wesentlichen Erweiterung der europäischen Strafrechtskompetenz und der Etablierung des einheitlicheren europäischen Straf- und Strafverfahrensrecht unbedingt erfüllt werden müssen. Die Voraussetzungen könnten etwa die Folgenden sein:

1. Die hinreichende demokratische Legitimation

Das wichtigste Problem des Europäischen Strafrechts besteht darin, dass der gegenwärtige Stand der demokratischen Legitimation der Union nicht zulässt, den europäischen Gesetzgeber mit erheblich mehr strafrechtlichen Kompetenzen auszurüsten. Angesichts der zurzeit noch eher beschränkten strafrechtlichen Zuständigkeiten des europäischen Gesetzgebers ist das Legitimationsniveau – nach meiner Ansicht – hinreichend (siehe S. 270 ff.), die Etablierung eines Europäischen Strafrechts im eigentlichen Sinne würde aber die weitere Demokratisierung und dadurch zwangsläufig die Umstrukturierung der europäischen Integration und zwar nach bundesstaatlichem Vorbild verlangen.[1234] Wie die Reform aussehen könnte, dazu wurden in dieser Arbeit bereits Anhaltspunkte geliefert (siehe S. 316 f.).

1234 Ferner *Sieber*, Einheitliches europäisches StGB als Ziel des Strafrechtsvergleichung?, in: Gedächtnisschrift für Schlüchter, S. 109 f.

Es dürften jedoch keine unerfüllbaren Forderungen bzgl. der demokratischen Legitimation gestellt werden.[1235] Es muss aber definitiv nicht bedeuten, dass man bzgl. der Demokratie Abstriche machen würde, man soll bloß stets im Auge behalten, dass die Union eine Konstruktion sui generis ist, sie kann daher nicht genauso legitimiert werden, wie dies bei den Einzelstaaten erfolgt. Bei Einzelstaaten gibt es auch nicht nur ein Weg, Demokratie zu betreiben; zahlreiche Methoden existieren etwa im Wahlrecht oder im Bereich der Staatsorganisation, die alle eine hinreichende demokratische Legitimation gewährleisten. Man sollte auf neue Lösungen offen sein, weil die Union rechtshistorisch gesehen ein beispielloses Phänomen ist. Die Tatsache, dass die Form der Legitimation anders ist, muss aber nicht bedeuten, dass sie eine schlechtere Qualität hat.

Die deutschen Wissenschaftler sollten bei der Beurteilung der Qualität der demokratischen Legitimation auf Unionsebene auch berücksichtigen, dass das Rechtssystem hierzulande zwar sehr gut sein mag, es ist aber nicht perfekt, zum Beispiel enthält auch das deutsche Wahlrecht solche Elemente, die aus verfassungsrechtlicher Sicht zumindest umstritten sind, wie etwa die Überhang- und Ausgleichmandate. Das deutsche Recht kann zwar in vielen Bereichen als Vorbild für die Union fungieren, es muss jedoch nicht immer und überall Etalon sein. Die deutsche Wissenschaft sollte also auch für die für sie unbekannten, aber guten Lösungen offen sein, sie dürften nicht von vorne herein als untauglich abgelehnt werden.

In diesem Zusammenhang soll auch auf die fragwürdige Judikatur des BVerfG hingewiesen werden; das Gericht erhöht ständig die Hürde, die von der Union zu erfüllen ist,[1236] es ist selbstverständlich, dass ein höherer Grad der Integration eine bessere demokratische Legitimation verlangt, die Probleme beginnen dann, wenn das erwünschte Niveau der Legitimation, welches bei einem bestimmten späteren Stand der Integration erreicht werden muss, in dem Zeitpunkt, in dem dieser Stand erreicht wird, plötzlich nicht mehr gilt und wesentlich erhöht wird. Das beste Beispiel dafür ist die „Solange" Rechtsprechung des BVerfG. Im „Solange-I" Urteil hat das BVerfG noch die Meinung vertreten, dass die deutsche verfassungsrechtliche Überprüfung der europäischen Rechtsakten nur *solange* notwendig sei, wie auf europäischer Ebene kein – mit dem Grundgesetz vergleichbarer – Menschenrechtskatalog existiere.[1237] Als es – mit dem Inkrafttreten der Charta der Grundrechte – der Fall geworden war, hat das

1235 Ähnlich *Selmayr*, ZeuS 2009, 637, 647 ff.

1236 *Selmayr*, ZEuS 2009, 637, 651.

1237 Vgl. Urteil des BVerfG vom 29.5.1974 - 2 BvL 52/71. BVerfGE 37, 271 ff.

BVerfG seine Meinung revidiert und nunmehr hält das Gericht die Überprüfung der europäischen Rechtsakte mit Hinblick auf das Demokratieprinzip gem. Art. 20 Abs. 1 i.V.m. Art. 79 Abs. 3 GG stets notwendig.

2. Die hinreichende Akzeptanz

Das echte Europäische Strafrecht kann und darf ohne die hinreichende Akzeptanz der Unionsbürger nicht entstehen.[1238] Nun stellt sich die Frage, wann eine Rechtsnorm als gesellschaftlich hinreichend akzeptiert angesehen werden kann. Nach der Definition von *Satzger* scheint eine Rechtsvorschrift dann akzeptiert zu sein, wenn sich die betroffenen Personen die Vorschrift zu eigen machen, oder zumindest keinen inneren Widerstand gegen sie entwickeln.[1239]

Die Akzeptanz einer Rechtsnorm verfügt über mehrere Ebenen. So kann man zwischen politischer, gesellschaftlicher, wirtschaftlicher, fachlicher und wissenschaftlicher Akzeptanz unterschieden.[1240] Es soll mehr oder weniger in jedem der oben aufgezählten Bereiche ein hinreichendes Maß an Akzeptanz herrschen, um sagen zu dürfen, dass eine Norm allgemein akzeptiert ist.

In Deutschland ist das echte Europäische Strafrecht zurzeit politisch zwar nicht erwünscht, man darf aber trotzdem davon ausgehen, dass die deutschen Politiker des Mainstreams letztendlich der Vereinheitlichung nicht im Wege stehen würden, denn von der deutschen Politik wurde die europäische Einigung immer konsequent vorangetrieben, zurzeit ist auch immer wieder über „mehr Europa“ die Rede, und zwar parteiübergreifend.

Die wirtschaftliche Akzeptanz ist weitgehend unproblematisch, denn das Wirtschaftsleben ist bereits gegenwärtig europäisiert und globalisiert. Diese Aussage gilt nicht nur faktisch, sondern auch juristisch. Im Privatrecht und im Wirtschaftsrecht kommen zahlreiche Vorschriften längst aus Brüssel; ein einheitliches Wirtschaftsstrafrecht würde den europäischen Binnenmarkt weiter stärken.[1241]

Die Akzeptanz der Juristen ist eine wesentlich kompliziertere Frage, sowohl in der Praxis als auch in der Wissenschaft. In der Praxis – vor allem bei den Rechtsanwälten – besteht das Problem einerseits darin, dass der tatsächliche

---

1238 Ähnlich *Albrecht/Braum/Frankenberg/Günther/Naucke/Simitis*, KritV 2001, 279; *Satzger*, in: Hohloch, Gerhard (Hrsg.), Wege zum Europäischen Recht, S. 51.

1239 *Satzger*, in: Hohloch, Gerhard (Hrsg.), Wege zum Europäischen Recht, S. 52.

1240 *Zieschang*, in: Hohloch, Gerhard (Hrsg.), Wege zum Europäischen Recht, S. 39.

1241 Ähnlich *Zieschang*, in: Hohloch, Gerhard (Hrsg.), Wege zum Europäischen Recht, S. 44.

Einfluss der Union auf das nationale Strafrecht kaum bewusst ist. Diejenigen Rechtsanwälte, die sich mit dem Europäischen Strafrecht regelmäßig auseinandersetzen, bemängeln mehrheitlich, dass die Verteidigungsrechte in den europäischen Rechtsakten gar nicht oder nicht hinreichend thematisiert werden. Im Falle der Erweiterung wäre natürlich das Problem noch tiefgreifender. Dass der europäische Gesetzgeber auf Rechtsschutzebene Nachholbedarf hat, ist eine Tatsache, daher ist die Gewährleistung eines hinreichenden Maßes an Menschenrechtsschutz eine weitere unerlässliche Voraussetzung für die Erweiterung der strafrechtlichen Kompetenzen des europäischen Gesetzgebers. Da der Widerstand in Anwaltskreisen in den meisten Fällen nichts mit einer generellen Europaskepsis zu tun hat, sondern viel mehr mit dem gegenwärtigen Inhalt und mit dem Rechtsetzungsverfahren des Europäischen Strafrechts, ist davon auszugehen, dass wenn die rechtsstaatlichen Voraussetzungen der Entstehung des echten Europäischen Strafrechts erfüllt werden, der Widerstand wesentlich nachlassen wird.[1242]

Die wissenschaftliche Akzeptanz des Europäischen Strafrechts kann nur als nicht hinreichend bezeichnet werden; die Wissenschaftler stehen dem Europäischen Strafrecht mehrheitlich skeptisch gegenüber.[1243] Im Allgemeinen geht es darum, dass der europäische Gesetzgeber nicht hinreichend demokratisch legitimiert sei; dass im Mittelpunkt des Europäischen Strafrechts die Effektivität der Strafverfolgung stehe; dass die strafrechtsspezifischen Grundrechte nicht hinreichend gewährleistet werden; dass die nationalen Traditionen und Grundsätze nicht berücksichtigt werden.[1244] Wenn jedoch diese Mängel aufgehoben wären, könnte man auch an dieser Stelle mit einer wesentlichen Zunahme der Akzeptanz rechnen.

Die vielleicht wichtigste Frage ist jedoch, ob die europäische Bevölkerung das echte Europäische Strafrecht akzeptieren würde. Die Frage ist sehr komplex, die Antwort hängt auch von schwer kalkulierbaren persönlichen Emotionen der einzelnen Bürger ab. Eine eindeutige Antwort zu geben, wäre daher sehr riskant. Drei Elemente könnten jedoch wegweisend sein. Erstens spielt bei den Rechtsnormen im Wirtschaftsrecht oder im Verbraucherschutz es für die Bevölkerung keine Rolle, ob bestimmte Regelungen aus dem nationalen Recht oder aus dem

---

1242 Ähnlich *Zieschang*, in: Hohloch, Gerhard (Hrsg.), Wege zum Europäischen Recht, S. 49 f.

1243 Ähnlich *Hassemer*, KritV 1999, 133; *Zieschang*, in: Hohloch, Gerhard (Hrsg.), Wege zum Europäischen Recht, S. 49.

1244 Ähnlich *Zieschang*, in: Hohloch, Gerhard (Hrsg.), Wege zum Europäischen Recht, S. 49.

Unionsrecht kommen, im Zweifel ist es den Bürgern gar nicht bekannt. Entscheidend ist viel mehr, ob eine Regelung nachvollziehbar und auffindbar ist.[1245] Zweitens wurden die Staatsgrenzen traditionell als wichtigster Ausdruck der nationalen Souveränität wahrgenommen, daher waren sie lange Zeit nicht nur für die Politik, sondern auch für die Bevölkerung unantastbar. Mittlerweile hält die überwiegende Mehrheit der Europäer das Schengen-System für die größte Errungenschaft der europäischen Integration. Drittens wurde der Euro vor seiner Einführung mit sehr großer Skepsis aufgenommen. Nach der Einführung verschwanden schnell die Vorbehalte, die Gemeinschaftswährung wurde von der Mehrheit befürwortet,[1246] mit der andauernden Schuldenkrise kam jedoch wieder die Skepsis hoch.[1247] Dies zeigt also, dass die Akzeptanz keine konstante, unveränderbare Tatsache ist,[1248] sie hängt bei der Bevölkerung mit Emotionen zusammen, daher kann sie sich schnell verändern. An dieser Stelle sollte auch erwähnt werden, dass der Euro für die 20er Generation Selbstverständlichkeit geworden ist, trotz Krise wünschen in dieser Generation nur sehr wenige die Wiedereinführung der Deutschen Mark, für sie ist die alte Währung höchstens ein Teil der Geschichte, persönliche Gefühle hängen mit ihr nicht zusammen. Bei der Akzeptanz der Gesellschaft spielen auch die kulturellen, religiösen und historischen Traditionen eines Volkes eine Rolle.[1249] Wie bereits ausgeführt wurde, spielen diese Traditionen faktisch eine wesentlich kleinere Rolle als es im Schrifttum oft behauptet wird,[1250] denn die Unterschiede, die zwischen den Merkmalen der einzelnen Tatbestände bestehen, sind der Bevölkerung nicht bewusst (zumindest im materiellen Strafrecht). Trotzdem könnte an dieser Stelle entscheidend sein, ob sich die Mehrheit der Bevölkerung mit dem nationalen Strafrecht als Gesamtwerk verbunden *fühlt.* Bei einigen wenigen Tatbeständen besteht eindeutig diese Verbundenheit, wie zum Beispiel bei der Sterbehilfe,

1245 Ähnlich *Zieschang*, in: Hohloch, Gerhard (Hrsg.), Wege zum Europäischen Recht, S. 42 f.

1246 http://ec.europa.eu/public_opinion/flash/fl193_en.pdf (13.07.2014).

1247 Etwa http://www.handelsblatt.com/politik/deutschland/umfrage-jeder-zweite-deutsche-haelt-euro-einfuehrung-fuer-falsch/6644738.html (13.07.2014).

1248 Ähnlich *Zieschang*, in: Hohloch, Gerhard (Hrsg.), Wege zum Europäischen Recht, S. 43 f.

1249 Ähnlich *Satzger*, in: Hohloch, Gerhard (Hrsg.), Wege zum Europäischen Recht, S. 53 f.

1250 Ähnlich *Sieber*, Einheitliches europäisches StGB als Ziel des Strafrechtsvergleichung?, in: Gedächtnisschrift für Schlüchter, S. 110.

beim Schwangerschaftsabbruch, bei der Volksverhetzung usw.[1251] Diese Delikten sollten daher nicht europäisiert werden. Es lässt sich also kaum vorhersagen, wie die Gesellschaft bzw. deren Mehrheit das echte Europäische Strafrecht empfangen würde. Wenn man jedoch die bisherigen Bereiche der Europäisierung betrachtet (die Währungspolitik, Grenzschutzpolitik, Verbraucherschutz usw.), sind die Zeichen positiv. Die Akzeptanz hängt sicherlich auch mit der Reichweite, mit der Einführungsmethode und mit der Geschwindigkeit der Einführung zusammen.

Um ein hinreichendes Maß an Akzeptanz zu erreichen, ist eine ergebnisoffene gesellschaftliche Diskussion zwingend notwendig. Es muss dabei jedoch unbedingt berücksichtigt werden, dass eine gesellschaftliche Diskussion naturgemäß eine zweiseitige Angelegenheit ist. Auf der einen Seite muss die Möglichkeit zur Teilnahme gewährleistet werden, das ist die Aufgabe der Union. Die Entwürfe dürfen also nicht hinter verschlossenen Türen erarbeitet und dann routinemäßig verabschiedet werden. Auf der anderen Seite müssen jedoch auch die Bürger bereit sein, an dem Meinungsaustausch teilzunehmen, gesellschaftliches Desinteresse darf nicht zu Lasten der Union gehen.

3. Eindeutige Kompetenz des europäischen Gesetzgebers

Die Etablierung des echten Europäischen Strafrechts muss von eindeutigen Kompetenzen in den Grundverträgen gedeckt sein. Die Materie ist so wichtig und so grundrechtsbeeinträchtigend, dass es nicht mit der Anwendung von ausgedehnten, uneindeutigen Kompetenzen normiert werden darf.[1252] Eine Norm mit ähnlich uneindeutigem Wortlaut wie etwa in Art. 280 EGV kann nicht als Grundlage des echten Europäischen Strafrechts dienen. Da wir zurzeit keine hinreichende Unionskompetenz haben, setzt die Etablierung des echten Europäischen Strafrechts zwingender Weise die Modifizierung der Grundverträge voraus.

4. Die Berücksichtigung der Prinzipen des Unionsrechts

Bei der weiteren Vertiefung des Europäischen Strafrechts müssen die traditionellen Prinzipien des Unionsrechts unbedingt berücksichtigt werden.[1253] Insofern

1251 Ähnlich *Satzger*, in: Hohloch, Gerhard (Hrsg.), Wege zum Europäischen Recht, S. 54.

1252 Ähnlich *Albrecht/Braum/Frankenberg/Günther/Naucke/Simitis*, KritV 2001, 279, 283.

1253 Ähnlich *Albrecht/Braum/Frankenberg/Günther/Naucke/Simitis*, KritV 2001, 279 f.

ist vor allem auf das Prinzip der begrenzten Einzelermächtigungen, auf das der Subsidiarität sowie auf das der Verhältnismäßigkeit hinzuweisen.

Nach meiner Ansicht stehen diese Grundsätzen einem echten Europäischen Strafrecht nicht prinzipiell entgegen. Das Prinzip der begrenzten Einzelermächtigungen verlangt natürlich eine eindeutige Kompetenzgrundlage, die Kompetenzerweiterung wurde jedoch bereits als zwingende Voraussetzung zur Vereinheitlichung des Strafrechts aufgezählt.

Wenn man die oben erörterten Argumente akzeptiert, die für den Mehrwert eines EuStGB und einer EuStPO sprechen, scheint die Erfüllung der Subsidiarität auch unproblematisch zu sein.

5. Der hinreichende Rechtsschutz

Bei der Verabschiedung von weiteren europäischen Rechtsakten mit strafrechtlichem Inhalt sollte der Rechtsschutz besser beachtet werden, als dies bisher geschehen ist. Dies gilt besonders, wenn ein einheitliches EuStGB sowie eine einheitliche EuStPO entstehen sollten. Die Gewährleistung der strafrechtsrelevanten Grundrechte kann künftig nicht die ausschließliche oder fast ausschließliche Aufgabe der Mitgliedsstaaten sein. Wenn der Union im Bereich des Strafrechts noch aktiver sein möchte, muss sie auch für die Gewährleistung der Menschenrechte Verantwortung übernehmen. Dazu bestehen gem. Art. 82 Abs. 2 lit. c und lit. d AEUV bereits die notwendigen Kompetenzen.

Die Gewährleistung eines hinreichenden Maßes an Menschenrechten ist auch geeignet, die Legitimation der strafrechtlichen Rechtsakte der Union zu erhöhen,[1254] was – nach der herrschenden Meinung in der deutschen Rechtswissenschaft – auch dringend notwendig wäre.

VII. Abschließende Gedanken

Nach meiner Ansicht wäre ein Europäisches Strafrecht mit wesentlich mehr Kompetenzen des europäischen Gesetzgebers wünschenswert, um im Verfahrensrecht die grundlegenden rechtsstaatlichen Garantieregelungen unwiderruflich zu verankert sowie um im materiellen Recht für mehr Rechtssicherheit bei grenzüberschreitenden Sachverhalten zu sorgen. Am Ende des Prozesses könnten durchaus ein einheitliches EuStGB sowie eine einheitliche Teil-EuStPO stehen.

1254 Ähnlich *Albrecht/Braum/Frankenberg/Günther/Naucke/Simitis*, KritV 2001, 279, 281 f.

Auch wenn in dieser Arbeit ein echtes Europäisches Strafrecht als notwendig angesehen wird, muss zugegeben werden, dass die tatsächliche Verwirklichung äußerst fraglich ist, denn die oben aufgezählten Voraussetzungen müssen unbedingt erfüllt sein. Die Reihenfolge muss dabei immer klar bleiben: Zuerst müssen die Voraussetzungen erfüllt werden und erst dann können die strafrechtlichen Kompetenzen des europäischen Gesetzgebers erweitert werden.

Es ist insofern bemerkenswert, dass viele Wissenschaftler, die der gegenwärtigen Form des Europäischen Strafrechts äußerst kritisch gegenüberstehen, gleichzeitig zugeben, dass in einer globalisierten Welt, in einem grenzenlosen Europa eine gewisse Europäisierung unvermeidlich ist. Es wird daher viel mehr die gegenwärtige Art und Weise der Etablierung des Europäischen Strafrechts abgelehnt,[1255] nämlich, dass sie ohne eine erkennbare Konzeption erfolgt, die Erhöhung der Effektivität der Strafverfolgung unverhältnismäßig bevorzugt wird und die Rechte der Betroffenen dabei oft auf der Strecke bleiben.

Auch wenn alle aufgezählten Voraussetzungen erfüllt sind, erscheint die vollständige Vereinheitlichung der nationalen Strafrechtssysteme weder als möglich, noch als wünschenswert, eine Totalharmonisierung kann und darf nicht das Ziel des Europäischen Strafrechts sein.

Im materiellen Recht wäre die Harmonisierung bei einigen Straftatbeständen untersagt, die tatsächlich mit den kulturellen, religiösen und historischen Traditionen der Mitgliedsstaaten zusammenhängen (wie zum Beispiel: Schwangerschaftsabbruch, Sterbehilfe, Beleidigung, Volksverhetzung, die Straftaten gegen den Staat usw.).

Im Strafverfahrensrecht sollten die Garantievorschriften im Mittelpunkt stehen. Außerdem würde das gegenseitige Vertrauen mit Sicherheit gefördert, wenn der Ablauf der Strafverfahren unionsweit zumindest vergleichbar wäre. Die Vereinheitlichung von verfahrensinternen Zuständigkeitsregelungen und detaillierten Verfahrensvorschriften ist jedoch eindeutig überflüssig, sie würde zu keinem Mehrwert führen und daher ist sie abzulehnen. Unbeschadet davon ist eine effektive Zusammenarbeit der nationalen Strafverfolgungsbehörden zu befürworten. Die Kooperation sollte jedoch im Rahmen der polizeilichen und justiziellen Zusammenarbeit, auf der Basis der gegenseitigen Anerkennung erfolgen. Die Harmonisierung sollte dabei nur eine ergänzende Rolle spielen, soweit sie erforderlich ist um das gegenseitige Vertrauen herzustellen (also vor allem die Etablierung von Mindestvorschriften).

1255 Wie etwa *Weigend*, in FS Sootak, S. 264 f.

Im Strafverfahrensrecht sollte die europäische Betrugsbekämpfung eine Ausnahme bilden. Im diesem Teilbereich ist eine EuStPO mit detaillierten Verfahrensregelungen erwünscht, um die Arbeit der EStA zu erleichtern.

Im Strafvollstreckungsrecht spricht auch nichts für die Notwendigkeit der Europäisierung. Wünschenswert wäre jedoch auch in diesem Bereich die Etablierung von Mindeststandards.

Da neben der weitgehenden Vereinheitlichung der nationalen Strafrechtssysteme in jedem Bereich des Strafrechts (also sowohl im materiellen Strafrecht, als auch im Strafverfahrensrecht und auch im Strafvollzugsrecht) ein Teil der nationalen Regelungsmacht verbleiben würde, entstünde – nach der Klassifizierung von *Sieber*[1256] – ein Mischmodell.

Das echte Europäische Strafrecht kann und wird nicht auf einen Schlag entstehen, es sollte vielmehr ein mittel- und langfristiges Ziel sein, an welchem sich die Handlungen des europäischen Gesetzgebers orientieren sollten.[1257] Es wäre dabei wünschenswert, wenn das echte Europäische Strafrecht konsequenter und planmäßiger entstehen würde, als dies bisher der Fall war,[1258] denn das Strafrechtssystem stellt eine kohärente Einheit dar, deren unüberlegte, ad hoc artige Veränderung ernste Gefahren für die Bürger mit sich bringt.[1259]

In Verbindung mit der Kohärenz muss auf eine – auch aus Sicht der Rechtssicherheit – wichtige Tradition hingewiesen werden: Das materielle Strafrecht bedeutet für die Bevölkerung der europäischen Länder *ein* StGB. Parallel dazu bedeutet das Strafverfahrensrecht für die Gesellschaft *eine* StPO.[1260] Dieser Zustand muss unter allen Umständen aufrechterhalten werden. Wenn die grundlegenden strafrechtlichen Regelungen aus Dutzenden von Gesetzen und Verordnungen kämen, wäre kein hinreichendes Maß an Rechtssicherheit gewährleistet. Dieses Problem wäre angesichts der gegenwärtigen Rechtsetzungsregelungen schwer zu lösen. Die Vereinheitlichung – anders als die gegenwärtige Harmonisierung – sollte nämlich durch Verordnungen erfolgen, weil es sich um unmittelbar anwendbares Unionsrecht handeln würde. Bei Verordnungen ist es jedoch untersagt, sie

1256 *Sieber*, ZStW 2009, 1, 16 ff.

1257 Ähnlich *Sieber*, Einheitliches europäisches StGB als Ziel des Strafrechtsvergleichung?, in: Gedächtnisschrift für Schlüchter, S. 114.

1258 Ähnlich *Satzger*, Manifest zur Europäischen Kriminalpolitik, ZRP 2010, 137 f.

1259 U.a. *Mylonopoulos*, ZStW 2011, 633, 634 f.; *Perron*, ZStW 1997, 281, 294; *Rosenau/Petrus*, in Vedder/v. Heinegg (Hrsg.), EUV/AEUV Kommentar, Art. 82, Rn. 4.

1260 Ähnlich *Satzger*, in: Hohloch, Gerhard (Hrsg.), Wege zum Europäischen Recht, S. 55.

in einem nationalen Gesetz zu wiederholen.[1261] An dieser Stelle müsste unbedingt eine taugliche Lösung gefunden werden.

Um eine planmäßige Entwicklung zu gewährleisten, wäre es wünschenswert, ein europäisches Modell-StGB zu erarbeiten, wie es von *Sieber* und *Tiedemann* konsequent vertreten wird.[1262] Ein solches Modell-StGB gefährdet auf keinen Fall die nationale Souveränität und verursacht nicht die Ausdehnung der strafrechtlichen Kompetenzen der Union,[1263] denn es ist von seiner Natur her unverbindlich und gilt lediglich als Orientierungsmuster für die Zukunft.

Es ist dabei unbedingt zu berücksichtigen, dass die Erarbeitung eines Modell-StGB auf keinen Fall mit den einzelnen Tatbeständen anfangen sollte. Es sollten vielmehr zuerst die gemeinsamen europäischen Strafrechtstraditionen und Prinzipien gesammelt werden, denn nur sie können eine hinreichend feste Basis für ein detailliertes EuStGB und EuStPO bilden.[1264] Die Kritiker des Europäischen Strafrechts sehen das größte Problem des Rechtsgebiets gerade daran, dass die Grundsätze des Strafrechts in den Mitgliedstaaten teilweise wesentlich abweichend sind.[1265] Die Modellgesetze könnten die Frage beantworten, ob die Kritik berechtigt ist.

In der Geschichte des Europäischen Strafrechts gab es bereits ein Modell-StGB, das sog. Corpus Juris 2000 der strafrechtlichen Regelungen zum Schutz der finanziellen Interessen der Europäischen Union (CJ), welches von einer Wissenschaftlergruppe mit der Leitung von *Delmas-Marty* erarbeitet wurde.[1266] Das CJ war jedoch nur eine partielle Arbeit, sie umfasste nur den Bereich des Finanzinteressenschutzes der Union. Das CJ wurde zwar von der Rechtswissenschaft

---

1261 *Satzger*, in: Hohloch, Gerhard (Hrsg.), Wege zum Europäischen Recht, S. 55.

1262 *Sieber*, JZ 1997, 369 ff.; *Tiedemann*, FS Spinellis, 2001, 1097 ff. Unterstützend *Weigend*, in FS Sootak, S. 264 f.

1263 Ähnlich *Sieber*, Einheitliches europäisches StGB als Ziel des Strafrechtsvergleichung?, in: Gedächtnisschrift für Schlüchter, S. 116.

1264 Ähnlich *Hassemer*, KritV 1999, 133, 139.

1265 *Schünemann* bringt die Auslegung des ultima-ratio-Prinzips als Beispiel (ZIS 2007, 528, 529). Die abweichende Abwägung zwischen Freiheit und Sicherheit könnte auch ein ähnlich grundlegendes Problem sein.

1266 *Delmas-Marty, Mireille* (Hrsg.), Corpus Juris 2000 der strafrechtlichen Regelungen zum Schutz der finanziellen Interessen der Europäischen Union. ec.europa.eu/anti_fraud/green_paper/corpus/de.doc (16.11.2011). Der prätentiöse Titel nimmt Anleihe an die epochale Sammlung des römischen Rechts durch Kaiser Justinian (527–566 n. Chr.) aus dem Jahre 533 n. Chr., welche bis in die Neuzeit als Corpus Iuris Civilis das Zivilrecht in Europa prägte.

beachtet, es konnte jedoch keine gesellschaftliche Diskussion auslösen,[1267] es kam möglicherweise vor seiner Zeit.[1268] Am Ende der '90er Jahre schien ein echtes Europäisches Strafrecht sehr weit entfernt zu sein. Darüber hinaus hat das CJ die Problematik des Europäischen Strafrechts nur aus einem Blickwinkel, nämlich aus der Sicht der europäischen Einrichtungen dargestellt, die unbedingt einen effektiven Schutz der europäischen Finanzinteressen wünschten.[1269]

Das Modell-StGB, welches von *Sieber* und *Tiedemann* thematisiert wird, sollte ein umfassendes Konzept für das gesamte Strafrecht bilden. Ein solches Modell-StGB würde jedoch mindestens über vier Vorteile verfügen:

- Es könnte zur Planmäßigkeit und zur konsequenten Fortbildung des Europäischen Strafrechts beitragen.[1270]
- Es könnte eine ergebnisoffene gesellschaftliche Diskussion auslösen, die unerlässlich ist, um eine hinreichende gesellschaftliche Akzeptanz des echten Europäischen Strafrechts zu gewährleisten.[1271]
- Es könnte bei der Entscheidung helfen, welches von den möglichen Konzepten des Europäischen Strafrechts mehrheitlich bevorzugt wird, welches Konzept aus rechtsstaatlicher Schicht die beste zu sein scheint.[1272]
- Mit der Erarbeitung eines Modell-StGB könnte sich möglicherweise herauskristallisieren, bei welchen Tatbeständen und sonstigen Regelungen weitgehende europäische Einigkeit herrscht und welche die besonders problematischen Vorschriften sind. Man könnte so ein Bild darüber bekommen, bei welchen Regelungen und Rechtsinstrumenten die nationalen Unterschiede so groß und prinzipiell sind, dass eine Vereinheitlichung als unmöglich erscheint.

In letztem Kapitel der Arbeit wurde ein *„Soll“* Zustand des Europäischen Strafrechts dargestellt. Wie das Rechtsgebiet und überhaupt die Union in 5 oder in 10 Jahren aussehen wird, kann jedoch heute nicht vernünftig vorhergesagt werden. Vor allem seit dem Ausbruch der Euro-Krise im Jahre 2008 ist auf dem

---

1267 *Hassemer*, KritV 1999, 133, 139.

1268 Ähnlich *Heine*, Die Rechtsstellung der Beschuldigten im Rahmen der Europäisierung des Strafverfahrens, S. 59.

1269 *Hassemer*, KritV 1999, 133, 139.

1270 Ähnlich *Sieber*, Einheitliches europäisches StGB als Ziel des Strafrechtsvergleichung?, in: Gedächtnisschrift für Schlüchter, S. 116.

1271 Ähnlich *Sieber*, in: Gedächtnisschrift für Schlüchter, S. 116; *Weigend*, in FS Sootak, S. 264 f.

1272 *Weigend*, in FS Sootak, S. 264 f.

Gebiet des Europarechts alles unsicher geworden, es ist praktisch jede Woche von neuen Regelungen, von neuen Institutionen und von einer Änderung der Grundverträge die Rede. Diese Entscheidungen betreffen zwar das Europäische Strafrecht nicht unmittelbar, sie sind dennoch auch für dieses Rechtsgebiet bedeutend, denn sie beeinflussen die Zukunft der ganzen Integration.

Zurzeit ist in Verbindung mit der europäischen Integration alles offen, es scheint alles möglich zu sein, auch die extremen Szenarien. Die führenden Politiker sprechen über „mehr Europa". Daher scheint zurzeit auch das eigentlich kurz- und mittelfristig Unmögliche möglich zu sein: Es könnten die „Vereinigten Staaten von Europa" entstehen. Dazu müssten natürlich sehr viele Hindernisse überwunden werden, sowohl rechtliche als auch politische und auch gesellschaftliche. In Deutschland wäre etwa – nach der Aussagen des BVerfG – eine Volksabstimmung bzw. eine neue Verfassung notwendig. Es ist außerdem fraglich, ob die europäische Bevölkerung mit einer beschleunigten Integration nicht überfordert wäre, so wie es beim Verfassungsvertrag der Fall war.

Es kann jedoch zurzeit – bedauerlicher Weise – auch nicht ausgeschlossen werden, dass zuerst der Euro und demzufolge schrittweise die ganze Integration zusammenfällt. Dieses – unerwünschte – Szenario scheint momentan aber wieder unwahrscheinlicher zu sein, als es etwa im Jahre 2010 der Fall war, als sich die Eurokrise zugespitzt hat.

Eines ist jedoch sicher: Da das Strafrecht mit der nationalen Souveränität eng verbunden ist, kann das Europäische Strafrecht nur in einer tiefgreifenden Integration existieren. Die Erweiterung der strafrechtlichen Zuständigkeiten des europäischen Gesetzgebers und die Etablierung des echten Europäischen Strafrechts setzt eine noch vertiefter Zusammenarbeit der europäischen Staaten voraus, denn das Strafrecht steht traditionell am Ende der Entstehungsprozesse von Staaten.

Augsburger Studien zum Internationalen Recht

Herausgegeben von Volker Behr, Henning Rosenau und Christoph Vedder

Band 1 Ramon Sieveking: Schiedsgutachtenverträge nach deutschem und New Yorker Recht. Eine rechtsvergleichende Untersuchung der Sach- und Interessengerechtigkeit der Ausgestaltung des deutschen Schiedsgutachtenrechts. 2007.

Band 2 Susanne Kobor: Bargaining in the Criminal Justice Systems of the United States and Germany. A Matter of Justice and Administrative Efficiency Within Legal, Cultural Context. 2008.

Band 3 Jérôme Pause: Der französische Conseil d'État als höchstes Verwaltungsgericht und oberste Verwaltungsbehörde. Seine Entwicklung und heutige Stellung. 2008.

Band 4 Henriette Heine: Die Rechtsstellung des Beschuldigten im Rahmen der Europäisierung des Strafverfahrens. 2009.

Band 5 Susanne Kratzer: Die vorweggenommene Erbfolge in Deutschland und Italien unter besonderer Berücksichtigung des Familienvertrages (*patto di famiglia*). 2009.

Band 6 Octavian Gabriel Pascu: Strafrechtliche Fundamentalprinzipien im Gemeinschaftsrecht. Unter besonderer Berücksichtigung des Kartellordnungswidrigkeitenrechts. 2010.

Band 7 Henning Rosenau / Sangyun Kim (Hrsg.): Straftheorie und Strafgerechtigkeit. Deutsch-Japanischer Strafrechtsdialog. 2010.

Band 8 Gerhard Molt: Das Recht der nicht-schifffahrtlichen Wassernutzung am Mekong im Lichte des allgemeinen internationalen Wasserrechts. 2011.

Band 9 Michael Kraus: Rechtsstaatliche Terrorismusbekämpfung durch Straf- und Strafprozessrecht. 2012.

Band 10 Arnd Koch / Matthias Rossi (Hrsg.): Kodifikation in Europa. 2012.

Band 11 Vanessa Desoutter: La responsabilité civile de la société mère vis-à-vis de sa filiale. Comparaison entre l'Aktiengesetz allemande et le droit français des groupes. 2012.

Band 12 Klaus Schwichtenberg: Die Kooperationsverpflichtung der Mitgliedstaaten der Europäischen Union bei Abschluss und Anwendung gemischter Verträge. 2014.

Band 13 Henning Rosenau /Oliver Schön (Hrsg.): Japanisches Recht im Vergleich. Erstes Symposium zum japanischen Recht für Nachwuchswissenschaftler an der Universität Augsburg. Deutsch-Japanischer Strafrechtsdialog ドイツー日本 刑法に関する対話. 2014.

Band 14 Szabolcs Petrus: Europäisches Strafrecht. Gegenwärtige Rechtslage und künftige Perspektiven. 2015.

www.peterlang.com